KRISHNA: THE MAN AND HIS PHILOSOPHY

Copyright ⓒ 1985 Osho International Foundation, www.osho.com.
Korean translation ⓒ 2003 Sri Krishnadass Ashram Publishing House.
This Korean edition was published by arrangement with
Osho International Foundation through Best Literary & Rights Agency, Korea.
All rights reserved.

이 책의 한국어판 저작권은 베스트 에이전시를 통한
Osho International Foundation과의 독점 계약으로
도서출판 슈리 크리슈나다스 아쉬람이 소유합니다.
저작권법에 의하여 한국 내에서 보호를 받는 저작물이므로
무단 전재와 무단 복제를 금합니다.

주예하신 몸을 신 드리나이다

노래하고 춤추는 신

크리슈나

오쇼크리슈나 강의 2

오쇼 지음 | 김병채 옮김

슈리 크리슈나다스 아쉬람

옮긴이의 말

번역하면서 많이 웃었다. 웃음만이 아니라 진리의 맛도 주었다. 웃고 노래하고 춤추는 지금 여기의 신 크리슈나를 그리기 위한 오쇼의 현란한 언어의 선율을 따라가다 보면 어느덧 세상을 벗어나 있었다.

크리슈나를 찾아가는 나의 여정은 1988년 말에 시작되었다. 그 해가 저물어 갈 무렵 인도로 끌려 들어갔다. 이 영혼의 나라에 도착하여 난 어디로 가야할지 몰랐다. 그래서 이방인에게 물었다. "알란디(Alandi)로 가라! 알란디로. 그곳으로 가라!" 그때부터 난 알란디를 가슴에 품게 되었다. 알란디…… 알란디…… 알란디…… 크리슈나 박타(bhakta)인 갸나데바(Jnanadeva)가 이 세상의 삶을 마쳤던 곳. 그의 사마디 자리를 보수하려고 천상의 존재들이 내려왔다는 곳. 난 그러한 곳을 영문도 모른 채 가슴에 품고 다녔다. 크리슈나가 헌신자를 기쁘게 하고자 그 멋진 자세로 오랫동안 물가에 서 있었다는 인드라야니(Indrayani) 강, 그 강이 내려다보이는 사원에서 며칠을 지냈다. 그러고는 인도를 방랑하기 시작하였다.

빛나는 영혼들을 만난 뒤 마침내 아루나찰라 산 자락에 있는 바가반 슈리 라마나 마하리쉬 아쉬람으로 빨려 들어갔다. 우연이랄까, 은총이랄까. 영혼의 고향에 들어선 것이다. 그곳에서 바라본 이 세상은 평화 그 자체, 사랑 그 자체였다. 이어진 여정으로 나타난 하리드와르의 강가에서 크리슈나 박타였던 나의 스승이 될 슈리 푼자를 만났다. 그분은 진리를 나의 가슴 안에 던져 주셨다. 그리고 슈리 크리슈나다스라는 이름도 내려 주셨다. 나의 주인이 크리슈나라는…….

바가바드 기타 18장 66절도 주셨다. "모든 다르마를 버리고 오로지 나에게로 오라. 내 그대를 세상의 윤회로부터 해방시켜 줄 것이니. 내 그렇게 할 터이니 그대는 걱정 말아라." 내가 무슨 길을 가져야 한단 말인가…… 무엇을 가슴에 담아야 한단 말인가…… 이 얼마나 서늘케 하는 말인가…… 이 얼마나 투명케 하는 말인가…… 얼마나 자유를 주는 말인가…….

그때부터 크리슈나와의 매혹적인 로맨스가 시작되었다. 크리슈나, 지금 여기의 신 크리슈나, 희열의 신 크리슈나, 웃고 노래하고 춤추는 신 크리슈나, 칼과 플루트를 함께 들고 있는 크리슈나, 진리와 삶을 함께 하는 크리슈나, 하늘과 땅을 함께 거니는 크리슈나, 해방과 굴레를 던져 버린 크리슈나, 모든 것의 바깥에서 춤추고 있는 크리슈나, 바가바드 기타와 바가바탐(Bhagavatam)으로 나타난 크리슈나, 신의 완전한 화신인 크리슈나. 그분의 탄생지인 마투라(Matura), 그분의 사랑이 물결치고 있는 야무나(Yamuna) 강, 수많은 꽃들로 뒤덮인 브린다반(Vrindaban), 아름다운 크리슈나 사원들을 거쳐 마침내 마두라이(Madurai)에 도착하였다. 라마나님이 깨달음을 얻은 곳인 라마나 만디람(Ramana Mandiram)의 이층 방에 홀로 머물게 되었다. 라마나님이 깨달음을 얻은 작은 방에서 새벽 명상을 하고 난 뒤 나의 방으로 건너오다 책 한 권에 손이 갔다. 거기에 빛나는 라마나님의 사진과 함께 "라마나 크리슈나"라는 글귀를 보았다. 이 글에서 나의 마지막 의문은 사라졌다. 오 라마나 쉬바여! 오 라마나 크리슈나여!

어느 날 스승으로부터 '강가에서(Mohe Panghat Pe)'라는 노래를 받았다. 이 노래를 독자들과 함께 나누고 싶다.

붉은 사리를 입은 처녀가
물을 긷기 위해
항아리를 옆에 끼고
강가로 가고 있었다.
그때 난다의 아들 크리슈나가
그녀에게로 나가가 소매를 잡았다.
그러나 그녀는
크리슈나의 손길을 뿌리치고
강가에 이르렀다.

물을 항아리에 담고 있는데
크리슈나가 그녀를 향해 조약돌을 던졌다.
그러자 돌은 파문을 일으키며
그녀에게로 다가갔다.
물이 튀겨 사리가 젖고

항아리도 깨졌다.
놀란 그녀는
돌을 던진 사람을 쳐다보았다.
크리슈나의 눈과 마주친 그녀는
황홀경에 젖어 들었다.
크리슈나를 한 번 보기만 하였는데도
그녀의 무지는 사라졌다.

 나에게 있어서 이 책의 저자인 오쇼는 달콤함, 가벼움, 빛남이다. 그분을 살아 생전 푸나에서 뵈었다. 웃음을, 영혼을, 붓다를, 크리슈나를 던져 주고 있었다. 그곳에서 무거움을 많이도 버렸다. 맑고 투명한 색깔들의 향연장 같았다. "넌 붓다. 넌 붓다. 넌 진리다. 넌 진리다. 넌 순수한 금이다. 넌 순수한 금이다. 넌 크리슈나다. 넌 크리슈나다."

 그의 짧은 말들은 공명을 일으키며 계속 번져 나가고 있다.

 오쇼는 이 책에서 "미래는 크리슈나에 속한다. 크리슈나는 완전하고 전체이다. 붓다가 끝나는 곳에 크리슈나가 시작된다……."라는 소제목으로 독자들을 웃음과 노래와 춤의 연회장으로 안내하고 있다. 그 연회에서 여러분들은 아마도 영원히 물리지 않는 매혹적인 연인을 발견할 수 있으리라.

 이 책이 나오도록 미소로 안내해 주신 라마나님, 파파지님…… 교정을 비롯한 필요한 도움을 주신 많은 분들께 이 자리를 빌려 감사의 마음을 전한다. 그리고 곁에서 늘 지지를 아끼지 않았던 아내와 딸 예솔이의 모습으로 있는 크리슈나에게도.

웃고, 노래하고, 춤추고 있는 지금 여기의 신 크리슈나의 연꽃 같은 발에 이 책을 바친다.

2005년 5월 창원 북면
슈리 크리슈나다스 아쉬람에서

차례

옮긴이의 말 .. 5
들어가는 말 .. 12
머리말 .. 19

1. 수행, 헌신 그리고 크리슈나 .. 21
2. 크리슈나가 서양으로 가다 .. 73
3. 행위, 무위, 비행위 .. 121
4. 죽음 이후의 삶과 환생 .. 177
5. 무신론, 유신론 그리고 실재 .. 219
6. 모방하지 말고 그냥 당신 자신이 되라 .. 273
7. 무집착은 거부가 아니다 .. 307
8. 의식, 불 그리고 지식 .. 359
9. 규칙 위에 당신의 규칙을 세우라 .. 399
10. 플루트 혹은 멸망을 선택하라 .. 461
특별 강의_ 산야스는 가장 고결하다 .. 499

경험에의 초대 .. 541

들어가는 말

크리슈나를 연구하고 있을 때 나는 오쇼 라즈니쉬에게도 빠져 있었다. 이전에는 바가반 슈리 라즈니쉬로 알려져 있었던 오쇼는 그 자신만의 독창적인 방법으로 크리슈나에 대해 이야기해 왔다. 크리슈나에 대한 그의 많은 이야기는 『크리슈나 : 그 사람과 그의 철학』이라는 제목의 아주 매력적인 책에 담겨 있다. 라즈니쉬는 크리슈나에 대해 수백 가지 방식으로 이야기하고 있다. 크리슈나는 라즈니쉬의 시각을 통해 재생된다. 라즈니쉬의 크리슈나는 셸리의 저 불멸의 시 구절을 떠올리게 한다.

하나만이 그대로 남아 있고,
많은 것들이 변하면서 지나간다.
하늘의 빛은 영원히 빛나고,
지상의 그늘은 날아간다.
화려한 유리 돔 같은 인생은

영원이라는 흰빛을 오염시킨다.

크리슈나가 어떤 사람인가에 대해서는 수천 가지 이야기가 있을 수 있다고 오쇼는 말한다. 하지만 크리슈나는 우리 모두가 알고 있는 것과는 다르다고 그는 덧붙인다. 크리슈나는 어떤 점에서 옳을까? 우리에게 다양한 모습으로 다가오는 크리슈나를 우리가 어떻게 이해할 수 있을까? 오쇼는 그를 슈리 크리슈나, 바가반 크리슈나라고 하지 않고, 크리슈나라고 말한다.

나는 그를 완전하면서 전부인 존재라고 부른다. 왜냐하면 그는 그에 대한 우리의 판단을 뒤집어 버리기 때문이다. 어떤 진술도, 아무리 빈틈 없는 것이라 해도, 크리슈나의 전부를 포용할 수는 없다. 그는 항상 말로 표현할 수 없는 상태로 존재한다……

크리슈나의 우주성은 그 자신만의 개성을 가진 것이 아니라는 사실을 보면 알 수 있다. 그는 한 사람, 한 개인이 아니다. 그는 존재 그 자체이다. 그는 단지 존재이다. 또한 그는 공(空)이다. 여러분은 그가 "거울 같다."라고 말할 수도 있다. 그는 단지 그 앞에 나타나는 모든 것을 비춘다. ……여러분은 여러분 자신이 크리슈나 속에서 비치는 것을 볼 수 있다. 그래서 여러분은 크리슈나가 여러분과 비슷하다고 생각할 것이다. 하지만 여러분이 그에게서 멀어지는 순간, 그는 다시 아무것도 없는 공(空)이 된다.

하지만 나는 이러한 표현들이 크리슈나를 조금은 손쉽게 설명하고 있다고 생각한다. 오쇼는 한 가지 관점을 갖고 있다. 사람들은 크리슈나 속에서 자신들이 그에게서 보고 싶어하는 것만 보려고 한다. 그 이상도 그 이하도 아니다. 바로 그런 이유 때문에 바가바드 기타(Bhagavad Gita)에 대한 수천 가지의 주석서가 있다고 오쇼는 말한다. 주석을 다는 모든 사람들은 기타에 투영된 자신을 본다. 붓다의 가르침에 대해서는 이런저런 서로 다른 설명들이 많지 않지만, 예수의 가르침에 대해서는 서로 다른 설명들이 거의 없다고 오쇼는 지적한다. 그러면 왜일까? 붓다의 말은 명확하고 분명하다. 그의 말은 완전하고, 명료하며, 논리적이다. 마하비라의 경우도 마찬가지다. 마하비라의 가르침에 대해서는 아무런 이견이 없다. 자이나 티르탄카라(Jaina thirthankara) 주위에 다른 분파들을 만드는 것은 어려울 것이다.

크리슈나 주위에도 역시 분파가 없다. 왜냐하면 사람들이 크리슈나에 대한 분파들을 만들려고 한다면 그 숫자는 수만에 달할 것이기 때문이라고 오쇼는 말한다.

크리슈나에 대해 이렇게 다른 것은 무엇 때문일까? 그것은 크리슈나가 명확하거나 결론적이지 않기 때문이라고 한다. 그는 시스템이나 구조, 형태, 골격을 갖고 있지 않다. 크리슈나는 무형이며 영적이다. 그는 한계가 없다. 여러분은 그를 정의할 수 없다. 이 모든 것으로부터 오쇼는 크리슈나가 다차원적 공간이라는 결론을 내린다.

설명할 수 없는 것을 오쇼가 설명하려고 애쓰는 것을 지켜보는 것도 매력이다. 그는 틀림없이 매우 고민했을 것이다. 크리슈나에 대한 오쇼의 비유는 종종 웃음을 자아낸다. 사람들이 붓다나 마하비라가 전장에서 유능한 전사로서 빛을 발하는 것을 생각해 볼 수 있겠는가? 사람들은 예수가 성모(Mary Magdalene)에게 플루트를 연주해 주는 것을 생각해 볼 수 있는가? 예수가 죽은 방식과 크리슈나가 죽은 방식을 생각해 보라. 예수가 십자가에 못 박히지 않았다면 그는 실패한 것으로 보인다. 십자가에 못 박히지 않은 예수를 생각할 수 없다. 하지만 왜 크리슈나는 그가 그랬던 방식, 즉 완전히 무의미하고 예상치 못한 방법으로 죽기를 선택했을까? 왜 그는 출구(죽음)에 대해 좀 더 극적인 방법을 선택하지 않았을까? 그것은 대단히 중요한 질문이다.

크리슈나는 '삼푸르나 푸루샤(sampoorna purush)', 즉 완전한 인간이라고 불린다. 완전이란 무엇을 의미할까? 완전함에 대한 우파니샤드 학파의 정의에 따르면 "완전함은 완전함에서 나온다. 만일 안전함에서 완전함을 잇아간다 해도, 여선히 완전함은 남아 있다."

> Poornamadah poornanidam
> Poornath poornamudhachyathe
> Poornasaya poornamaadaya
> Poornamevaavashishyathe

크리슈나에 대한 오쇼의 이해는 철학적인 수준, 오히려 보편적인 수준에 근거한 것이다. 그는 코삼비(Kosambi)가 그랬던 것처럼 그런 사람이 존재했는지 안 했는지를 묻는 일은 하지 않는다. 오쇼에게 있어 그것은 하찮은 것이다. 그는 말한다. "크리슈나가 태어나고 죽은 날은 명확하게 알 수 없다. 그리고 그것을 알아 봐야 소용없는 일이다. 어떤 날이라도 괜찮을 것이다. 특별한 날과 시간은 크리슈나와 관련해서는 무의미하다. 그는 어떤 날에도 나타날 수 있다. 그는 어떤 시대, 어떤 상황과도 관련이 있을 것이다."

오쇼는 예수, 마하비라와는 달리 크리슈나는 역사적인 인물이 아니라고 여긴다. 이것은 크리슈나가 없었다는 것을 뜻하는 것은 아니다. 그는 아주 많이 출현했었지만 어떤 특정한 시간이나 공간에 속해 있지 않다. 이런 의미에 있어 그는 역사적이지 않다.

나는 크리슈나에 대한 여러 작품들을 읽어 보았다. 하지만 어떤 책도 오쇼의 책보다 더 재미있지는 않았다. 오쇼는 크리슈나의 혈통이나 그가 과거에 존재했는가 안 했는가 하는 문제 때문에 힘들어 하지 않는다. 오쇼는 바가바드 기타를 설명하려고 자신을 옭아매지 않는다. 실제로 바가바드 기타를 통해서 크리슈나는 아르주나에게 그가 어떤 사람이라는 것을 상기시켜 준다고 오쇼는 말한다. 크리슈나는 설교를 하지 않는다. 크리슈나는 단지 아르주나의 머리를 반복해서 때리고, 그래서 아르주나가 그 자신이 누구인지를 기억하게 하려는 것이다.

사람들은 오쇼의 몇몇 설명에 대해서는 동의하지 않을 수도 있다. 하지만 사람들로 하여금 책 전체를 읽도록 이끄는 것은 분명 오쇼의 설명의 신선함이다. 오쇼는 같은 말을 계속 반복한다. 때때로 그는 자신의 말을 부정하기도 한다. 하지만 사람들이 기억해야 할 것은 이 책이 오쇼가 크리슈나에 대해 했던 많은 이야기를 옮겨 쓴 책이라는 것이다. 강연에서 강연자는 번번이 관점을 강조하기 위해 반복해서 이야기해야만 한다. 원고 없는 강연에서 그 강연이 신중하게 구조화되어 있지 않으면, 사람들은 자신이 앞서 했던 말을 부정할 수도 있다. 분명 그것은 오쇼의 스타일이 아니다. 월트 휘트먼(Walt Whitman)처럼 그는 자신을 부정하거나 변명하지 않는다. 어떤 의미에 있어 오쇼는 인도의 월트 휘트먼이다.

그런 이유로 크리슈나는 오쇼에게 큰 기쁨이다. 나는 오쇼가 종종 언급하는 그의 공(空)에 대한, 크리슈나에 대한 생각과는 다르게 생각한다. 공이라니? 아니면 만(滿)인가? 아니면 그 두 낱말은 서로 바꾸어 쓸 수 있는 말인가? 존재하면서 비어 있는 그러한 것이 존재할까? 크리슈나는 삶을 축복한다. 그는 그것을 부정하지 않는다. 크리슈나와 그의 플루트는 떼어 놓을 수 없다. 오쇼는 말한다. "크리슈나는 스스로 플루트를 선택했다. 나는 크리슈나의 플루트가 삶의 축복과, 인간이 이 은총으로 인한 삶에 감사함을 상징하는 것으로 본다. 그래서 크리슈나가 자신의 플루트를 연주할 때 그 멜로디, 그 희열은 그 자신에게 한정되지 않고 가슴으로 그 소리를 듣는 모든 이들을 기쁘게 해 준다." 내가 두려운 것은 오쇼가 비논리적이 될 때가 있다는 것이다. 오쇼가 많은 다른 책을 통해 모순되고 비논리적인 면을 보였기 때문에 나는 오쇼의 말들이 편집이 좀 더 잘 되어서 전해지기를 기대했다. 하지만 그때 편집자들은 아마도 오쇼는 그들의 눈에 그가 어떤 사람이어야 한다가 아니라 과거 그가 어떤 사람이었던가로 표현되어야 한다고 느꼈을 것이다. 그것도 괜찮다. 크리슈나처럼 많은 오쇼들이 있기 때문에.

M.V.카마스(Kamath)

뭄바이

머리말

마스터(Master)라는 단어는 우리 내부의 깊은 어떤 것을 말하는 성질을 지닌다. 때로는 속삭이고, 때로는 소리치면서 "이것이 그것이다. 이것은 내가 이제껏 찾아왔던 것이다." 그리고 그것은 살아 있는 마스터인 오쇼에 의해 진리의 메시지와 함께 우리에게 전달된다.

이 강연은 오쇼가 1970년에 히말라야 산기슭 근처 인도 마날리에 있는 명상 캠프를 하는 동안에 소규모의 구도자 무리들에게 했던 것이다. 그들은 오쇼가 수년 전에 그들에게 했을 때 그랬던 것처럼 우리의 삶을 신선하고 의미있게 하고, 타당성으로 가득 차 있도록 한다고 했다.

오쇼가 크리슈나에 대해 말할 때 그는 크리슈나 자체뿐만 아니라 잠재적인 것, 그리고 우리 각자가 춤추며 찬양하는—강하고, 정열로 가득 차 있지만 사랑하고 동정적인 지금 바로 오늘, 삶의 모순들을 인정하고 즐기며 자유롭게 살아가는—크리슈나가 될 가능성까지도 이야기한다.

"온 종교 지도자들 중에서 크리슈나는 지상에서의 삶 전부를 완전히 인정하는 유일한 존재이다. 그는 다른 세계, 다른 삶을 위해서 여기에서 살아가야 한다고 생각하지 않는다. 그는 바로 이 지구상에서 바로 이런 삶을 살아가는 것이 좋다고 생각한다. 크리슈나의 자유는 바로 여기 지금에 존재하는 것이다."

그리고 오쇼가 마날리 명상 캠프에서 그의 첫 번째 새로운 산야스들을 입문시키려고 했을 때 그는 삶을 긍정하는 즐거움, 자유와 축복의 새로운 산야스를 탄생시키려고, 부정적인 포기를 하는 산야스들을 뒤로하였다. 그는 크리슈나의 영(靈)과 그의 춤추는 플루트를 21세기로 가져왔다.

"산야스에 새로운 의미와 새로운 개념이 주어져야 한다. 산야스는 살아 있는 것이어야만 한다. 그것은 인류가 가진 가장 가치 있는 보물 중의 하나이다. 하지만 그것을 구하는 방법, 그것을 보전하는 방법이 문제이다. 나는 여러분들이 나의 견해와 함께 하기를 기원한다."

보디사트바 스와미 아난다 마디아파
(Bodbisattva Swami Anand Madyapa. M.Ed.)
M.M., D.Pbil.M.(RIMU), Acharya

첫 번째 문

수행, 헌신 그리고 크리슈나

저희들은 크리슈나의 다양하며 찬란한 삶에 대해서, 즉 그의 라사(rasa, 크리슈나와 고피들의 노래와 춤), 그의 플루트, 그의 라다(Radha, 크리슈나의 연인), 또 그의 독특한 무기인 수다르샨(sudarshan, 원반 모양의 무기)에 대해서는 거의 들을 기회가 없었습니다. 오늘은 크리슈나의 철학과 그가 순수한 아르주나(비기비드 기타에 등장하는 왕자)의 미혹을 걷어 내기 위하여 아르주나에게 가르쳤던 영적 수행과 경배에 대해서 듣고 싶습니다. 당신 앞에 있는 우리 모두는 미혹에 빠져 혼란스럽습니다. 당신께서 우리의 미혹을 없애 줄 최고의 권위자인 것이 저희들에게 얼마나 큰 축복인지 모르겠습니다.

또 다른 질문자 지난 5일 동안 당신께서는 버터를 훔친 자이며 라사의 연주자이고, 삶과 요가의 풍부함의 완벽한 화신으로 알려진 크리슈나를 소개해 주셨습니다. 당신의 말씀대로라면, 크리슈나의 라사는 존재에 대한 진정한 묘사이며 그의 (바가바드) 기타는 삶의 본질 그 자체라고 할 수 있습니다. 당신께서는 크리슈나에게는 라사가 아니라 기타가 성서라고 하셨습니다.

수행, 헌신 그리고 크리슈나 | 23

그러면서 마하비라(Mahavira, 자이나교의 창시자)와 붓다는 일차원적이기 때문에 완벽하지 못하다고 하셨습니다. 하지만 다른 곳에서는 마하비라는 6번째와 7번째의 몸을 모두 초월하여 요가의 완전함에 도달했다고 말씀하셨습니다. 이런 맥락에서 볼 때 우리는 크리슈나를 완전한 화신으로 만드는 것이 기타인지, 아니면 라사와 같은 작은 것들인지 알고 싶습니다. 또한 마하비라나 다른 모든 자이나 티르탄카라(tirthankaras, 24명의 자이나교 지도자)들이 다차원적인 삶에 대해서 깨닫지 못하였는지 궁금합니다. 마지막으로 억압이 없는 삼야마(samyama, 삶의 균형을 얻기 위한 수행)가 무엇인지 설명해 주십시오. 영적 수행에서 삼야마의 자리는 무엇입니까?

먼저 내가 말하는 완전함이나 완벽함의 의미에 대해 이해하도록 하라.

어느 한 방면에서만 완전할 수도 있고 모든 방면에서 다 완전할 수도 있다. 화가는 화가로서 완벽할 수 있다. 그러나 그가 과학자로서도 완벽하다는 뜻은 아니다. 또한 과학자는 과학자로서 완전할 수 있지만 음악가로서도 완전할 수는 없다. 그래서 일차원적인 완벽함이라는 것이 있다. 나의 관점으로는 마하비라, 붓다 그리고 예수는 어떤 특정한 차원에서 완벽하다. 하지만 크리슈나는 다차원적인 측면에서 완벽하다.

우리의 삶에서 나머지 것들을 제외하고 어떤 특정한 삶의 차원을 선택하여 그것의 완전함에 이르는 것은 다분히 가능하다. 이 완전함 역시 궁극의 진리로 인도할 수 있다. 한 줄기로 흐르는 강 또한 여러 줄기로 흐르는 강처럼 바다에 도달할 수 있는 권리를 가지고 있다. 결국에는 바다에 도달한다는 면에서 이 두 강 사이에 아무런 차이가 없다. 마하비라, 붓다, 크리슈나 모두는 진리라는 바다에 도달한다. 하지만 마하비라는 어느 한 차원으로 바다에 이르지만, 크리슈나는 모든 차원으로 바다에 도달한다. 크리슈나의 완전함은 다차원적이지만, 마하비라는 일차원적이다. 그렇다고 마하비라가 완전함에 도달하지 못했다고는 생각하지 말라. 마하비라 역시 크리슈나처럼 7번째 몸을 초월하여 완전함을 얻는다.

크리슈나는 수많은 방향으로 이 목표에 도달했다. 그것이 중요한 것이다.

크리슈나의 또 다른 독특한 점은 마하비라나 붓다와 달리 삶을 부정하지 않는다는 점이다. 크리슈나는 삶에 부정적이지 않다. 마하비라와 붓다의 삶 속에는, 크리슈나의 삶 속에서는 전혀 존재하지 않는 부정적 요소들이 있다. 플루트를 들고 있는 이 사람에게는 삶의 부정에 대한 그 어떠한 흔적도 찾아볼 수 없다. 마하비라는 삶을 포기함으로써 완전함을 얻는다. 크리슈나는 삶을 온전히 받아들임으로써 완전함을 성취한다. 이것이 내가 크리슈나의 완전함과 다른 사람들의 완전함을 구분하는 이유이다. 하지만 마하비라가 완전함을 얻지 못했다고는 생각하지 말라. 마하비라는 일차원적으로 완전하며, 크리슈나의 완전함은 다차원적이다.

일차원적인 완전함은 미래에는 큰 의미를 지니지 않을 것이다. 왜냐하면 미래에는 다차원적인 완전함이 대단히 중요해질 것이기 때문이다. 거기에는 여러 가지 이유가 있다. 삶의 어느 한 면을 통해 완전함을 성취한 사람은 자기 삶의 다른 면들을 부정할 뿐만 아니라, 다차원적인 사람들의 삶에 있는 여러 면들에 대해서도 부정하게 된다.

반면, 자신의 삶의 다양한 면들을 통해 완전함, 절대성에 이른 사람은 삶의 여정에서 어느 한 면으로만 궁극을 추구하는 모든 유형의 일차원적 구도자들에게도 도움을 준다. 즉 마하비라와 붓다는 소수의 사람들에게만 도움이 되지만, 크리슈나의 도움은 모든 사람들에게 열려 있을 것이다. 예를 들어 화가나 조각가, 시인이 마하비라의 길을 통하여 최고의 경지에 도달할 수 있다고는 생각할 수가 없다. 마하비라의 일차원적인 면은 그 자신에게만 국한되어 있는 것은 아니다. 그를 이해하려 하고 그의 수행을 실험하려고 노력하는 모든 이들이 완성에 이르기 위한 방법으로 삶의 다른 면들을 모두 부정해야만 할 것이다. 마하비라의 관점으로는 무용가가 궁극에 도달한다는 것을 상상할 수 없지만, 크리슈나의 관점으로 보면 가능하다. 그 무용가가 춤추기를 선택한다면, 그는 다른 모든 것들을 버리고 계속 춤을 춤으로써, 그리고 춤 속으로 더욱더 깊이 빠져 들어감으로써 마하비라가 명상을 통해 얻은 것과 같은 상태에 이를 수 있다. 크리슈나의 관점에서는 이것이 가능하다.

크리슈나는 삶의 모든 면, 모든 측면을 신성하게 만든다. 그러므로 그와 함께라면 삶의 모든 방향이 성스러워진다. 하지만 마하비라는 그렇지 않다. 마하비라가 가는 어떤 특정한 방향만이 신성하며, 반면에 그 밖의 다른 방향들은 신성하지 못한 것으로 남게 된다. 사실 그의 한 방향이 신성하기 때문에 다른 모든 방향들은 신성하지 않은 것이 되어 버린다. 그것들은 자동적으로 비난받게 되며, 신성을 더럽히는 것이라는 그늘 속에 살도록 운명지어진다. 이러한 것은 마하비라뿐 아니라 라마, 붓다, 예수, 모하메드도 마찬가지다. 이들은 삶의 탐구에서 하나의 배타적인 방향만을 고수한다.

크리슈나는 삶의 모든 방향, 모든 측면을 신성하고 성스럽게 했다고 말할 수 있는 유일한 존재이다. 그는 각양각색의 구도자들이 자연스럽게 그들에게 오는 어떤 방향을 통해서도 궁극에 도달할 수 있게 한다. 이런 의미에서 크리슈나는 다차원적이며, 이것은 그 자신에게뿐만 아니라 다른 사람들에게도 역시 그러하다. 누구나 플루트를 불고 춤을 추면서 신을 향해 나아갈 수 있다. 그리고 플루트를 불면서 사마디, 즉 황홀경이 일어나는 그 깊이에 닿을 수 있다. 하지만 마하비라와 붓다에게는 그것이 불가능하다. 마하비라와 붓다의 길에서는 플루트를 불며 명상과 사마디의 정점에 이를 수 없다. 그것은 불가능하다. 마하비라가 볼 때, 미라(Meera)는 결코 최고의 경지에 도달할 수가 없다. 미라는 크리슈나에게 집착하였다. 그녀는 크리슈나를 사랑한다. 마하비라에 따르면, 집착을 통해서는 결코 신에게 나아갈 수 없으며 오직 무집착을 통해서만 그럴 수 있다. 하지만 크리슈나와 함께 한다면, 집착이나 무집착이나 둘 다 같은 목적지에 이를 수 있다.

바로 이러한 이유로 나는 크리슈나의 완전함은 비교될 수 없다고 말한다. 그것은 희기히다.

두 번째 질문으로 당신은 자이나 티르탄카라들 중에서 완전함에 이른 자가 아무도 없었는지에 대해서 물었다. 아니다. 그들은 모두 완전함에 이르렀다. 하지만 그것은 일차원적인 완전함일 뿐이다. 이러한 일차원적인 완전함 때문에 자이나 이론은 폭넓은 명망을 얻을 수 없었다. 그것이 자이나교의 근본 성향에 내재되어 있다. 2,500년이 흘렀지만 자이나교도는 현재 350만 명에 불과하다. 아주 보잘것없는 숫자다.

마하비라는 혼자가 아니었다. 그는 거대한 유산을 내려 준 23명의 자이나 티르탄카라들과 더불어 있다. 그럼에도 불구하고 마하비라와 같은 사람이 내린 메시지가 단지 350만의 사람들에게만 전달되었다는 것은 아이러니컬하다. 만약 그의 생전에 단 36명만 감화되었다고 하더라도, 그들은 2,500년간 내려오면서 단순한 출산을 통하여도 이 수치에 이르렀을 것이다. 무엇 때문일까? 원인은 간단하다. 그것은 그들의 일차원적인 접근 방식 때문이다. 그들에게는 크리슈나의 다차원적인 완전함이 결여되어 있다. 그들의 매력은 소수의 사람들의 관심을 끌 뿐이었다. 나머지의 인류들에게 이르는 데는 효과적이지 못하였다. 자이나교에서 표방하는 일차원적인 접근법과 다른 성향들을 지닌 사람들은 아무런 영향도 받지 못한 채로 있다. 그들은 자신을 자이나교에 맞추기가 어렵다는 것을 발견한다.

그뿐만 아니라 얼마 되지 않는 이 자이나교도들조차도 마하비라에게 대해야만 하는 방식으로 그를 대하지 않는다는 것은 아이러니컬하다. 크리슈나를 경배하는 것은 당연하다. 그러나 경배는 마하비라의 가르침들에 위배된다. 그런데도 자이나교도들은 마하비라에게 경배를 드리고 있다. 크리슈나에게는 경배를 드려도 되지만 마하비라에게는 드리지 않아야 한다. 그들이 그렇게 하는 것은 마하비라가 자이나 사회에 태어난 소수의 사람들의 마음과도 일치하지 않을 것이라는 것을 의미한다. 그 이유는 마하비라의 차원이 매우 배타적인 데 있다. 그의 차원은 극소수의 사람들에게만 어울린다. 그래서 자이나 사회에서 태어난 사람들은 계속 자이나로 있기는 하지만, 마하비라의 차원에 속하지 않는 많은 것들을 가지고 온다. 헌신이 자이나교에 들어왔고, 그것과 함께 경배와 기도 및 여타의 다른 의식들이 들어왔다. 그러한 것들은 마하비라와는 아무런 관련이 없는 것들이다. 그러한 것들은 그의 진수와 이질적인 것이다. 사실 헌신과 경배는 마하비라로서는 정말 터무니없는 것들이다. 마하비라의 삶 속에서는 그것들이 설 자리가 없다. 하지만 자이나교도들에게는 그들 나름의 어려움이 있다. 그들은 경배와 기도가 없이는 만족을 느낄 수가 없다. 그래서 그들은 이 모든 것들을 마하비라의 종교 속으로 가져와서 합치고 있다.

여기서 나는 일차원적으로 완전함을 얻은 자들은 모두 그들의 추종자들에 의해 부당하게 대우를 받게 된다는 것을 말하고 싶다. 그들은 그것을 피할 수 없다. 하지만 다차원적 완전함에 도달한 자들에게는 이런 식으로 부당하게 대우할 수가 없다. 그들은 당신이 하는 모든 행동들을 받아들일 것이다. 그래서 모든 유형의 사람들이 크리슈나와 함께 갈 수 있지만, 오직 특정한 유형의 사람만이 마하비라와 함께 갈 수 있다.

이것이 24명의 자이나 티르탄카라들 모두가 같은 길의 여행자들이라고 말하는 이유이다. 그들은 지향하는 방향도 영적인 수행도 동일하다. 나는 그들이 목표에 도달하지 못한다고 말하는 것이 아니다. 그들도 목표에 도달한다. 크리슈나가 이루었던 것을 그들이 궁극적으로 이루지 못한다는 것이 아니다. 그들은 크리슈나가 이루었던 것을 정확하게 이룬다.

강이 수백의 물줄기가 되어 바다로 가든, 한 줄기의 물로 바다에 가든 그것은 중요한 것이 아니다. 바다에 이르는 즉시 모든 여행은 끝나고 강은 바다와 하나가 된다. 하지만 이 두 강 사이에는 차이가 있다. 하나는 물줄기가 하나이며, 다른 하나는 많은 물줄기를 가진다. 물줄기가 많은 강은 넓은 영역의 땅에 물을 댈 수 있지만, 물줄기가 하나인 강은 그럴 수 없다. 즉 몇 그루의 나무들과 식물만이 혜택을 얻을 뿐이다. 이 차이점을 이해해야만 한다. 그것은 부정될 수 없다.

이것이 내가 말하고자 하는 다차원적인 완전함이다.

다음으로 당신은 억제가 없는 삼야마(samyama), 즉 삶의 균형을 얻기 위한 수행이 무엇인지 물었다.

포기의 길을 택한 자들에게 삼야마는 일반적으로 억압을 의미한다. 즉 포기의 길로 들어선 모든 구도자들은 삼야마를 억압의 의미로 이해한다. 이런 까닭으로 자이나 경전들에는 몸을 억압하는 수행법도 있다. 그들은 육체조차도 억압받고 억제되어야 한다고 믿는다. 이처럼 삼야마가 억압과 동의어가 된 것은 불행한 일이다.

크리슈나의 관점에서는, 삼야마는 결코 억압을 의미하지 않는다. 크리슈나가 어떻게 억압을 통하여 삼야마를 이룰 수 있다고 말할 수 있겠는가? 크리슈나에게 삼야마는 전적으로 다른 의미를 지닌다.

단어들은 때로 우리를 큰 어려움에 빠지게 한다. 크리슈나의 입을 통하여 나왔든, 마하비라의 입을 통하여 나왔든, 그 말들은 동일하다. 하지만 그 단어들의 의미는 입에서 입으로 옮겨가는 동안 변하게 된다. 삼야마라는 이 단어는 사람에 따라 다른 의미를 지닌다. 마하비라가 이 단어를 사용할 때는 한 가지를 의미하지만, 크리슈나가 같은 단어를 사용하면 정반대의 의미를 지닌다. 단어는 사전에서 오지만, 그것의 의미는 그 단어를 사용하는 사람들로부터 온다.

일반적으로 단어의 의미는 사전에서 온다고 믿지만 사실은 그렇지 않다. 물론, 그들 자신의 아무런 개별성을 지니지 못한 사람들은 단어의 의미를 사전에서 찾는다. 하지만 개별성을 지닌 사람들은 단어들에 그들 자신의 의미를 부여한다. 그러므로 크리슈나가 의미하는 삼야마는 그의 맥락 안에서만 알려질 수 있다. 마찬가지로 마하비라의 삼야마의 의미는 마하비라의 맥락에서만 알려질 것이다. 단어의 의미는 단어 그 자체 안에 있는 것이 아니다. 그것은 크리슈나나 마하비라와 같이 그 말을 사용하는 사람들로부터 온다.

크리슈나의 삶을 들여다본다면, 누구도 삼야마가 억압을 의미한다고 말할 수 없다. 이 땅에서 전혀 억압되거나 억제되지 않고 자유를 누린 것으로 볼 수 있는 유일한 사람이 있다면 그는 크리슈나이다. 그러므로 크리슈나에게 삼야마란 억압과는 전혀 관계없는 말이다. 나에게도 역시, 삼야마는 억압과 정반대의 의미를 지닌 말이다.

산스크리트인 이 삼야마는 아주 특별한 말이다. 나에게 있어 그 말은 균형, 평형, 중용을 의미한다. 무게가 같아서 어느 한쪽도 다른 쪽보다 더 무겁지 않은 것, 그것이 삼야마이다. 이런 의미에서 보면 포기자는 세상의 쾌락에 빠진 사람 이상으로 삼야마, 즉 균형을 지니지 못하고 있다. 둘 다 불균형이다. 그들은 삼야마가 부족하다. 둘 다 극단론자들이다. 세상에 탐닉하는 자는 삶의 극단적인 한쪽 면만을 고수하지만, 세상을 포기한 자 역시 또 다른 한쪽 면을 고수한다. 삼야마는 두 극단에서 같은 거리에 있는 것, 정확히 가운데 있는 것을 말한다. 크리슈나는 포기도 탐닉도 아닌 그 중간 상태를 나타낸다. 당신은 삼야마가 포기의 요소를 담은 탐닉, 탐닉의 요소를 담은 포기라고 말할 수 있다. 중요한 것은 탐닉과 포기 사이에서 균형을 맞추는 것이다. 실제 삼야마는 탐닉도 포기도 아니다. 그것은 어느 한쪽으로도 기울지 않는 상태이다. 양극단에서 같은 거리를 유지하는 사람, 그 사람만이 삼야미(samyami, 삼야마의 사람)라고 할 수 있다.

부를 미친 듯이 좇는 사람이 있다. 그는 매일 돈을 쌓는 데 혈안이 되어 있다. 매일 밤 그는 은행 잔고를 늘려 나간다. 돈이 인생의 모든 것, 즉 그의 숭배 대상이다. 이 사람은 인생의 극단으로 간 것이다. 어떤 사람은 부에서 등을 돌린다. 그는 부에서 도망을 간다. 부가 자신을 잡아당겨 함정에 다시 빠뜨리지 못하도록 그는 부를 포기하고 뒤돌아보지도 않는다. 이 사람은 다른 극단으로 가 버렸다. 둘 다 균형을 잃었다. 둘 다 삼야마가 결핍되어 있다. 부를 포기하는 것이 한 사람의 목표이며, 부를 획득하는 것이 다른 사람의 목표이다.

그렇다면 삼야미, 즉 조화로운 자는 누구인가? 크리슈나에 의하면 자나카(Janaka)와 같은 이가 삼야미이다. 극단들을 부정하는 것이 삼야마다. 중앙에 정확하게 존재하는 것이 균형이다. 너무 단식하는 것도 그리고 너무 먹는 것도 삼야마에 반하는 것이다. 올바로 먹는 것이 삼야마다. 단식은 배고픔으로 기울어지는 것이며, 과식은 탐닉으로 기울어지는 것이다. 균형이란 적게도 많이도 먹는 것이 아니라 적당량의 음식을 취하는 것이다. 크리슈나에게 삼야마는 균형, 평형, 평정을 의미한다. 중심에서 벗어난 어떤 움직임, 중심에서 한편 또는 다른 편으로의 아주 작은 움직임도 균형을 파괴한다. 어느 측면으로 가든 삼야마는 사라진다.

사람은 단지 두 측면으로만 삼야마에서 벗어날 수 있다. 하나는 탐닉이고, 다른 하나는 포기이다. 당신은 어떤 것에 집착하여 매달리거나 아니면 그것을 거부한다. 둘 중의 하나이다. 흔들리는 추가 있는 벽걸이 시계를 본 적이 있는가? 벽시계의 추는 한쪽에서 다른 한쪽으로 끊임없이 흔들린다. 그것은 결코 중앙에 멈추지 않는다. 시계추에서 또 다르게 눈에 띄는 것은 그것이 오른쪽으로 움직일 때, 그것은 다만 그렇게 보일 뿐이라는 것이다. 사실 그것은 왼쪽으로 가려고 힘을 모으고 있는 것이다.

우리는 이 벽걸이 시계의 추와 정확하게 같다. 어떤 사람이 단식을 하는 것은 사실상 그 이후의 향연을 준비하고 있는 것이다. 마찬가지로 지금 집착과 탐닉을 하고 있는 사람은 곧 지칠 것이다. 그래서 그는 포기와 금욕을 추구할 것이다. 두 극단은 함께 모인다. 그들은 같은 대상의 서로 다른 두 측면에 불과하다.

시계추는 어느 방향으로도 움직이지 않은 채 중앙에서 멈출 때만 균형을 이룬다. 이것이 삼야마를 상징할 수 있는 추와 같은 것이다. 그러므로 탐닉이나 금욕을 따라가는 사람은 균형을 이루지 못한다. 그러한 사람을 아삼야미(asamyami, 균형을 이루지 못한 사람)라고 한다. 어떤 사람은 오른편에 있는 아삼야미로, 또 다른 사람은 왼편에 있는 아삼야미로 불린다.

크리슈나의 관점에서는 중앙에 한결같이 있는 것이 삼야마다. 크리슈나에 관한 한 그것은 어떤 다른 의미가 없다. 균형에 있는 것이 바로 삼야마다.

실제 삶의 맥락에서 삼야마를 살펴보기로 하자. 실제 삶에 있어서, 삶의 내적 의미에서 삼야마의 사람은 두 가지 의미를 가진다. 그러한 사람은 금욕적이지도 쾌락적이지도 않다. 아니면 그는 둘 모두이다. 그러한 사람은 포기자인 동시에 쾌락주의자다. 그의 탐닉은 포기와 합쳐지며, 그의 포기는 탐닉과 섞여 있다.

하지만 포기에 기반을 둔 옛 전통들은 그 어느 것도 삼야마에 대한 이 정의에 동의하지 않을 것이다. 포기에 기반을 둔 전통주의자들의 삼야마는 쾌락에 대한 혐오를 뜻하며, 불균형을 뜻하는 아삼야마란 쾌락의 탐닉을 뜻한다. 그러므로 그들 전통주의자들의 입장에서 보면, 집착을 버리고 고행에 전념하는 사람이 바로 삼야미다.

크리슈나는 포기자도 아니며 쾌락주의자도 아니다. 우리가 그를 어떤 자리에 두어야만 한다면, 그는 차르바카(Charvaka)와 마하비라의 중간일 것이다. 탐닉에 있어서는 차르바카와 같고, 포기에 있어서는 마하비라에 뒤쳐지지 않을 것이다. 차르바카와 마하비라를 섞을 수 있다면, 그것이 크리슈나일 것이다.

그래서 크리슈나의 관점에서 보면, 삼야마나 아삼야마와 같은 모든 말들이 변형의 과정을 거치게 될 것이다. 말들은 같지만 그들의 의미는 전혀 다를 것이다. 그 뜻은 크리슈나 자신의 존재로부터 나올 것이다.

당신께 드릴 두 번째 질문입니다. 크리슈나의 사다나(sadhana), 즉 영적 수행이란 무엇입니까? 또 그의 경배 방식은 무엇입니까?

크리슈나의 삶에는 사다나, 즉 영적 수행이란 것이 없다. 그러한 것이 있을 수 없다. 영적 수행의 기본 요소는 노력이다. 노력이 없이 사다나는 불가능하다. 또한 사다나에서 꼭 필요한 요소는 자아다. 자아, 즉 '나'가 없다면 영적 수행은 떨어져 나간다. 수행하는 자가 누구인가? 누가 수행을 할 것인가? 노력은 행위자를 암시한다. 노력하는 누군가가 있어야 한다. 행위자가 없으면 노력도 사라진다.

이 문제에 대해 더 깊이 들어가면, 사다나가 신 없는 자들, 즉 신을 받아들이지 않는 자들의 발명품이라는 것을 알게 될 것이다. 신을 부정하며 오직 자신의 영혼만을 받아들이는 사람들은 영적 수행인 사다나를 믿는다. 그들은 영혼이 그것 자신을 드러내기 위해서, 그것 자체가 되기 위하여 노력을 해야만 한다.

우파사나(upasana), 즉 헌신은 자신의 영혼이란 것은 없으며 오직 신만이 존재한다고 믿는 사람들이 행하는 방법이다. 일반적으로 우리는 사다나와 우파사나, 즉 수행과 숭배는 병행되어야 한다고 생각하지만 사실은 그렇지 않다. 유신론자들은 헌신과 숭배의 가치를 믿는다. 그들은 노력을 믿지 않는다. 그들은 해야 할 일은 신에게 더욱더 가까이 다가가는 것뿐이라고 말한다.

우파사나라는 말은 아름답다. 그것은 신 가까이 앉는 것, 숭배의 대상 가까이 가는 것을 의미한다. 그러면 숭배자는 사라지고, 그의 자아는 신에게 가까이 가는 바로 그 과정에서 증발되어 버린다. 더 이상 할 것이 없다. 유신론자들은 자신의 자아가 신과 자신을 분리시킨다고 믿는다. 자아는 구도자와 구도의 대상 사이에 놓인 깊은 장벽이다. 자아가 크면 클수록 이 둘 사이에 놓인 거리는 더 크다. 자아는 구도자와 신 사이에 놓인 거리를 표시한다. 신에게 다가갈수록 자아는 녹고 사라진다. 그리고 자아가 완전히 사라지는 날, 구도자가 존재하기를 그만두는 날, 그의 우파시나는 완전해지고 그는 스스로가 신이 된다.

그것은 얼음이 물이 되고, 다시 물이 증발하여 하늘로 사라지는 것과 같다. 물이 되기 위해 얼음이 노력을 해야 하는가? 얼음이 노력한다면 그것은 더 단단해질 것이다. 노력은 얼음을 더욱더 결정화시켜 굳게 할 것이다. 그러므로 구도자가 사다나 즉 영적 수행에 의존한다면, 그것은 그의 자아를 강하게 하고 단단하게 하고 굳게 할 뿐이다.

그러므로 우파사나, 즉 헌신은 신에게로 나아가게 하는 반면에, 사다나는 결국 영혼으로 나아가게 한다. 자신을 수행하는 자는 영혼에서 끝날 것이다. 그는 그것을 초월할 수 없다. 그는 그 자신, 즉 그의 영혼을 결국 찾았다고 말할 것이다. 반면에 헌신자는 그 자신을 잃고 신을 찾았다고 말할 것이다. 그래서 수행자인 사다카(sadhaka)와 헌신자인 우파사카(upasaka)는 서로 상반된다. 그들은 같지 않다. 우파사카가 녹아 물처럼 증발되는 반면에, 사다카는 자신의 영혼으로서 강화되고 결정화될 것이다.

크리슈나의 삶 속에는 수행이라는 요소가 조금도 없다. 사다나가 있을 곳이 어디에도 없다. 크리슈나에게 의미가 있는 것은 우파사나, 즉 헌신이다.

우파사나의 전 여정은 노력과 수행을 반대한다. 그것은 전적으로 다른 차원으로 들어간다. 우파사카에게는 자신이 자기 자신을 찾았다고 생각하는 것은 잘못이다. 자기는 단지 장벽이며 거짓일 뿐이다. 존재한다는 것은 오직 굴레이다. 그러므로 존재하지 않는 것, 즉 무(無)의 상태로 있는 것이 유일한 자유이다. 사다카가 "나는 자유롭고 싶다."라고 말한다면, 우파사카는 "나는 '나', 즉 자신으로부터 자유롭고 싶다."고 말한다. 사다카는 "나는 자유를 원한다."고 말한다. 하지만 그의 '나'는 처리되지 않은 채 남아 있다. 우파사카에게 자유는 '나 없는' 즉 완전한 자아 없음의 상태를 뜻한다. '나'의 자유가 아닌 '나'로부터의 자유는 우파사카에게 가장 높은 단계이다. 그러므로 크리슈나의 말 속에는 어디에도 사다나가 없다. 오직 우파사나만 있을 뿐이다.

그러므로 나는 우파사나 속으로 깊이 들어갈 것이다. 우파사나를 이해하려면, 먼저 우파사나가 노력이나 수행과 아무런 관련이 없다는 것을 아는 것이 먼저 필요하다. 그것을 명확히 알지 못하면, 우리는 이 둘을 계속 혼동할 것이다. 사실 헌신과 숭배의 길을 택하는 이들은 극소수라는 것을 기억하라. 대부분의 사람들은 행위자인 사다카가 되기를 좋아한다. 사다카는 잃을 것이 아무것도 없다. 그는 오직 어떤 것, 즉 그의 영혼을 얻어야 할 뿐이다. 그러나 우파사카는 모든 것을 잃을 것이다. 그는 다른 무엇이 아니라 그 자신을 완전히 잃어야 한다. 그러므로 이 길을 택하고자 하는 사람은 거의 없다. 이것이 크리슈나를 사랑하는 사람들조차 수행자로 변모하게 되는 이유이다. 그들은 행위자가 되고 싶기에 사다나, 즉 수행의 관점에서 이야기를 한다. 자아는 '노력하다', '성취하다', '도달하다'와 같은 단어들을 사랑한다. 이것은 늘 성취를 쫓아다닌다.

  우파사나는 힘이 들고, 헌신은 어렵다. 무의 상태 속으로 증발되고 사라지는 것보다 더 어려운 것은 없다. 사람들은 그들이 왜 죽어서 무의 상태 속으로 사라져야만 하는지, 그리고 존재로서 죽음에 의해 무엇을 얻을 것인지를 알고 싶어 한다. 그러한 고상한 말들에도 불구하고, 사다카는 늘 얻는 것과 잃는 것에 대해 생각한다. 자신의 해방조차 자신의 행복으로 가는 수단 이상의 것은 아니다. 그의 자유는 그의 자유일 뿐이다. 그래서 단어의 더 깊은 의미로 볼 때 사다카가 이기적인 사람이라는 것은 놀라운 일이 아니다. 이런 의미에서 수행자는 자기를 초월할 수 없는 것이다. 하지만 헌신자인 우파사카는 자기를 초월하여 더 이상 자기가 존재하지 않는 궁극에 대해 알게 될 것이다.

  그러면 이 우파사나는 무엇인가? 그것의 의미는 무엇이며, 왜 중요한가? 그것의 방법은 무엇인가? 우파사나에 대한 이런 질문을 이해하려고 애쓰기에 앞서, 당신이 사다나에 대한 생각을 온통 버리는 것이 필수적이다. 그것을 잊어라. 그것은 그 어느 곳이든 있어야 할 곳이 없다. 그때서야 당신은 무엇이 우파사나인지를 알 수 있다.

앞서 말했듯이, 우파사나란 말은 어떤 이의 근처에 앉는 것, 누군가의 가까이 앉는 것을 의미한다. 하지만 가까이 있기 위해 넘어서야만 하는 것, 거리는 무엇인가? 공간 속에서는 물리적인 거리라는 것이 있다. 당신은 그곳에, 나는 여기에 앉아 있다. 당신과 나 사이에 거리가 있다. 이것이 물리적인 거리다. 우리가 서로에게 가까이 가면 물리적인 거리는 사라진다. 우리가 손을 맞잡고 함께 앉아 있다면, 그 거리는 완전히 사라질 것이다.

이러한 물리적 거리와는 아무런 관계가 없는 영적인, 내적인 다른 종류의 거리가 있다. 비록 두 사람이 서로 손을 맞잡고 함께 있지만, 영적으로 그들은 서로에게서 수백 마일 떨어져 있을 수도 있다. 또 두 사람이 육체적으로는 수백만 마일이나 떨어져 있지만, 영적으로는 친밀히 함께 할 수 있다. 그러므로 두 종류의 거리가 있다. 하나는 육체적인 것이고, 다른 하나는 심리적, 영적인 것이다. 우파사나는 구도자와 구도의 대상 사이에 놓인 내적 거리, 심리적 분리를 끝내는 방법이다.

아이러니컬하게도, 헌신자조차 사랑하는 이로부터 자신을 분리하는 것처럼 보이는 육체적 거리를 없애려 한다. 예를 들어 "당신 생각으로 저는 잠들 수가 없습니다. 더 이상 저를 괴롭히지 마십시오. 여기에 당신의 잠자리를 마련하였습니다. 이제 여기로 오는 것을 더 이상 미루지 마십시오."라고 말하곤 한다. 하지만 육체적인 거리가 사라진 후에도 내적인 거리가 여전히 남아 있다는 것이 고통이다. 사랑하는 사람에게 가까이 가는 것은 전적으로 내적인 현상이다. 헌신자는 보이지 않는 신과 함께 할 수 있다. 그럴 때 신과 그 사람 사이에는 아무런 육체적 거리가 없다. 우파사나는 헌신자를 신성한 존재와 하나로 결합시키는 방법이다. 그러나 어떻게 해서 이런 내적인 거리가 생겼는가?

우리는 외적인 거리가 어떻게 만들어지는지에 대해서는 안다. 내가 당신으로부터 다른 방향으로 걸어가 버린다면, 당신과 나 사이에는 육체적 거리가 즉시 생길 것이다. 그리고 내가 당신에게로 되돌아온다면 그 거리는 없어질 것이다. 하지만 내적인 거리는 어떻게 존재하게 되었는가? 우리가 외적인 공간에서 걸어가듯이 걸어가야 할 길이 내적 공간에는 없다. 내적인 거리는 뭔가가 되고자 함으로써 생긴다. 나의 자아가 견고해질수록 내가 되고자 하는 것과 나의 존재 사이에는 더욱 거리가 멀어진다. 자아가 녹아 증발되면 내적인 거리는 같은 방법으로 사라진다. 나의 자아가 완전히 사라져서 내가 더 이상 존재하지 않고 내가 전적으로 비워졌을 때, 그때 나와 신 사이에 있는 내적 거리는 모두 사라진다.

그러므로 우피시니, 즉 헌신은 헌신자가 텅 빔, 무, 무존재가 되는 것을 뜻한다. "나는 존재하지 않는다."는 진리를 아는 것이 헌신자가 되는 것이며, 신과 함께 존재하는 것이다. 거꾸로 "나는 존재한다."고 아는 것, 이 자아에 집착하는 것은 신으로부터 멀어지는 것이다. "나는 존재한다."라고 선언하는 것은 구도자와 구도의 대상 사이에 분리, 거리를 생기게 한다.

루미(Rumi)는 아름다운 노래를 지었다. 그것은 진정한 헌신이 무엇인지를 아는 수피(Sufi, 이슬람 신비주의자)들의 노래다. 수피들은 우파사나가 무엇인지를 아는, 이 세상에서 드문 사람들이다. 크리슈나를 완전히 이해한다면 그가 바로 수피이다. 그들은 이슬람교인이지만 별로 문제가 되지 않는다. 이 노래는 잘라루딘 루미의 노래이다.

연인이 사랑하는 사람의 문을 두드린다. 안에서 "누구십니까?"라고 묻는 소리가 들려온다.

연인이 답한다. "나예요. 날 모르시나요?" 안에서는 아무 소리도 없이 오직 완전한 침묵만이 감돈다. 연인이 계속 문을 두드리며 소리친다. "내 목소리를 모르시나요? 당신의 연인이랍니다. 어서 문을 열어 주세요."

그때 집 안에서 작은 목소리가 들려온다. "그대가 존재하는 한, 사랑의 문은 계속 닫혀 있습니다. 이 문은 '내가 존재한다.'고 말하는 자에게는 결코 열리지 않습니다. 그러니 돌아가십시오. 그래서 그대의 '나'가 더 이상 존재하지 않을 때만 여기에 다시 돌아오십시오."

연인은 실망한 채 돌아간다. 수많은 봄, 여름, 가을, 겨울이 가고 온다. 여러 해가 지나간다. 어느 날 연인이 다시 나타나 문을 두드린다. 집 안쪽의 신성한 곳에서 똑같은 질문이 들린다. "누구세요?" 연인은 대답한다. "지금 오직 당신만이 존재합니다." 그러자 문이 열린다.

루미의 노래는 여기서 끝난다.

나는 루미가 헌신의 정신 속으로 완전히 빠져들지는 못했다고 생각한다. 그는 크리슈나의 최고의 높이에 이르는 데는 실패한다. 그는 크리슈나와 함께 걷지만 전체의 길 모두는 가지 않는다. 만약 내가 이 노래를 짓는다면, 나는 그 사랑하는 이가 연인에게 이렇게 말하도록 할 것이다. "'당신'이 남아 있는 한, '나'는 아마도 숨은 채로 여기에 있을 것입니다. 그러니 다시 돌아가십시오. '당신'과도 끝낸 후 그때 돌아오십시오."

'당신'이라는 자각은 '나' 없이는 존재할 수 없다. '나'를 사용하거나 사용하지 않는 것은 별다른 차이가 없다. '당신'이 나에게 존재하는 한, 나는 존재하고 있다. 아마도 나의 '나' 그 자체가 무의식의 어두운 곳에 숨어 있을지도 모른다. 그래도 그것은 거기에 존재하고 있다. '나'가 거기에 없다면 누가 '당신'을 말할 것인가? 그러므로 어떤 사람이 "당신만이 존재합니다."라고 말하더라도 그것은 아무런 차이가 나지 않는다. 그것은 두개의 닮은꼴과 같다. 그러므로 내가 이 시를 써야 한다면 나는 애인에게 이렇게 말하게 할 것이다. " '당신'이 있는 한, '나'는 지워질 수 없습니다. 그러므로 돌아가 당신이 '나'를 없앤 것처럼 '당신'이라는 것을 없애십시오."

연인이 '나'와 '당신' 둘 다를 잃은 후에 되돌아올 것이라고 당신은 생각하는가? 그 연인은 돌아오지 않을 것이다. 그러면 내 시는 힘들어질 것이다, 시를 완성시킬 수가 없으니까…… 연인은 돌아오지 않을 것이다. ……누가 돌아올 것인가? 누구에게? 오고 감이 일어나는 내적인 거리가 사라졌기 때문에 그는 결코 다시 오지 않을 것이다. 사실 거리는 '나'와 '당신'의 자각으로 만들어진다. '나'와 '당신'이라는 것의 중지로 거리는 완전히 사라진다. 그러므로 그것이 끝날 때가 되면 나의 노래는 정말로 어려움에 처할 것이다. 이러한 이유 때문에 아마도 루미는 그런 식으로 자신의 노래를 마무리했을 것이다. 그 후에는 이야기할 아무것도 남아 있지 않기 때문에 더 이상 진행시킬 수 없다. 노래는 거기서 끝나야만 한다. 그를 받아들일 사람이 아무도 없다. 누가 누구에게 갈 것인가? 무엇을 위하여?

누가 오고 가는 것이 있는 한, 거기에는 거리가 있다. '나'와 '당신'이 사라질 때, 거리는 사라진다. 거리들이 사라지면, 만남이 일어나고 융합이 일어난다.

　헌신자는 어디로도 갈 필요가 없다. 그가 있는 곳 어디에서나 만남이 일어난다. 어디로 가느냐의 문제가 아니다. 그냥 '자기'를 죽여야만 한다. 그러면 그는 지고한 존재에게 가까이 간다.

　마틴 부버(Martin Buber)에 대해 말씀해 주십시오.

　마틴 부버의 온 사고는 관계, 즉 '나'와 '당신' 사이의 친밀감에 관심이 있다. 마틴 부버는 우리 시대의 가장 심오한 사상가들 중 한 사람이다. 그러나 기억하라. 심오함이 전부는 아니다. 아무리 심오하더라도 그것은 피상적인 것, 얕은 것의 다른 끝일 뿐이다. 진정한 깊이는 얕지도 깊지도 않을 때 온다. 마틴 부버는 아주 심오한 것을 생각해 냈다. 그는 삶의 진리는 '나'와 '당신'의 상호관계에 있다고 말한다.
　무신론자, 물질주의자는 물질만이 존재한다고 믿는다. 물질 이외에는 아무것도 없다. 그들의 세계는 '나'와 '당신'으로 되어 있지 않다. 그 세계는 '나'와 '그것'으로 되어 있다. 그곳에는 '당신'을 위한 어떤 자리도 없다. '당신'을 위해서는, 다른 사람이 영혼을 소유하고 있다는 것이 필요하기 때문이다. 그래서 무신론자의 세계는 '나'와 '그것'의 관계에 국한된다. 바로 그러한 이유로 그것은 그토록 복잡한 세상이 된다. 그들의 세계에서는 한편으로는 자신을 '나'라고 부르며 그 자신에게 영혼을 부여하면서, 그는 다른 사람들의 '나'는 빼앗아 버린다. 그래서 그들을 물질로, '그것'으로 축소시켜 버린다. 물질주의자는 모든 사람, 모든 것을 물질로 축소시켜 버린다. 내가 아무런 영혼이나 정신이 없다고 믿는다면, 그때 나에게 당신은 물질

이상의 것이 아니다. 그렇다면 어떻게 내가 당신을 '당신'이라고 부를 수 있겠는가? 오직 살아 있는 사람, 영혼과 더불어 살아 있는 사람만이 '당신'이라는 말을 쓸 수 있기 때문이다.

그래서 마틴 부버는 유신론자들의 세상은 '나'와 '그것'이 아닌 '나'와 '당신'으로 이루어진다고 말한다. 나의 '나'가 세상을 '당신'으로 부를 때, 그때에만 그것은 유신론자의 세상이다. 이것이 부버가 생각하는 방식이다.

하지만 나는 그렇게 말하지 않을 것이다. 나는 유신론자조차도 그의 깊이에 있어서는 무신론자와 다르지 않다고 말할 것이다. 왜냐하면 그는 이 세상을 '나'와 '당신'으로 나누기 때문이다. 아니면 부버가 말하는 유신론자의 세상은 이원적 유신론자의 세상이라 말할 수도 있다. 하지만 이원적 유신론자는 아무런 의미가 없기 때문에 그것은 진실이 아니다. 어느 의미에서는, 무신론자는 오직 물질만이 존재한다고 말하기 때문에 비이원론자라고 볼 수 있다. 그리고 오직 하나만이 존재하고 있으며 그것은 영이라고 말하는 영성주의자도 비이원론자이다. 오직 하나만이 있다는 가정으로부터 출발하여 비이원론, 즉 하나를 얻는 것이 더 쉽다고 나는 생각한다. '나'와 '당신'이라는 둘이 있다는 가정으로부터 일원론에 이르기는 매우 어렵다.

이런 의미에서, 부버와 같은 이원론자는 무신론자들보다 더 어려운 상황에 놓일 수도 있다. 물질론자들은 비이원론자이며 단일론자이다. 그러므로 어느 날 그가 아무런 물질이 없으며 오직 영만이 존재한다는, 오직 의식만이 존재한다는 점을 알게 된다 해도 그는 변형되는 데 별다른 어려움이 없을 것이다. 무신론자조차도 존재의 단일성을 받아들인다. 그들은 이원적인 해석을 받아들이지 않는다. 하지만 이원론자의 문제는 더 힘이 든다. 이원론자는 존재는 이원적이라고 믿는다. 즉 존재는 물질과 정신이 함께 하는 것이라고 생각한다. 그러므로 그는 비이원론, 즉 모든 존재의 단일성에 이르기가 지극히 어려울 것이다.

부버는 이원론자다. 그는 세상이란 '나'와 '당신'으로 되어 있다고 말한다. 그의 이원론은 인간적이다. 왜냐하면 그는 '그것'을 지워 버리고, 그것에 영혼을 지닌 '당신'이라는 지위를 주기 때문이다. 하지만 그럼에도 그것은 여전히 이원적이다. 거기에는 '나'와 '당신' 간의 관계만이 존재할 수 있다. 그들 사이에 어떤 일치도 어떤 단일성도 있을 수 없다. 아무리 관계가 깊고 친밀하다 해도 거기에는 '나'와 '당신' 간의 어떤 거리가 항상 존재하고 있다. 내가 당신과 관계가 있다 하더라도, 비록 그 관계가 아무리 친밀하더라도, 관계라는 바로 그 사실이 나를 당신으로부터 분리시킨다. 우리는 하나가 아니라 둘이다.

관계라는 것은 양쪽 모두를 자를 수 있는 양면의 칼이라는 점을 기억하라. 관계는 하나로 합치는 동시에 분리시킨다. 당신과 내가 관련되어 있다면, 그것은 우리가 분리될 수 있다는 것도 의미한다. 만남의 점은 또한 헤어짐의 점이다. 다리는 두 강둑을 잇기도 하지만, 그것들을 나누기도 한다. 사실 두 사람이나 두 물건을 잇는다는 것은 언젠가는 그것들이 서로 나누어진다는 것을 의미한다. 그것은 피할 수 없다. 피할 길이 없다. 두 사람은 서로 연결될 수는 있지만 하나가 될 수는 없다. 관계는 일치가 아니다.

사랑하는 사이일지라도, 두 연인 사이의 분리는 여전히 존재한다. 분리와 구분이 있는 한, 사랑은 충족될 수 없다. 모든 연인들이 불만족스럽고 불평하는 이유는 이것이다. 사랑에는 두 종류의 불만이 있다. 하나는 애인을 찾지 못해서 느끼는 불만이고, 다른 하나는 애인을 찾은 뒤에도 느끼는 불만이다.

당신은 당신이 사랑하는 사람 혹은 당신을 사랑하는 사람을 만났을 때에도 여전히 거리가 존재하며 이런 분리의 고통을 덜어 줄 수 있는 것은 아무것도 없다는 점을 깨달을 것이다. 당신이 애인과의 거리와 분리를 없애기 위해 온갖 노력을 다해도 이 분리의 아픔은 그대를 계속 괴롭힌다. 그래서 애인을 찾지 못한 사람들보다 애인을 찾은 사람들이 오히려 더 비참할 때가 종종 있다. 애인을 찾지 못한 사람은 찾을 수 있다는 희망이라도 있지만, 찾은 사람은 모든 희망을 빼앗긴다. 그의 불만족과 절망은 훨씬 더 깊어진다. 사실 어떤 만남도 진정하지 않다. 왜냐하면 둘이 만나고, 그래서 둘이라는 실체가 존재하는 한, 일치 즉 하나는 불가능하기 때문이다.

마틴 부버는 '나'와 '당신' 간의 깊은 관계에 대해 말하는데, 이것은 지극히 인간적이다. 모든 면이 점점 물질적으로 흘러가는 세상에서, 부버의 이 개념은 매우 종교적인 것처럼 보인다. 그러나 나는 그렇게 보지 않는다. 나는 그것이 전혀 종교적이지 않다고 말한다. 나는 부버가 타협을 시도하고 있을 뿐이라고 생각한다. '나'와 '당신'이 일치할 수 없다 해도, 그들은 적어도 어떤 관계는 유지할 수 있다. 하지만 종교는 비이원적인 것, 존재의 보이지 않는 통합된 하나를 이루는 것이다.

이것이 사랑과 헌신 즉 우파사나의 차이다. 사랑은 관계이며 이원적이다. 헌신은 비이원적이며 무관계이다. 무관계란 두 사람이 분리되었다는 것을 의미하는 것이 아니다. 그것은 그들이 둘이 되기를 그만두었다는 것, 그들이 하나가 되었다는 것을 의미한다. 하나가 되는 것이 우파사나, 즉 헌신이다. 헌신이란 사랑의 더 높은 상태이다. 정말로 가장 높은 상태이다. 두 연인이 성스럽고 경건해지지 않는다면, 그들은 진정한 일치를 이룰 수 없다. 사실 두 인간은 하나가 될 수 없다. 그들이 인간 존재라는 것이 방해물이기 때문이다. 남녀가 서로 관련될 수는 있다. 그러나 그들은 일체나 하나는 될 수 없다. 오로지 성스러운 요소들만이 서로 만나고 용해될 수 있다. 이제는 아무것도 그들을 분리시킬 수 없기 때문이다. 그들이 떨어진 존재로서의 자신들을 용해시킨 후에는 하나 혹은 분리에 관한 질문이 일어나지 않는다는 것은 사실이다. 정말이지 그들을 합치거나 나눌 수 있는 것은 아무것도 없다. 아무것도 그들로부터 분리되어 있지 않다.

마틴 부버의 개념은 당신을 사랑으로 안내할 수 있다. 하지만 크리슈나는 당신을 헌신으로 나아가게 한다. 헌신은 사랑과는 전적으로 다른 무엇이며 희귀한 것이다. 헌신 안에서 '나'와 '당신'은 사라지며, 이 사라짐 이후에 남아 있는 것은 표현할 수 없다. 그것을 단어로 나타낼 수 없다. '나'와 '당신'이 사라지면 이름이 없는 무한이 존재한다. 당신이 그것에 영혼, 물질, '나', '당신' 등의 이름들을 붙인다 해도, 그것들은 모두 잘못된 것이다. 바로 그러한 이유로 모든 위대한 헌신자들은 침묵한 채 남아 있기로 선택하였다. 그들은 그것에 이름을 붙이기를 거절하였다. 그들은 그냥 "그것은 이름이 없다."고 말하였다. 그들은 "그것은 시작도 끝도 없이 존재하며, 형상도 이름도 없다."고 말하였다. 그래서 그들은 침묵한 채로 남아 있었다.

위대한 헌신자들은 침묵하였다. 그들은 최고의 진리에 대해 말하지 않았다. 왜냐하면 말들이란 당신을 이원성이라는 곤경에 빠뜨리기 때문이다. 인간은 이원성으로 안내하지 않을 것 같은 말을 갖고 있지 않다. 모든 말들은 이원적인 의미들로 가득하다. 당신이 한 단어를 사용하는 순간, 당신은 존재를 상반되는 두 개로 나누게 된다. 어떤 말을 하자마자, 당신은 존재를 둘로 나눈다.

그것은 마치 태양 광선이 프리즘을 통과하면 일곱 가지 빛깔로 나뉘는 것과 같다. 언어라는 프리즘은 모든 진리를 두 부분으로 나눈다. 그리고 나뉜 진리는 거짓말이 된다. 바로 이러한 이유로 위대한 헌신자들은 침묵을 지켰다. 그들은 춤추고, 노래하고, 플루트를 불며, 몸짓을 지었지만 아무런 말도 하지 않았다. 그들은 몸짓과 춤, 웃음을 통해 진리가 무엇인지를 말하였다. 그들은 진리가 어떤 것인지 말하기 위해 손을 하늘로 들어올리곤 하였다. 그들은 침묵으로 진리를 말하였다. 그들은 그들의 온 존재로서 그것을 말하였다. 하지만 말은 사용하지 않았다.

한 이야기가 생각난다.

인도 폭동 당시, 한 영국군이 산야신의 가슴을 총검으로 찌른 이야기다. 그 산야신은 영국 병영을 우연히 지나가게 되었다. 그는 침묵 중이었다. 그는 오랫동안 침묵을 지키고 있었다. 그는 30년 동안 한마디 말도 하지 않았다. 그가 침묵으로 들어가려 할 때 누군가가 그 이유를 물어보았다. 산야신은 말하였다. "말로 표현할 수 있는 것은 말할 가치가 없으며, 말할 가치가 있는 것은 말로 표현될 수 없습니다. 그래서 침묵 이외에는 아무 방법이 없습니다." 그렇게 그는 30년간을 침묵하였다.

폭동 당시, 영국 군대의 인도인 병사들이 반란을 일으켰다. 영국 병사들은 그들의 군대 캠프를 막 지나가고 있는 벌거벗은 산야신을 보고 놀랐다. 그들은 그가 스파이일지도 모른다는 생각으로 그를 붙잡았다. 그들이 심문하자 그는 침묵을 지켰다. 이것이 그들의 의혹을 더욱 부채질하였다. 산야신이 영국군의 질문에 대답을 했더라면 그들의 의혹은 사라졌을 것이다. 하지만 그들이 누구냐고 묻자 그는 미소만 지을 뿐이었다. 그래서 그가 스파이라는 그들의 의혹은 점점 굳어졌고, 그들은 산야신의 가슴을 총검으로 찔렀다. 그러자 30년간 침묵을 지키던 이 사람은 갑자기 큰 웃음을 터뜨리며 우파니샤드에 있는 위대한 교훈 "탓밤아시 슈베트케투(Tatvamasi Shvetketu)!"를 입 밖에 냈다. 그는 자신을 총검으로 찌른 영국군에게 우파니샤드의 이 문구를 말하였다. "당신은 내가 누구인지 알기를 원하는가? 나라는 것은 바로 너이다."

진리는 말로 표현될 수 없다. 기껏해야 암시와 힌트, 지시나 기호로 그것을 가리킬 수 있을 뿐이다. 아니면, 카비르(Kabir)처럼 역설, 즉 자기 모순적인 말로 표현할 수 있을 뿐이다. 카비르의 말은 산디야바샤(sandhyabhasha)였다. 그것의 본래 말뜻은 황혼의 언어라는 뜻이다. 황혼이란 낮도 아니고 밤도 아니며, 정확히 '예'도 아니고 정확히 '아니오'도 아니며, 수용도 거부도 할 수 없고, 유신론자도 무신론자도 아니며, 모든 것이 유동적이고 막연하며 신비적인 그러한 공간이다. 이러한 이유로 지금까지 어느 누구도 카비르의 말의 정확한 의미를 발견할 수 없었다. 크리슈나의 말도 같은 범주에 속한다. 말로 진리를 표현하고자 했던 사람들의 말들은 어쩔 수 없이 황혼의 언어로 변하였다. 그들은 단정할 수 없으며, 그들은 '예'와 '아니오'를 동시에 말해야만 한다. 아니면 그들은 정반대되는 것들을 동시에 받아들이거나 거절해야 할 것이다. 그래서 그들의 말은 비논리적이고 일치되지 않아 보이는 것이다.

  이런 이유로 '나'와 '당신'이 사라지는 곳, 모든 정반대되는 것들이 존재하기를 그치고 이원성이 사라지는 공간에 오게 된 사람들은 침묵하기로 마음먹었다.

  사르트르는 "존재는 본질에 앞선다."고 말하는데 당신께서는 "본질이 존재에 앞선다."고 말씀하십니다. 이 두 말의 실제적 관계에 대해서 설명하여 주십시오. 또한 우리가 헌신과 수행의 차이를 깨달음으로써 오는 혼란에 대해 말씀해 주십시오. 왜냐하면 우리는 여기 마날리(Manali)에서 영적 수행을 위한 캠프에 참가하고 있기 때문입니다.

  그대를 혼란에 빠지게 하는 것이 나의 일이다. 헌신과 수행의 모든 차이들이 사라질 때에만 그대는 이 캠프의 의미를 알게 될 것이다.

  사르트르와 다른 실존주의자들은 존재가 본질에 앞선다는 것을 믿고 있다. 그러니 그것은 정말 이상한 말이다. 아마 이전에는 그러한 개념이 결코 전개된 적이 없었을 것이다. 오히려 전에는 그와 반대로 믿고 있었다. 거의 대부분의 사고 체계와 철학은 본질이 존재에 앞선다고 믿었다. 그러므로 그것을 깊이 이해하는 것이 좋다.

  사르트르와 실존주의자들 이전에 생겨난 모든 철학 학파들은 씨앗이 나무에 앞선다고 믿었다. 그것이 자연스럽고 논리적으로 여겨진다. 그러나 사르트르는 나무가 씨앗에 앞선다고 말한다. 본질이나 영혼이 없이는 존재가 가능할 수 없으므로 대부분의 사고 체계는 본질이 존재에 앞선다고 말한다. 그러나 사르트르는 존재가 먼저 생기고 본질이 나중에 생겼다고 단언한다. 그는 존재 없이는 본질이 나타날 수 없다고 믿는다.

이제 크리슈나의 맥락에서 이 문제를 논해 보자.

사실 모든 철학적인 논쟁은 어리석다. 가장 큰 철학적 싸움조차도 "닭과 달걀 중 어느 쪽이 먼저 나왔는가?"처럼 어린애와 같은 유치한 질문으로 요약될 수 있는 문제로 싸워 왔다. 철학자들 사이에서 일어난 모든 대단한 싸움들은 실제로는 이 작은 질문을 벗어나지 못하고 있다. 그러나 뭔가를 아는 자는 닭과 달걀은 둘이 아니라고 말할 것이다. 이 질문을 하는 자들은 우둔하다. 또한 이것에 답하는 자는 더욱 우둔하다.

닭이 달걀을 만들지 않는다면 달걀이 어디에 있겠는가? 또한 달걀이 충실하게 되어 알을 까지 않는다면 닭이 어디에 있겠는가? 달걀 속에는 닭이 감추어져 있고, 닭 속에는 달걀이 감추어져 있다. "만약 달걀과 닭이 두 개의 분리된 것이라면 무엇이 우선하는가?"라는 질문은 의미가 있다. 진실은 그들이 같은 것이라는 것이다. 즉 그것들은 같은 것을 바라보는 두 개의 방법이라고 말할 수 있다. 또는 그것들은 같은 것을 표현하기 위한 두 가지의 다른 양상 내지 두 상태들이다.

마찬가지로 씨앗과 나무는 분리되지 않는다. 빛과 어둠도 나누이지 않으며 탄생과 죽음도 나누이지 않는다. 그것들은 같은 것을 바라보는 두 방법이다. 아마도 우리는 사물을 바르게 보는 방법을 알지 못하기 때문에 그것을 단편적으로 본다. 예를 들어, 집 안에 큰 방이 있고 그 집은 잠겨 있다. 어떤 사람이 그 방을 들여다보려고 벽에다 구멍을 뚫었다. 그러자 그는 방을 좌우로 자세히 들여다볼 수 있게 되었다. 먼저 의자 하나가 보였고, 그 다음에는 다른 의자와 그 밖에 여러 가지 것들이 보였다. 하지만 그는 한꺼번에 방의 전체 모습을 다 볼 수 없었다. 그래서 그는 "어느 것이 먼저 보이고 어느 것이 나중에 보이는가?"라고 질문하기 쉽다. 어떤 논쟁도 이 질문을 해결할 수 없다. 다만 그 사람이 그 방으로 들어가게 되면 그는 한꺼번에 방 전체를 볼 수 있게 된다. 그때 그는 무엇이 먼저 보이는지를 묻지 않을 것이다.

옥스퍼드 대학 실험실은 현세기에 이루어진 가장 위대한 탐구와 연구들로 명성을 얻고 있다. 또한 이 실험실은 우리의 미래를 위해 가장 의미 있는 일을 해냈다고 생각한다. 이곳은 드 라 와르(De La Warr) 실험실로 알려져 있다. 그곳에서 어느 날 기적이 일어났다. 카메라로 꽃봉오리를 찍어 인화해 보았다. 그런데 거기에는 언젠가 피어나 만개할 전체 꽃 사진이 나타났다.

그 카메라에 사용된 필름은 대단히 높은 감광도를 가지고 있어서, 만개한 꽃의 형태로 감추어져 있는 봉오리의 가능성을 포착한 것이었다. 카메라로 봉오리를 찍었는데 어떻게 미래에 나타날 꽃의 사진이 찍히는지 믿기가 어려울 것이다. 사진을 찍는 순간에 그것은 단지 봉오리였다. 어느 누구도 그것이 어떤 꽃으로 만들어질지 몰랐다. 하지만 꽃은 이미 그 봉오리에 존재하고 있었을 것이다. 우리의 육체적인 눈으로는 볼 수 없는 어떤 신비한 존재의 수준에서 물질적으로 이미 존재하고 있었다. 그러나 그 카메라에 사용한 고감광 필름이 그것을 잡는 데 성공하였다.

이것은 깜짝 놀랄 만한 사건이었다. 드 라 와르에서 일하는 과학자들조차 어떻게 그런 마술이 일어났는지 몰라 놀라고 당황하였다. 그들은 어떤 보이지 않는 존재의 수준에 봉오리와 꽃이 동시에 존재한다고는 생각하지 못하였다. 과학자들은 꽃의 사진이 찍힌 것은 아마도 어떤 기술적 결함 때문에 필름이 너무 빨리 노출되었기 때문일 것이라고 생각하였다. 아니면 아마도 어떤 화학적인 불상사가 이 불가해한 결과를 초래하였으리라 생각하였다.

그래서 과학자들은 봉오리가 만개한 꽃으로 변할 때까지 기다리기로 하였다. 봉오리가 꽃을 피웠을 때, 그 꽃이 봉오리였을 때 카메라가 포착한 사진의 꽃과 정확히 같다는 것을 알고 그들은 놀랐다. 그들은 곧 어떠한 화학적, 기술적인 결함이 개입되지 않았다는 것을 알게 되었다. 과학적 기적이라 말해지는, 사진의 기적이 실제로 일어난 것이다.

드 라 와르 실험실이라는 작은 곳에서 일어난 이 작은 사건은 미래를 위한 굉장한 의미로 채워져 있었다. 비록 우리의 둔한 눈으로는 볼 수 없지만, 이제 우리는 어떤 보이지 않는 존재의 수준에서는 달걀과 닭이 동시에 나타난다고 말할 수 있다. 달걀이 먼저 보이고 닭이 나중에 보이는 것은 물체를 찾는 우리의 방법상의 문제이다. 만약 우리가 크리슈나의 눈을 가지고 있다면, 그것들을 동시에 보는 것은 어렵지 않다. 그러나 현재로서는 그것은 불가능한 것이라고 말할 것이다. 그것은 우리의 이성과 논리에 도전하는 것이다.

그러나 지난 25년 동안 과학은 우리의 논리를 부수는 많은 일들을 받아들이도록 하였다.

내가 비과학적으로 얘기한다는 느낌을 받지 않도록 나는 과학 실험실에서 일어난 또 다른 사례를 인용하고자 한다.

불과 50년 전만 하더라도 누구도 이런 경우가 있다는 것을 상상할 수 없었다. 인간이 원자를 분할하여 전자를 찾아내는 데 성공한 후,

과학은 깊은 수렁 속으로 빠져들게 되었다. 전자의 운동이 과학자들을 깊은 난관에 봉착하게 하였다. 과거에는 과학이 가고자 하는 대로 모든 것이 잘 진행되었기 때문에 과학은 결코 그런 딜레마에 빠진 적이 없었다. 모든 것이 명백하게 잘리고, 규명되고, 논리적으로 풀렸다. 그러나 전자의 발견으로 과학은 문제에 직면하게 되었다. 이제 그들은 전자를 어떻게 규정해야 할지 몰랐다. 사진이 찍히는 중에 전자는 미립자로 나타나기도 하고 때로는 파동으로 나타나기도 하였다. 미립자와 파동은 대단한 차이가 있다. 만약 전자를 미립자라고 부르면 전자는 파동이 될 수가 없고, 또한 파동이라고 부르면 전자는 미립자가 될 수가 없다. 따라서 그들은 전자를 규정짓기 위해서 새로운 단어를 만들었다. 이 새 단어가 '양자(Quanta)'이다. 이 단어는 세상의 어떤 언어들 중에서도 찾을 수 없다. 왜냐하면 그들이 그러한 깊이의 과학에 도달하지 못했기 때문이다. 양자는 동시에 미립자도 되고 파동도 된다는 것을 의미한다.

양자는 신비한 현상이다. 그것은 미립자와 파동 둘 다이며, 달걀과 닭이 함께 존재하는 것이다. 양자와 더불어 과학은 그 여정에 새로운 국면으로 들어서게 되었다.

그러므로 나는 사르트르에게도 동의하지 않으며, 본질이 존재에 앞선다고 말하는 사람에게도 동의하지 않는다. 나는 둘 중 어느 쪽도 받아들일 수가 없다. 나는 모든 사물을 다른 관점으로 바라본다. 내가 보기에 존재와 본질은 같은 것을 바라보는 두 가지 방법이다. 우리의 제한된 지각 때문에 우리는 같은 것을 조각들로 분할한다. 사실 본질이 존재이고 존재가 본질이다. 그것들은 두 개의 분리된 현상이 아니다. 그래서 본질이 존재를 소유하거나 혹은 신이 존재를 소유한다고 말하는 것은 틀린 것이다. 그렇게 되면 그것은 신과 존재가 분리되어 있다는 것을 의미하기 때문이다. 아니다. 만약 우리가 그것을 정말로 이해한다면 우리는 신이 곧 존재라고 말해야 할 것이다.

신이 존재한다고 말하는 것은 정말로 틀린 말이다. 우리는 꽃이 존재한다고 말한다. 왜냐하면 내일은 이 꽃이 존재하기를 멈출 것이기 때문이다. 그러나 신이 존재하기를 멈춘 적이 있는가? 만약 그렇다면 그는 신이 아니다. 존재하기를 결코 멈추지 않는 자에게 존재가 있다고 말할 수는 없다. 우리는 미래의 어느 때에는 반드시 존재하기를 멈출 것이기에 우리 자신이 존재한다고 말할 수 있다. 그러나 신이 존재한다고 말하는 것은 언어도단이다. 왜냐하면 신은 늘 그리고 영원히 존재하고 있기 때문이다. 신이 존재한다고 말하는 것은 터무니없는 말이다. 바르게 말하려면 "신은 존재이다."라고 해야 한다.

그러나 언어는 항상 우리를 어려움에 처하게 한다. 그것이 바로 언어의 본성이다. 사실 "신은 존재이다."라는 표현도 틀린 말이다. 왜냐하면 신과 존재 사이에 단어 '이다'가 분리와 혼란을 초래하기 때문이다. 이 문장은 한쪽은 신이고 다른 쪽은 존재이며, 둘은 단어 '이다'에 의해 서로 연결되어 있다는 것을 의미한다. 이 단어는 실제로 신을 둘로, 즉 그 자신과 존재로 나누고 있는데, 이것은 다시 틀린 말이다. 따라서 단어 '이다'조차도 없어져야 한다. 우리는 신을 그냥 있음을 의미하는 것으로, 존재를 의미하는 것으로, 실존을 의미하는 것으로 보는 것이 더 좋다. 또한 단어 '이다'도 역시 반복이다. '이다'는 신을 의미한다. '있음'은 신이며 또한 신은 '있음'이다. 존재하고 있는 것이 신이다. 그러나 언어는 자기의 한계를 지니고 있다. 그것은 이원적 세계를 위하여 만들어진 것이다.

이러한 이유로 아는 자들은 말들의 함정으로부터 멀리 떨어져 있기를 원하여 완전히 침묵한 채로 있다. 그가 무엇인가를 말하는 순간, 그는 즉시 그가 말하는 것에서 분리된다. 그러나 사실 말하는 그와 그가 말한 것, 이 둘은 하나이다. 그러므로 침묵을 지키는 것보다 더 좋은 방법은 없다.

어떤 사람이 선사를 찾아가서 신에 대하여 말해 달라고 청하였다. 선사는 웃으며 몸을 흔들었다. 그 사람은 선사에게 말하였다. "왜 당신께서는 웃으며 몸을 흔드십니까? 당신께서는 왜 제 질문에 답을 해 주시지 않습니까? 저는 이 질문을 묻기 위하여 머나먼 길을 왔습니다." 그러자 선사는 춤을 추기 시작하였다. 방문자는 깜짝 놀랐다. 그는 말하였다. "당신 미쳤습니까? 저는 제 질문에 대한 대답을 원합니다."

선사는 말하였다. "나는 지금 그대의 질문에 답하고 있으나 그대는 듣지 않고 있다."

그 질문자는 괴로워하며 말하였다. "당신은 자신이 미친 것처럼 저도 미치게 하려는 것 같습니다. 당신은 아직 한 마디도 하지 않았습니다."

선사는 말하였다. "만약 내가 무엇인가를 말한다면, 그것은 거짓이 될 것이다. 내가 무엇을 말하든지 간에 그것은 진실이 아닐 것이다. 그대가 나의 침묵을 이해할 수 없다면, 그대는 여기를 떠나 진리가 말로써 표현되는 곳으로 가는 편이 낫다. 그러나 궁극의 진리가 말로 표현되면 그것은 즉시 거짓이 된다. 어떤 이가 진리의 사원으로 가는 여정에 있는 한, 말을 할 수 있다. 그러나 진리의 가장 깊숙한 성전으로 들어가는 순간, 그는 모든 말과 모든 언어를 잃게 된다. 궁극의 지점에서는 침묵하는 것 이외의 다른 방법이 없다."

이 시대의 가장 심오한 사상가 중 한 사람인 비트겐슈타인은 그의 삶이 끝나 갈 무렵에 짧은 격언을 썼다. 그가 이 격언에 쓴 것은 "말할 수 없는 것은 말하지 않아야 한다."는 것이었다. 비트겐슈타인이 살아 있다면 나는 그에게 이렇게 말할 것이다. "그러나 말할 수 없는 것의 말까지는 말할 수 있다. 그러나 그 말 이상의 것은 하지 말아야 한다. 당신이 말하고 있는 것 또한 표현할 수 없는 것에 대한 말이다. 그것에 대해 당신이 말을 적게 하든 많이 하든 아무런 차이가 없다."

비트겐슈타인은 그의 첫 번째 책인 『논고(Tractatus)』에서, 말할 수 있는 것은 무엇이든지 오직 언어만을 통하여 말할 수 있다고 썼다. 그의 이러한 주장은 어느 정도는 정확하다. 몸짓으로 말하는 것 역시 이 주장에 포함되어야 할 것이다. 왜냐하면 몸짓도 일종의 언어이기 때문이다. 벙어리는 배가 고프다는 것을 말하기 위해 손을 들어 입에 갖다 댄다. 이것은 벙어리의 언어이다. 힌디어에 "신은 벙어리의 사탕"이라는 격언이 있다. 벙어리는 사탕의 맛을 충분히 즐길 수는 있지만 다른 사람에게 그 맛을 전할 수는 없다. 이 말은 신은 단지 벙어리의 언어인 몸짓을 통해서만 표현될 수 있다는 의미이다. 당신이 그것을 표현하기 위하여 무슨 방법을 쓰든, 그것이 침묵이든 춤이든 혹은 웃음이든, 그 모두는 무엇인가를 말하는 것이 된다. 그러나 우리가 존재하고 있는 것을 말하기 위하여 모든 것을 다 하더라도 그것은 말해지지 않으며 또 말할 수 없는 것으로 남아 있다는 것은 진실이다.

이와 관련해서는 노자가 말한 것이 비트겐슈타인의 격언보다 더 심오하다. 그는 "진리는 말해질 수 없고, 말해지는 것은 진리가 아니다."라고 말하였다. 이 정도는 말할 수 있다. 그러므로 아는 자들은 종종 침묵을 지킨다.

당신께서는 '나'가 완전하게 될 때 이것은 '무아'나 '전체'로 변한다고 종종 말씀하셨습니다. 그러나 당신이 조금 전에 말씀하신 것은 이 진술과 모순됩니다. 그것은 마치 당신께서 이 말 저 말로 옮겨가면서 그것을 강조하시는 것처럼 보입니다. 완전한 '나'와 '무아' 간에 어떤 차이가 있습니까?

아무런 차이가 없다. 완전한 '나'란 이제 아무런 '당신'이 없기 때문에 모든 '당신'이 '나'에 의하여 동화되었다는 의미이다. '당신'과 '나'가 하나가 될 때 그것을 '당신' 혹은 '나'라 부르는 것은 아무런 의미가 없다. 그러므로 우리가 완전한 '나'라 말하든지 '무아'라 말하든지 간에 그것들은 같은 것을 말하는 두 가지 방법이다. '나'가 완전하게 될 때 그것은 텅 빔이 된다. 그것은 제로의 경험이다. 아니면 '나'가 텅 빔이 될 때 그것은 완전이 된다. 어떤 식으로 말할지라도 그것은 같은 말이다. 궁극의 진리는 긍정과 부정, 둘 다로 말해질 수 있다. 궁극의 진리는 '예'와 '아니오' 둘 다를 포함하며 모든 것 또한 포함한다. 만약에 당신이 그것에 대하여 아무 말도 하지 않는다 해도 옳다. 혹은 당신이 그것에 대하여 계속해서 말한다 해도 그것 또한 옳다. 진리는 말해지고 말해지지 않는 모든 것 뒤에, 그것 너머에 존재하고 있다. 진리는 언제나 저편에 있다. 그러므로 침묵 속에서 진리는 완전하며, 오롯한 채로 존재한다.

어떤 특정한 관점을 가지고 진리를 찾게 되면, 우리는 난관에 처하게 된다. 우리 모두는 어떤 관점으로부터 진리를 찾는 데 익숙해져 있다. 즉 우리는 생각과 개념, 감정, 느낌의 스크린을 통하여 진리를 찾는다. 우리가 자신의 생각과 개념, 관점을 가지고 있는 한, 우리가 보는 진리는 단편적이고 불완전할 수밖에 없다. 만약 우리가 진리에 대한 우리의 지각이 부분적이고 단편적이라는 것을 깨닫는다면 괜찮다. 그러나 우리의 모든 관점이 완전한 것이라고 주장하게 되면 어렵게 된다. 단편적인 시각이 전체적인 것이라고 주장할 때, 그것이 완전한 철학이라고 주장할 때, 그것은 대단한 혼란과 착각을 일으킨다. 만약 관점이란 단순히 관점에 불과하다는 점을 깨닫는다면, 거기에는 아무런 위험이 없다. 오직 보는 점과 각도들이 모두 사라질 때에만, 또한 사람이 아무데도 없거나 모든 곳에 있을 때에만, 사람이 모든 생각과 개념들, 모든 말과 이미지들, 모든 관계들로부터 자유로워질 때에만, 진리의 완전한 자각이 가능하다. 그때에만 앎이 일어나며, 진리가 일어난다.

   진리를 말하는 데는 두 가지, 오직 두 가지의 방법이 있다. 하나는 긍정적인 것이고, 하나는 부정적인 것이다. 진리를 말하는 데 세 번째 방법이란 없다. 붓다는 진리를 말할 때 전적인 텅 빔, 절대적인 무(無), 니르바나(nirvana)와 같은 부정적인 방법을 사용한다. 이와 반대로 샹카라는 긍정적인 방법을 사용한다. 그는 진리를 지고의 존재, 브라만, 전체라고 부른다. 이처럼 붓다와 샹카라가 서로 상반되는 것을 주장하는 것이 아이러니지만, 그들은 같은 것을 말하고 있다. 물론, 그것을 말하는 그들의 말이나 상징, 방법은 다르다. 샹카라는 긍정적인 방법을 사랑하는 반면에 붓다는 부정적인 방법을 선택한다. 만약 당신이 나에게 묻는다면, 나는 브라만은 니르바나의 다른 이름이고, 니르바나는 브라만의 다른 이름이라고 말할 것이다. 붓다와 샹카라가 함께 만날 때 언어는 그것의 종말에 이른다. 바로 여기에서 진리가 시작되고 진리가 존재하게 된다.

당신께서는 사다나 즉 영적 수행은 완전한 '나'에 이르게 하고, 우파사나 즉 헌신은 '무아'에 이르게 한다고 하시며, 그것들은 서로 다른 것이라고 말씀하셨습니다. 그러나 그 후 당신은 또한 헌신이나 수행이 하나요, 같은 것이라고 말씀하셨습니다. 이에 대하여 설명하여 주십시오.

아니다. 나는 사다나가 완전한 '나'에 이르게 한다고 말하지 않았다. 나는 단지 사다나가 당신을 '나' 즉 자기의 방향으로 데려다 준다고만 말하였다. 만약 영적 수행이 당신을 완전한 '나'로 데려다 줄 수 있다면, 그때는 사다나와 우파사나 간에는 아무런 차이가 나지 않는다. 그러나 사실은 노력을 통해서는 완전한 '나'를 얻을 수 없다. 그 이유는 수행자, 즉 노력의 길을 걷고 있는 여행자의 생애에 언젠가는 자신의 자기를 버리는, 그의 '나'를 버리도록 요구되는 순간이 오기 때문이다.

노력은 기껏해야 당신을 영혼으로 데려다 줄 수 있다. 그것은 불완전한 도달이다. 그것을 완성하기 위해서는, 지고의 경지에 이르기 위해서는, 사다카는 도약하여야 한다. 자신의 영혼을 버려야만 한다. 그러나 헌신자는 바로 그의 첫걸음에 이 도약을 한다. 당신은 노력을 통해서는 지고의 경지에 이를 수 없다. 모든 노력이 멈출 때, 궁극의 진리가 존재하게 된다. 이런 점에서 헌신자는 훨씬 더 유리하다. 헌신자는 '나'를 버리는 것으로부터 시작한다. 만약 당신이 당신의 '나'를 버리게 되면, 거기에는 더 이상 버려야 할 아무것도 남지 않게 된다.

사다카가 끝에 성취하는 것을, 우파사카는 바로 처음에 성취한다.

나의 견해로는 결국에 버려야 한다면 처음에 바로 버리는 것이 현명하다. 왜 헛되이 그것에 집착하는가? 무엇 때문에 길고 힘들고 소용없는 노력을 하는가? 정상에 발을 들여놓는 순간 짐을 버려야 한다는 점을 안다면, 왜 당신은 언덕 아래에서부터 무거운 짐을 머리에 이고 가는가? 그것은 너무나 어리석고 힘과 시간을 낭비하는 것이다. 어느 누구도 무거운 짐을 지고 높은 산을 오르지 않는다. 머지않아 짐을 버려야 하는데도 우리는 될 수 있는 한 멀리까지 짐을 옮길 것이다. 우파사카는 더 현명하다. 그는 여행의 바로 시작점에서 그의 '나'를 버린다. 이 '나'를 버림으로써 여행이 완전해지는 기적이 일어난다. 이것이 행위자와 헌신자의 차이다. 하지만 그들이 도착했을 때 그들 사이에는 아무런 차이가 없다.

다만 중요한 것은 행위자의 여정은 어렵고 힘든 반면에, 헌신자의 여정은 즐겁고 쉽다는 것이다. 자신의 '나'에 대한 수행자의 집착은 그의 여정의 매 단계에서 나아가는 것을 지체시키고, 그에게 여정을 끝내지 않은 채 내버려두도록 강요할 수도 있다. 헌신자는 그의 여정이 시작될 때 단 한 번만 이 문제에 직면하게 된다. 만약 그가 이 문제를 옳게 푼다면, 그는 영원히 이것을 끝낼 것이다. 하지만 헌신자는 그 자신을 수행자와 비교할 때 다른 갈등에 빠진다. 만약 자신의 '나'를 가지고도 정상에 도달할 수 있다면, 왜 그가 출발할 때 바로 그것을 버려야 하는지 의문스러워질 것이다. 그는 혼란에 빠질 수 있다.

그러나 어떤 사람은 헌신을 받아들이고 다른 사람은 수행과 노력을 받아들이는 것은 다만 그들의 경향성, 유형 그리고 선택의 문제이다. 헌신자는 어려움이 시초에 오지만 반면에 수행자는 어려움이 끝에 온다. 그렇지만 목표가 동일하다는 것은 사실이다.

그러나 기억하라. 크리슈나의 세상은 헌신자, 즉 우파사카의 세상이다.

지난 7, 8년 동안 당신께서 해 오신 영적 쇄신 운동은 명상이 중심인 것 같습니다. 그렇다면 명상과 헌신의 차이점, 그리고 당신의 가르침의 중심이 명상과 영적 수행인지 아니면 헌신인지 말씀하여 주십시오.

나에게 그것들은 아무런 차이가 나지 않는다. 나에게 말들은 아무런 차이를 만들지 않는다. 실재하는 것은 진리이다. 내가 명상을 통하여 가르치는 것은 진리이다. 내가 헌신과 기도를 통하여 가르치는 것도 역시 진리이다. 내가 영적 수행에 대해 말할지라도, 나는 같은 진리를 가르친다. 나에 관한 한, 그것은 아무런 차이를 만들지 않는다. 그러나 크리슈나의 관점에서는 그것은 차이가 있다. 또한 마하비라의 관점에서도 차이가 있다. 헌신은 마하비라에게는 적절하지 않다. 그는 그의 방법으로 결코 우파사나를 받아들이지 않을 것이다. 마하비라와 붓다, 둘 다는 영적 수행인 사다나와 노력을 고수한다. 그들의 온 노력은 수행에 있다. 물론, 그리스도와 크리슈나 그리고 마호메트 역시 헌신을 강조한다. 헌신이 그들의 방식이다. 그러나 나에 관한 한, 나는 그들 모두를 다 받아들인다. 나는 그 무엇을 하든 아무런 어려움이 없다.

많은 시간이 흘러가면 당신은 내가 일관성이 없고 매일 모순된 말만을 하고 있다고 생각하게 될 것이다. 그것은 사실이다. 그렇지만 나는 어떤 바람이 불어와도 상관없이 항해할 수 있다. 그것들은 나에게 아무런 어려움을 주지 못한다. 지금 나는 크리슈나에 대하여 말하고 있는 중이다. 그래서 나는 당신에게 우파사나를 팔고 있다. 지난해에 나는 마하비라를 말하였다. 그때 나는 사다나를 팔았다. 내년에 내가 그리스도에 관하여 말하게 된다면, 나는 또 다른 뭔가를 팔 것이다. 나는 진리를 안다. 그래서 이러한 차이들은 아무 상관이 없다. 그러나 내가 크리슈나에 대해 말하면서 그를 영적 수행과 관련시키는 것은 잘못이고 부당할 것이다. 크리슈나와 사다나는 일치하지 않는다.

마찬가지로 나는 마하비라에게 춤을 강요할 수 없다. 크리슈나가 그의 플루트로 완전한 희열에 든 것처럼 마하비라는 침묵과 홀로 존재함으로 그러한 경지에 든다. 나에게는 마하비라와 크리슈나의 희열이 둘 다 같은 것이다. 그러나 단언하건대, 그것은 그들에게는 같지가 않다. 마하비라는 춤에 대해 찬성하지 않을 것이며, 크리슈나는 나체로만 서 있는 것에 동의하지 않을 것이다. 명상과 춤이 나에게는 모두 어울리지만, 나는 마하비라에게 춤을 추게 하고 크리슈나에게 나무 아래에서 눈을 감고 명상을 하도록 만들 아무런 권리가 없다. 크리슈나는 늘 나무 그늘에서 춤을 추었다. 그는 결코 명상한 적이 없었다.

크리슈나가 명상하였다는 아무런 기록이 없다. 그리고 마하비라가 영적 수행을 시작하기 전일지라도 춤을 추었다고는 생각할 수 없다.

그러므로 크리슈나에 대해 이야기할 때, 나는 헌신에 초점을 맞추고 그것을 설명해야만 한다. 나에게 있어, 헌신은 감성적인 유형의 사람들을 위한 길이다. 그리고 수행은 활동적인 유형의 사람들을 위한 길이다. 조금 전에 설명한 대로, 모든 길은 다 타당하다. 그렇지만 각각의 길은 그들 나름의 이점과 불리한 점이 있다. 만약 이러한 점들을 바르게 이해한다면, 당신이 자신의 길을 올바르게 선택하는 데 큰 도움이 될 것이다. 그대는 헌신의 행로를 따를지 수행의 행로를 따를지를 결정해야만 한다. 나는 여행을 마쳤으므로 아무데로도 가지 않는다. 그래서 사람들이 나를 헌신자로 생각하든 수행자로 생각하든 나에게는 문제가 되지 않는다.

그럼에도 내가 분리되고 분명히 다른 두 개의 길인 헌신과 수행을 놓고 그것들의 중요성과 위험을 설명하는 것은 당신을 위해서다. 먼저 당신이 어떤 유형의 사람인지를 알아야 한다. 그 다음에 당신의 유형에 맞는 길을 선택하라. 이것은 영적 길을 여행하려는 자들에게는 매우 중요하다. 이미 도착했다고 생각하는 사람들에게는 어느 쪽에 있는지가 아무 문제가 되지 않는다. 만약 어느 날 그대가 가야 할 곳이 아무데도 없고 어디에 있든지 늘 진리 속에 있었음을 깨닫게 된다면, 헌신이나 수행은 그대에게 아무런 의미를 지니지 못할 것이다. 그때에 당신은 그냥 웃으며 길과 기법들에 관한 모든 이야기들은 완전히 바보짓이며, 가야 할 곳이 아무데도 없다고 말하게 될 것이다. 어디에 있더라도 당신은 신성 속에, 진리 속에 있다. 진리는 어디에나 있으며, 오직 진리만이 존재하고 있다.

한 선사가 동굴 밖에서 살았다. 그는 밤낮으로 잠자는 것 외에는 아무것도 하지 않았다. 그의 오두막 곁으로 산 속에 있는 유명한 성지로 가는 길이 나 있었다. 그의 오두막을 지나가는 순례자들은 종종 게으르게 드러누워서 아무것도 하지 않는 선사를 보고 놀랐다. 이따금 그들은 그에게 "왜 당신은 여기에 누워 있습니까? 왜 당신은 성지 순례를 가지 않습니까?"라고 물었다.

선사는 그들에게 말하였다. "나는 당신이 오고 있는 곳이나 가고자 하는 곳에 이미 도착해 있습니다." 그러고는 곧 그들에게서 등을 돌렸다. 그는 한 번도 성지순례를 가 본 적이 없었고, 또 성지순례를 갈 것 같지도 않았다. 순례자들은 그를 미친 사람이라고 생각했다. 그러나 그는 그들에게 계속해서 "나는 당신들이 가고 있는 곳에 이미 도착하였습니다. 그래서 나는 어디에도 갈 필요가 없고 또 어떤 것도 할 필요가 없습니다."라고 말하였다.

그런 사람에게는 헌신이든 수행이든 둘 다 아무런 의미가 없다. 그러나 당신에게는 그것들이 매우 의미가 있다. 나에 관한 한, 때때로 나는 그것들에 관하여, 그것들의 유용함과 심지어 그것들의 무익함에 관하여 말할 것이다. 그러나 당신이 나를 바르게 이해한다면, 내가 말하는 것에 아무런 모순이 없을 것이다. 실제로 아무런 모순이 없다.

아직도 다른 모순이 있습니다. 당신께서는 크리슈나는 이미 깨달은 자로 태어난 반면에, 마하비라는 노력을 통하여 깨달음을 얻었다고 말씀하셨습니다. 그러나 지난해 캐쉬미르에서 마하비라에 관하여 하신 강연 중에서 당신께서는 마하비라가 그의 전생에서 자신의 모든 영적 수행을 끝마쳤으며, 마하비라로서의 그의 마지막 삶에서 그는 단지 깨달음에 대한 자신의 경험들을 표현하는 것 이상은 하지 않았다고 말씀하셨습니다. 그렇다면 마하비라 또한 깨달은 자로 태어난 것이 아닙니까? 말씀해 주십시오.

아니다. 나는 그렇게 말하지 않았다. 나는 마하비라의 모든 성취가 수행을 통하여, 노력을 통하여 이루어진 것이라고 말하였다. 그의 성취가 전생에서 이루어진 것인지 아니면 이번 생애에서 이루어진 것인지는 전혀 중요하지가 않다. 중요한 것은 그가 노력의 긴 여정을 통해서 모든 것을 이루었다는 것이다. 크리슈나는 과거나 현재, 어떤 삶에서도 아무것도 하지 않았다.

그러면 크리슈나는 곧바로 완전함에 이르렀습니까?

우리로서는 사람이 어떻게 곧바로 완전함에 이를 수 있는지 이해하기가 힘들다. 완전함에 이르려면 누구나 긴 여정을 거쳐야만 한다고 생각한다. 이것은 순례자가 동굴 근처에 누워 있던 선사에게 물어본 질문과 같은 것이다. 선사는 사람들이 가고자 하는 곳에 자신이 이미 도달하였기 때문에 아무것도 할 것이 없다고 말하였다. 순례자들은 여행하지 않고 어떻게 도달할 수 있는지 궁금해 하였다. 그것은 불가능한 것처럼 보인다. 그들 모두는 순례지에 도착하기 전에 먼 거리를 걸어야만 하였다. 선사가 그들에게 말하였다. "만약 당신이 바로 여기에서 진리를 얻을 수 없다면, 산 정상으로 간들 어떻게 얻을 수 있겠습니까? 진리는 모든 곳에 있습니다. 그것은 지금 여기에 있습니다. 진리란 그곳에 도달하기 위하여 어디론가 가야 하는 그런 것이 아닙니다." 그러나 긴 여정을 하지 않으면 도달할 수가 없는 그런 유형의 사람들이 있다. 그들은 집에 가는 것조차도 다른 집들의 문을 수없이 두드리지 않고는 가지 못한다. 그들은 자기 집이 어디에 있는지조차 다른 사람들에게 물을 것이다.

노력을 선택할지, 노력하지 않음을 선택할지는 그가 어떤 유형의 사람인지에 달려 있다. 마하비라와 크리슈나의 유형은 확실한 차이가 있다. 마하비라는 긴 여정을 거치지 않고 곧바로 도달하는 것을 선택하지 않을 것이다. 만약 노력 없이 뭔가가 생긴다면 그는 그것을 얻기를 거절할 것이다. 이것을 이해해야 한다. 누군가가 마하비라에게 노력 없이 깨달음을 얻을 수 있다고 말한다면, 그는 그것을 받아들이지 않을 것이다. 당신이 무엇인가를 얻기 위하여 아무런 노력도 하지 않고, 그것을 위하여 노력도 투쟁도 하지 않고, 당신의 이마에 땀 한 방울도 흘리지 않고서 그것을 움켜쥔다면, 그것은 명백한 도둑질이라고 마하비라는 말할 것이다. 마하비라는 무엇인가를 가지기 전에는 그것을 받을 가치가 있는 대가를 치러야 한다고 주장한다. 내가 그를 이해한 바로는, 만약 목샤 즉 해방이 그에게 선물로서 온다면, 그는 그것을 거절할 것이다. 그는 목샤를 받을 자격이 있어야만 그것을 받아들일 것이다.

크리슈나는 정반대의 것을 말할 것이다. 그는 기나긴 구도와 고투를 통해 얻어지는 것은 아무런 가치가 없다고 말한다. 얻을 수 있는 것은 또한 잃을 수도 있다. 그는 말할 것이다. "나는 노력하지 않고 청하지 않아도 오는 것만을 받아들일 것이다. 나는 존재하고 있는 것으로, 진리로 만족할 것이다. 진리란 사람이 찾을 수 있는 어떤 것이 아니다."

이것은 개인들의, 그리고 그들의 유형에서 오는 삶의 접근법의 차이다. 그것에 관해서는 더 나은 것도 덜한 것도 없다. 개인들로서는 크리슈나와 마하비라는 서로 근본적으로 다르다.

마하비라에게는 기나긴 구도와 노력을 통해 얻어지는 것이 중요하다. 그와 그의 종파 전체는 노력하는 자를 의미하는 이상한 이름 슈라만(Shraman)을 가지고 있다. 마하비라는 자유는 고행의 대가이며,

노력 없이 갖는 것은 도둑질이라고 믿는다. 그에 따르면, 노력하지 않고 신을 찾는다면 그것은 진정한 신일 수가 없으며 아마 속임수일 것이라고 믿는다. 마하비라의 자존심으로는 선물로서 생기는 그 어떤 것도 받아들이지 않을 것이다. 그는 이마에 흘린 땀의 대가로 그것을 얻을 것이다. 바로 그러한 이유로 마하비라의 철학에는 신의 은총과 같은 말들이 존재하지 않는다. 반대로 그 속에는 노력, 투쟁, 고행, 사다나 같은 말들로 가득 차 있다. 그에게는 그것이 그래야 한다. 그의 모든 전통은 고행에 바탕을 두고 있다.

인도에는 서로 나란히 달리고 있는 두 개의 문화적 전통이 있다. 하나는 슈라만 산스크리티 즉 노력 지향 문화로 알려져 있고, 나머지 하나는 브라민 산스크리티 즉 신 지향 문화로 알려져 있다. 브라민의 전통에서는 사람이 곧 신이라고 믿으므로 신이 되고자 노력하지 않는다. 반면에 슈라만의 전통에서는 사람은 신이 아니므로 신성은 획득해야 한다고 믿는다. 세상은 서로 대립되는 두 전통들, 즉 브라민들과 슈라만들이라는 두 유형의 사람들로 나뉜다. 그린데 브라민의 비율은 매우 낮다. 브라민들조차도 진정한 브라민이라고 할 수 없다. 대부분은 노력을 믿는 행위자들인 슈라만들로 이루어져 있다. 그들에게는 모든 것이 힘든 길로 가야만 한다. 노력 없이 찾을 수 있고, 성취함이 없이 이룰 수 있고, 자신의 집을 나가지 않고도 도달할 수 있다는 것을 믿는 데는 굉장한 용기와 인내 및 신뢰를 필요로 한다. 일반적인 우리의 마음은, 만약 뭔가를 찾고자 한다면 그것을 위해 정당한 노력을 해야 하며 대가를 지불하지 않고는 아무것도 가질 수 없다고 생각한다. 일반적인 우리의 계산으로는 노력과 성취가 같은 비율로 존재해야 한다고 믿는다.

이따금 손가락으로 셀 수 있을 정도로 적은 브라민들이 이 세상에 나온다. 우리가 인정하든지 인정하지 않든지 그 나머지는 모두 슈라만들이다. 그러한 이유로 붓다와 마하비라는 상당한 차이가 있는데도 불구하고, 그들 전통은 슈라만이라는 공통된 이름으로 알려졌다. 이러한 점에서는 불교도와 자이나교도가 다르지 않다. 그들은 같다.

크리슈나는 브라민이다. 그는 보기 드문 존재이다. 그는 말한다. "나는 이미 지고의 존재이다." 그러나 기억하라. 나는 어떤 사람은 옳고, 어떤 사람은 틀렸다고 말하지 않는다. 나에게는 슈라만과 브라민 둘 다 옳다. 그것에 관하여 아무런 어려움이 없다. 그들은 두 개의 서로 다른 마음의 유형, 두 개의 서로 다른 사고방식 그리고 두 개의 서로 다른 여행의 방향을 나타내고 있다. 오직 그것이 차이일 뿐이다.

허락하신다면 하나만 더 질문하겠습니다. 크리슈나가 그의 모든 전생들에서 무지하거나 완전하지 못했던 적이 결코 없었다는 것은 무슨 뜻입니까?

크리슈나뿐만 아니라 마하비라조차도 그의 어떤 전생들에서도 무지하거나 완전하지 못했던 적이 결코 없었다. 마하비라가 저번 생에서야 이러한 사실을 알게 되었다는 것은 또 다른 문제이다. 크리슈나는 그 사실에 대해 늘 알고 있었다. 그는 그것을 영원히 알았다. 당신조차도 무지하거나 불완전하지 않다. 우리들 각각은 앎 그 자체이다. 그리고 우리들 각각은 완전하다. 단지 우리가 그것을 자각하지 못하고 있을 뿐이다. 그것은 오로지 우리가 그것이라는 것을 자각함의 문제, 기억함의 문제이다. 차이는 존재 내에 있는 것이 아니라 자각 내에 놓여 있다.

예를 들어, 태양은 하늘 높이 떠 있다. 그러나 여기 있는 우리 모두는 깊은 잠에 빠져 있다. 태양은 오랫동안 늘 거기에 있을 것이다. 그런데도 우리는 그것을 자각하지 못할 것이다. 그러다 우리 중 한사람이 깨어나서 태양이 자신의 머리 위에 빛나고 있다는 것을 알게 된다. 태양은 잠들어 있는 모든 사람들 위에 똑같이 빛나고 있지만 그들은 그것을 자각하지 못한다. 그러면서 그들은 자신들이 깨어날 때 태양이 떠올랐다고 말한다. 이것이 옳은가? 아니다. 태양은 이미 그곳에 있었다고 말하는 것이 옳다. 마하비라와 크리슈나 그리고 당신 어느 누구도 빛과 지식이 없지 않다. 우리들 각자는 그처럼 완전하다. 모든 문제는 오직 우리가 완전하다는 것을 기억하는 것, 그것에 눈뜨는 것일 뿐이다.

크리슈나는 그의 모든 생에서, 그의 존재 전체를 통하여 자신이 완전하다는 것을 깨닫고 있었다. 그러므로 그가 완전함을 위하여 노력해야 된다는 그러한 질문은 일어나지 않는다. 마하비라는 자기 존재의 어떤 특정한 수준에서, 그의 마지막 삶에서, 노력과 수행을 통해 자신이 무지하거나 불완전한 존재가 아니라 앎과 완전함이라는 사실을 알게 되었다. 깨어났을 때 그는 이 깨달음이 늘 거기에 있었으며, 자신은 늘 깨달음이며 완전함이라는 것을 알게 되었다. 하지만 어떤 사람이 그것을 몇 생애 조금 앞에 혹은 뒤에 안들 그것이 무슨 큰 차이가 나겠는가?

그러나 그것은 시간 속에 사는 우리에게는 차이를 만든다. 우리는 누가 먼저 왔고, 누가 나중에 왔는가 하는 식으로 항상 시간에 관심이 있다. 그렇지만 영원에서는, 존재 속에서는 처음 온 사람도 나중에 온 사람도 없다. 시간은 시작도 없고 끝도 없다. 그러므로 어떤 사람이 먼저 혹은 나중에 실재를 깨달았다는 질문은 일어나지 않는다. 이 질문은 시간의 시작과 끝이 있다고 믿는 우리들에게만 적절성을 가진다. 만약 시간에 끝이 없다면, 내가 다른 사람보다 이틀 늦게 실재를 깨닫게 된들 그것이 무슨 상관이 있겠는가?

'초'나 '날'이나 '해'와 같은 시간 측정의 단위는 상상에 불과하다. 그것은 인간이 만든 것이다. 그것은 개념이지 사실은 아니다. 그것은 실용적인 것이지 실재하는 것이 아니다. 시간 그 자체는 실재가 아니라 개념이라는 것은 진실이다. 실재는 영원하고 측정할 수 없는 것이다. 깨달음, 자각, 또 그대가 그것을 무엇이라 부르든 간에 그것은 시간 너머에, 시간 없음에서 일어난다.

마하비라의 깨달음의 순간과 크리슈나의 깨달음의 순간이 같다는 나의 말을 듣고 당신은 이상하게 생각할 것이다. 당신은 그것을 믿을 수 없다고 말할 것이다. 그러나 그것은 사실이다. 그러나 그것을 이해하려면 시간이라는 질문 속으로 더욱 깊이 들어가야만 할 것이다.

그것을 이런 식으로 이해하자. 나는 종이 위에 중심을 가진 원을 하나 그렸다. 그 다음에 나는 그 원에서 중심으로 가는 많은 선들을 그렸다. 바로 원둘레에서는 거리, 즉 두 선 사이의 간격이 있으나, 원의 중심으로 갈수록 두 선 사이의 간격은 점점 좁혀진다. 그러나 선들이 중심에 이르렀을 때, 이 간격은 온통 사라지게 된다. 원둘레에서는 간격이 분명하게 있지만, 중심에서는 아무것도 없다.

시간도 이와 같다. 시간의 주변에서는 마하비라와 크리슈나, 크리슈나와 나, 나와 너 간에 간격이 있지만, 우리 모두가 중심에 이르면 아무런 간격이 없다. 그러나 우리 모두는 시간의 주변에 살고 있으며 시간의 중심에 대한 아무런 지식을 갖고 있지 않기 때문에, 우리는 마하비라와 크리슈나가 동시에 그리고 함께 거기에 도달한다는 것을 이해하기가 어렵다.

그것을 다른 방법으로 설명하겠다. 움직이고 있는 우마차에 대해서 생각해 보라. 우마차의 바퀴는 움직이지만 그것의 차축은 움직이지 않는다. 사실 바퀴는 차축의 지지를 받아 움직인다. 차축이 없으면 바퀴는 움직일 수 없다. 그러므로 움직이는 바퀴는 움직이지 않는 차축에 의존하고 있다. 비록 바퀴가 수백만 번을 돌지라도 차축은 고정되어 있을 것이다. 신기한 것은 차바퀴와 차축이 묶여 있으면서도 하나는 움직이고 하나는 움직이지 않는다는 것이다. 차축이 없는 차바퀴는 쓸모가 없다. 둘이 함께 묶여 수레를 만들고 수레를 이끈다. 이상하지 않은가? 어떻게 그것이 가능할까? 그것이 가능한 것은 차바퀴는 주변이고 차축은 중심이기 때문이다.

마찬가지로 시간 혹은 역사는 주변을 이루며, 진리 혹은 신성은 중심을 이룬다.

크리슈나 마하비라, 혹은 그 누구이든지 간에 도달의 순간은 늘 같다. 왜냐하면 그것은 시간 너머에서 일어나기 때문이다. 그 시간이 없는 중심에서는 어느 누구도 누가 언제 왔는지에 대하여 말할 수 없다. 그러나 주변인 시간 속에 살고 있는 사람들에게는 그들의 도착 시간과 출발 시간이 분명히 서로 다르다. 모든 거리들은 시간과 공간에 속한다. 영원이 거주하고 있는 중심에서는 모든 거리들이 사라진다.

이것은 기도이고 간청이지 질문이 아닙니다. 우리에겐 이제 5일밖에 남아 있지 않습니다. 그래서 제안 드리는데, 아침에는 저희들의 질문에 답해 주시고 저녁에는 크리슈나와 그의 (바가바드) 기타에 대해서 자유로이 강의해 주셨으면 합니다.

아니다. 그것은 적절하지 않을 것이다. 나는 내가 말해야만 하는 것을 말할 것이다. 당신은 그것에 대해 걱정할 필요가 없다. 당신이 무슨 질문을 하든, 나는 내가 말해야만 하는 것을 말할 것이다. 질문은 아무런 상관이 없다.

두 번째 문

크리슈나가 서양으로 가다

당신께서는 크리슈나의 영혼을 언제든지 만날 수 있다고 말씀하셨습니다. 그 이유는 그것은 영원하며, 존재 내에서는 아무것도 사라지지 않기 때문이라 하셨습니다. 그렇다면 그것을 가능하도록 하기 위해 무엇을 해야만 합니까? 크리슈나의 상에 마음을 집중하여 그의 이름을 암송하고 그를 찬양하는 노래를 부름으로 완전한 헌신에 이를 수 있는지 말씀해 주십시오.

존재 내에서는 아무것도 사라지지 않으며, 어떤 새로운 것이 존재 속으로 들어오는 것도 아니다. 형상들은 변하고, 외부의 모습들은 변한다. 그러나 생명의 가장 깊은 신비들은 늘 같은 채로 있다. 사람들은 가고 오며 바다의 파도들은 일어나고 사라지지만, 사람과 파도 속에 감추어져 있는 것은 영원하다.

우리는 크리슈나를 두 면으로 살펴보아야 한다. 그러면 우리는 그와 같은 방법으로 우리 자신도 볼 수 있게 된다. 우리는 두 가지 차원으로 존재하고 있다. 하나는 파도들의 차원이고, 또 하나는 바다의 차원이다. 파도들로서 우리는 개인적인 인간 존재들이며, 바다로서 우리는 지고의 존재이다.

크리슈나의 몸, 그의 목소리, 그의 음악은 파도들과 같다. 하지만 몸속에 숨겨져 있는 그의 영혼은 바다와 같다. 파도들은 오고 간다. 그러나 바다는 영원하다. 존재의 형상들은 변하지만 그것의 생명 기운 속에 머무르는 그의 영혼, 영은 죽지 않고 영원하다. 영은 크리슈나가 태어나기 전에도 존재하였고 그가 죽은 뒤에도 거기에 존재한다. 그것은 당신이 태어나기 전에도 거기에 있었으며 당신이 죽은 뒤에도 여전히 거기에 있을 것이다. 크리슈나는 바다로부터 일어나는 파도와 같다. 그는 잠시 동안 바람을 따라 춤추다가 다시 그 바다로 사라진다.

우리 모두는 크리슈나와 같지만 약간의 다른 점이 있다. 크리슈나는 파도로서 춤추면서도 자신이 바다에 속해 있으며 자신이 바로 바다 그 자체라는 것을 안다. 그러나 우리는 자신을 파도로서만 알고 자신이 바다라는 사실을 잊고 있다. 이것이 우리와 크리슈나의 차이점이다. 우리는 자신을 단지 파도로서만 알고 있기 때문에 크리슈나의 바다와 같은 형상을 이해할 수 없다.

크리슈나의 몸, 그의 그림과 상은 그의 영혼과 접촉하기 위해 사용될 수 있다. 그러나 그것은 단지 외양의 세계에 속한 놀이일 뿐이다. 그것을 이해하려면 두세 가지 측면들로 접근해야만 한다.

바로 오늘조차도 우리는 크리슈나의 바다의 형상, 즉 그의 영혼에 접촉할 수 있다. 마찬가지로 우리는 마하비라와 붓다의 영혼과도 접촉할 수 있다. 본질적인 크리슈나와 접촉하기 위하여 우리는 그의 물질로 만들어진 상을 매개체나 도구로 사용할 수 있다.

크리슈나와 같은 사람들의 상이 처음 만들어졌을 때는 숭배를 위해 만들어진 것이 아니었다. 사실 이러한 상들은 거의 사라져 버린 비밀의 과학에서 왔다. 깨달은 존재들은 몸을 떠나기 전에 사랑하는 사람들과 제자들에게 다음과 같은 약속과 기법을 주었다. 즉 무의식의 마음에 집중함으로 스승의 바다와 같은 생명에 접촉할 수 있다는 것을 알려준 것이다. 당신이 그 과정을 반복할 때마다 스승은 수면 속으로 들어갈 것이며, 그때 그의 무의식의 마음이 그에게 작용하기 시작할 것이다.

　우리의 무의식의 힘은 거대하다. 우리는 의식의 상태에서 할 수 없는 것들을 무의식의 마음의 도움을 받아 할 수 있다. 인간의 무의식의 마음은 의식보다 훨씬 더 예민하다. 의식의 상태에서 들을 수 없는 것을 무의식은 들을 수 있다. 깊은 최면의 상태에 있을 때는 깨어 있는 동안에는 결코 볼 수 없는 것들을 볼 수 있다. 이것은 신비한 힘에 의한 것이 아니며, 후최면 암시가 그러한 것이 일어나도록 한다.

　크리슈나, 붓다 혹은 그리스도와 같은 사람이 이 세상을, 그리고 그와 친밀한 접촉을 해 오면서 그의 진동을 흡수해 왔던 몇몇 가까운 사랑하는 사람들이나 제자들을 떠나려 할 때, 만약 그가 떠난 후에도 그와 계속 접촉할 수 있는 방법을 가르쳐 달라고 그들이 간절히 원하면, 스승은 연민에 차서 그들에게 명상의 상태로 들어가라고 할 것이다. 그들이 명상의 상태로 들어가서 상이나 사진을 통하여 스승의 어떤 특정한 형상에 집중하면, 그들은 스승이 죽은 후에라도 즉시 그와 접촉할 수 있을 것이다. 이러한 비밀의 과학으로 크리슈나, 붓다 그리고 그들과 같은 다른 사람들의 상이 처음으로 만들어지게 되었다.

　이러한 상들과 상징들은 선택된 제자들에게 명상 상태 속에서 특별하게 주어진다. 그러므로 당신이 가진 일반적인 상들은 작용하지 않을 것이며, 더욱이 일반적인 구도자들이 이러한 상들을 통해 그들과 접촉할 수는 없다. 그러므로 크리슈나와 접촉하기 위해서는 자신의 명상 상태 속에서 주어지는 특별한 상징과 내적인 암시를 가질 필요가 있다.

붓다, 마하비라 그리고 크리슈나와 같은 존재들은 이 세상을 떠나기 전에 자신이 가장 신뢰하고 그럴 가치가 있는 제자들에게 그러한 기법들과 지시들을 남겼다. 그 세대의 제자들은 이러한 특별한 전수의 완전한 이점을 활용하였다. 그리고 만약 이 세대의 제자들이 그 다음 세대의 제자들에게 그것을 전하면, 그것은 작용할 것이다. 이러한 목적으로 그들의 상이 처음으로 만들어졌다.

이 비밀의 과학을 이해하려면 최면에 대해 알 필요가 있다. 당신은 길가에서 마술 시범을 보여 주는 마술사를 본 적이 있을 것이다. 그 마술 시범 중 하나가 이것과 같다. 마술사는 그의 조수인 소년을 땅 위에 눕히고 그를 두꺼운 천으로 덮는다. 그러고는 소년의 가슴 위에 최면의 잠으로 떨어지게 하는 부적을 놓는다. 마술사는 소년에게 여러 가지 이상한 질문들을 하는데, 놀랍게도 잠든 소년이 그 질문들에 대답을 한다. 마술사는 구경꾼 중의 한 명에게 가서 마술사의 귓속으로 자기 이름을 속삭여 보라고 한다. 그 구경꾼은 바로 옆 사람조차 들을 수 없을 정도로 작은 목소리로 자기 이름을 속삭인다. 그러나 잠든 소년은 곧 모든 구경꾼들에게 그의 이름을 알려준다. 그런 다음 마술사는 주머니 속에 지폐를 넣고 있는 다른 구경꾼에게로 간다. 마술사가 소년에게 그 지폐의 수를 말하라고 한다. 그러자 소년은 정확하게 그 지폐의 수를 외친다. 이것은 구경꾼들을 마법에 빠뜨린다.

그런 후 마술사는 그들에게 그 모든 것이 부적의 힘이며 그 부적은 잠잘 때 옆에 두면 힘을 발휘한다고 말한다. 그는 그의 유일한 벌이인 부적을 판다.

마술사는 사실 여기서 최면을 이용한다. 그러나 그는 그것이 부적의 힘이라고 거짓말을 한다. 그러므로 당신이 부적을 집에 가져가서 그것을 시도하면 실망한다. 부적은 마술사에게 얼마의 돈을 가져다주는 것을 제외하고는 아무런 쓸모가 없다. 그 마법은 사실 최면 속에 있다. 이러한 경우, 그것은 후최면이다.

간단하게 할 수 있는 후최면 기법이 있다. 당신은 암시를 통해 한 사람을 최면의 잠 속으로 빠지게 한다. 그건 매우 간단한 것이다. 그가 보통의 잠과는 다른 잠 속으로 들어간 후 당신은 그에게 부적을 자세히 보도록 한다. 그리고 나서 누워 있는 그의 가슴에 이 부적을 올려놓으면, 그때마다 그는 늘 잠 속으로 빠지게 될 것이라고 말한다. 이 암시는 함께 있는 사람들도 매우 깊이 빠져들게 할 것이다. 그러나 세월이 흘러가지 이리한 과학과 기법은 잊혀지고 형식들과 의식들만 다음 세대들의 손에 남는다. 그렇게 되면 그것은 아무런 의미가 없는 화석화되고 죽은 전통으로 변한다.

이제 당신이 크리슈나의 상 앞에 앉아서 무엇을 하더라도 아무 일도 일어나지 않는다. 지금은 어떤 종교적 의식들도 가치가 없다. 그러한 것들은 그냥 시간과 에너지의 낭비일 뿐이다. 그것은 마치 당신이 거리 마술사로부터 부적을 샀지만 그 부적이 아무 작용도 하지 않는 것과 같다. 왜냐하면 당신은 필요한 기법, 즉 후최면 암시와 같은 것을 모르고 있기 때문이다.

앞서 말했듯이, 상 혹은 조각상은 제자와 떠난 스승의 영혼 즉 그의 영을 잇는 비밀의 다리로서 작용한다. 마찬가지로 깨달은 스승의 이름도 명상의 상태에서 받는다면 비밀의 다리로 사용될 수 있다. 최근에 많은 구루들이 이름을 담고 있는 만트라를 제자들의 귀에 대고 속삭이는데, 그것은 사실 아무런 소용이 없다. 누군가의 귀에 이름을 속삭이는 일은 의미가 없다. 그것은 어리석은 일일 뿐이다. 만약 능력 있는 스승이 명상 상태에 들어 있는 제자에게 상징적인 단어를 전수한다면, 그 단어는 비밀의 에너지를 지니고 살아 있게 된다. 제자가 그것을 바르게 기억하고 찬송하면, 그의 의식 세계 전체가 변형된다. 그런 단어들이 비자 샵다(beej shabda), 즉 씨앗 단어들이다. 그것은 은밀하고 숭고한 어떤 것으로 둘러싸여 있다.

만약 크리슈나라는 이름이 실제로 당신의 씨앗 단어라면, 당신이 명상 상태에 있을 때 당신의 영혼의 가장 깊숙한 곳에 그것이 씨 뿌려졌으며 필요한 암시들이 그것과 연합되어 있다는 것을 의미한다. 기억하라. 씨앗은 언제나 그러한 방식으로 뿌려진다. 그것은 한동안 땅 속에 있다가 싹이 트고 나무로 자라게 된다. 그러나 나무는 언제나 땅 위에 있다. 그와 같은 단어들은 거대한 가능성들을 잉태하고 있다. 그와 같은 씨앗 단어 때문에 라마크리슈나는 종종 많은 고난에 처하곤 하였다. 그런 고난들에 빠지지 않고 거리를 지나가는 것이 그에게는 어려운 일이었다.

한번은 라마크리슈나가 어딘가로 가고 있었는데 어떤 사람이 "제이 라마(Jai Rama)!", 즉 "라마에게 승리를!"이라는 뜻을 지닌 말로 그에게 인사를 하였다. 그러자 그는 곧바로 명상의 최고 상태인 사마디 속으로 들어가 길바닥에 쓰러졌다. 또 어느 날 그가 어느 사원을 방문했을 때 헌신자들이 라마의 이름을 찬송하고 있었다. 그는 또다시 깊은 사마디 속으로 들어갔다. 라마의 이름은 그에게는 씨앗 단어와 같았다. 그것은 그의 의식을 변형시키기에 충분하였다.

당신은 지금 내가 말한 라마크리슈나에 대한 예를 이해하는 것이 어려울 것이다. 그래서 당신들의 틀에 맞게 설명하겠다. 대부분의 사람들에게 씨앗 단어들처럼 작용하는 상황들이 있다. 무슨 나쁜 소식을 들으면, 어떤 사람들은 걱정을 하면서 즉시 손으로 그의 이마를 만진다. 만약 당신이 그 사람에게 이마에 손을 대지 못하도록 막는다면, 그 사람은 매우 불안해 할 것이다. 또 어떤 사람은 심각한 문제에 직면하게 되면 자기만의 특별한 자세로 앉는다. 만약 당신이 그를 그 자세로 앉지 못하게 하면, 그 사람은 매우 혼란스러워할 것이다.

유명한 변호사인 하리싱 가우드(Harisingh Gaud) 박사는 자신의 회고록에서 특별한 일화를 언급하였다. 그는 런던의 추밀원에서 변론을 맡은 적이 있었다. 그에게는 이상한 버릇이 하나 있었다. 그것은 복잡하고 어려운 법률적 문제에 부닥쳐 바른 변론을 위한 영감이 필요할 때마다 그의 본능적으로 코트 맨 위의 단추를 좌우로 돌리며 만지곤 하는 것이었다. 그렇게 하면 그는 곧 훌륭하게 변론할 수 있게 되었다. 법률계에서 그와 함께 일했던 사람들은 가우드 박사가 그의 단추를 돌리는 순간, 그의 변호가 새롭고 강력한 반격으로 변하게 된다는 사실을 알게 되었다. 그때 그는 무적이 된다. 그때 큰 소송이 한 건 있었다. 상대편 변호사는 가우드 박사의 대단한 변론에 수난을 당하고 있었다. 그래서 상대편 변호사는 가우드의 운전기사에게 뇌물을 주며, 다음 날 법정에 출두하기 전에 주인의 코트의 맨 위 단추를 없앨 것을 부탁하였다.

다음 날 가우드 박사는 그의 소송을 그날로 마무리 지을 계획이었다. 그가 변론을 하러 법정 앞에 섰을 때, 그의 손은 자동적으로 코트의 단추로 갔다. 순간 그는 코트의 단추가 없어진 것을 발견하고 큰 충격을 받았다. 가우드 박사는 더 이상 진행할 수 없어서 그냥 의자에 주저앉았다. 후에 그는 자서전에 쓰기를, 원통하게도 그 순간 평생 처음으로 자신의 뇌가 기능하기를 멈추어 버렸고, 그래서 자신이 진공 상태 속에 있는 것 같았다고 했다. 그는 변론을 이어나갈 힘이 모두 소진되어 버렸다고 탄원하며 변론을 다음 날로 연기해 줄 것을 간청하였다.

그렇게 작은 단추 하나가 강력한 변호사의 마음에 그렇게 큰 힘을 미치고 있다는 것이 이상하게 여겨질 것이다. 이것은 심리적 연합으로 일어난다. 만약 마음이 단추를 만짐으로써 활성화되었다면, 단추가 사용될 수 없게 될 때는 실패하는 것이 당연하다. 이러한 증후군을 심리학에서는 조건 반사라 부른다.

이름 즉 씨앗 단어 또는 만트라도 이와 같은 방법으로 사용될 수 있다. 가우드 박사의 단추가 그에게는 단순한 코트의 단추가 아니라 그의 마음을 켜고 끄는 강력한 수단이었던 것처럼, 이름은 당신의 의식을 변형시키는 데 사용될 수 있다. 그러나 텅 빈 단어로는 되지 않는다. 그것은 스승의 에너지로 채워져야만 한다. 그것은 반드시 씨앗 단어라야 한다. 씨앗 단어는 당신의 무의식 가장 깊은 곳에 심어져 있어서 그것을 기억하기만 하여도 당신에게 큰 변화를 가져다줄 수 있다.

크리슈나 붓다와 같은 사람들의 이름, 그리고 다른 많은 단어들과 만트라들이 이러한 목적으로 사용되어 왔다. 그러나 오늘날 사람들은 그것들을 의미 없이 되풀이하고 있다. 당신이 "라마, 라마"라고 천 번을 되풀이해도 아무런 효과가 없을 것이다. 그러나 만약 그것이 씨앗 단어라면 한 번만 암송해도 효과를 발휘할 것이다. 또 그러한 씨앗 단어로서 반드시 라마나 크리슈나와 같은 이름만 사용할 필요는 없다. 어떤 단어라도 씨앗 단어로 변형될 수 있으며 당신의 무의식 속 깊은 곳에 심길 수 있다. 하지만 그러한 단어나 기도가 명상의 에너지로 채워지지 않는다면, 그것은 당신의 삶에 아무런 변화도 일으키지 않을 것이다. 문제는 이러한 기본적 지식은 사라지고 오직 텅 빈 단어들과 피상적인 의식만이 남아 있을 때가 많다는 것이다. 매일매일 어떤 사람은 "라마, 라마"를 노래하고 또 어떤 사람은 "크리슈나, 크리슈나"를 노래하기도 하지만, 그들에게는 아무 일도 일어나지 않는다. 그들이 할 수 있는 것을 무엇이든 언제까지나 다 해 보아도 아무 일도 일어나지 않을 것이다.

당신은 또한 크리슈나를 찬양하는 키르탄(kirtan)이 헌신을 고조시키는지 알기를 원한다. 만약 우리가 그것을 바르게 한다면, 그것은 우리에게 많은 변화를 줄 수 있다. 우리는 다이나믹 명상(Dynamic Meditation, 오쇼의 동적 명상법)의 두 번째 단계를 노래나 춤으로 할 수 있다. 그것은 키르탄의 진정한 의미를 알았던 사람들에 의해 예전부터 사용되어 왔다. 키르탄의 진정한 의미를 모르는 사람들은 단지 춤추고 소리 지를 뿐이다. 그것은 시간 낭비일 뿐이다. 만약 키르탄이 다이나믹 명상의 두 번째 단계에서 제대로 사용될 수 있다면, 그것은 매우 큰 도움이 될 수 있다.

당신이 모든 것을 내맡기고 춤출 수 있다면, 당신은 자신과 몸이 서로 분리되는 것을 보기 시작할 것이다. 곧 당신은 춤추는 자가 아니라 바라보는 자, 즉 목격자가 될 것이다. 당신의 몸이 완전히 춤이 될 때, 당신이 춤으로부터 완전히 분리되어 있다는 것을 갑자기 발견할 그러한 순간이 올 것이다.

과거에 구도자와 그의 몸을 분리시키기 위해서 많은 수단들이 고안되었는데, 노래와 춤도 그런 수단들 중의 하나였다. 당신은 완전히 내맡기는 춤을 출 수 있다. 그러면 당신은 춤으로부터 분리되는 순간이 오며, 그때 당신은 자신이 춤과 분리되어 있는 것을 선명히 보게 될 것이다. 비록 당신의 몸이 계속해서 춤출지라도, 당신은 그 춤을 바라보는 구경꾼처럼 그것으로부터 아주 분리될 것이다. 그것은 마치 축이 계속해서 움직이는 바퀴로부터 그 자신을 분리시키는 것과 같다. 축은 자기가 바퀴로부터 분리되어 있지만 바퀴를 계속 움직이는 것은 자신인 축이라는 것을 알고 있다.

춤도 바퀴와 같은 원리로 볼 수 있다. 바퀴가 빠르게 돌아간다면, 분명히 축과 분리되어 보이는 순간이 온다. 흥미로운 것은 바퀴가 움직이지 않을 때는 바퀴를 축과 분리된 것으로 볼 수 없지만, 바퀴가 움직일 때는 그것들을 두 개의 분리된 실체들로 분명하게 볼 수 있다는 것이다. 움직이는 것과 움직이지 않는 것의 대비로 인해 알 수 있다.

춤을 추게 하라. 그리고는 그 춤에 모든 에너지를 집중하게 하라. 그러면 곧 그는 자신의 내면에 춤추지 않는 누군가가, 완전한 정적과 고요로 있는 누군가가 있음을 알게 될 것이다. 그것이 그의 축이고 그의 중심이다. 춤추고 있는 것은 그의 주변이고 그의 몸이다. 그 자신은 중심이다. 이 중요한 순간에 목격자가 될 수 있다면, 그때 키르탄은 대단한 의미를 가진다. 그러나 그것을 목격하지 않고 계속해서 춤만 춘다면, 그것은 단지 시간과 에너지의 낭비일 뿐이다.

기법들과 도구들은 존재하였다가 나중에 잊혀진다. 그것들이 사라지는 이유는 간단하다. 사람들이 본질적인 것은 망각하고 비본질적인 그림자에 집착하기 때문이다. 사실 본질적인 것은 감추어져서 나무의 뿌리처럼 보이지 않는 반면에, 비본질적인 것은 나무의 줄기처럼 눈에 보인다. 비본질적인 것은 우리들의 옷과 같고, 본질적인 것은 우리들의 영혼과 같다. 우리는 미세하고 눈에 보이지 않는 것은 잘 잊어버리고, 거칠고 눈에 보이는 것은 잘 기억한다. 이러한 이유로 사람들이 키르탄이 유용한지 질문하면, 나는 강력하게 그것을 부인하고 그것에 탐닉하지 말라고 말한다. 오늘날 키르탄은 죽은 전통이고 영혼이 없는 시체이다. 그것은 마치 축은 사라지고 오직 바퀴만 남아 있는 것과 같다.

차이타니야(Chaitanya)의 노래와 춤이 도취의 수단일 뿐이라고 생각하십니까?

아니다. 차이타니야는 노래와 춤을 통해 지고한 경지에 도달하였다. 그는 마하비라와 부처가 명상과 고요를 통해 달성한 것과 정확히 같은 것을 춤을 통하여 얻었다.

축이나 중심, 또는 지고한 경지에 도달하는 데는 두 가지 방법이 있다. 그중 하나는 당신 속에 완전히 멈춘 것처럼 가만히, 고요히 당신의 존재 내에 놓여 있는 것이다. 당신 속에서 흔들림의 흔적조차도 없을 때 당신은 중심에 도달한다. 다른 방법은 그와 정반대이다. 마치 바퀴가 전속력으로 달리게 되면 그 축이 보이는 것처럼, 당신이 그렇게 최상의 속도로 움직이는 것이다. 이 두 번째 방법이 첫 번째보다 더 쉽다.

바퀴가 움직이고 있을 때는 축을 알아보기 쉽다. 마하비라가 고요와 명상을 통해 축에 대해서 알게 된 반면에, 크리슈나는 춤을 통해서 그것을 안다. 차이타니야는 춤에 있어서는 크리슈나를 능가한다. 그의 춤은 장엄하며 비교가 되지 않는다. 아마 이 지구상에 있는 어떤 사람도 차이타니야만큼 춤추지는 못할 것이다. 이러한 춤 속에서 사람은 중심과 주변이 있다는 것을 기억해야 한다. 그의 주변 즉 신체는 항상 움직이고 변하지만, 그의 중심 즉 영혼은 정지되어 있고 고요하며 영원하다. 많은 사람들의 과제는 이 변화하지 않고 영원한 중심에 어떻게 도달하는가이다.

우리가 이 캠프에서 진행하고 있는 다이나믹 명상의 두 번째 단계는 움직임과 쉬지 못함을 통해 그 정지와 고요를 가져오기 위한 시도이며 기법이다. 하지만 나는 키르탄이란 단어를 사용하지는 않을 것이다. 왜냐하면 키르탄이라는 단어는 이러한 의미에서 너무나 많이 언급되어 이제는 진부하게 되어 버렸기 때문이다. 이미 그것은 원래의 의미를 잃어버렸다. 즉 돈과 같은 단어들은 그 동안 너무 많이 사용되어 이제는 닳고 해어져 그것들의 가치를 찾을 수 없는 것과 같다. 그러한 단어들을 새로운 단어들로 대체해야 할 때가 올 것이다. 이러한 이유로 당신들은 나를 이해하기 어려울 때가 많을 것이다. 왜냐하면 나는 같은 것을 하고 있지만, 시대에 뒤진 오래된 것들을 늘 새로운 방법들로 주조하기 때문이다. 그것은 자연의 순리다. 그들은 태어나고 젊은이로 자라서 활력과 생명력을 갖게 된다. 그 뒤에 나이가 들면 죽는다. 그처럼 동전도 너무 많이 닳으면 동전인지 고철 덩어리인지 구분하지 못할 때가 온다. 그러므로 우리는 항상 처음부터 시작해야 하며, 이 새로운 동전들도 오래 사용하게 되면 닳고 낡을 것이며, 언젠가는 누군가가 그것들을 폐기하고 새로운 것을 주조할 것이라는 인식을 가지고 있어야 한다.

아이러니컬하게도 우리는 살기 위하여 필요한 것들과 싸워야만 한다. 우리는 오래된 동전들을 폐기하고 그 자리에 새로운 동전을 만든다. 그렇게 하면 그것들이 더 큰 일들을 늘 새로이 할 것으로 본다. 우리는 오래되고 낡은 방법들을 반대하고 싸워 그 자리에 새로운 것들을 오게 함으로써 그들의 위대한 일이 다시 한 번 살아나게 한다. 그러나 당신은 그것들과 오랫동안 함께 해 왔기 때문에 그러한 낡은 것들에 너무나 집착하게 되어 포기하기가 매우 어려울 것이다. 그리고 새로운 것에 대한 두려움이 새로운 도구나 기법을 받아들이는 것을 방해하게 되어, 결국 당신은 그것들을 거부하게 될 것이다.

종교도 이러한 일들이 빈번히 일어난다. 처음 일어날 때 활발하고 역동적이던 종교도 낡아지고 사라져 간다. 그러나 우리는 그러한 낡은 종교와 헤어지는 것을 거부한다. 우리는 그들의 죽은 몸들을 등에 지고 나르고 있으며 그들의 죽은 몸무게에 짓눌려 부서지고 있다. 그러나 당신이 원하건 원하지 않건 낡은 종교들은 매장되고 화장되게 되어 있다. 대신 살아 있는 새로운 종교가 나타나서 그들의 역할을 떠맡고 그들의 바퀴를 돌린다.

노래하고 춤추는 것인 키르탄은 영적인 성장을 돕는 데 크고 독특한 역할을 할 수 있다. 그러나 문제는 내가 영적 성장을 위해 키르탄을 사용하라고 하면, 당신은 내가 말하는 키르탄이 이미 당신에게 익숙한 오래된 키르탄과 같은 것으로 여기고서 마음속으로 이미 그것을 잘 안다고 생각할 것이다. 이것이 나를 머뭇거리게 한다. 당신의 마음이 옳다고 생각하는 것은 절대로 옳지가 않다. 왜냐하면 마음 그 자체가 옳지 않기 때문이다. 그러므로 나는 당신이 잘 알고 또 잘 할 수 있다고 생각하는 그 키르탄을 지지할 수가 없다. 만약 그것이 옳았다면 당신은 여기로 올 필요가 없었을 것이다. 당신은 옳지 않다. 낡은 식의 모든 노래와 춤으로는 어느 곳에도 도달하지 못했다. 그러므로 이제는 그것에 안녕을 고하고 잊어버려라.

　내가 말하는 키르탄은 당신의 몸에서 당신을 분리하여 당신의 중심으로 들어가게 하는 데 이용된 본래 형태의 키르탄이다. 나는 그와 같은 의미로 이름들과 성상들의 중요성에 대하여 말한다. 나는 당신의 신전과 집을 꾸미는 성상에는 아무런 관심도 없다. 나는 그것들을 쓰레기통으로 보내고 있다. 그것들은 더 이상 어떤 효과도 주지 못한다. 이 말은 그것들이 전혀 중요하지 않다는 뜻은 결코 아니다. 그것들은 한때는 의미가 있었으나 이제는 사라져 버렸다. 사실 그것들이 원래는 매우 큰 의미를 가지고 있었기 때문에 우리는 그것들이 본래 의미를 잃은 후에도 수천 년 동안 계속해서 가지고 있는 것이다. 그것들의 의미가 사라진 후에도 사람들이 오랫동안 그것들과 함께 하는 이유는 그것의 과거의 중요성이 사람의 무의식 깊은 곳에 계속 놓여 있기 때문이라는 것은 사실이다. 그렇지 않으면 우리가 이미 소멸해 버린 그것들의 무게에 짓눌리며 이처럼 오랫동안 살 수는 없었을 것이다.

　만약 당신이 어떤 쓰레기를 소중하게 간직한다면, 그것은 그것 뒤에 숨겨진 다이아몬드를 한 번은 본적이 있다는 것을 의미한다. 그처럼 잘못된 관습이 영속되는 것은 지금은 아닐지라도 과거 언젠가는 그것이 어떤 진실을 지니고 있었다는 것을 의미한다. 바로 이러한 이유로 아직도 여전히 많은 구시대의 이름들과 만트라들과 성상들이

유행하고 있다.

차이타니야 마하프라부에게는 세상과 신이 분리되어 있기도 하고 함께 있기도 하였습니다. 그것은 아친티아 베다베다바드, 즉 다르기도 하고 하나이기도 한 생각할 수 없는 원리라는 의미입니다. 이 원리는 당신의 축과 바퀴의 원리에 맞습니까?

그것은 분명히 같다. 크리슈나의 숭배자들 중에서 차이타니야의 이름이 가장 눈에 띈다.

아친티아 베다베다바드(achintya bhedabhedavad)라는 용어에서, 생각할 수 없음을 뜻하는 아친티아라는 단어는 매우 중요하다. 생각을 통해서 아는 자들은 물질과 영혼은 분리되어 있기도 하고 하나이기도, 즉 같은 것이기도 하다고 말할 것이다. 차이타니야 역시 그것들이 하나이기도 하고 둘이기도 하다고 말한다. 예를 들어, 파도는 바다와 하나인 동시에 분리되어 있다. 그가 옳다. 파도는 바다로부터 분리되어 있고, 그래서 우리는 그것을 다른 이름인 파도라고 부른다. 그러나 사실상 파도는 바다와 하나이다. 왜냐하면 파도는 바다 없이 있을 수 없으며, 파도는 바다로부터 오기 때문이다. 그러므로 파도는 바다로부터 분리되어 있는 동시에 나눌 수 없는 것이다.

그러나 이 모든 것은 생각의 영역 안에 있다. 사람은 파도와 바다가 다르기도 하고 동시에 같기도 하다는 것을 마음속으로 생각할 수 있다. 그러나 차이타니야는 그러한 생각에 또 다른 차원인, 생각할 수 없음이라는 단어인 아친티아를 더하고 있다. 이 단어는 상당한 의미를 지니고 있다. 당신이 생각을 통해서 세상과 신, 물질과 영이 분리되어 있기도 하다는 것을 알게 된다면, 이러한 자각은 아무런 가치가 없다고 차이타니야는 말한다. 이러한 자각은 생각, 개념, 이론에 불과하다. 그러나 구도자가 어떤 생각이나 언어도 없이 그러한 자각에 다가갈 때, 또 그가 그것을 생각 너머에 있는 마음 없음의 상태에서 깨달을 때, 그것은 그의 경험이 된다. 그때 그것은 가치가 있다. 즉 그것은 실재가 되고 위대하게 된다.

생각과 생각을 넘어서는 것에 대한 이 질문 속으로 들어가는 것은 좋다. 우리가 생각을 통해 아는 것은 단지 단어들과 개념들을 아는 것이다. 우리가 그것을 삶으로써, 경험함으로써 아는 것은 단어들 너머에 있는 깨달음이다. 차이타니야가 그것을 생각할 수 없는 것이라 부르는 것은 이 때문이다. 그것은 마음 너머에, 말과 생각 너머에 있다.

어떤 사람이 사랑이 무엇인지 알고 싶어서 사랑에 대한 수많은 글들을 읽었다. 아마 판디트(pandit, 힌두 학자)들만큼 사랑이라는 주제를 다룬 사람들은 여태 없었을 것이다. 사랑에 관한 문헌들이 시와 서사시 그리고 철학서의 형태로 수없이 많이 있다. 그래서 그는 사랑에 대해서 많이 알게 되었고, 심지어 사랑에 관한 장문의 논문들도 쓸 수 있었다. 하지만 그는 사랑이 무엇인지 실제로는 전혀 알지 못한다.

반면에 사랑에 대한 글은 하나도 읽지 않았지만 늘 사랑을 경험하고 사는 사람이 있었다. 이 사람과 사랑에 대한 수많은 문헌을 읽은 사람, 이 둘의 차이는 무엇인가? 이 사람은 경험을 통하여 사랑을 안다. 하지만 앞서 언급한 사람은 단어들과 개념들을 통하여 사랑을 안다. 경험은 항상 생각할 수 없는 것이다. 그것은 생각하는 것을 통해 일어나는 것이 아니다. 사실 그것은 생각하기 전에 일어난다. 경험은 생각보다 앞서고, 생각은 경험 뒤에 온다. 경험이 먼저 오고, 생각은 경험을 표현하기 위하여 그 뒤에 온다.

바로 이러한 이유로 차이타니야는 세상과 신이 하나이기도 하고 분리되어 있기도 하지만, 그것은 생각 너머에 있다고 말한다.

차이타니야가 이것은 생각할 수 없다고 말할 때, 그는 눈으로 보이는 것 이상의 것을 의미하고 있다. 미라도 역시 그것은 생각할 수 없는 것이라고 말할 것이다. 그러나 그녀는 결코 심각하게 생각한 적이 없었다. 그녀는 섬세한 감정의 여성이다. 그러나 차이타니야에 관한 한, 그는 빈틈없는 마음과 빛나는 논리로 유명하고 위대한 논리학자였다. 그는 사고의 최정상에 있었다. 학자들은 그와 논쟁하기를 두려워했다. 그는 논쟁자로서 그 누구와도 비교 불가능했다. 그는 철학적 토론에서 계속하여 승리하였다.

평생 단어들과 개념들에 대한 사소한 설명에 빠져 있던 논리학자인 그가 어느 날 나바딥(Navadeep) 거리에서 노래하고 춤추고 있는 것이 목격된다. 반대로 미라는 한 번도 현학과 경전에 빠진 적이 없었다. 그녀는 논리와는 어떤 관계도 맺지 않았다. 그녀는 오직 사랑할 줄 아는 여성이었다. 사랑이 그녀의 피와 뼛속을 흐르고 있었다. 그러므로 그녀가 탄푸라(tanpoora, 인도 악기)를 들고서 사랑을 찬미하는 노래를 부르고 춤을 추며 메르타(Merta) 거리를 걸었다고 해도 놀랄 일이 아니다. 그것은 지극히 자연스러운 일이었다. 그러나 차이타니야는 그녀와 정반대인 사람이다. 그는 사랑의 사람이 아니었다. 그런데 그가 사랑과 헌신으로 돌아섰다. 그것은 기적이었다. 그의 삶에서 이러한 180도 변화는 논리에 대한 사랑의 승리를 증명하는 것이다. 그는 동시대의 사람들을 그의 논리로써 꺾어 왔다. 그러나 어느 날 그가 그 자신에게로 돌아왔을 때, 그는 그것이 자멸을 가져오는 훈련임을 알았다. 그는 마음을 잃고서 삶과 사랑이 이기는 경지에 이르렀다. 이 경지를 넘으면 그 사람이 갈 수 있는 곳은 삶과 사랑뿐이다.

바로 이러한 이유로, 나는 크리슈나의 길을 걸어간 사람들 중에서 차이타니야가 가장 비범하고 비할 바 없이 대단하다고 말한다. 나는 크리슈나를 매우 사랑한 미라도 염두에 두고 하는 말이다. 그러나 그녀는 차이타니야 근처에도 가지 못한다. 차이타니야와 같이 놀랍도록 논리적인 마음을 지닌 사람이 그의 상아탑에서 내려와 손에 북을 들고 시장 바닥에서 춤추고 노래한다는 것은 상상할 수 없다. 당신은 버트란드 러셀이 런던 거리에서 춤추는 것을 상상할 수 있는가? 차이타니야는 대단히 논리적이라는 점에서는 러셀과 같다. 이러한 이유로 그의 말은 상당한 의미가 있다. 훌륭한 학식가로 너무나 유명하였던 그에게 실재란, 단어들이 아니라 자신이 걸어 다니던 마을 거리에서 드럼을 들고 춤추며 노래하는 것이었다. 이렇게 그는 마음을 버리고, 생각하기를 버리고, "실재는 생각의 너머에 있으며, 그것은 생각할 수 없는 것이다."라고 선언한다.

차이타니야의 사례는 먼저 생각 속으로 아주 깊이 들어가 철저히 그것을 탐구한 사람만이 그 생각을 초월할 수 있다는 것을 보여 준다. 그러면 그들은 생각이 그치고 생각할 수 없는 것이 시작되는 지점을 만나게 된다. 마음의 이러한 마지막 경계선에서 이와 같은 진술이 나온다. 바로 이러한 이유로 차이타니야의 진술이 그렇게 큰 관심을 모은다. 그것은 그가 마음 작용의 마지막 경계를 넘은 후에 온다. 미라는 그 행로를 걸은 적이 결코 없었다. 그녀는 곧바로 사랑으로 왔다. 그래서 그녀는 차이타니야와 같은 깊이를 가질 수 없다.

오늘날 크리슈나 의식(Krishna Consciousness)이라는 이름의 운동이 미국과 영국 그리고 서양의 여러 국가들에서 유행하고 있고 키르탄과 같은 것들이 퍼져 나가고 있습니다. 이는 새로운 종류의 엔터테인먼트나 유행입니까? 아니면 서양에서 크리슈나가 태어나기 위한 기반을 조성하고 있는 것이라 생각하십니까?

이러한 현상은 더 깊은 의미들을 지니고 있다.

크리슈나 의식 운동은 미국과 유럽에서 크게 성행하고 있다. 차이타니야 시대의 벵골 마을들처럼 뉴욕과 런던의 거리들은 오늘날 신을 노래하는 소리로 가득 차 있다. 이것은 우연히 일어난 것이 아니다.

오늘날 서양의 많은 사람들은 차이타니야가 개인적으로 도달했던 그 지점에 도달하였다. 차이타니야가 생각에 진저리를 내고 생각이라는 것은 아무데로도 데려가지 못한다는 것을 알게 된, 마음과 지성의 마지막 경계선에 말이다. 이와 같이 서양은 이제 생각에 지쳤다. 소크라테스로부터 버트란드 러셀에 이르기까지, 서양은 오랫동안 생각을 통해서 진리를 찾으려고 노력해 왔다. 그것은 이성과 논리를 통해 실재를 찾으려는 위대하고 독특한 모험이었다. 서양은 그것의 모든 에너지를 이 탐구에 쏟으며 전념했다. 서양은 언제나 진리란 지성과 이성의 경계를 넘어서 있다는, 그리고 실재란 비논리적이고 생각할 수 없는 것이라는 사실을 받아들이길 거부했다. 서양은 오직 마음과 지성만을 신뢰해 왔다.

무려 2,500년에 걸쳐 서양은 헌신적으로 지성의 행로를 따랐다.

그러나 실재의 희미한 그림자도 보지 못했다. 서양의 위대한 마음들이 실재에 거의 닿을 뻔한 경우도 많았지만, 교묘히 피해 가길 계속했다. 매번 그들은 진리가 아니라 견해와 개념들만을 손에 넣었다. 이제 서양은 전체적으로 마음 작용에 싫증이 났다.

오늘날 서양의 집단의식은 차이타니야가 몇 세기 전에 개인적으로 스스로 발견한 그 지점에 정확히 와 있다. 이제 매일 더 가까이 다가오는 폭발과 변형의 고비에 있다. 봄을 알리는 첫 번째 꽃들은 이미 피었고 새로운 바람이 불고 있다. 예전의 질서에 금이 가기 시작했고, 젊은 세대들은 옛것과 부패한 가치 즉 전통 자체에 대해 반항하고 있다. 그리고 그들은 이제 생각할 수 없는 것, 즉 신비한 것의 음악과 메시지에 귀를 기울이고 있다.

서양이 신비의 방향으로 움직인다면, 크리슈나는 그들의 영웅이 될 것이다. 그는 마음과 마음의 논리를 넘어서는 신비로운 진리의 최고 대표자이다. 마하비라와 붓다는 그 목적에 맞지 않다. 마하비라는 너무 논리적이다. 그는 신비로운 것을 말할 때조차 논리와 이성의 언어를 사용한다. 그는 일관성이 있는 논리적인 생각의 과정을 고수한다. 붓다에 대해 말하자면, 그는 질문을 받을 때면 항상 신비로운 것에 대해서는 완고히 이야기하기를 거부한다. 그는 그냥 그것은 설명할 수 없다고만 말한다. 그는 논리적인 것까지는 가고, 그것 너머로 가지 않는다.

서양이 오늘날 겪고 있는 정신적인 스트레스와 긴장은 생각을 너무 많이 한 직접적인 결과다. 서양의 근심과 분노는 그 한계에 다다른 생각으로부터 온 것이다. 이제 서양은 마음을 짓누르는 무게 아래에서 고통받고 있다. 결과적으로 젊은 세대들은 이에 반항하게 되었다. 구세대의 반대에 부딪치게 되면 여러 가지 다른 방식으로 대항한다는 것은 자연스러운 일이다. 생각할 수 없는 것을 찾는 그들의 여행에서, 어떤 이들은 "하레 크리슈나, 하레 라마(Hare Krishna, Hare Rama)"를 노래하고, 다른 이들은 엘에스디(LSD)와 메스칼린 같은 환각제를 복용한다. 그들은 지금 인도를 여행하고 히말라야를 떠돈다. 아친티아(achintya), 즉 생각할 수 없는 것을 찾아서 그들은 일본으로 가서 그곳의 선원에 웅크리고 앉을 것이다. 탐구는 모두 같은 것이다.

신비로운 것에 대한 탐구에서는 서양 세계가 크리슈나에 보다 더 가깝게 다가갈 것으로 보인다. 엘에스디(LSD)는 그들을 멀리 데려갈 수 없다. 인도와 일본으로의 여행도 오래 가지 않을 것이다. 결국 그들은 그들 자신의 의식, 그들 자신의 영혼을 발견해야만 한다. 믿음만으로 살아갈 수는 없다. 이 때문에 그들은 불안하다. 그래서 그들은 뉴욕과 런던, 베를린에서 "하레 크리슈나"를 암송한다.

서양의 젊은 남녀들이 춤추고 키르탄을 할 때, 그들은 오늘날 인도에서는 이제 더 이상 찾아볼 수 없는 기쁨과 환희로 한다. 수 세기 동안 키르탄이 성행하였던 이 나라를 둘러보라. 여기 그 어디에서 그러한 열정과 기쁨으로 키르탄을 하는 사람들을 찾아볼 수 있는가? 우리 인도인들에는 그것이 잘 닦인 도로, 즉 판에 박은 일이 되었다. 우리에게 키르탄은 이제 닳아 버린 동전이다. 우리는 그것을 가치 없는 것으로 생각한다. 하지만 서양 사람들에게 그것은 가치를 가진 새 동전이다. 한 무리의 사람들이 노래하고 춤추며 런던의 거리를 지날 때, 교통 경찰관도 놀라서 그들을 바라본다. 그들은 젊은이들이 미쳐가고 있다고 생각한다. 하지만 인도 사람들은 어느 누구도 그렇게 생각하지 않을 것이다. 여기서는 그것이 인정되고 있는 의식이다.

그러나 기억하라. 진정한 종교는 미친 사람들에 의해서 운영된다. 종교는 소위 말하는 현명한 자들의 일이 아니다. 종교가 비약적으로 일어날 때나 또는 일어나는 곳에는 언제나 동시대 사람들이 미쳤다고 하는 사람들이 있다. 지금 노래하고 춤추는 것은 인도에서는 이상하게 여겨지지 않는다. 하지만 차이타니야가 벵골 지방을 춤추며 돌아다닐 때는 사람들이 이상하게 여겼다. 사람들은 그를 미쳤다고 생각했다. 그러나 전통은 오는 것들을 모두 빨아들여 그 속으로 흡수한다. 미치는 것조차 전통에 의해 길들여진다.

서양은 이제 폭발 직전이며 비약과 혁명의 기로에 서 있다. 그래서 서양의 젊은이들이 춤추고 노래하며 길을 지날 때, 거기에는 새로움과 단순함, 아름다움과 매력이 있다. 분명히 이것은 준비 단계이다. 그러나 그것은 크리슈나의 탄생을 위한 것이 아니라, 크리슈나 의식이 서양에서 탄생하기 위한 준비 과정이다.

크리슈나 의식은 크리슈나와 아무런 상관이 없다. 그것은 이제 서양에서도 일을 그만두고 축복을 삶의 방식으로 받아들일 의식이 싹트기 시작했다는 것을 뜻하는 상징적인 단어이다. 그것은 단지 상징에 불과하다. 일은 의미가 없어졌다. 그 동안 서양에서는 너무나 많은 양의 힘든 일과 힘든 사고를 해 왔다. 서양은 사람이 할 수 있는 모든 일을 했다. 그리고 이제 그 모든 것들에 완전히, 말 그대로 완전히 싫증이 났다. 서양은 이제 죽어야 할지 크리슈나 의식 속으로 들어가야 할지 기로에 서 있다. 서양은 두 가지 가운데 하나를 선택해야 한다. 그렇지만 죽음은 가능하지 않기 때문에, 왜냐하면 어느 것도 실제로 죽지는 않으므로, 크리슈나 의식은 피할 수 없다.

그리스도는 서양에서 이제 점점 멀어져 가고 있다. 그 이유는 역시 전통에 있다. 서양 사람들에게 그리스도는 전통을 상징하고 크리슈나는 반전통을 상징한다. 그리스도는 그들에게 의무이지만 크리슈나는 자유로운 선택이다. 그리고 그리스도는 너무 심각하다. 서양은 이제 그러한 심각한 것에 질려 버렸다. 너무나 많은 심각함은 결국 질병으로 변하게 된다. 그래서 서양은 그러한 심각함을 없애려고 노력한다. 십자가는 그들의 영혼에 너무 무거운 것으로 판명되었다. 십자가를 멘 예수는 무섭고, 서양 사람들은 가슴속에서 그것을 불안하고 불편하게 느낀다. 그래서 십자가는 내려지고 플루트가 받아들여졌다. 십자가를 대신하는 데 플루트보다 더 적합한 것이 어디에 있겠는가?

이러한 이유로 이제 서양은 크리슈나에 점점 더 끌리고 있으며, 그것은 계속 더해 갈 것이다. 매일매일 크리슈나에게 더욱더 가까이 다가가게 될 것이다.

크리슈나가 서양으로 가게 된 또 하나의 이유가 있다. 부유한 사회만이 크리슈나의 주위에 모일 수 있다. 가난한 사회는 그를 믿을 여유가 없다. 가난과 비참함에 겨운 사회는 춤추고 플루트를 부는 데 필요한 여유와 편안함을 가질 수가 없다. 크리슈나가 태어났던 사회는 매우 번창한 곳이었다. 그곳에선 음식이나 옷 등의 삶의 필수품들이 부족하지 않았다. 우유와 요구르트와 버터도 풍부하였다. 너무나 풍족하였으므로 크리슈나가 젖 짜는 여인들이었던 고피들과 놀 때, 그는 우유와 요구르트로 가득 찬 용기들을 부수면서 놀았다.

그 시대의 삶의 기준으로 판단해 볼 때, 크리슈나가 살았던 사회는 풍요함의 최고봉이었다. 사람들은 행복하였고 여유로웠다. 가족 중 한 사람의 벌이만으로도 가족 전체가 충분히 잘 살 수 있었다. 플루트와 라사 그리고 축복은 그처럼 풍족한 사회에서만 사회의 중심을 차지할 수 있다. 오늘날 서양은 예전에 결코 본 적 없던 풍족함 속에 있다. 그러므로 크리슈나가 서양 사람들의 마음에 그처럼 크게 이끌리는 것은 놀랄 일이 아니다.

한편으로 크리슈나는 가난과 더러움 그리고 병으로 휩싸인 현재의 인도에게는 더 이상 매력이 없어졌다. 아마 인도가 그를 다시 받아들이려면 더 기다려야 할 것이다. 이 순간 인도에서는 그리스도가 더 매력이 있다. 십자가를 메고 있는 나라로서 자신들의 고통과 아픔을 경감해 줄 적당한 사람으로 그리스도를 생각하는 것은 당연하다. 이것이 요즘 놀랍고도 예상치 못한 사건들이 일어나고 있는 이유이다. 인도에서는 예수의 영향이 점점 증가하고 있는 반면, 서양에서는 계속 감소하고 있다. 그리스도의 전도사들이 정도를 벗어나거나 수상쩍은 방법으로 인도인들을 변화시키고 있다고 말하는 것은 옳지 않다. 그보다는 그리스도의 상징인 십자가가 인도인의 고통받는 마음에 더 친밀하게 받아들여진다는 것이 사실에 가깝다.

반면에 존귀함과 부를 상징하는 라마와 크리슈나의 금동상은 이제 가난에 찌든 이 나라 사람들의 관심에서 멀어지고 있다. 인도의 가난한 자들이 부유한 사람들뿐만 아니라 크리슈나와 라마의 상을 공격할 날이 얼마 남지 않았다. 그것은 가능한 일이다. 왜냐하면 그들은 더 이상 반짝이는 금을 참아 낼 수 없기 때문이다. 그래서 그들은 그들의 고통과 비참함을 상징하는 십자가에 못 박힌 그리스도와 사랑에 빠지게 될 것이다. 인도가 그리스도에게 의지할 가능성과 서양이 크리슈나에게 의지할 가능성이 하루가 다르게 커지고 있다.

서양인들의 마음에 십자가는 이제 그 의미를 잃었다. 왜냐하면 그들은 더 이상 고통받지 않기 때문이다. 그들은 자신들이 원하던 모든 것을 가지고 있다. 그들의 유일한 고통은 자신들의 이러한 부유함으로부터 기인한다는 것이 사실이다. 그들의 부유함은 두려움을 준다. 그들은 부유함으로 무엇을 해야 할지를 모르고 있다. 그러므로 이제 춤추고 노래하는 종교가 서양인들의 마음에 아주 잘 맞다. 그래서 서양의 젊은이들이 엄청난 열정으로 크리슈나의 이름을 외우는 것은 이제 놀랄 일이 아니다.

서양에서는 크리슈나 의식 운동의 리더가 비합리주의 시인인 알렌 긴즈버그의 손에 넘어갔습니다만, 아직까지 지식층들은 크리슈나 의식에 별로 감동받지 않는 것 같습니다. 또한 당신께서는 크리슈나가 태어난 곳은 모든 것이 풍족하였다고 말씀하셨습니다. 그러나 (바가바드) 기타와 바가바탐은 크리슈나의 친구인 수다마를 가난의 표본으로 언급하고 있습니다. 그리고 크리슈나는 기타에서 희생 의식들 가운데서 자파, 즉 찬송이 대표적이며, 자파는 우리가 살고 있는 암흑시대인 칼리 유가를 위한 길이 될 것이라고 했습니다. 이에 대해 말씀해 주십시오.

아니다. 나는 크리슈나의 시대에 가난한 사람이 아무도 없었다거나 오늘날 서구에서 아무도 가난하지 않다고 말한 것이 아니다. 서양에도 가난한 사람이 있다. 그러나 전체적으로 볼 때 오늘날 그들의 사회는 풍족하다. 마찬가지로 비록 크리슈나 시대에 수다마 같은 가난한 사람들이 존재하기는 했지만 그 사회는 대단히 부유했다. 가난한 사회는 다르다. 부자 사회 속에 있는 소수의 가난한 사람들의 존재는 다르다. 오늘의 인도 사회는, 비록 타타(Tata)나 비를라(Birla)와 같은 재벌이 있지만, 분명히 가난하다. 타타나 비를라의 존재가 그 사회를 풍족하게 만들지는 못한다. 마찬가지로 수다마와 같은 사람들이 있었음에도 불구하고 크리슈나의 시대는 풍족하고 부유하였다.

어떤 사회가 전반적으로 부유한지 가난한지가 문제이다. 인도와 같이 전체적으로 가난한 사회에서도 부자들이 있고, 마찬가지로 미국같이 부유한 사회에서도 가난한 사람들이 있다. 그렇지만 대체적으로 크리슈나 시대의 사회는 부유했다. 삶의 좋은 것들이 대부분 사람들에게 가능하였다. 오늘날 미국 사회도 마찬가지다. 풍족한 사회에서는 찬양할 여유가 있지만, 가난한 사회에서는 그럴 수가 없다.

사회가 가난 속으로 침몰할 때 모든 축하와 기쁨이 그친다. 가난한 사회라서 축제가 없는 것이 아니라, 그 축제들이 죽음만큼이나 활기가 없어지게 되는 것이다. 빛의 축제인 디왈리가 다가올 때, 가난한 사람들은 그것을 축하하기 위해 돈을 빌려야 한다. 또한 그들은 색채들의 축제인 홀리를 위해 그들의 낡은 옷을 아낀다. 이것이 홀리와 같은 축제를 축하하는 방법인가? 과거에 사람들은 온갖 종류의 색깔들로 꾸민 가장 좋은 옷을 입고 축제에 나왔다. 하지만 지금 그들은 홀리 축제를 마치 의무적 종교 의식인 양 치른다. 홀리 축제는 인도 사회가 번영의 절정에 있을 때 생겨났다. 하지만 이제는 명맥만 이어가고 있을 뿐이다. 과거에는 다른 사람들이 자기의 옷에 물감을 쏟아 부으면 기뻐했다. 지금은 그렇게 하면 오히려 슬퍼한다. 왜냐하면 그들은 충분한 옷들이 없기 때문이다.

지금 서양에서는 홀리 같은 축제를 할 여유가 있다. 그들은 이미 크리슈나 댄스를 택했다. 조만간에 그들은 홀리 역시 택할 것이다. 그것을 예언하는 데 점성가에게 물어볼 필요가 없다. 그들은 홀리 같은 축제를 축하하는 데 필요한 돈과 옷, 색채들과 여가 등 필요한 모든 것을 가지고 있다. 우리와 달리 그들은 열광적이고 기쁨에 젖어 축하할 것이다. 그들은 참으로 좋아할 것이다.

어떤 사회가 전체적으로 풍족할 때는 그 사회의 가난한 사람조차도 가난한 것이 아니다. 그들은 가난한 사회의 부자들보다 한결 더 잘 산다. 오늘날 미국의 가장 가난한 사람이라도 인도의 가장 부유한 사람이 하는 것만큼 돈에 집착하지 않는다. 가난의 바다에 떠 있는 나라에서는 비록 부자라도 가난의 심리를 공유한다. 돈에 대한 그들의 집착은 슬픈 일이다.

예전에 들은 이야기다. 어느 맑은 날 아침, 어떤 대문 앞에 거지 한 명이 서 있었다. 그는 젊고 건강했으며, 그의 몸은 튼튼하고 아름다웠다. 그 집의 주부는 그 같은 보기 드문 거지에 놀라서 측은한 마음으로 옷과 음식을 주었다. 그러고는 거지에게 물었다. "어떻게 해서 당신은 거지가 되었나요? 전혀 가난하게 태어난 것처럼 보이지 않는군요."

그 거지가 말했다. "당신도 미지않아 같은 길로 길 것입니다. 당신이 조금 전에 나에게 옷과 음식을 주었듯이 나 역시 나의 재산을 나누어주었습니다. 당신도 머지않아 길에서 나와 만나게 될 것입니다"

돈에 집착하는 것은 가난한 사회의 특징이다. 그러한 사회에서는 비록 부자라고 해도 이 질병으로 고통을 당한다. 그렇지만 부자 사회에서는 이러한 집착이 사라진다. 부자 사회에서는 비록 가난한 사람들이라도 그들이 가진 적은 것을 즐기면서 소비하는 여유가 있다. 그들은 필요할 때 돈을 벌 수 있다는 것을 알기에 걱정하지 않는다.

크리슈나 의식이 풍요로운 사회에서 일어난다고 한 것은 이런 의미에서 말한 것이다. 그리고 서구 사회는 정말 풍요로운 사회이다.

질문자는 왜 서양에서의 반항의 표현이나 그 돌파구가 긴즈버그와 같은 비합리주의자들에 의해 이끌어지는지를 알고 싶어 한다. 서구의 모든 젊은 반항자들은, 실존주의자들이건 비틀즈족이건, 비트족이건 또는 히피나 이피(yippie, 히피와 신좌파의 중간을 자처하는 미국 젊은이들)족이건, 기성세대의 과도한 합리주의에 반항하는 비합리주의자들이라는 것이 사실이다. 서구의 지식인들이 아직 이 기이한 운동에 영향을 받지 않은 것 또한 사실이다. 사실 비합리주의는 오직 극단적인 합리주의로만 치닫는 사회에서 나타난다. 서구는 이제 합리주의의 절정에 다다랐다. 따라서 그 반작용은 피할 수 없다.

　한 사회가 논리와 합리주의로 과도하게 억눌리고 질식되어 간다고 느낄 때, 그 사회는 필연적으로 신비주의로 향한다. 물질주의가 사람들의 감성을 뭉개기 시작할 때, 그들은 신과 종교로 향한다. 그리고 어리석고 비논리적인 것에 대하여 이야기하는 긴즈버그, 사르트르, 까뮈와 그 외 사람들을 무식하고 무지한 시골 촌놈처럼 생각하지 말라. 그들은 비합리주의의 훌륭한 지식인들이다. 그들의 비합리주의, 즉 생각할 수 없는 것으로의 전환은 믿는 자들이나 신앙의 길을 가는 자들과 비교할 수 없다. 그들은 수없이 많이 생각을 한 후에 그것은 생각할 수 없는 것임을 발견한 차이타니야처럼 180도 전환한 사람들이다.

　긴즈버그의 말과 시가 비논리적이고 비합리적이라고 해도 그 속에는 나름의 체계가 있다. 니체는 어디선가 말했다. "나는 미쳤다. 그러나 나의 광기에는 그것 자체의 논리가 있다. 나는 보통의 미친 사람이 아니다. 나의 광기에는 질서가 있다." 이처럼 비합리주의는 신중하다. 비합리주의는 논리의 토대가 될 수 없는 그 자신의 토대 위에 서 있다. 비합리주의는 합리주의에 대한 거리낌 없는 순수한 논박이다. 그렇지만 그것은 논리학에 대한 공격을 기반으로 하지는 않는다. 그렇다면 그것은 오직 합리주의를 지지하는 것밖에 되지 않을 것이다. 그러나 그렇지 않다. 비합리주의는 오로지 비합리적 생활 방식을 통해 합리주의를 반대하는 것이다.

긴즈버그가 시인들의 작은 모임에서 그의 시를 읽고 있었다. 그의 시는 아무 의미가 없었다. 개념과 개념 사이에 어떠한 일관성도 없었다. 시의 모든 직유와 은유는 단지 공허할 뿐이었다. 그것의 상징적 표현은 완전히 자유로웠다. 시적 양식을 갖춘 곳은 하나도 없었다. 정말 엄청난 모험이었다. 모순적이고 관습에 매이지 않는 것만큼 큰 모험은 없다. 자신의 타고난 일관성, 자신의 내적 일치감, 그리고 자신의 가장 깊은 곳에 있는 존재가 늘 변치 않고 명료하다는 것을 자각하고 있는 사람만이 모순적일 수 있는 용기를 지닐 수 있다. 그는 자신의 글이 제 아무리 모순적이라 하더라도 그의 존재의 완벽함과 일관성에는 영향을 미치지 못할 것이라는 점을 알고 있다.

영적인 일관성과 선천적 조화가 결여된 사람은 그들이 말하기 전에 단어들을 저울질한다. 왜냐하면 자신의 말들이 서로 모순된다면 그들의 내적인 모순이 드러날 것이다. 사람은 자신의 존재 속에 일관성이 있을 때만 모순적일 수 있는 여유를 지닌다.

긴즈버그는 일관성이 없고 모순으로 가득한 시를 읽었다. 이것은 용기 있는 드문 행동이다. 듣고 있던 사람들 사이에서 한 사람이 일어나 말하였다. "당신은 대담한 사람처럼 보입니다만, 그러나 시에서 대담해지는 것은 아무것도 아닙니다. 과연 대담하게 행동할 용기를 가지고 있습니까?"

긴즈버그는 그 질문자를 쳐다보고는 옷을 벗었다. 그리고 청중들 앞에 나체로 서서 "이것이 내 시의 마지막 부분입니다."라고 말하였다. 그리고 나서 자기에게 질문한 사람에게 "이제 당신의 옷을 벗고 당신 자신을 드러내시오."라고 말하였다.

그 사람은 "내가 어떻게? 나는 나체가 될 수 없어."라고 말하였다.

모든 청중은 충격을 받았다. 어느 누구도 시 낭송이 이처럼 끝날 줄은 그리고 시의 마지막이 누드 시인의 모습일 거라고는 생각하지 못했다. 그들이 나중에 왜 그렇게 했냐고 그에게 물었을 때, 그는 "그냥 일어났다. 계획된 것은 하나도 없었다. 그 남자는 내가 대담한 행동을 하게끔 나를 화나게 하였고, 나는 그 외의 어떤 것도 생각할 수 없었다. 그래서 나는 나의 시 낭송을 이렇게 끝맺었다."라고 답변했다.

이것은 자발적인 행동이다. 거기에는 전혀 계획된 것이 없다. 그리고 전적으로 비논리적이다. 그것은 긴즈버그의 시와는 아무 관계가 없다. 칼리다스, 키이츠, 라빈드라나트도 그렇게 할 수 없었다. 그들은 관습에 얽매인 시인들이다. 우리는 칼리다스, 키이츠, 타고르가 긴즈버그가 한 것과 같이 스스로 옷을 벗을 것이라고는 생각할 수 없다. 긴즈버그는 모든 논리를 거부하고, 연역법의 감옥에 삶을 가두기를 원치 않았기에 그렇게 할 수 있었다. 그는 사소한 수리적인 계산에 인생을 빠뜨리기를 원하지 않는다. 그는 모든 것을 버리고 자유롭게 살기를 원한다.

긴즈버그와 같은 사람을 어리석은 촌놈과 비교할 수는 없다. 그는 난해한 합리주의 전통의 정점을 나타낸다. 합리주의 전통이 절정에 달하여 죽어 가기 시작할 때, 긴즈버그 같은 사람이 합리주의를 거부하기 위하여 전면에 나선다. 나는 크리슈나 역시 인도의 거대한 합리주의 전통의 최정점을 나타낸다고 생각한다. 이 나라는 한때 합리주의적 지성과 사상의 최정상에 올랐었다. 우리는 단어들과 개념들의 해석과 분석에 대해서 사소하게 따지는 것에 탐닉하였다. 우리에게는 다른 나라의 어떤 언어로도 번역될 수 없는 수많은 책들이 있었다. 왜냐하면 우리에게 있는 정교하고 미묘한 단어들은 다른 어떤 언어에도 없기 때문이다. 또한 우리에게는 하나의 낱말로도 책 전체를 덮을 수 있는 낱말들이 있다. 왜냐하면 우리는 그것을 수식하고 세련되게 하기 위해 수많은 형용사, 접두사, 접미사를 사용하기 때문이다.

크리슈나는 이성주의자, 즉 어떤 돌도 뒤집혀 있지 않은 지성의 문화의 최정상에서 온다. 우리는 생각할 수 있는 모든 것을 생각했다. 우리는 베다(Veda, 힌두교의 초기 경전)와 우파니샤드(Upanishads, 힌두교의 후기 경전)로부터 지식이 끝나는 곳인 베단타까지 여행하였다. 베단타란 지식의 끝을 의미한다. 파탄잘리, 카필, 카나드, 브리하스파티 그리고 비아스와 같은 거장들은 우리가 생각에 지쳐 있을 때 이제 때가 왔다는 것을 알았다. 그 최고 절정에서 크리슈나가 나타나서 말하였다. "지금에 살라. 생각은 이제 충분하다."

이와 관련하여 차이타니야가 정확히 비슷한 시기에 벵골에서 나타났다는 것을 아는 것은 중요하다. 벵골은 새로운 논리학인 나비야 니야야(Navya Nyaya)로 논리와 이론의 정점에 달했다. 특히 차이타니야가 태어난 도시인 나바딥은 논리학과 모든 학문의 중심지였다. 또한 그곳은 논리학자들의 카시(Kashi, 바라나시의 다른 이름)라 불렸다. 인도의 모든 논리적 학문은 나바딥에서 절정을 이루었으며, 그것이 나비야 니야야로 알려지면서 논리적 이론의 최고봉으로 상징되었다.

서양은 아직 그 절정에는 도달하지 못했다. 서양의 논리학은 오래되어 이제 새롭지가 않다. 그것은 아리스토텔레스를 뛰어넘지 못한다. 그렇지만 나바딥은 아리스토텔레스를 뛰어넘는 논리를 가졌고, 그것은 논리학의 최첨단에 이르렀다.

그 당시 인도 어디에서도 나바딥 출신의 철학자는 내세울 만 하였다. 감히 어떤 사람도 나바딥 철학자와는 논쟁하려고 하지 않았다. 그는 논법가로서 맞수가 없다고 여겨졌다. 어떤 사람도 논쟁으로 그를 패배시킬 생각을 할 수 없었다. 인도의 전역에서 학생들이 논리학을 배우기 위해 나바딥으로 갔다. 논리학 학자들은 그들의 적수를 찾아 논쟁하기 위해 그곳으로 갔다. 그리하여 만약 그 사람이 논쟁에서 이기면 그는 즉시 온 나라에서 유명해졌다. 그는 인도의 월계관을 쓴 가장 권위 있는 석학으로 인정을 받았다. 나바딥에 논쟁을 하러 갔던 사람이 그곳 철학자에게 패배하고 그의 문하생이 되는 일들도 자주 있었다. 나바딥 철학자를 패배시키는 것은 불가능했다. 전 도시가 논리가로 가득 차 있었다. 모든 가정이 철학자의 집이었다. 만약 어떤 사람이 한 명의 학자를 이기면, 그 옆 모퉁이에서 또 다른 사람이 그에게 도전하기 위해 준비하고 있었다.

차이타니야는 나바딥에서 태어났고 논리학의 대가였다. 그는 그 시기 존경을 한 몸에 받는 나바딥의 최고 논리가였다. 그런 차이타니야가 어느 날 갑자기 학문과 작별하고 황홀경에 빠져 춤추고 노래하며, 모든 것은 생각할 수 없는 것이라고 말하며 나바딥 거리를 돌아다녔다. 그런 사람이 뭔가를 말할 때는 굉장한 의미가 있기 마련이다. 차이타니야 역시 거대한 전통의 정점을 의미한다. 생각과 지성적 이해의 구석구석을 탐구하고 분석하여 낱말들과 개념들 그리고 그

의미의 근본 뿌리까지 가 본 뒤, 그는 학문을 포기하고 그의 근본적 무지를 향해 방향을 전환한다. 그는 이제부터 미친 사람처럼 춤추고 노래하겠다고 선언한다. 그는 더 이상 논쟁하지 않을 것이며, 논리를 통해 진리를 찾지 않을 것이며, 단순하게 살 것이며, 모든 것을 버리고 살 것이라고 말했다.

삶은 논리가 끝나는 곳에서 시작한다.

당신께서는 차이타니야와 그의 생각할 수 없는 통합과 분리의 원리에 대해 설명해 주셨습니다. 또 당신께서는 긴즈버그와 그의 비합리주의에 대해 말씀해 주셨습니다. 일찍이 당신은 만트라를 이루는 낱말들의 중요성과 이름들에서 일어나는 변화에 대해 다루셨습니다. 당신은 또한 낱말들이 이원성을 일어나게 한다고 하셨습니다. 그러나 크리슈나는 '옴'을 암송하는 자나 자신의 죽을 때를 알고 신을 명상하는 사람은 최고의 상태인 목샤(moksha, 해방)에 도달한다고 말하였습니다. '옴'이라는 낱말이 비이원성으로 니이가게 할 수 있다는 의미입니다. 당신께서는 '옴'을 어떻게 보십니까? 그것은 합리적입니까? 비합리적입니까? 그리고 당신의 다이나믹 명상에서 '옴'을 하는 방식에 어려운 점은 무엇입니까?

말들은 진리가 아니다. 진리라는 단어조차도 진리가 아니다.
진리는 말 없음의 상태, 완전한 침묵의 상태에서 발견된다. 만약 어떤 사람이 진리를 표현해야 한다면, 말로써는 그것을 할 수가 없다. 진리는 침묵을 통해 최상으로 표현된다. 말이 아니라 침묵이 진리의 언어다. 오늘 아침 내가 말했듯이 침묵은 진리의 목소리다.
만약 그렇다면 어떻게 말이 영적 수행을 위한 씨앗과 기초가 될 수 있는가 하는 의문이 생긴다. 두 말들에는 모순이 없다. 사실 그것들은 같은 것에 접근하는 서로 다른 차원일 뿐이다. 나는 오늘 아침에 말들은 진리가 아니라고 하였다. 그러나 만약 비진리에 둘러싸인 것들이 진리에 도달하고자 한다면, 그것들은 비진리의 도움을 받아야만 할 것이다. 다른 방법이 없다. 물론, 만약 그들이 도약할 수 있다면, 그들은 말에서 침묵으로 바로 갈 수 있다. 그러나 도약할 용기가 부족할 경우, 그들은 점차적으로 조금씩 말을 없애야만 할 것이다.

씨앗 단어가 주어지면, 그것은 이 한 단어의 도움으로 그의 마음에 만연하는 다른 모든 말들을 떨쳐 내야 한다는 것을 의미한다. 만약 한꺼번에 단호하게 모든 말들을 떨쳐 버릴 용기가 없다면, 씨앗 단어에 매달려 그것의 도움으로 다른 모든 말들을 제거해야 한다는 말을 들을 것이다. 그러나 결국에는 그 씨앗 단어까지 제거해야 한다. 씨앗 단어는 그를 진리에게로 데려다 줄 수 없다. 다만 진리의 사원의 문까지는 확실히 데려다 줄 수 있다. 그 문에서 당신은 이 단어를 버려야 할 것이다. 마찬가지로 당신은 그곳에서 신발을 벗어야 한다. 신성한 사원 안으로 신발을 신고 갈 수는 없다. 씨앗 단어조차도 당신이 사원 안으로 들어가는 것을 늦추게 할 것이다. 왜냐하면 아무리 작을지라도 그것은 결국 소리의 일부이기 때문이다. 모든 단어들은 소음이다. 씨앗 단어도 예외는 아니다.

씨앗 단어들의 중요성을 강조하는 사람들조차도 수행의 마지막 단계에서는 구도자인 그 자신이 사라지게 되는데, 이것이 성취의 척도이다. 자파나 찬팅으로부터 아자파나 찬팅 없음, 즉 소리 없는 찬팅으로 가야만 한다. 그러면 그들의 수행 중에 자파조차도 떨어져 나가고 아자파 즉 침묵이 들어온다. 당신이 말들을 처음에 떨쳐 버리든 마지막에 떨쳐 버리든 그것은 상관이 없다. 모든 말들이 사라져야 침묵이 일어난다. 침묵은 궁극이다. 침묵보다 더 높은 것은 없다. 용기 있는 사람은 한 번에 모든 말을 포기할 것이다. 그러나 그럴 수 없는 사람은 당분간 씨앗 단어에 매달림으로써 다른 말들을 떨쳐야 한다. 그러나 결국엔 이 마지막 씨앗 단어마저도 놓아야 한다.

나는 말에서 침묵으로 완전히 도약하는 것을 지지한다. 될 수 있는 대로 구도자는 자파 같은 것들에 말려드는 것을 피해야만 할 것이다. 왜냐하면 그것들은 마지막 단계에서 오히려 장애물로 변할 가능성이 많기 때문이다. 그러한 일이 실제로 라마크리슈나에게 일어났었다. 그것을 이해하는 것이 좋을 것이다.

라마크리슈나는 여신의 이름을 암송하는 것, 즉 기억하는 것으로 영적 여정을 시작하였다. 그는 성모 칼리의 모습으로 신을 숭배하였으며, 그렇게 여신의 이름을 암송하는 과정을 통하여 마침내 수행의 마지막 단계에 도달하였다. 그래서 이제 그는 그 이름을 버려야 했다. 이 단계 너머로는 이름과 함께 갈 수 없다. 이제 그는 내면의 성스러운 신전에 오로지 홀로 들어갈 수 있다. 칼리 여신은 그의 행로에 길을 제공하여 주었지만, 이제 신전에 도착하였으므로 라마크리슈나는 여신과 헤어져야 하는 문제에 직면한다. 그것은 영적인 삶에 있어서 부딪치는 가장 힘든 문제이다. 여러 해 동안 그는 모든 사랑과 헌신을 칼리 여신에게 바쳤다. 그는 그녀와 더불어 자랐고, 춤추었으며, 그녀와 함께 울고 웃었다. 그러다 보니 그녀가 그의 피와 뼈 속으로 들어갔으며, 그의 심장 박동이 되었다. 그런데 이제 와서 그녀를 완전히 떨쳐 버려야만 한다는 말을 들었을 때, 그는 심각한 딜레마에 빠지게 되었다.

이 단계에서 라마크리슈나는 비이원론자인 요기 토타푸리의 지도를 받고 있었다. 그는 라마크리슈나에게 이제 이름을 버리고 칼리 여신과 헤어지도록 요구하였다. 토타푸리에 따르면, 이름, 씨앗 단어, 상징은 비이원적 상태, 유일자, 절대자를 얻고자 하는 구도자에게는 아무런 의미가 없다. 하지만 라마크리슈나는 눈을 감고 앉아서 자신은 칼리를 포기할 수 없다고 토타푸리에게 말하였다. 자기 자신은 포기할 수 있으나 여신과는 헤어질 수 없다고 말한다. 그의 스승은 계속해서 그를 설득한다. 왜냐하면 만약 그가 자신을 포기하면서 칼리 여신을 포기하지 않는다면, 그는 신전의 문 앞에 버려질 것이고, 그 신전 안에 칼리 여신이 있게 될 것이라고 하였다. 그것은 그에게 아무런 좋은 일이 되지 못할 것이다. 만약 어떤 사람이 비이원적 상태를 얻으면, 그때 그는 완전한 하나가 된다. 그 통로는 너무나 좁기 때문에, 둘이서 함께 성소 안으로 들어가는 것은 허락되지 않는다. 라마크리슈나는 3일 동안 계속 시도하였으나 결국 실패하고서 자신은 할 수 없다고 선언한다.

그러자 토타푸리는 라마크리슈나를 떠나겠다고 말하며, 이제 더 이상 그를 위해 자신의 노력을 허비하지 않고 싶다고 위협했다. 라마크리슈나는 다시 한 번 기회를 달라고 간청했다. 그는 미지의 존재, 궁극의 실재에 대한 자신의 갈증을 자각한다. 자신의 인생은 그것을 알지 못하고는 완성될 수 없다.

토타푸리는 다음 날 날카로운 날이 있는 유리 조각을 들고 왔다. 라마크리슈나는 그 앞에 눈을 감은 채로 앉았고, 그의 스승은 말한다. "이 유리 조각으로 나는 그대 이마에 있는 제3의 눈인 아그나 차크라 바로 위를 정확하게 찌를 것이다. 그것에 대한 고통을 느끼는 순간, 그대는 칼을 들고 여신을 둘로 잘라라."

라마크리슈나는 깜짝 놀랐다. 그는 항의했다. "무슨 소리를 하십니까? 제가 어떻게 제 여신의 목을 벤단 말입니까? 그것은 불가능합니다. 만약 당신께서 제게 그렇게 하기를 요구하신다면, 저는 차라리 제 목을 베겠습니다. 하지만 어떻게 제가 여신을 향해 칼을 들 수 있겠습니까? 그리고 어디서 칼을 구한다는 말입니까?"

그러자 토타푸리는 라마크리슈나에게 말한다. "그대는 미쳤다. 그대는 존재하지 않는 여신을 발견한 그곳에서 이제 칼을 발견해야만 한다. 그대의 의지가 존재하지 않는 여신을 상상으로써 형상화할 수 있다면, 그대의 의지는 칼도 형상화할 수 있다. 그것은 그렇게 어렵지 않다. 나는 그대가 이미 이런 일에 익숙하다는 것을 알고 있다. 거짓 여신을 죽이는 데는 상상의 칼, 즉 거짓 칼이 필요하다. 그녀는 결코 실재하지 않았다."

라마크리슈나는 그래도 주저한다. 그러나 그는 만약 자신이 스승의 지시를 따르지 않으면 스승이 떠날 것임을 알았다. 그는 스승이 점진적인 발전을 믿지 않는다는 것을 알기에 갑작스러운 깨달음을 위해, 즉각적인 도약을 위해 일어선다. 그는 다시 눈을 감지만 여전히 주저한다. 그때 토타푸리는 비난하듯 말한다. "부끄럽지 않느냐?" 그리고 유리의 끝으로 그의 이마를 찔렀다.

라마크리슈나는 아픔을 느끼자마자 용기를 내어 칼을 들고 여신을 벴다. 여신의 이미지가 사라지자마자 그는 바로 지고의 상태인 사마디 상태로 들어간다. 사마디에서 깨어났을 때 그는 소리친다. "마지막 벽이 무너졌다!"

씨앗 단어, 즉 만트라는 그것을 영적 수행으로 이용하는 모든 사람들에게 마지막 장벽이 될 것이다. 라마크리슈나가 그랬듯이 그들은 어느 날 씨앗 단어를 끝내기 위해 칼을 들어야 할 때가 올 것이다. 그것은 고통스러운 과정이 될 것이다. 그래서 나는 그러한 것을 추천하지 않는다. 왜냐하면 결국에는 당신과 내가 이러한 고통스러운 과정을 거쳐야만 한다는 것을 알기 때문이다. 그러므로 처음부터 그만두는 것이 낫다.

당신은 또한 '옴'이 말인지 아니면 다른 어떤 것인지 알기를 원한다. 당신은 "만약 어떤 사람이 나를 나의 '옴'의 형상으로 기억하고 죽음의 순간에 '옴'에 살 수 있다면, 그는 궁극 즉 영원을 얻게 될 것이다."라는 크리슈나의 말을 인용하였다.

이 '옴'은 특별한 말, 진기한 말이다. 그것은 아무런 의미도 지니고 있지 않다는 바로 그 점 때문에 특별하다. 모든 단어는 어떤 의미를 지니고 있다. 이 '옴'은 그렇지 않다. 이러한 이유 때문에 이 단어는 세상의 다른 어떤 언어로도 번역될 수 없다. 만약 '옴'이 어떤 의미를 가지고 있었다면 그에 상응하는 의미의 다른 말을 찾을 수 있겠지만, 아무런 의미가 없기 때문에 이 '옴'은 번역이 안 된다. 아마 지구상에서 아무런 의미도 지니지 않고 있는 유일의 말일 것이다.

'옴'을 발견한 사람들은 말과 침묵 사이의 연결, 다리가 될 수 있는 어떤 것을 찾고 있었다. 말은 의미를 가지는 반면, 침묵은 의미 있는 것도 의미 없는 것도 아니다. 침묵은 이 둘을 넘어서 있다. 침묵은 너머에 있다. 실제로 '옴'은 말과 침묵 사이의 다리로서 왔다. 그것은 세 개의 기본음, 즉 a와 u와 m의 도움으로 구성되어 있다. a와 u와 m은 음성학의 기본 소리들이다. 알파벳의 모든 다른 글자들은 이 소리들이 합해지고 조합된 것이다. '옴'은 a와 u와 m으로 구성되어 있지만, 그렇다고 말로 쓰이지는 않았다. 그것은 분명하고 뚜렷한 상징으로 남아 있다. 원래 형태의 aum은 산스크리트에 기원이 있는데, 거기에서는 '옴'을 말도 아니고 문자도 아닌 그림으로 표현했다. 그러므로 '옴'은 말이 아니라 그림이다. 그러므로 '옴'은 말 즉 소리로써 이루어진 제한된 세상이 끝나고 침묵의 무한한 세상이 시작되는 공간이다. '옴'은 말과 말 없음 사이의 구역 즉 경계선을 형성한다. '옴' 너머에는 말이 없다.

그러므로 크리슈나는 만약 사람이 죽음의 순간에 어떤 의미나 말을 넘어서 있는 '옴'의 형상으로 자신을 기억할 수 있다면, 그 사람은 실재를, 진리를 얻을 것이라고 말한다. 왜냐하면 '옴'은 세상과 그 너머의 경계에 있으므로, 그가 세상으로부터 떠나는 순간에 그것을 기억할 수 있는 사람은 필연적으로 그 너머로 가게 되어 있다.

인도의 천재들은 이 '옴'을 무한한 의미와 비중으로 포장하였다. 그래서 '옴'은 더 이상 어떤 의미도 가지지 못할 정도로 대단한 의미를 지니게 되었다. 사실 '옴'의 중요성은 끝이 없고 무한하다.

그러나 '옴'은 발음을 하거나 찬송을 하라는 것이 아니다. 그것은 실제로 듣고 경험해야 한다. 당신이 깊은 명상 속으로 들어갈 때, 모든 말이 사라질 때, 그때 '옴' 소리가 진동하기 시작할 것이다. 그렇지만 그것을 말해서는 안 된다. 만약 그것을 말한다면, 당신은 명상하는 동안 '옴'이 진동하는 소리를 듣고 있다는 환영에 빠지게 된다. 그러면 당신은 진정한 '옴' 소리를 놓칠 것이다. 이러한 이유 때문에 나는 '옴'을 다이나믹 명상에 포함시키지 않았다. 만약 당신이 명상하는 동안 그것을 읊조린다면 당신은 너무나 미묘한 '옴'의 진정한 소리를 놓칠 수 있다.

이 진정한 '옴'은 모든 말이 사라지고 모든 소리가 멈출 때 들린다. 마음과 지성, 생각과 말이 모두 끝나고 침묵이 시작될 때, 이 나라에서는 '옴'이라고 해석하는 어떤 의외의 미묘한 파동이 있게 된다. 그것은 다른 식으로도 들릴 수 있다. 그러나 그것들 모두는 우리의 해석일 것이다. 예를 들면, 당신이 기차 여행을 할 때 당신은 움직이는 기차 바퀴의 덜컹이는 소리를 자기가 듣고 싶은 대로 듣는다. 바퀴들은 당신을 위해 소리를 내지 않고 당신에게 줄 어떤 메시지도 갖고 있지 않으나, 당신은 자신이 듣기를 원하는 대로 소리를 듣는다. 그것은 모두 그대 자신의 투사이며, 바퀴의 소리에 당신의 해석을 덧씌운 것이다.

　거대한 텅 빔이 존재하게 될 때, 그 텅 빔에는 그 자신의 소리와 음악이 있다. 그것은 우주적 침묵의 소리라 불린다. 그것은 아나하트, 즉 아무 부딪침도 없이, 아무런 원인도 없이 일어나는 소리이다. 그것은 무엇인가에 의해서 일어나는 소리가 아니다. 그것이 '옴'이다. 손뼉을 칠 때 나는 소리는 한 손이 다른 손을 쳐서 만들어진 것이다. 이 소리는 발생되었다. 즉 그들의 손들을 사용해 고막을 친 소리이다. 그러나 명상은 침묵으로의 여행이다. 모든 소리들이 사라지고 아무런 이원성이 없을 때, 당신이 완전히 혼자가 되었을 때, 그때 이 원인이 없는 소리가 존재하기 시작한다. 인도의 현자들은 그것을 '옴'이라 불러 왔다.

　'옴'의 변형들이 다른 대륙이나 다른 언어에서도 발견된다. 기독교도는 '옴'의 변형인 '아멘'을 사용한다. 이슬람교에서는 같은 것으로 '아민'을 말한다. 우파니샤드의 모든 기도는 '옴'으로 시작해서 '옴 샨티, 샨티, 샨티'로 끝난다. 이슬람교인은 기도를 '아민'으로 끝낸다. 이 '아민'은 아무런 의미가 없다. 이것은 우주적 침묵과 같은 소리이다.

영어에 전지, 편재, 전능이라는 세 단어가 있다. 이 모두는 '옴'이라는 단어로 구성되어 있다. 언어학자들은 전지가 '옴'을 알고 있는 사람이라는 의미이고, 편재란 '옴'에 존재하는 사람이며, 전능은 '옴'만큼 강한 힘을 가진 사람이라는 것을 알지 못할 것이다.

'옴'은 전 세계에서 다양한 형태들로 발견되고 있다. 그것은 종교의 고대 근원인 힌두교와 유대교 둘 다에 보인다. 만약 힌두교와 자이나교 사이에 어떤 공통점이 있다면, 그것은 '옴'이다. 또한 '옴'은 자이나교처럼 불교에서도 역시 최고의 자리를 차지한다. 그것은 우주의 말이다. '아민'과 '옴'은 사람이 만든 말이 아니다. 그것들은 모두 깊은 명상 중에 들린 소리이다. '아민'과 '옴' 둘 중 어느 것이 더 근거 있는 말인지 말하기는 어렵지만, 그것들이 하나이고 같은 것이라는 것은 확실하다. 그것은 궁극의 소리이다. 모든 원인에 의해 발생하는 소리들이 사라질 때 원인 없이 발생하는 옴이 시작된다. 그것이 우주적 소리이다.

선사들이 제자들에게 한 손으로 손뼉을 치는 소리를 찾아오라고 한다. 한 손으로 손뼉 치는 소리는 들리지 않는 어떤 것이다! 이것은 부딪침이 없이 나는 소리인 아나하트와 같은 것을 말하는 선(禪) 고유의 방식이다. 그래서 선사들은 한 손으로 손뼉 치는 소리를 찾아오라고 제자들에게 지시한다. 그것은 바로 원인 없는 소리를 의미한다. 두 손으로 손뼉 치는 것은 소리를 만든다. 한 손으로 치는 손뼉은 '옴'이나 '아민'이다.

알다시피 나는 우리의 명상에 '옴'의 자리를 두지 않았다. 그것은 고의적이다. 왜냐하면 만약 그대가 '옴'을 발음한다면, 그것은 당신이 만든 것이다. 그것은 원인 없는 '옴'이 될 수가 없다. 나는 당신이 완전히 사라졌을 때 나타나는 진정한 '옴'을 기다릴 것이다. 이 '옴'은 당신의 가장 깊은 곳에서 발생하는 것이지, 당신에 의해 발생되는 것이 아니다. 만약 어떤 사람이 '옴'을 정확하게 알고 죽을 때까지 자각으로 '옴'과 함께 산다면 그는 완전함을 얻을 것이라는 크리슈나의 말은 맞다. 그러나 당신이 입으로 발음하는 것은 '옴'이 아니다. 만약 당신이 죽을 때까지 '옴'을 계속 암송한다면, 그것은 시간 낭비일 것이다. 그러면 당신은 평화스럽게 죽지도 못할 것이다.

진정한 '옴'은 폭발한다. 그것은 당신의 가장 내면에 있는 존재의 깊은 곳에서 나온다. 그것은 일어난다.

자, 이제 앉아서 명상을 하도록 하자. 나는 당신들이 진정한 '옴'을 향한 여행을 시작하기를 바란다.

말없이 서로 약간 떨어져서 앉도록 하라. 모두 이야기하는 것을 멈추고, 서로의 사이에 약간의 공간을 두어라…… 구경만 하고자 하는 사람들은 이곳을 떠나라. 원한다면 바깥에서 지켜보아라. 구경꾼들이 여기 안쪽에 남아 있으면 안 된다. 부디 바깥으로 나가도록 하라.

나는 당신이 다른 사람과 약간의 거리를 두고 앉기를 원한다. 그래서 만약 누군가가 명상 중에 바닥에 쓰러지더라도 그로 인해 주변 사람들이 방해받지 않도록 해야 한다. 여기에 공간은 충분하다. 그러므로 당신은 인색할 필요가 없다. 사방으로 퍼져라. 친구들이 쓰러질 것이고, 또한 많은 사람들이 쓰러질 것이다. 그러므로 그들을 위해 자리를 만들어라. 다른 사람들이 움직일 것이라고 생각하지 말라. 다른 사람들은 움직이지 않는다. 각자가 움직여서 다른 사람들을 위해 공간을 만들어야 한다.

구경하는 사람들은 절대 말을 하여서는 안 된다. 그들은 명상 중에 있는 사람들에게 아무런 방해가 되지 않도록 완전한 침묵 상태에 있어야 한다.

시작하기 전에 몇 가지 유념하라. 우선, 앉은 자세로 명상하는 것이 좋다. 이것은 매우 유용하고 좋을 것이다.

처음 10분 동안 우리는 깊게 숨을 쉴 것이다. 10분 동안 깊은숨을 쉰 뒤에 당신의 몸은 흔들리기 시작할 것이다. 그러면 자연스럽게 흔들리도록 놓아두어라. 어떤 사람은 소리 지르거나 절규하고 싶을 것이다. 또 어떤 사람은 아무런 억압이 없이 울부짖고 싶을 것이다. 아무것도 억압하지 말고 소리 지르고 울부짖도록 허락하라. 10분 후에 자신에게 "나는 누구인가? 나는 누구인가?" 하고 묻기 시작하라. 이것이 10분 동안 계속될 것이다. 이때 앉아서 그렇게 하라는 것이다. 만약 누군가가 쓰러져도 상관하지 말라. 그는 쓰러져야 하기 때문에 그러는 것이다.

이 구역 안에서 어느 누구도 눈을 뜨고 있지 않다.

이제 당신의 두 손바닥을 포개고 이 맹세, 이 결심을 말하라.

"나는 모든 힘을 다해 명상에 전념할 것을 신의 이름으로 맹세한다."

"나는 모든 힘을 다해 명상에 전념할 것을 신의 이름으로 맹세한다."

"나는 모든 힘을 다해 명상에 전념할 것을 신의 이름으로 맹세한다."

이제 늘 당신의 결심을 기억하라. 그리고 신이 그것을 기억하고 있다는 것을 기억하라. 10분 동안 깊게 숨을 쉬어라. 깊은 숨쉬기는 당신이 서서 숨쉴 때보다 훨씬 많은 양, 거대한 양의 에너지를 자극하고 일깨울 것이다…… 숨쉴 때마다 에너지가 올라올 것이다…… 그것은 그대의 몸을 통해 흐를 것이다…… 기가 당신의 온몸으로 흐를 것이다…… 에너지로 숨쉬어라…… 스스로 막지 말라. 몸이 흔들리면, 흔들리도록 놓아두어라. 떨리도록 놓아두어라.

깊이 그리고 힘 있게 호흡하라. 에너지가 올라오기 시작한다. 놓아두어라. 깊이 호흡하며 에너지가 일어나도록 하라. 그것은 잘 될 것이다. 아주 잘 될 것이다. 각자 최선을 다하도록 하라. 어느 누구도 뒤쳐지지 말라…… 에너지가 올라오고 있다. 그것을 허락하라. 몸이 하고 싶은 대로 하도록 그냥 두어라. 그러나 앉아 있어야 한다.

깊게, 더욱 깊게 숨쉬어라. 아주 깊게 숨쉬어라. 올라오는 에너지와 협력하라. 스스로 억누르지 말라. 깊이 호흡하라.

깊이 호흡하라. 깊이 호흡하라. 더욱 깊이 호흡하라. 더욱더 많은 친구들이 에너지로 차오를 것이다. 당신의 에너지가 자유롭게 올라오도록 하라. 그것을 방해하지 말라. 놔두어라. 당신의 에너지가 깊은 숨, 더욱더 깊은 숨과 마주치게 하라.

행복에 잠겨라. 기쁨과 희열로 가득 차게 하라…… 깊게 즐겁게 숨쉬어라. 깊은 희열로 숨쉬어라…… 깊게 숨쉬어라. 깊게 숨쉬어라. 더욱 깊게 숨쉬어라. 더욱더 깊게 숨쉬어라. 기뻐하라.

당신의 몸들에 전기가 흐르기 시작하고 있다. 당신의 몸들과 협력하라…… 깊게, 환희에 차서 숨쉬어라. 희열로 가득 차게 하라. 숨 쉬어라…… 깊게 숨쉬어라.

강하게 숨 쉬어라. 더욱더 큰 기쁨을 가져오라…… 기뻐하라. 더욱 깊게 숨쉬어라. 더욱더 깊게 숨쉬어라. 당신의 모든 에너지를 숨쉬는 데 가져오라…… 억누르지 말라. 그것 속으로 완전히 들어가라. 이제 우리는 두 번째 단계로 들어갈 것이다. 4분 남았다. 당신의 모든 에너지를 쏟아 부어라.

 힘이 얻어지고 있다. 그것과 완전히 협력하라. 최선을 다하라. 때때로 어떤 사람은 아주 짧은 순간에 그것을 놓치게 된다. 그러므로 당신의 모든 에너지를 깊은 호흡 속으로 가져오라. 환희와 희열로 가득 차서 숨 쉬어라.

 3분 남았다…… 계속, 계속 나아가라. 모든 힘을 다하여 깊게, 기쁨에 겨워 숨쉬어라. 당신의 존재 속으로 들어가라. 당신의 내면으로 들어가라. 그리고 깊게 숨쉬어라.

 에너지가 올라오고 있다. 놓아두어라. 당신의 몸들이 흔들리고 춤출 것이다. 계속 앉아 있어라. 춤추고 싶으면 춤추어라. 마치 당신이 당신의 몸이 아닌 것처럼 느껴질 것이다. 흔들리게 두어라. 떨리게 두어라. 춤추게 두어라. 방해하지 말라…… 머뭇거리지 말라…… 깊게 숨쉬어라. 더욱 깊게…… 모든 것이 잘 되고 있다…… 깊게 숨쉬어라. 몸이 흔들리게 놔두어라.

 바른 순간 속으로 들어가고 있다. 당신의 모든 에너지를 이 위대한 환희와 희열로 가져오라. 이제 2분 남았다. 깊게 숨쉬어라…… 깊게, 더욱 깊게…… 내가 하나, 둘, 셋 하고 말할 때까지 당신의 모든 에너지를, 당신의 모든 에너지의 조각들까지도 그 속에 쏟아 부어라. 환희로 충만하라…… 기뻐하라…… 깊게 숨쉬어라. 그대의 몸이 떨리게 두어라.

 자신을 놓아 버려라

세 번째 문

행위, 무위, 비행위

당신께서는 크리슈나의 길에서는 참나를 기억하는 것으로 충분하다고 말씀하셨습니다. 그것은 다른 어떤 영적 수행의 여지를 남기지 않습니다. 그러나 이전에 당신께서는 일곱 가지 몸의 수행에 관해 말씀하신 적이 있었습니다. 일곱 가지 몸과 관련하여 크리슈나의 수행을 간략하게 설명해 주실 수 있습니까?

크리슈나의 철학 속에는 영적 수행을 위한 자리가 도무지 없다. 그래서 일곱 가지 몸의 수행에 관한 질문도 나오지 않는다. 수행의 길은 헌신의 길과는 아주 다르다. 수행은 점진적이며 몇 가지의 단계를 거쳐야 하는 것임에 반해, 헌신은 총체적이며 단계가 없는 하나다. 수행은 사람을 단계에 따라 다른 몸과 작업으로 구분하고 있지만, 헌신은 그런 것이 전혀 없다. 단계에 맞추어 영적 여행을 하기 위하여 수행에 의지하는 사람들은 인간의 몸을 일곱 부분으로 나누었다. 매 부분은 다른 부분을 위한 발판으로 사용된다. 그러나 헌신은 이러한 것을 믿지 않는다. 헌신은 사람을 하나로서, 전체적이고 나뉠 수 없는 존재로서 받아들인다. 헌신은 그것을 가슴속으로, 헌신자를 전부 그리고 전적으로 받아들인다.

영적 수행에는 다양한 분류와 그 하위분류들이 있다. 어떤 수행에서는 사람을 일곱 가지 몸으로 나누고, 다른 수행에서는 사람을 일곱 가지 차크라 즉 센터로 나눈다. 또 다른 수행들에는 또 다른 방법의 분류들과 하위분류들이 있다. 그러나 헌신은 이러한 모든 분류들을 직접적으로 거부하며, 전체로서의 인간을 받아들인다. 그 자신을 기억하도록 요구되는 것은 전부로서의 인간이다. 헌신이 아는 것은 오직 한 가지, 즉 기억하는 것이다. 당신은 사물을 한 조각 한 조각으로 기억할 수는 없다. 그것을 전체로 기억하든지 아니면 기억하지 못하든지, 둘 중 하나다. 신을 나누거나 사람을 나누어 기억할 수는 없다. 만약 그가 기억한다면 그는 전체로 기억한다. 기억의 과정은 갑작스럽고 전체적이다. 기억은 점진적이거나 부분적으로 되는 것이 아니다. 그것은 한 번의 휩쓸림, 한 번의 도약이다. 기억은 폭발이다.

수행에는 단계가 있다. 헌신에는 아무것도 없다. 예를 들어, 오랫동안 잊고 있던 이름을 떠올려야 할 필요가 있다고 하자. 그 이름이 꼭 필요한데도 당신은 그것을 기억할 수 없다. 그 이름은 너무나 친숙한 이름인데, 그런데 이상하다⋯⋯ 당신은 자신이 그 이름을 안다는 것과 아직도 그 이름을 떠올릴 수 없다는 것을 동시에 안다. 당신은 혼란스러운 상태, 당혹스러운 상태에 놓이게 된다. 당신은 자신이 그 이름을 안다는 것을 안다. 그런데도 당신은 그 이름을 기억하지 못한다. 당신은 한 순간 그 이름을 완전히 잊은 것이다. 망각이라는 단어는 당신이 알고 있는 것을 잊어버린 것을 의미한다. 당신의 더 깊은 무의식의 층에서 당신은 그 이름을 알고 있다. 그러나 의식의 마음으로는 그것과 연결이 되지 않는다. 그러므로 당신은 이 두 의식의 상태를 이어주는 다리를 만들어야만 한다. 어떻게 할 것인가?

당신은 그렇게도 간절히 필요한 이때, 매우 친숙했던 이름을 떠올리기 위해 여러 방법들로 노력한다. 마음을 긴장시키고, 머리를 긁적이며, 눈을 감고 눈썹을 치켜 올려 보지만, 그것은 당신을 교묘히 피해 간다. 아무것도 효과가 없다. 긴장을 하면 할수록 그것을 발견하기가 더욱 어렵다. 시도를 하면 할수록 당신은 더욱더 긴장된다. 이 긴장들은 당신과 마음 사이에 또 다른 장벽이 된다. 긴장한 마음은 조각이 되어 흩어진다. 고요한 마음은 그것 자신을 모으고, 그래서 다시 전체가 된다. 당신이 겪는 어려움은, 그 이름을 기억하려고 마음을 긴장시키면 시킬수록 기억하기가 점점 더 힘들어진다는 것이다. 마음의 한쪽에서는 이름을 기억하려고 열심히 노력하지만, 다른 쪽에서는 동시에 이름을 기억하지 못한다는 것에 대해 스스로 우려하고 자책한다. 서로 상반되는 이 두 암시들이 동시에 당신의 마음속으로 스며든다. 그래서 그것들은 당신의 마음을 불가능하게 하고 마비시켜 버리기에 충분하다. 그것들은 또한 당신의 자기 확신을 무너뜨린다.

그때 당신은 어떤 친구를 찾아가 그에게 당신의 애로를 이야기한다. 그는 당신에게 그것을 잊어버리라고 하면서, 당신으로 하여금 기억하려고 애쓰고 있는 이름과는 아무런 관련이 없는 대화를 끌어들일 것이다. 사소한 대화를 하는 동안에 당신은 호주머니에서 두 개비의 담배를 꺼내 친구와 나누어 피우기 시작한다. 잠시 동안 당신은 이름에 관한 여태까지의 걱정을 모두 잊는다. 그때 놀라운 일이 일어난다.

순식간에 그 이름이 떠올라서 당신은 그것을 다시 한 번 얻게 된다.

어떻게 이런 일이 일어났는가? 이완의 상태에서 그것을 갑자기 기억하게 되는데, 왜 이렇게 되는가? 그 이유는 간단하다. 이름을 기억하기 위하여 스스로를 긴장시키는 것을 포기하자마자, 당신을 짓누르고 있던 긴장감이 사라지고 그래서 당신은 이완의 상태 속으로 들어간다. 전에는 당신의 마음이 둘로 나뉘어 있었다. 하나는 이름을 차지하고 있던 마음이고, 다른 하나는 그 이름을 떠올리고자 했던 마음이다. 그래서 그것들은 서로 다투고 있었다. 당신의 마음이 이름을 떠올리는 것을 포기하고 당신의 친구와 편안하게 대화를 나눌 때 이 긴장은 사라졌다. 담배는 당신을 편안하게 했고, 그러자 이름이 표면으로 떠올랐다. 노력으로 기억하려 했던 것이 노력을 하지 않았는데 왔다. 그것이 왔을 때, 그것은 전체가 되었다.

나는 이것을 하나의 예로 들었다. 이것이 일상적인 우리의 기억이 작용하는 방식이다. 기억이라는 것은 두 부분으로 나뉜 마음의 기능들 중 하나이다. 한 부분은 의식적 마음이고, 다른 부분은 무의식이라 불린다. 참으로 이상하게도 의식과 무의식이라는 이 둘은 사람의 기억의 기능들에서 서로 도움을 주고받는다. 일상에서 우리는 의식의 마음을 사용한다. 그것은 하루 24시간 동안 우리를 돕는다. 무의식의 마음은 드물게 사용된다. 그것은 우리가 그것을 필요로 할 때만 사용된다. 의식은 마음의 밝은 부분이며, 무의식은 어두운 부분이다. 내가 말하고 있던 기억은 무의식의 마음 안에 숨겨진 채 놓여 있고, 그것의 의식의 부분이 그것을 기억하려고 노력하고 있다. 마음의 의식적 부분이 무의식적 부분과 다투고 있다. 이 다툼이 계속되는 한, 당신은 어떤 것을 회상할 수 없다. 기억하기는 그 싸움이 멈추었을 때만 가능하다. 그때 갈등하고 있는 마음의 두 부분이 함께 하게 된다. 그러면 무의식의 현관 계단에 서 있던 것, 당신이 한때 알았던 것이 의식 속으로 들어온다. 그러면 당신은 그것을 얻게 된다.

신을 기억하는 것, 즉 우리가 자기-기억이라 부르는 것은 무의식보다 훨씬 더 깊은 곳으로 들어간다. 그것은 무의식 속에 묻혀 있지 않다. 그것은 무의식 너머에 있다. 우리가 집단 무의식이라 부르는 마음의 또 다른 부분이 있다.

다른 방식으로 그것을 이해하도록 해 보자. 앞서 말했듯이, 의식은 마음의 표면적 부분이고 밝은 부분이며, 그것 아래에 무의식이 어둠 속에 묻혀 있다. 무의식의 아래에 집단 무의식이 놓여 있으며, 바닥에는 우주적 무의식이 놓여 있다. 우주적 무의식은 우주 전체의 마음, 즉 완전한 마음이며 우주적 마음이다. 신의 기억, 즉 자기-기억은 우주적 마음의 차원에서 일어나며, 그것은 의식의 궁극이다. 신이나 참나는 오직 우리가 우리의 무의식과 집단 무의식뿐 아니라 가장 최상의 것인 우주 의식과 완전히 일치될 때 비로소 알려진다. 우주적 마음과 접촉하는 것이 바로 우리가 말하는 최고의 접촉이다.

그것을 다른 방법으로 설명하겠다. 당신이 여기 캠프에서 명상하여 명상 속으로 깊이 들어갈 때, 당신은 먼저 개인적 무의식의 마음과 접촉하게 된다. 그때 당신들 중 일부는 소리 지르고 울기 시작하며, 다른 일부는 춤추고 빙글빙글 돌며 또 노래 부른다. 이러한 모든 활동들은 개인적 무의식으로부터 일어난다. 이 명상의 첫 단계의 끝에 이르면, 당신은 개인들이기를 그친다. 당신들 모두는 한 집단이 된다. 이제 당신들은 서로 분리된 개별적 존재가 아니라 집단적 전체이다. 이것은 당신이 명상 속으로 깊이 들어가서 집단적 무의식 수준의 마음들과 접촉하는 순간이다. 그때 당신은 자신이 춤추고 있다는 것을 느끼지 못한다. 춤은 계속되며 당신은 춤의 일부분처럼 느껴진다. 그때 당신은 웃고 있다는 것을 느끼지 못한다. 우주적 웃음이 일어나는 것처럼 보이며, 당신은 그냥 그것에 참여하고 있는 것처럼 보인다. 그때 당신은 자신이 존재한다는 것을 느끼지 못하며, 단지 존재가 있으며 존재 속에 있는 모든 것이 춤추고 있다는 것을 느낀다. 별들이 춤추고 있으며, 산들이 춤추고 있으며, 새들이 춤추고 있고, 태양 아래 있는 모든 것이 춤추고 있다. 그때 당신의 춤은 작지만 우주적 춤의 통합적 부분이 된다. 이 경험은 집단 무의식과의 접촉으로부터 온다.

집단 무의식 바로 아래에는 우주적 무의식의 세계가 놓여 있다. 당신은 집단 무의식을 통해서 거기에 도달할 수 있다. 일단 우주적 무의식과 연결되면 당신의 인식은 커다란 변화를 거친다. 그때 당신은 자신이 전체의 일부분이라는 느낌에서 벗어나 자신과 전체가 하나라는 것을 알게 된다. 자신이 전체의 일부분이 아니라 전체 그 자체라는 것을 알게 된다. 그때 당신은 갑자기 자기가 누구인지를 기억하게 된다. 이 기억은 우주적 무의식의 깊은 곳에서 화살처럼 날아와 당신의 의식적 마음을 채운다. 그때 당신은 또한 자신이 브라만이며, 궁극이며, 지고의 존재라는 것을 알게 된다. 또한 이 인식은 새로운 것이 아니라 늘 그대와 함께 해 왔으며 당신의 우주적 무의식 속에 깊게 묻혀 있었다는 사실까지 한꺼번에 알게 된다.

나는 기억의 과정을 이해하기 쉽도록 네 부분으로 나누었다. 하지만 크리슈나는 이러한 구분에 대해 결코 동의하지 않을 것이다. 나 또한 그렇다. 사실 기억 즉 의식은 어디에도 부분적으로 존재하지 않는다. 그것은 완전한 전체이다. 의식과 무의식은 나뉠 수 없는 하나의 같은 지식이 확장된 것들이다.

우리 내면 깊숙한 곳에서 우리는 우리가 신이라는 것, 우리가 신성하다는 것을 인식하고 있다. 우리가 신이 되어야 하는 것이 아니다. 우리는 다만 우리의 신성을 발견해야만 한다. 그것은 실제로 인식의 문제이다. 우파니샤드의 현자는 그의 기도에서 "오! 태양이시여, 금으로 가려져 있는 진리를 밝혀 주소서."라고 말한다. 이 말은 진리는 단지 가려져 있을 뿐이며 베일이 벗겨져야 한다는 것을 의미한다. 신성은 얻어지는 것이 아니라 벗겨지는, 그리고 인식하는 것이다. 신성을 가리고 있는 것이 무엇인가?

진리를 가리고 있는 우리 자신의 망각, 우리의 무의식이다.

사실 우리는 우리 마음의 아주 작은 부분만을 쓰고 있다. 마음의 큰 부분은 쓰지 않은 채 있다. 이것은 어떤 사람이 거대한 궁전을 소유하고 있지만 현관에서만 살고 있는 것과 같다. 그 사람은 현관에 익숙해져서 자기가 거대한 궁전을 가지고 있다는 것을 잊었다. 사실 집이 없다면 현관이라는 것은 존재할 수 없다. 현관은 단지 집으로 들어가기 위한 입구에 불과하다. 그러나 우리는 우리의 마음이 있는 거대한 집이라는 것을 잊고서 우리의 전 생애를 현관에서만 보내고 있다. 의식의 마음이란 현관에 불과하다. 그러나 의식의 마음이 가장 큰 마음과 완전히 분리된 적은 없다. 그러나 우리는 결코 가장 큰 마음에 들어가 보거나 탐험해 본 적이 없기 때문에 그것으로부터 심리적으로 고립되어 있다. 더 깊은 아래에 그것이 있음을 우리는 안다.

무의식 깊이 들어가는 것은 단계적으로 일어나지 않는다. 그것은 언제나 순간적으로 일어난다. 물론, 우리는 무의식을 부분들의 용어로 토론하고 이해할 수는 있다.

영적 수행의 길을 따르는 자들은 부분적으로 그렇게 하고 있다. 그러나 크리슈나의 길은 수행을 받아들이지 않는다. 크리슈나에게는 우리가 이미 신이다. 그러나 우리는 그것을 잊어버렸기 때문에 오직 다시 기억해야 할 뿐이다. 바로 그러한 이유로 우파니샤드는 단지 기억의 문제일 뿐이라고 반복해서 말한다. 우리는 우리가 누구인가를 기억해야 한다. 우리는 신성을 잃어버린 것이 아니라 잊어버렸다. 우리가 미래에 신성이 되어야만 한다는 것이 아니다. 그것은 그저 망각이다.

영적 수행에서는 우리가 되찾아야만 하는 무엇인가를 잃어버렸다고 믿기 때문에 큰 차이가 생긴다. 즉 영적 수행에서는 지금의 우리가 아닌 무엇인가가 되어야만 한다고 생각한다. 또한 우리의 잘못된 삶을 통하여 얻게 된 많은 나쁜 것들을 제거하기 위하여 수행을 해야만 한다고 생각한다. 그러나 기억의 과정에서는 우리는 무엇인가를 되찾을 필요도 없으며, 무엇인가가 되어야 할 필요도 없다. 우리는 단지 잊어버린 것을 기억하기만 하면 된다. 우리는 있는 그대로의 우리이며, 그것은 신성하다. 아무것도 추가되거나 뺄 것이 없다. 단지 망각이라는 스크린이 우리를 우리의 진정한 존재, 우리의 신성으로부터 나눌 뿐이다.

헌신은 크리슈나의 가르침의 토대이며, 기억은 헌신의 기본이다. 그러나 헌신자들은 온통 기억을 잊어버리고는 그 대신에 찬송의 길을 택한다. 그는 라마의 이름을 계속 찬송한다. 기억을 뜻하는 산스크리트 스마란(smaran)은 오염되었다. 그것은 수미란(sumiran)과 수라티(surati)로 변하여 다른 의미를 가지게 되었다. 라마의 이름을 찬송하는 것은 그대가 라마이고 신이라는 것을 기억하게 하지 못할 것이다. "나는 신이다. 나는 신이다."라고 아무리 반복을 해도 아무런 소용이 없을 것이다. 기억한다는 것은 이름을 찬송하거나 반복하는 것과는 아무런 관련이 없다. 오히려 신의 이름을 계속해서 반복하는 것은 환영을 만들 수 있다. 당신은 자신이 신이라는 것을 믿기 시작할 것이다. 그렇지만 이 신념은 환영에 불과하다. 왜냐하면 신의 이름을 반복하는 것은 무의식과는 결코 접촉하지 못한 채 의식적 마음에 있게 하기 때문이다. 그러면 기억의 방법 혹은 과정은 무엇인가? 그것의 기법은 무엇인가?

내가 알기로, 기억은 이완, 침묵 그리고 텅 빔으로부터 온다. 기억하기 위해 무엇인가를 하려 하지 않아야 한다. 왜냐하면 활동은 기억에 도움이 되기보다는 오히려 방해가 될 것이기 때문이다. 지금 바로 조용히 앉아서 아무것도 하지 말라. 지금 바로 고요하라. 모든 것을 비워라. 행위를 통하여 사람은 자신이 가지고 있지 않은 것을 얻을 수 있다. 무엇인가를 함으로써 당신이 되지 못한 무엇인가가 될 수 있다. 만약 엔지니어가 되기를 원한다면, 당신은 그것이 되기 위하여 무엇인가를 해야만 한다. 혹은 당신이 차를 소유하기를 원한다면 행위를 해야만 할 것이다. 그러나 기억은 전혀 다른 차원이다. 당신이 잊어버린 무엇인가를 기억해 내려면 가만히 그리고 조용히 앉아서 아무것도 하지 않아야 한다. 행위는 기억에 방해만 될 뿐이다. 깊은 의미로서의 기억은 전적인 무위를 의미한다. 그러한 이유로 크리슈나는 아카르마(akarma), 즉 무위를 매우 강조한다. 무위는 그의 열쇠와 같은 단어이다. 깊은 아카르마가 그의 메시지이다.

앞서 내가 말한 대로, 비록 당신이 친구의 이름을 기억하기를 원할지라도 당신이 기억하려고 노력을 하는 한 성공할 수 없다. 당신이 자신의 마음을 계속 긴장시키고 있는 한, 당신은 그것을 결코 기억해 낼 수 없을 것이다. 기억은 당신이 노력들을 포기하고 완전히 아무런 행위를 하고 있지 않을 때 살아난다. 마찬가지로 그대가 완전한 무위, 즉 내면 깊은 곳까지 무위로 있으면, 우주적 무의식 안에 묻혀 있던 기억이 화살처럼 뛰쳐나와 의식의 마음에 꽂힐 것이다. 그것은 마치 흙 속에 묻힌 꽃씨가 돋아나서 그대의 정원에 식물의 모습으로 싹을 틔우는 것과 같다. 우주적 무의식으로부터 올라온 기억의 별, 즉 자각은 당신의 의식의 마음에 닿아 빛을 발한다. 그러면 당신은 자신이 누구인지를 안다.

그래서 무위는 기억의 열쇠이며, 기억은 헌신의 열쇠이다. 반면에 행위는 영적 수행의 중심이다. 당신이 자신을 수행하여 목표에 도달하려면 행위를 통해야 한다. 무위는 헌신의 문이다.

크리슈나의 무위의 원리를 적절하게 이해하는 것이 좋을 것이다. 불행히도 그것은 이제까지 바르게 이해되지 못하였다. 지금까지 크리슈나를 해석한 모든 사람들은 무위에 대한 이해를 올바르게 하지 않은 것 같다. 그들 대부분은 무위를 포기로 해석하였다. 그래서 그들은 항상 "세상을 버려라, 당신의 가족을 버려라, 모든 것을 버려라!" 하고 말하였다. 그러나 포기하는 것도 행위이다. 당신은 세상이나 가족을 포기하기 위하여 어떤 것을 해야만 한다. 해석자들은 사람들에게 모든 것, 즉 직업, 가족 그리고 심지어 사랑까지도 모두 버리고 산이나 사원으로 도망가라고 계속해서 말하였다. 그러나 포기는 탐닉과 마찬가지의 행위이다. 크리슈나는 참으로 잘못 이해되었다. 무위는 바로 포기와 도피주의로 생각되었다. 이러한 이유로 인도는 오랜 세월 동안 포기와 현실 도피의 전통을 이어 오고 있다.

이 모든 것이 크리슈나의 이름으로 일어났다. 크리슈나 그 자신은 포기자가 아니라는 사실을 아무도 알려고 애쓴 적이 없었다. 그는 그의 세상, 그의 가족 그리고 세속적인 모든 책임들을 떠난 적이 결코 없었다. 가끔 나는 어떻게 한 전통이 맹목적으로 오랫동안 지켜져 왔는지를 보고 놀란다. 우리는 크리슈나의 무위에 그렇게도 갈채를 보내고 있다. 그러나 우리는 그가 온 생애 동안 행위에 깊이 관여하였다는 명백한 사실을 보기를 거부하였다. 그는 사랑하고 결혼하고 아이들을 낳는다. 그는 싸움을 하기도 하고 평화를 협상하기도 한다. 그는 또 다른 많은 것들을 한다. 그렇지만 상상력의 빈곤은 크리슈나의 무위를 포기나 도피로 해석할 수 있다.

여기서 크리슈나는 세 가지 단어를 사용한다. 즉 아카르마(akarma), 카르마(karma), 비카르마(vikarma), 즉 무위, 행위 그리고 비행위가 그것들이다. 무엇이 행위인가? 크리슈나에 의하면, 그저 행동하는 것은 행위가 아니다. 만약 모든 행동이 행위이면, 그때 그 사람은 무위 속으로 결코 들어갈 수 없다. 그렇다면 크리슈나가 정의한 무위는 불가능할 것이다. 크리슈나에게 있어서, 행위란 당신이 행위자로서 즉 자아로서 행위하는 것이다. 실제로 크리슈나에게 행위란 자기중심적인 행동, 즉 행위자가 늘 존재하고 있는 행위이다. 그 자신을 행위자라고 생각하는 것이다. 행위자가 남아 있는 한, 내가 무엇을 하더라도 그것은 행위이다. 바로 내가 산야스를 받아들일지라도 그것은 행위이며 활동이다. 만약 행위자가 행동 속에 남아 있다면, 포기조차도 행위가 된다.

무위는 행위와 정반대이다. 그것은 행위자가 없는 행위이다. 무위는 행위의 부재를 의미하는 것이 아니다. 그러나 그것은 분명히 행위자의 부재를 의미한다. 즉 자아 없는 행위가 무위이다. 만약 내가 행위자라는, 내가 이 행위의 중심이라는 자아감이 없이 어떤 일을 한다면, 그것은 무위이다. 무위는 일반적으로 알려지고 있는 나태함이 아니다. 무위는 아주 많은 행위이다. 그러나 그것의 중심에는 행위자가 없다. 이점이 분명하게 이해되어야만 한다. 만약 중심, 자아, 나, 행위자가 사라지고 오직 행위만 남는다면, 그것은 무위이다. 행위자가 사라짐과 더불어 매 행위는 무위가 된다. 행위자가 없는 행위가 무위다. 그것은 무위를 통한 행위다.

크리슈나의 모든 행위 속에는 자아가 없다. 그러므로 그것은 무위다. 그는 무엇인가를 하고 있을 때조차도 실제로는 무위에 있다.

행위와 무위 사이에 특별한 행위의 일종을 뜻하는 아카르마, 즉 비행위가 있다. 무위는 자아 없는 행위이며, 행위는 자아가 있는 행위이며, 비행위는 행위의 특별한 종류이다. 행위와 무위 사이의 중간에 있는, 크리슈나가 비행위라고 부르는 이것을 바르게 이해해야 할 필요가 있다.

크리슈나는 무엇을 비행위라 하는가? 행위자도 행도 없지만 일들이 일어나는 곳에 비행위가 있다. 예를 들어 우리들은 숨을 쉰다. 우리가 그렇게 하는 데는 노력이 들지 않는다. 몸속에서 피가 흐르는 것, 음식이 소화되는 것, 그리고 심장의 박동도 이와 비슷하다. 당신은 그러한 행위들을 어떻게 분류할 수 있는가? 그러한 것은 비행위의 범주 속에 들어간다. 비행위란 행위자가 없이, 그리고 의도적으로 무엇인가를 하겠다는 감각이 없이 일어나는 행위를 의미한다. 보통 사람들은 행위 속에 산다. 산야신은 무위 속에 살며, 신은 비행위 속에 산다. 신의 행위에 관한 한 거기에는 행위자도, 우리가 알고 있는 어떤 종류의 행위도 없다. 그냥 일들이 거기에 일어난다. 그것은 그냥 일어남이다.

사람의 삶 속에서도 그냥 일어나는 일들이 몇 가지 있다. 이것들은 비행위이다. 사실 이 행위들은 신의 작용들이다. 당신은 호흡하는 자가 당신이라고 생각하는가? 그렇다고 생각한다면 잘못이다. 만약 당신이 호흡으로 알려져 있는 이 행위의 주인이라면, 당신은 실제로 결코 죽지 않을 것이다. 당신의 문에 죽음의 노크 소리가 들릴지라도 당신은 호흡을 계속할 수 있을 것이다. 그러나 당신은 자신이 호흡을 멈추지 않을 것이라고 말할 수 있는가? 또는 그것을 다른 방식으로 시도해 보라. 잠시 동안 호흡을 멈추어 보라. 당신은 그것을 멈출 수 없다는 것을 알게 될 것이다. 당신의 호흡은 당신에게 복종하기를 거부할 것이다. 그것은 곧 그것의 호흡하기를 계속할 것이다. 호흡에 있어서 당신은 행위자도 행위 그 자체도 아니다. 삶의 많은 것들이 호흡과 같다. 그것들은 그냥 일어난다.

만약 어떤 사람이 무엇이 비행위인지를 바르게 이해하고, 그래서 그것의 신비를 알게 된다면, 그는 중심 없이 자아 없이 행위하고 있는 비행위의 상태 속으로 곧 들어가게 될 것이다. 그때 그는 삶에서 매우 중요한 일들이 스스로 일어난다는 것을 알게 된다. 행위자가 되려고 노력하는 것은 극히 어리석다. 그때 그는 현명한 사람이 된다. 오직 그만이 현자이다.

어떤 사람이 기차에 올라 자리에 앉았다. 그러나 그는 들고 온 가방을 머리 위에 계속 이고 있었다. 같이 여행하고 있던 사람들이 의아해 하며, 왜 아직도 가방을 머리 위에 이고 있느냐고 물었다. 그 사람은 이미 많은 짐을 싣고 있는 기차에 더 이상 짐을 싣고 싶지 않다고 말했다. 옆에 있던 여행자들은 재미있어 했고, 그들 중 한 사람이 말했다. "당신은 좀 이상한 사람인 것 같군요. 비록 당신이 짐을 머리 위에 이고 가더라도 그것은 기차 위의 짐이 될 뿐이요. 왜 쓸데없이 머리 위에 짐을 이고 있는 거요. 어리석지 않은가요?"

그 사람은 웃음보를 터뜨리며 말했다. "나는 당신들이 평범한 가장들이라고 생각했소. 그러나 모두가 산야신이군요." 사실 그 사람은 진짜 산야신이었다. 그는 말했다. "나는 속세의 길에 맞추기 위하여 나의 머리 위에 짐을 이고 가는 것입니다. 나는 왜 당신들이 나를 비웃는지가 더 이상합니다. 당신들 모두는 이 기차처럼 신께서 우리들의 모든 짐들을 싣고 가신다는 것을 알고 있습니다만, 그러면서도 당신들의 머리 위에 세상의 짐들을 이고 있습니다. 나는 이러한 당신들의 길을 따르고자 한 것뿐입니다." 그런 다음 이제 그 사람은 기차에 가방을 내려놓고는 그 위에 앉아서 말하였다. "이것이 산야신이 앉아야 하는 바른 방법입니다. 우리는 행위자가 아닙니다. 모든 것이 그냥 일어날 뿐입니다."

비행위의 아름다움을 이해한 사람은 자아가 없이 행위를 하는 무위의 상태에 들어간다. 지금까지 우리 모두는 행위자들이며, 우리의 모든 행위들은 자기중심적이다. 우리는 행위 속에 산다. 그러나 만약 비행위가 무엇인지를 안다면, 우리는 무위 속에서 살기 시작할 것이다. 그렇게 되면 우리 존재의 중심에는 무위가, 존재의 주변에는 행위가 있을 것이다.

크리슈나의 우파사나 즉 헌신의 토대는 무위다. 그것을 무엇이라 불러도 상관이 없다. 당신은 일을 하지 말아야 한다. 당신은 단지 일어나고 있는 것을 허락하여야만 한다. 당신은 행위자인 당신의 자아를 버려야만 한다.

행위자가 사라지는 순간, 기억이 일어난다. 이 행위자는 당신을 진정한 존재로부터 분리하여 진정한 존재를 잊어버리게 만드는 강력한 벽이다. 이 벽이 남아 있는 한, 당신은 자기가 누구인지 알 수 없다. 라마의 이름을 찬송하거나 "나는 신이다."라는 만트라를 반복하는 것은 도움이 되지 않을 것이다. 왜냐하면 이름과 만트라를 찬송하거나 반복하고 있는 당신 속에 행위자가 있기 때문이다. 당신이 자아로서 존재하는 한, 당신은 원하는 대로 할 수 있을 것이다. 그러나 그렇게 해서는 아무것도 일어나지 않을 것이다. 행위자를 가게 하라! 자아를 사라지게 하라! 그러나 어떻게 행위자가 사라질 것인가?

무위가 무엇인지 이해하기 위해 그냥 노력하라. 행위를 계속하라. 그러나 무위가 무엇인지 이해하도록 노력하라. 그대가 하는 것을 계속하면서 삶을 이해하도록 노력하라. 삶과 삶의 길들에 대한 바른 이해는 당신의 손안에 아무것도 없다는 것을 당신에게 말해 줄 것이다. 태어나는 것도 죽는 것도 당신이 결정하지 않는다. 당신의 의지로 호흡하는 것이 아니며, 몸을 통해 흐르는 피의 순환도 당신의 손안에 있지 않다. 아무도 당신이 태어나기 전에 미리 당신에게 의견을 묻지 않았으며, 이 세상에서 떠날 시간이 되어도 당신에게 의견을 묻지 않을 것이다. 당신이 어린 시절에서 청년으로, 또 노년으로 성장할 때 그것에 참견할 수 있었는가?

존재는 당신이 있기 훨씬 전에도 여기에 있었으며, 당신이 가고 난 뒤에도 계속 여기 있을 것이다. 존재에 관한 한, 그 무엇이든 당신은 아무런 참견을 할 수 없을 것이다. 별들은 여전히 환하게 계속 빛을 발할 것이다. 꽃들은 예전에 피었던 것처럼 다시 피어날 것이다. 강들은 계속 흐를 것이며, 새들은 계속 노래할 것이다. 우리는 물 위에 그려지는 선들과 같이 그려지자마자 사라진다. 그런데 왜 우리는 머리 위에 '나'라는 이 쓸데없는 무거운 짐을 이고 끊임없이 고통스러워하는가? 만약 존재 전체가 나 없이 갈 수 있다면, 왜 나는 나 없이 갈 수 없는가?

비행위의 깊은 뜻을 이해하는 것이 지혜다. 비행위를 이해하는 것은 모든 것을 이해하는 것이다. 그때 모든 행위가 무위가 된다. 그때 당신은 행위자 없이 행위를 한다. 그때 당신은 무위를 통하여 행위한다. 비행위는 지혜의 문이다. 그것은 연금술이다. 만약 어떤 사람이 일반적인 행위를 넘어서 이해를 갖고 비행위를 직면하면, 그는 곧 무위에 이를 것이다. 그것은 또한 기억으로 안내할 것이다. 기억은 오직 무위 속에서 일어난다. 노력하여 나오는 기억은 거짓이다. 그것은 행위의 또 다른 형태이다. 노력 없이 저절로 오는 기억이 진정한 것이다. 그것은 우주로부터 곧바로 온다. 바로 그러한 이유로 우리는 베다들을 신의 계시라 한다. 저 너머로부터 무엇인가가 내려올 때는, 매개자가 누구이든, 그것은 신의 계시다. 성경은 베다만큼이나 성스러운 지혜이다. 바로 그러한 이유로 예수는 되풀이하여 하늘에 계신 아버지께서 그를 통하여 말씀하신다고 말한다. 크리슈나는 말한다. "나는 존재하지 않고 오직 신만이 존재한다. 나는 신이다. 마하바라타(Mahabharat, 인도의 대서사시)를 만들고 있는 자는 나다. 그것은 모두 나의 유희이다." 크리슈나는 아르주나에게 말한다. "그대는 죽이는 것을 두려워하지 말라. 그대가 죽이려고 하는 모든 것들은 이미 나에 의해 죽었기 때문이다. 그들은 이미 죽었다. 다만 그대는 그대의 화살을 통하여 죽음의 소식을 그들에게 전해 줄 뿐이다. 내가 말하고 있는 것은 나의 말이 아니다. 그 말들은 우주로부터, 저 너머로부터 바로 온다. 그대 앞에서 살아 있는 것으로 보이는 것은 오직 겉모습에 불과하고, 그것은 이미 죽었으며, 그것은 더 이상 살아 있지 않다는 이 가르침은 저 너머의 깊은 곳으로부터 온다. 대열을 지어 서 있는 저들이 죽는 것은 오직 시간의 문제이다. 그대는 존재의 손안에 있는 도구에 불과할 뿐, 그 이상 아무것도 아니다. 그러므로 그대가 그들을 죽이려 한다고 생각하지 말라. 그대가 행위자라고 생각한다면, 그때 그대는 두려워지게 된다. 행위자와 더불어 두려움, 불안 및 걱정이 온다. 모든 고통, 모든 슬픔은 거짓된 실체인 자아, 즉 행위자로부터 일어난다. 만약 그대가 행위자라고 생각한다면, 그것은 정말로 잘못이다. 그대는 신의 손안에 있는 도구에 불과하다. 신께서 그대를 통하여 이루고자 하는 것을 하도록 허락하라."

그러므로 기타의 마지막 장에서 크리슈나는 아르주나에게 말한다. "모든 것을 버려라. 모든 종교들, 행위자와 행위를 한다는 모든 생각을 버려라. 그대의 자아를 버리고 무위에 자리를 잡아라."

무위가 기억의 기법이다.

행위, 무위, 비행위에 대한 당신의 뛰어난 설명에 대해서 깊이 감사를 드립니다. 지난해 캐쉬미르에서 마헤시 요기(Mahesh Yogi)의 외국인 제자들을 만났을 때, 당신께서는 자기-지식을 얻는 데 무위가 중요함을 설명해 주셨습니다. 그래서 우리는 지금 그 점에 대해서는 아무런 혼란도 없습니다. 그러나 기타에 실려 있는, 무위에 관한 크리슈나의 설명은 조금 혼란스럽습니다. 그는 무위의 중요성에 대해 강조하고 있습니다. 그러나 그것이 혼란스럽습니다. 왜냐하면 그것은 하나의 의미 이상의 뜻을 내포하고 있기 때문입니다. 그는 요기(yogi, 요가 수행자)란 행위를 하고 있으나 행위한다고 생각하지 않는 자이며, 산야신은 행위를 하지 않으나 그냥 행위가 일어나는 자라고 하였습니다. 중요하다고 여겨지는 이 질문의 또 다른 측면이 있습니다. 샹카라차리야는 기타에 대한 그의 주석에서, 현명한 자는 행위를 필요로 하지 않는데, 왜냐하면 행위는 행위자에 속하기 때문이라고 말하였습니다. 그런데 당신께서는 행위란 저절로 일어나기 때문에 우리는 행위를 하지 말아야 한다고 말씀하셨습니다. 만약 아르주나가 자신은 존재의 손안에 있는 도구일 뿐이라는 것에 동의한다면, 아르주나의 개별성은 어떻게 될까요?

크리슈나는 어떤 사람이 전혀 행위하지 않는 것처럼 행위를 할 때, 그것이 요가라고 말한다. 요가는 무위를 통한 행위를 의미한다. 행위자 아닌 것이 되는 것이 요가이다. 다른 한편으로 그는 어떤 사람이 아무것도 하지 않으면서도 모든 것을 하였다는 것을 알 때, 그것이 산야신이라고 말한다. 이것은 같은 동전의 또 다른 측면이다. 아무것도 하지 않음으로써 모든 것이 행해진다.

산야스와 요가는 동전의 양 측면이다. 물론, 그것들은 동전의 반대되는 두 면들이지만 분리될 수 없다. 어느 면이 끝나고 나서 어느 면이 시작되는지를 말하기는 어렵다. 한쪽 면이 다른 면의 반대편이라는 것은 사실이다. 그러나 그것들은 분리될 수 없게 결합되어 있어서 한쪽 면은 다른 면이 없이 존재할 수가 없다. 사실 한쪽 면만 있는 동전은 존재하지 않는다. 동전은 서로 반대되는 두 면이 있어야만 한다. 그들은 실제로 서로를 보충하고 있다. 그것들은 전혀 모순이 아니다. 동전의 앞뒤가 함께 하여 하나의 동전을 만든다.

크리슈나의 두 말에서 모순이란 아무것도 없으며 혼란의 여지도 역시 없다. 만약 당신이 현자를 정면으로 본다면 그는 요기로 보일 것이고, 그의 뒤에서 그를 바라본다면 그는 산야신으로 보일 것이다. 이러한 두 면에 대한 크리슈나의 정의는 정말 옳다. 그는 요기와 산야신 둘 다인 현자를 '활동하면서 활동하지 않고 있고, 활동하지 않으면서 활동하고 있는 자'라고 정의한다. 기억하라, 이 두 면은 진리를 아는 자에게 동시에 존재한다. 한쪽 면에서 다른 면을 분리하는 것은 불가능하다. 무위를 통해 행위하는 자는 행위를 통하여 아무 행위도 하지 않을 수 있다. 이들은 같은 동전의 양면들이다. 한쪽 면만 있는 동전은 있을 수 없다. 그런 동전은 지금까지 어디에서도 주조된 적이 없다. 우리가 어느 한쪽 측면으로 그것을 보는 것은 별개의 문제이다. 그것은 우리들에게 달려 있다. 크리슈나는 양쪽 측면들로 그것을 본다.

크리슈나는 양쪽 측면 모두로부터 진리를 설명하려고 하고 있다. 그는 아르주나에게 말한다. "만약 그대가 요가에 흥미를 가진다면, 그대는 요가가 무엇인지 알아야 한다. 요가는 행위를 통하여 무위에 도달할 수 있다는 것을 의미한다. 만약 그대가 요가에 관심이 없다면, 만약 그대가 피투성이의 전쟁에 참가하기를 원치 않는다면, 만약 그대가 세상을 버리고 산야스를 받아들이기를 원한다면, 그대는 산야스가 무엇인지를 나에게 배워 알아야 한다. 산야스는 아무것도 하지 않으나 모든 것이 행해지는 것을 의미한다. 산야신은 무위의 중심에 자리 잡고 있으면서 자연이 그것의 행로를 따르기를 허락하는 것을 의미한다. 그는 행위의 일종인 비행위에 자유로운 손을 준다."

크리슈나는 가능한 한 여러 가지 면으로 아르주나를 잡아 놓으려고 한다. 그것이 전부이다. 바로 이러한 이유로 그의 말들은 모순되어 보일 때가 있다. 나는 당신과 관련하고 있는 같은 공간 속에서 정확히 나 자신을 발견한다. 나는 가능한 한 모든 방향에서 당신을 감싸 안으려고 한다. 만약 당신이 어느 방향으로 움직이는 것을 거절하면, 나는 즉시 또 다른 방향으로 움직이도록 당신을 설득할 것이다. 그래서 어느 방향으로 가든지 간에 당신은 나와 함께 가기를 동의한다. 아름다운 점은 만약 당신이 어떤 장소로부터 떠나게 된다면, 당신은 처음 움직이기를 거부했던 바로 그 장소와 맞닥뜨리게 될 것이라는 점이다. 이처럼 크리슈나는 모든 방법을 다하여 아르주나를 설득하려고 한다. 아르주나가 요가의 길을 걷고자 한다면, 크리슈나는 그렇게 하라고 할 것이다. 왜냐하면 요가와 산야스는 같은 동전의 양면이라는 것을 알고 있기 때문이다. 앞면이든 뒷면이든 어느 쪽으로든지 동전을 집어 보라. 그러면 당신은 손안에 동전 전체를 가질 것이다.

당신에게 이 점을 아주 쉽게 이해하도록 도와줄 도교의 흥미로운 이야기가 하나 있다. 노자를 따르는 성자들은 세상에서 가장 특이한 몇 가지 이야기를 우리에게 전해 주고 있다. 그러한 이야기들은 드물다.

숲 속에서 한 성자가 살았다. 그는 수많은 애완용 동물들을 길렀다. 모두 원숭이였다. 어느 날 아침 어떤 구도자가 지금 막 당신이 나에게 하였던 것과 같은 질문을 품고 찾아왔다. 그는 성자에게 그의 말들이 종종 너무나 모순적이며 혼란을 가중시킬 뿐이라고 말하였다. 성자는 웃으면서 방문객에게 말하였다. "지금 여기에서 무슨 일이 일어나는지를 보라." 그러고는 원숭이들을 가까이 불러서 말했다. "얘들아, 나는 너희들에게 주는 음식을 약간 바꾸려고 한다." 원숭이들은 놀랐다. 매우 오랜 기간 동안 그들은 아침에는 네 개의 빵을, 저녁에는 세 개의 빵을 받았기 때문이다. 성자는 "이제부터 너희들은 아침에는 세 개의 빵을, 저녁에는 네 개의 빵을 받을 것이다."라고 말했다.

이러한 변화에 대해 들은 원숭이들은 사납게 날뛰었다. 그들은 초조해 하며 노발대발했다. 심지어 이러한 변화에 대해 폭동을 일으키겠다고 위협했다. 그들은 예전의 체계가 그대로 유지되어야 한다고 주장했다. 그러나 성자는 자신의 제안을 고수했다. 그러자 그의 애완용 원숭이들은 주인을 공격하고 해칠 준비를 하였다. 성자는 다시 웃으며 그들에게 말했다. "조금만 기다려라. 너희들은 예전처럼 아침에 네 개의 빵을 계속 먹게 될 것이다." 그 말은 원숭이들을 즉시 진정시켰다.

성자는 그의 방문객에게 얼굴을 돌리며 말했다. "알겠는가? 원숭이들은 내가 제안했던 그러한 변화 뒤에도 결국은 일곱 개의 빵을 받을 것이다. 그러나 그들은 아침에 네 개의 빵 대신에 세 개의 빵을 받는 것을 거절하였다. 그들이 아침에 네 개를 받든, 저녁에 네 개를 받든 무슨 차이가 있는가? 그런데도 그들은 아무런 변화를 일으키지 않겠다는 말을 듣고 행복해 하고 있다."

바로 이러한 이유로 크리슈나는 망설이고 있는 아르주나를 에워싸려 한다. 그는 지금 아르주나에게 세 개의 빵을 받아들이라고 말하지만 아르주나는 격렬하게 거절한다. 그러자 그는 아르주나에게 세 개의 빵 대신에 네 개의 빵을 받으라고 말한다. 크리슈나는 아르주나의 손에 아침, 저녁으로 빵을 놓겠지만, 결국 아르주나가 받게 되는 것은 모두 일곱 개의 빵이다. 바로 이러한 이유로 기타가 18장으로 늘어나게 된다. 몇 번이고 반복해서 크리슈나는 제안을 바꾼다. 지금 그는 아르주나에게 헌신의 길을 택하도록 설득한다. 만약 아르주나가 동의하지 않으면, 크리슈나는 그에게 요가의 길을 택하라고 설득한다. 크리슈나는 그에게 요가로부터 지식과 행위와 헌신에 이르기까지 광범위한 선택들을 제안한다. 그러나 각 경우에 있어서 빵의 총개수는 일곱이다. 기타의 끝에 이르게 되자 아르주나는 진리를 알게 된다. 즉 각 경우에 있어서 빵의 개수는 같으며, 크리슈나는 이 정해진 개수를 바꾸지 않을 것이다.

이제 다음 질문으로 나아가 보자. 행위에 대한 샹카라의 정의는 한 분파의 정의에 불과하다. 그는 자신과 일치하는 선택을 만든다. 그는 행위에 반대한다. 그는 행위는 구속이라고 믿는다. 그는 행위는 무지이며 무지로부터 온다고 말한다. 지식을 얻고 진리를 깨닫기 위해서는 행위를 포기하는 것 이외의 다른 방법이 아무것도 없다고 말한다. 그는 크리슈나의 무위를 행위의 포기로 해석한다. 그에 따르면, 행위란 행위자들의 세상 즉 세속적인 사람들에게 속하며, 구도자는 행위를 요구하는 모든 관계들로부터 도망쳐야 한다고 말한다. 그의 주장은 행위의 세상에 대한 포기이다.

지혜에 자리 잡은 사람에게 아무런 행위가 없다는 것은 사실이다. 그는 아무 행위도 하지 않는다. 그러나 샹카라의 해석은 부분적이며 잘못이다. 현자는 행위자, 즉 자아가 존재하기를 그만두었기 때문에 거기에는 아무런 행위가 없다. 하지만 크리슈나가 강조하는 것은 행위자의 부재에 있지, 행위 그 자체의 부재에 있는 것은 아니다. 샹카라는 행위자 없음에서 행위 없음으로 강조점을 변화시키고 있다. 이 강조는 잘못이다.

행위에는 양면이 있다. 하나는 행위자이고, 다른 하나는 행위이다.

크리슈나는 행위자는 사라져야 하지만 행위만은 남아야 한다고 강조한다. 우리는 행위와 떨어질 수 없다. 이 우주는 신의 일이자 신의 작품이다. 신이 일을 하지 않으면, 이 우주는 단 한 순간도 생존할 수 없다. 우주 뒤에 있는 에너지가 우주를 가게 한다. 신은 행위를 포기할 수 없다. 크리슈나의 전반적인 강조는 행위자의 포기에 있다. 그러나 세상으로부터 도망친 도피주의적 산야신들은 행위의 부재를 강조한다.

바로 이러한 이유로 샹카라는 세상을 마야, 즉 환영이라 부른다. 그는 세상은 실재하지 않으며 신의 작품이 아니라고 말한다. 즉 세상은 환영이며, 세상은 실제로 존재하는 것이 아니라고 한다. 샹카라가 세상을 실재라고 받아들이는 것은 힘든 일이다. 만약 이 모든 태양들과 별들, 산들과 강들, 나무들과 꽃들, 동물들과 곤충들이 그분의 손으로 만들어진 것이라면, 그분은 일꾼이지 포기자는 아니다. 그렇다면 왜 인간 존재들에게만 산야스를 받아들이라고 요구하는가? 샹카라는 산야신이다. 그는 행위의 타당성에 휩쓸리기를 원하지 않는다.

사실 논리는 자체의 어려움을 가지고 있다. 만약 당신이 논쟁의 특정한 노선을 고수하고 있다면, 당신은 그것을 그것의 끝까지 추적해야만 한다. 논리는 피해 갈 수 없는 그것만의 추론들을 가지고 있다. 논리는 힘든 공사 감독관이다. 일단 당신이 그것에 연루되면, 당신은 그것의 끝까지 따라가야만 한다. 행위는 무지와 속박이며 현자에게는 아무런 행위가 존재하지 않는다는 점을 받아들였기 때문에, 샹카라는 세상은 환영이며 꿈이라고 선언할 수밖에 없었다. 왜냐하면 우리 주위의 도처에 거대한 행위의 세상이 있기 때문이다. 도처에 행위가 있다. 그러므로 행위를 피하기 위하여 샹카라는 세상을 마야, 즉 실재를 지니지 않는 외관상의 모습이라고 부른다. 그는 세상을 마법이며, 마술에 걸린 것이라고 말한다. 그것은 마법사가 망고 씨앗을 뿌리자 즉시 가지와 무성한 잎들을 지닌 나무로 자라는 것과 같다. 사실 그것은 거기에 존재하고 있는 것처럼 보일 뿐이다. 씨도 나무도 존재하지 않고 있다. 그것은 단지 최면적 속임수일 뿐이다. 그러나 아이러니컬한 것은 나무가 구경꾼들에게는 마법의 현상에 불과할지라도 마술사에게는 그렇지 않다는 것이다. 나무가 모습을 띠게 된 것은 마술사의 행위를 통하여서이다. 결국, 구경꾼들을 최면에 거는 것도 하나의 행위이다.

이것이 샹카라가 행위를 부인함으로써 스스로 속게 된 딜레마다. 행위를 부인하려고 세상 모두를 부인하고는 이제 세상을 마야, 즉 꿈이라 한다. 그러나 환영을 어떻게 설명할 수 있는가? 비록 우리가 만든 세상이 환영이라 할지라도, 우리에게 그것을 그렇게 만들고 볼 수 있도록 허락한 것은 신이다. 어떻게 신의 묵시적인 동의 없이 세상이 존재할 수 있는가? 어쩌면 세상은 환영일 수도 있다. 그러나 세상에 대한 우리의 지각은 무엇인가? 지각 그 자체는 실재한다. 샹카라는 그것에 대하여 무엇이라 말하는가?

샹카라는 뛰어난 논리학자이다. 그는 그의 견해를 정리하는 데 고심했다. 그는 행위는 거짓이며 현자에게는 아무런 행위가 없다고 주장한다. 그의 어려움은 행위자를 부인하는 것보다 오히려 행위 그 자체를 부인하려고 애쓰는 데 있다. 그러나 나는 샹카라가 진리를 알지 못했다고 말하는 것은 아니다. 그런 뜻으로 받아들이지 말라. 샹카라는 진리를 알았다. 행위를 부인하는 순간, 그와 동시에 당신은 행위자도 부인하게 된다. 행위가 없이는 거기에 행위자가 있을 수 없다.

그것은 그냥 상상할 수 없다. 비록 행위자가 환영이라 할지라도, 행위자를 만드는 것은 행위이다.

그러므로 샹카라의 논리는 어리석다. 그러나 진리에 대한 그의 체험은 잘못된 것이 아니다. 그는 길고 꾸불꾸불한 길을 통하여 진리의 사원에 도착하였다. 그는 오랫동안 사원 주위를 떠돌아다녀야만 했다. 그러나 결국 그는 그것을 해냈다. 그는 아주 다른 추리로 목표에 도달하였다. 만약 누군가가 행위를 완전히 부인한다면, 행위자가 존재할 아무런 여지가 없다. 행위자는 그 자신이 존재하기 위해 행위에 의존하고 있다. 행위를 부인하라. 그러면 행위자는 사라진다.

샹카라는 아주 잘못된 장소로부터 여행을 시작했지만 진리에 도달하였다. 그러나 그는 크리슈나가 속하고 있는 장소에는 닿지 않았다.

크리슈나는 행위자를 먼저 사라지게 하라고 말한다. 행위자가 사라지는 순간, 행위도 조만간 사라진다. 행위와 행위자는 알다시피 같은 실의 양 끝이다. 그러나 나는 샹카라보다는 크리슈나를 선택할 것이다. 나의 선호에는 이유가 있다. 기타에 대한 샹카라의 주석 전체를 보면 그가 도피주의자임을 알 수 있다. 그는 모든 도피주의자들의 지도자다. 그러나 그의 모든 도피주의 산야신들이, 도피하지 않고 세상에 남아 있는 사람들에 의존하고 있다는 것은 정말 아이러니컬한 일이다. 만약 온 세상이 샹카라의 철학에 동조한다면, 이 세상은 더 이상 하루도 지탱되지 못할 것이다. 그때는 죽는 수밖에 다른 방법이 없다. 바로 그러한 이유로 세상은 샹카라의 정의를 받아들이려고 하지 않는다. 샹카라가 온갖 노력을 다하여 행위가 환영임을 증명하려고 해도 행위는 환영에까지 남아 있다. 심지어 샹카라는 환영의 세상으로 나가 구걸한다. 그는 세상으로부터 구걸을 받는다. 그는 마야에 대한 자신의 철학을 설명하기 위하여 세상 속으로 들어가서, 세상은 존재하지 않는다고 세상을 납득시키려 한다.

샹카라의 반대론자들은 그를 비웃으며 말한다. "만약 모든 것이 환영이라면, 왜 당신은 실제로 존재하지도 않는 세상에 당신의 철학을 설명하려고 돌아다닙니까? 왜 당신은 설교합니까? 누구에게 설교를 합니까? 환영으로 존재하는 장소에 당신은 왜 갑니까? 당신의 동냥 그릇, 당신의 구걸, 당신의 굶주림 그리고 당신의 갈증은 무엇입니까? 그것들은 실제로 존재합니까?"

재미있는 이야기를 하나 들려주겠다.

옛날에 세상은 거짓, 즉 환영이라고 믿는 불교 승려가 왕궁을 방문하였다. 그 출가승은 설득력 있고 반박할 수 없는 논법들을 동원하여 세상이 실제로 존재하지 않는다는 것을 증명하였다. 논리학은 뛰어난 장점을 가지고 있다. 논리학은 진리가 무엇인지는 증명할 수 없지만 거짓은 쉽게 증명할 수 있다. 논리학은 존재하는 것은 말할 수 없으나 존재하지 않는 것은 아주 잘 말할 수 있다. 논리학은 어떤 것을 죽일 수는 있지만 살릴 수는 없는 칼과 같다. 그것은 파괴할 수는 있으나 창조할 수는 없다. 논리학은 칼만큼 파괴적이지만 어떤 것도 세울 수는 없다. 그래서 그 출가승은 마침내 세상이 실재하지 않는다는 것을 증명하고는 승리의 기분에 도취한 채 자신의 논쟁을 끝냈다.

그러나 왕은 논쟁의 패배를 인정하려고 하지 않았다. 왕은 말하였다. "아마 모든 것이 거짓일지도 모르오. 그러나 내게는 거짓일 수 없는 소유물이 있소. 나는 곧 이 실체를 당신에게 보여 주겠소." 왕이 소유하고 있던 동물 가운데는 미친 코끼리가 한 마리 있었는데, 왕은 즉시 그 코끼리를 내보냈다. 시가지는 텅 비었고 미친 코끼리는 막을 힘도 없는 이 출가승에게로 달려갔다. 왕과 신하들은 그 광경을 지켜보기 위하여 궁전의 지붕으로 올라갔다. 코끼리는 미쳐 날뛰며 출가승에게 돌진하였다. 출가승은 공포에 질려 도망치기 시작하였다. 그는 소리치며 울부짖었다. "왕이시여, 이 미친 코끼리로부터 나를 구원해 주소서." 그러나 왕과 신하들 그리고 모든 시민들은 이 재미를 즐기고 있다. 오랜 시간 쫓긴 뒤 출가승은 주저앉아 버렸고 코끼리가 그를 덮쳤다. 막 그를 죽이려고 하는 찰나에 왕의 병사들이 그를 코끼리로부터 구출하였다.

다음 날 출가승은 궁전으로 불려 갔다. 왕이 그에게 묻기를 "코끼리를 어떻게 보시오? 그것이 거짓이었소?"

출가승이 재빨리 말하였다. "예, 코끼리는 환영입니다."

"당신의 절규는 어떻게 보시오?" 왕이 물었다.

출가승은 다시 말하였다. "그것들 역시 환영입니다." 왕이 의아스러운 표정을 짓자 출가승이 말하였다. "왕께서는 모든 것에 미혹되었습니다. 코끼리는 실재하지 않았고, 저에 대한 코끼리의 공격도 실재하지 않았습니다. 저도 실재하지 않았고, 저의 외침들도 실재하지 않았습니다. 저의 기도도 실재하지 않았고, 제 하소연을 들은 왕께서도 실재하지 않았습니다."

이 출가승은 완강하다. 그는 미친 코끼리에게조차 패배하였다. 그러나 그는 일관되게 말한다. "만약 모든 것이 거짓이라면, 나의 외침, 나의 기도, 내가 코끼리로부터 도망 다니는 것이 어떻게 참일 수 있겠습니까?" 모든 존재가 실재하지 않는다고 믿는 사람과는 논쟁할 수 없다.

샹카라의 반대론자들은 그를 조롱했다. 그러나 그는 개의치 않았다. 그는 그들에게 말하였다. "나에 대한 당신의 지각, 사람들과 논쟁하는 나의 행동조차도 환영이다. 거기에는 논쟁하는 자도 없고 이러한 논쟁을 귀담아 듣는 자도 없다. 심지어 당신을 조롱하는 것조차 실재하지 않는다." 어떻게 샹카라와 같은 사람과 논쟁할 수 있겠는가?

샹카라가 세상이 마야라는 자신의 신념을 아무리 강하게 고수한다 할지라도, 마야조차도 그것의 존재를 가지고 있다. 그는 마야를 부인할 수 없다. 어떻게 그럴 수 있겠는가? 우리들은 자면서 꿈을 꾼다. 이 꿈은 실재하지 않는다. 그러나 꿈 그 자체는 실재하지 않는 것이 아니다. 당신은 사람의 의식의 일부분으로서 꿈꾸는 상태의 존재를 부인할 수 없다. 거지가 왕이 되는 꿈을 꾼다. 그 꿈은 사실이 아니다. 그것은 허상이다. 그러나 그가 꿈을 꾼 것은 사실이다. 나는 밧줄을 뱀으로 착각한다. 그것은 거짓이다. 그러나 나의 현혹된 지각 그 자체는 어떠한가? 뱀이 없다는 것은 인정한다 하더라도, 밧줄은 어떤가? 밧줄은 존재한다. 설령 당신이 실제의 지각은 부인하더라도 지각하는 사람까지 부인할 수는 없다.

우리가 존재를 완전히 부인할 수는 없다. 아무리 분석해도 결국 그것은 거기에 있다. 우리가 모든 것을 부인할 수 있으나 부인하는 사람은 부인할 수는 없다는 데카르트의 말은 옳다. 우리는 모든 것을 부인할 수 있다. 그러나 어떻게 샹카라의 존재를 부인할 수 있겠는가? 샹카라는 존재한다. 샹카라는 부인하기 위하여 살아남아야 한다. 그러므로 샹카라의 주석은 편향적이며 불완전하다. 그는 동전의 한쪽 면만을 강조하고 다른 면은 인식하지 않는다. 다른 면에 대한 그의 부인은 잘못이다. 동전은 두 면이 모두 있어야 한다.

그러나 샹카라가 크리슈나보다 덜 혼란스러운 것은 사실이다. 이러한 이유로 샹카라는 많은 제자들을, 자기-확신의 제자들을 두었다. 크리슈나는 그렇게 할 수 없었다. 사실 인도에서는 샹카라만이 가장 큰 집단의 제자들을 거느리고 있는데, 그 제자들 모두는 자기-확신에 차 있거나 독단적인 산야신들이다. 이렇게 된 것은 샹카라의 접근이 매우 단순하기 때문이다. 그는 동전의 다른 한 면이 존재하는가에 대해서는 걱정하지 않고 동전의 한 면만을 이야기한다. 양쪽을 모두 제시하는 것은 어렵고 몹시 까다롭고 몹시 복잡하기 때문에 그것을 이해하는 데는 뛰어난 지성이 요구된다. 왜 샹카라의 대부분의 제자들이 어리석은지를 그것이 설명하고 있다. 인도에서 산야스는 샹카라로부터 왔다는 것은 사실이지만, 동시에 그것은 활기가 없고 어리석은 것도 역시 사실이다.

크리슈나와 나란히 서기 위해서는 뛰어난 지성을 갖추어야 한다. 그와 같은 지성은 모순들에 의해 혼란스러워지는 것을 거부한다. 왜냐하면 모순들은 우리 삶 속에 늘 내재되어 있기 때문이다. 우리 대부분은 모순들에 의해 혼란스러워졌고 수렁에 빠졌다. 그러나 샹카라는 이러한 모든 모순들을 부인하기 때문에 기타에 대한 그의 주석은 이 나라에서 엄청난 인기를 누리게 되었다. 그는 기타에 있는 모든 혼란들과 모순들을 제거한 최초의 사람이었으며, 크리슈나의 훌륭한 철학을 간단하고 단순하게 제시하였다. 그러나 나는 말한다. 비록 샹카라가 기타에 주석을 달지 않았더라면 기타가 이 세상에서 사라져 버렸을지도 모르지만, 어느 누구도 샹카라가 한 것만큼 크리슈나에 대해 잘못 이해한 사람은 없다고……. 여하튼 샹카라의 주석 때문에 기타는 온 세상에 알려지게 되었다.

그렇지만 기타는 있는 그대로 있다.

샹카라의 마야의 세상, 즉 환영의 세상은 실제로는 거짓의 세상이 아니라 변화하는 세상을 뜻한다고 합니다. 여기에 대해 당신께서는 뭐라고 말씀하시겠습니까?

그대는 그대가 좋을 대로 어떤 뜻이든지 붙일 수 있다. 그러나 샹카라에게는 세상은 늘 변화무쌍한 것, 즉 세상을 실재하지 않게 만드는 늘 변하는 성향을 가진다. 그는 변하는 것, 영원하지 않은 것은 거짓이라고 말한다. 어제 어떤 것이 있었는데, 오늘은 다른 것이 되고, 내일은 또 다른 어떤 것으로 변화될 것은 거짓이다. 변화는 마야 즉 환영에 대한 샹카라의 정의의 바탕이다. 그는 실재는 불변하며 영원한 것이라고 말한다. 변하지 않고 변할 수 없는 것이 진리이다. 영구한 것이 진리이다.

영원은 진리에 대한 샹카라의 말이다. 변화는 세상에 대한 샹카라의 말이다. 잠시라도 같은 채로 있지 않은 것은 거짓이다. 만약 어떤 것이 잠시 전에는 이것이었다가 지금은 다른 것으로 바뀌고 나중에는 또 다른 것이 될 수 있다면, 그것은 실제로 있던 것이 아니고 실제로 있는 것도 아니며 실제로 있을 것도 아니라는 뜻이다. 늘 존재하지 않고 있는 것은 거짓이다. 진리는 늘 있었고, 지금도 있고, 앞으로도 있을 것이다. 샹카라의 정의로 보면, 변화는 진리 아닌 것과 동의어고 불변은 진리와 동의어다.

그러나 나의 견해나 크리슈나의 견해에 따르면, 변화는 불변만큼이나 실재이다. 크리슈나에게는 변화하는 그리고 불변하는 세상 둘 다 실재이다. 그 이유는 불변은 변화하는 세상이 없이는 존재할 수 없기 때문이다. 변화의 바퀴가 가만히 있고 움직이지 않는 축 위에 고정되어 있다. 변화하는 바퀴와 불변하는 축은 서로 의존하고 있다. 하나는 다른 것이 없이는 존재할 수 없다. 움직이는 것과 움직이지 않는 것은 같은 수레의 두 바퀴와 같다. 크리슈나는 자기 속에 있는 모든 모순들을 흡수하였다. 그는 움직이는 것, 움직이지 않는 것을 포함하여 그 어느 것도 거부하지 않는다. 크리슈나에게는 움직임과 휴식이 분간할 수 없을 정도로 연결되어 있다. 당신이 하나를 거부하면 동시에 다른 하나도 거부하게 된다. 만약 우리가 크리슈나를 바르게 이해한다면, 우리는 진리가 존재한다면 진리가 아닌 것도 본질적으로 그리고 불가피하게 존재한다는 것을 받아들여야만 한다. 진리와 허위는 빛과 어둠, 삶과 죽음, 건강과 병으로 피할 수 없이 서로 연결되어 있다. 서로 반대되는 것들은 실제로 상반되는 것들이 아니며, 그것들은 상호보완적인 것들이다. 그것은 같은 것의 두 측면이다. 그러나 우리의 어려움은 상반되는 것들뿐만 아니라 서로 적들인 것도 받아들여야 한다는 것이다.

사람들은 종종 허위의 근원에 대해 나에게 물어본다. 그러나 그들은 결코 진리의 근원에 대해서는 묻지 않는다. 만약 진리가 아무데도 아닌 곳으로부터 온다면, 왜 허위는 같은 근원으로부터 올 수 없겠는가? 궁극의 지식을 논하는 자들은 언제나 "거짓의 주인공은 누구인가?"라고 묻는다. 그러나 그들은 "누가 진리의 어머니인가?"라는 질문은 결코 하지 않는다. 만약 진리가 어머니 없이 일어날 수 있다면, 왜 허위도 그렇게 되는 데 어려움이 있어야 하는가? 사실 이와 관련하여 허위는 진리보다 더 좋은 위치에 있다. 왜냐하면 허위는 존재하지 않는 것을 의미하기 때문이다. 그것은 어떤 근원도, 어떤 강고트리(Gangotri, 갠지스 강이 시작되는 곳)도 필요하지 않다.

아니다. 진리와 허위의 근원에 대해 묻는 것은 잘못이다. 그것들은 동시에 함께 존재한다. 그래서 그들 근원에 대한 질문은 일어나지 않는다. 당신이 태어난 그날 당신의 죽음 역시 태어났다. 죽음은 어떤 미래에 당신에게 오는 것이 아니다. 그것은 항상 그대와 함께 발맞추며 걷고 있다. 죽음은 태어남의 다른 측면이다. 그러나 당신이 이 다른 측면을 보기 위해서는 70년이 걸릴지도 모른다. 당신의 무능 때문에 두 가지를 동시에 보는 것이 허락되지 않고 있다. 그러나 그것들은 늘 함께 있다. 마찬가지로 진리와 허위는 함께 있다. 그러므로 그들이 오고 간다고 말하는 것은 잘못이다. 그들은 존재한다. 진리도 존재하고, 허위도 존재한다. 존재도 존재하고, 존재하지 않는 것도 존재한다.

샹카라는 동전의 한 면을 강조한다. 이러한 이유로 우리는 다른 면도 역시 보아야만 한다. 그럴 때만이 동전은 완전하다.

샹카라는 보이는 것은 마야 즉 거짓이라고 한다. 붓다는 반대로 말한다. 붓다의 철학은 나가르주나(Nagarjuna, 용수)에서 정점을 이룬다. 나가르주나는 관찰하는 자는 거짓이라고, 관찰자는 거짓이라고 말한다. 만약 샹카라의 눈에 세상이 거짓이라면, 나가르주나의 눈에는 영혼이 거짓이다. 붓다 사상가들 가운데 이 거장은 관찰자와 관찰되는 것 사이에서 전자가 더 근원이며, 이 근원적 요소 자체가 바로 거짓이라고 말한다. 거짓인 것 모두는 이 근원적 거짓으로부터 나온다.

눈을 감으면 세상은 보이지 않는다. 그러나 그때 나는 감은 눈으로 꿈꾸기 시작한다. 나는 근원적인 거짓이다. 세상이 있지 않을 때조차 나는 꿈으로 다른 세상을 창조할 수 있다. 가장 놀라운 일은 내가 꿈속에서 꿈을 창조할 수 있다는 것이다. 때때로 당신 역시 꿈속에서 또 다른 꿈을 꾸었을 것이다. 꿈속에서 또 다른 꿈을 꾼다는 것은 실제로 기적이다. 상자 속에 또 상자가 있는 마술 상자처럼 당신은 꿈속에서 꿈을 꾼다. 당신은 자신의 생애에 관한 영화를 보고 있으며, 자신이 잠이 들어 꿈꾸기 시작하는 것을 꿈꿀 수 있다. 그와 같은 꿈을 만드는 것은 어렵지 않다. 그러므로 나가르주나는 세상이 거짓이라고 증명하려는 것은 아무런 소용이 없으며, 거짓은 당신 안에 실제로 존재하고 있으며, 당신이 거짓이라고 말한다. 나가르주나는 자기라는 것이 거짓이라고 주장한다.

사실 참과 거짓은 나란히 손을 잡고 간다. 만약 누군가가 오직 진리만이 있다고 주장한다면, 그때 그는 허위가 있는 장소를 할당하고는 "그것은 여기에 있다."고 말해야 할 것이다. 마찬가지로 오직 허위만 있다고 주장하는 사람은 진리가 어디에 있는지 말해야만 한다. 크리슈나는 아무것도 단정하지 않는다. 그는 망설인다. 사실 크리슈나의 망설임은 깊다. 망설이지 않는 사람들은 종종 가볍고 피상적이다. 망설임은 자기 존재의 깊은 곳으로부터 일어난다. 망설임은 매우 의미가 있다. 만약 당신에게 티끌만큼의 망설임이라도 주어진다면, 그것은 행운이다. 당신의 망설임은 삶을 전체로 보기 시작했다는 것을 보여 준다. 그렇게 되면 당신은 이것이 참이고 저것이 거짓이라고 말하지 않는다. 또한 당신은 오직 진리만이 존재한다거나 아니면 오직 허위만이 존재한다고도 말하지 않을 것이다. 당신은 참과 거짓이 같은 것의 양면이며 같은 노래의 두 선율이라는 것을 알게 된다. 그때 당신은 존재와 비존재가 같은 플루트의 두 개의 다른 선율이라는 것을 알게 될 것이다. 우리는 삶을 전체적으로 보는 사람의 어려움을 상상할 수 있을 것이다. 왜냐하면 그의 말들은 분명치 않고, 흐릿하고, 역설적이고, 혼란스러워 보이기 때문이다. 이러한 이유로 크리슈나의 말은 당신을 혼란스럽게 한다. 그것은 크리슈나의 인식이 매우 심오하다는 것을 보여 주는 것이다.

샹카라가 마야는 표현할 수 없는 것이라고 말할 때, 그것은 그가 일종의 절충안을 제시한 것입니까?

샹카라는 타협할 수밖에 없었다. 불완전한 진리를 주장하는 사람은 누구나 이 운명에 직면한다. 그는 한 차원으로 또는 여러 차원으로 타협을 해야만 한다. 그가 계속해서 부인해 온 실재의 다른 면이 그 자신을 주장할 것이다. 왜냐하면 그것은 거기에 분명히 있기 때문이다. 그는 하나의 모습 혹은 다른 모습으로 그것을 받아들여야만 한다. 그래서 그는 그것을 말로 표현할 수 없는 마야라고 부른다. 또 그것을 실용적 진리 혹은 무상한 진리라고 부를 것이다. 그가 그것을 무엇이라 부르든 그것은 문제가 되지 않는다. 그것이 거기에 있기 때문에 그는 그것을 받아들여야만 할 것이다. 그러므로 샹카라는 마야에 대해 말하지 않겠다고 말할 수 없다. 왜 그가 존재하지 않는 것에 대해 말해야 하는가? 그러나 그는 말한다. 그렇다면 그는 이 방법 혹은 저 방법으로 타협을 해야만 한다.

오직 크리슈나 같은 사람만이 타협하지 않을 수 있다. 그는 타협할 필요가 없다. 그는 진리의 양쪽 면을 함께 받아들이기 때문에 타협하지 않는다. 그는 그들 중 어느 쪽도 부인하지 않는다. 어떤 것을 부인하는 사람은 그가 부인하는 것보다 더 깊은 어떤 차원에서 타협하도록 강요당한다. 왜냐하면 그것은 존재하기 때문이다. 전체로서의 삶을 받아들이는 사람은 전혀 타협할 필요가 없다. 아니면 그가 이미 화해했다고, 혹은 타협했다고 말할 수 있다.

지금 당신께서는 망설임이 좋다고 말씀하십니다. 전에 당신께서는 우유부단함은 파괴적이라고, 그래서 사람은 자신이 서 있는 곳을 분명히 알아야만 한다고 말씀하셨습니다. 그에 대해 설명하여 주십시오.

나는 단지 망설임이 좋다고 말했을 뿐이다. 항상 망설임의 상태로 있는 것이 좋다고는 말하지 않았다. 망설임을 느끼는 사람들은 거기에 머무르지 않고 그 너머로 가려고 노력한다.

망설임은 과도기 단계, 즉 여행의 시작이다. 한 번의 망설임 이후에야 그는 그 너머로 간다. 그것 너머로 가는 데는 두 가지 방법이 있다. 만약 당신이 진리의 한쪽 면을 받아들이면, 당신의 망설임은 사라진다. 당신은 샹카라나 나가르주나에 동의할 수 있다. 그러면 당신은 망설이기를 그칠 것이다. 당신은 분명히 고통에서 벗어나게 될 것이다. 그러나 망설임을 제거하기 위한 이 방법은 너무 희생이 크다. 즉 당신은 지성을 버려야만 한다. 어리석은 사람들은 결코 망설이지 않는다. 그러므로 자신의 지성을 버린다면 망설임을 극복할 것이다. 그러나 이것은 분명히 옳은 방법은 아니다.

지혜롭게 자신의 망설임을 넘어서야 한다. 즉 그것으로부터 도망치지 말고, 오히려 그것을 직면하여 초월하여야 한다. 망설임은 진리의 양면들이 하나이며 분리할 수 없는 것으로 보이는 지점에서 초월되어야 한다. 이것은 망설임을 다루는 합리적인 방법이다. 나머지 방법, 즉 한 면을 선택하고 나머지 한 면을 버리는 것은 비합리적이고 어리석은 방법이다. 그러면 망설임을 넘어서는 것이 아니라 망설임 아래로 간다. 이것은 제정신이 아닌 자의 방법이다. 이때 그대는 분명히 망설이지 않는다. 당신이 두 면들이 떨어질 수 없이 함께 한다는 것을 알 때, 거기에는 이성을 넘어선 초월적 이성의 상태가 있게 된다. 그러면 모든 모순들이 사라지고, 반대되는 것들이 가 버리고, 그래서 당신은 하나, 통일과 통합에 이른다.

이러한 이유로 나는 망설임이 축복이라고 말한다. 망설임은 당신을 어리석음에서 지성으로 인도한다. 망설이는 자는 운이 좋은 사람이다. 왜냐하면 망설임은 지성 너머에 있는 그것에게로 들어가는 문을 열어 주기 때문이다.

당신께서는 기타에 대한 샹카라의 주석은 불완전하다고 말씀하셨습니다. 기타에는 수많은 주석들이 있습니다. 당신께서는 그 주석들 중에서 어느 것이 완전하다고 생각하십니까? 록마니아 틸락(Lokmanya Tilak)의 해석은 완전하다고 생각하십니까? 적어도 그의 해석은 삶에 대하여 도피주의적 관점을 취하지는 않습니다. 그것은 행동적이고 도덕적입니다. 아니면 당신께서는 틸락의 행위주의와 샹카라의 초도덕주의를 종합하려고 하십니까?

크리슈나에 대한 어떠한 주석도 완전하지 않다. 크리슈나 자신과 같은 누군가가 그에 대해서 평하지 않는 한, 그것은 가능하지 않다.

크리슈나에 대한 모든 해석은 불완전하고 편파적이다. 하나에도 수많은 측면들이 있으며, 크리슈나는 무한한 차원의 사람이다. 그래서 모든 주석가들은 그 무한한 차원들로부터 자신의 마음에 맞는 것을 선택한다. 샹카라는 기타의 주석들로부터 산야스와 무위의 개념을 세운다. 같은 기타로부터 틸락은 행위의 수행인 카르마 요가를 선택한다. 그래서 그는 행위가 기타의 중심 메시지라는 것을 증명하기 위하여 자기의 온갖 주장들을 동원한다. 샹카라와 틸락은 정반대의 입장을 취하고 있다.

샹카라가 기타에 주석을 단 후로 수천 년이 흘렀다. 그동안 그의 도피주의적 철학은 인도를 그 뿌리까지 약화시켰으며, 많은 측면에서 인도를 병들게 하였다. 샹카라의 가르침은 이 나라의 생명력과 역동성을 무너뜨렸다. 이러한 수천 년의 경험은 추를 반대 방향으로 돌리기에 충분하였다. 그래서 누군가가 기타는 역동성과 행위를 나타낸다고 다급하게 주석을 해야만 했다. 그래서 틸락은 샹카라와는 다른 극단으로 자신의 주장을 내세운다. 샹카라가 비행위와 포기를 선택했던 반면에 틸락은 행위주의와 행위를 선택한다.

그러므로 틸락의 주석은 샹카라만큼 완전하지 않다.

기타의 주석들은 수도 없이 많다. 수십 가지 정도가 아니라 수백 가지에 달한다. 또한 그 수는 매일 증가하고 있다. 그러나 그러한 주석들 중 어느 것도 크리슈나의 철학에 정통하지 않았다. 그 이유는 그 어떤 주석가도 초이성적이 되려는 용기를 보여 주지 못했기 때문이다. 모두들 이성적이고 논리적이기 위해 노력했다.

사실 주석가는 이성적이 될 수밖에 없다. 만약 그가 이성을 넘어선다면, 그는 기타에 대한 주석을 쓸 수 없을 것이다. 그 대신에 그는 기타 그 자체를 창조하였을 것이다. 어떤 사람이 초이성적 경지에 이르면, 그에게서 하나의 기타가 태어난다. 그때는 주석이 필요 없다. 주석이란 당신이 기타에 대하여 무엇인가를 이해하지 못하기 때문에 기타를 해석하는 방법으로 당신에게 설명한다는 것을 의미한다. 그것은 무엇인가를 해석하려는 시도이다. 어떤 것을 설명하려면 논리와 이성의 테두리 안에 있어야 한다.

그렇지만 그러한 해석이 이성을 초월하는 순간, 그것은 기타에 대한 주석이 아니라 기타 자체로 변한다.

당신께서 지금 말씀하시는 것은 무엇입니까?

하나는 확실하다. 그것은 주석이 아니다.

그렇다면 다른 하나는 무엇입니까?

나는 그것을 당신에게 남기겠다. 당신에게 무엇을 남기면 안 되는가?

저의 질문의 일부분이 답해지지 않았습니다. 만약 샹카라의 초도덕주의와 틸락의 행동주의가 하나로 되었다면 기타가 완전하게 될 것이라고 생각하십니까? 당신께서 말씀하시는 초도덕주의는 틸락이 아니라 샹카라에 의해 퍼져 나가고 있습니다. 틸락은 완전한 도덕주의자입니다. 또한 당신의 긍정주의, 역동주의는 샹카라가 아니고 틸락에 의해 퍼져 나갑니다. 샹카라는 포기를 지지합니다.

그것은 사실이다. 샹카라는 초도덕주의자이다.

도덕주의자는 행동 지향적이다. 그는 이것은 하고 저것은 하지 말라고 한다. 샹카라는 모든 행위는 환영이라고 말한다. 당신이 고행을 하든 남의 물건을 훔치든 샹카라에게는 아무런 차이가 없다. 잠 속에서 지금 당신은 도둑이 되는 꿈을 꾸며, 다음에는 성자가 되는 꿈을 꾸는 것일 뿐이다. 그것은 당신이 깨어 있을 때의 상태에 어떤 차이도 만들지 못한다. 깨어 있을 때 당신은 도둑과 성자가 둘 다 꿈의 내용에 불과하며 아무런 의미가 없다고 말한다. 이러한 이유로 샹카라에게는 도덕적이거나 비도덕적인 것이 아무것도 없다. 두 꿈 간에 하나를 선택할 길이 없듯이, 도덕과 비도덕 간에도 하나를 선택할 길이 없다. 오직 두 실재들 가운데 하나를 선택할 수 있을 뿐이다. 샹카라에게는 세상이 환영이므로 그의 철학에서는 도덕을 위한 어떠한 여지도 없다. 그래서 샹카라의 관점은 초도덕적이다. 그것은 도덕을 초월한다. 무위의 원리는 도덕 초월 쪽으로 나아가야만 한다.

인도 철학에 대한 샹카라의 주석들이 서양의 언어로 번역되었을 때, 그것들은 비도덕성을 지지하는 것으로 여겨졌다. 서양의 사상가들은 샹카라의 관점이 비도덕성을 지지하고 있다고 말하였다. 만약 옳은 것이나 그른 것이 아무것도 없다는, 즉 모든 행위가 꿈과 같다는 그러한 관점이 기반을 잡게 된다면, 사람들은 궤도를 벗어날 것이며 쉽게 죄악과 타락의 수렁 속으로 빠져들 수 있을 것이다. 서양에서 이러한 관점에 대해 쉽사리 반응한다 하더라도, 그것은 그다지 놀라운 일이 아니다. 서양 사람들은 수 세기 동안 유대 철학을 섭취하며 성장했다. 유대 철학은 끊임없이 그들에게 "이것을 하라, 저것은 하지 말라."고 하며 긴 설교를 해 왔다. 그들의 종교와 문화 전체는 해야만 하는 것과 해서는 안 되는 것을 분명하게 선언하는 십계명에 기초하고 있다. 그러므로 그들이 샹카라의 사상이나 비도덕적이라 불리는 것에 예민하게 반응하는 것은 놀라운 일이 아니다.

샹카라의 사상은 비도덕주의는 분명히 아니다. 왜냐하면 비도덕주의는 도덕주의에 반대하는 하나의 선택이기 때문이다. 샹카라는 선택 없음을 지지한다. 이런 이유로 그는 초도덕주의자이다. 그는 당신에게 도덕적인 사람이 되라거나 비도덕적인 사람이 되라고 요구하지 않는다. 또한 도둑이나 성자가 되라고도 하지 않는다. 그는 당신에게 어떤 것이 되라고도 요구하지 않는다. 그는 되는 것에 반대한다. 그는 있는 그대로의 존재를 받아들인다. 사실 그는 비존재를 받아들인다. 이것이야말로 초월적 도덕의 견지이다.

반면에 틸락은 도덕주의자이다. 그는 좋은 행위와 나쁜 행위 사이에, 또 해야만 되는 것과 해서는 안 되는 것 사이에는 선택이 있다고 믿는다. 그에 따르면, 종교는 해야만 되는 것과 해서는 안 되는 것으로 이루어져 있다. 실제로 그는 행위를 받아들인다. 이런 이유로 그는 세상을 비실재라고 하지 않는다. 그것은 실재이다. 눈에 보이는 세상이 틸락에게는 참이다. 그것은 마야 즉 환영이 아니다. 이런 실재의 한가운데에서 우리는 옳은 것과 옳지 않은 것을 결정해야만 한다. 그리고 종교는 단순히 정의와 덕과 선의 선택을 의미한다. 틸락이 샹카라의 견해에 전적으로 반대되는 것은 사실이다.

당신은 우리가 샹카라의 초도덕주의에 틸락의 행위주의를 결합시키면 그것이 완전하게 될 것인지를 물었다. 아니다. 그렇게 해서는 완전하게 되지 않을 것이다. 거기에는 이유들이 있다.

근본적인 이유는 우리가 어떤 것의 부분들을 함께 맞춘다고 해서 그것을 전체로 만들 수는 없다는 것이다. 그것은 우리가 사람의 몸을 조각으로 분해한 다음에 그 조각들을 다시 함께 모아 완전한 사람으로 다시 만들 수 없는 것과 같다. 그것은 불가능하다. 만약 그 사람이 완전해진다면, 그의 부분들은 다시 조화롭게 기능할 것이다. 그러나 나뉜 부분들을 함께 맞추어도 그 사람을 다시 완전하게 만들 수는 없다. 부분들을 함께 맞추어도 전체를 만들 수 없다. 그렇지만 전체가 많은 부분들로 이루어진다는 것은 다른 문제이다.

크리슈나에 대한 나의 관점은 샹카라와 틸락, 둘 다에 있다. 그러나 그들의 관점을 혼합한다고 해서 완전한 크리슈나의 철학을 만들 수는 없다. 샹카라와 틸락을 혼합해도 완전한 크리슈나를 만들 수 없는 또 다른 이유가 있다. 크리슈나에 관해서는 천 가지 관점들이 있다. 하지만 샹카라와 틸락은 각각 한 가지 관점만을 대표할 뿐이다. 사실 천 가지 관점 모두를 합한다고 할지라도 완전한 크리슈나를 만들 수는 없다.

다른 부분들을 함께 맞추는 것은 기계적인 과정이지 유기적일 수는 없다. 우리는 기계를 부분들로 분해하고 그 부분들을 다시 함께 맞춤으로써 재조립할 수 있다. 그러나 우리는 생물체, 유기체는 그렇게 할 수 없다. 유기적인 단일체와 기계적인 결합의 근본적 차이를 명심하라. 기계적 결합은 부분들의 총합과 같지만, 유기적인 단일체는 그 부분들의 총합보다 훨씬 더 크다.

예를 들면, 우리가 사람의 몸을 구성하는 철, 구리, 나트륨, 알루미늄, 인, 그 외의 모든 성분의 목록을 만들어 보면, 그것들의 가치는 4, 5루피 정도밖에 되지 않을 것이다. 사람 몸의 10분의 9는 물인데, 그 정도 물은 돈을 들이지 않고도 구할 수 있다. 나머지는 시장에서 구할 수 있을 것이다. 그렇지만 당신이 그것들을 아무리 바른 비율로 함께 결합시킨다 할지라도, 그것들로 살아 있는 인간의 몸을 만들 수는 없다. 그럴 수 없다. 살아 있는 몸은 비록 부분들 없이는 존재할 수 없을지라도 부분들의 총합보다는 훨씬 더 크다.

　삶에 대한 크리슈나의 철학이 수천 개의 부분들로 이루어져 있을지라도, 그리고 각 부분이 각각의 사람들에 의하여 서로 다르게 해석되었을지라도 그 속에는 유기적 단일성이 존재한다. 크리슈나의 철학에 대해 라마누자는 어느 한 부분을 말하고, 샹카라는 또 다른 하나를 말하며, 님박은 또 다른 것을 말한다. 틸락, 오로빈도, 간디 그리고 비노바조차도 각각 다른 목소리로 그것을 말한다. 크리슈나에 대한 이 모든 견해들을 함께 모은다고 할지라도, 그것들로는 크리슈나의 존재를 재창조할 수 없다. 그것들을 함께 혼합하는 것은 어렵지 않다. 그러나 이 혼합물 속에서 크리슈나를 찾을 수는 없을 것이다. 만약 거기에 크리슈나가 존재한다고 해도, 그 모든 부분들에 더하여 거기에 무엇인가가 있어야 할 것이라는 것은 사실이다.

　그러므로 샹카라와 틸락을 혼합하려는 생각을 버려라. 크리슈나에 대한 모든 주석을 다 합쳐도 그것은 완전할 수 없다. 그것은 기계적인, 죽은 단일체가 될 것이다. 그것은 덧셈에 지나지 않을 것이다.

　내가 여기에서 말하고 있는 것은 크리슈나에 대한 주석이 아니다. 나는 그를 해석하지 않는다. 나는 주석과는 아무런 관련이 없다. 그러므로 나는 모순들을 두려워하지 않는다. 모순들은 있다. 모순들은 크리슈나 그 자신 속에 존재한다. 나는 그것에 관해서는 아무것도 할 수 없다. 그러므로 나는 크리슈나에 주석을 달지 않는다. 다만 나는 바로 당신 앞에 크리슈나를 드러내 보이고 있다. 나는 그에 대해 주제넘게 나서려고 하지 않으며, 단지 있는 그대로의 그를 당신 앞에 드러내고 있을 뿐이다. 크리슈나 자신은 선택이 없기 때문에, 나는 그의 삶으로부터 어떠한 것을 집어내거나 선택할 수는 없다. 나는 당신에게 있는 그대로의 그를 나타내고 있다.

　나는 이 부분에서 어려움에 처할 것이라는 것을 알고 있다. 그것은 크리슈나가 스스로에게 만들었던 어려움과 같은 것이다. 수천 년 동안 사람들은 기타에서 크리슈나가 말한 것을 해석하고 이해하기 위해 노력하고 있다. 마찬가지로 내가 지금 말하고 있는 것은 해석될 필요가 있을 것이다. 그래서 당신은 그것을 이해하기 위하여 애쓸 것이다. 나는 크리슈나의 삶과 가르침 속에 내재되어 있는 불일치와 모순에 상관없이 그를 온전히 그대로 나타내고자 한다. 크리슈나에 대해 내가 한 말이 이 다음에 내가 하게 될 다른 말과 충돌할지라도 나는 상관하지 않는다. 나는 그의 삶과 철학을 있는 그대로 분명하게 나타내기를 계속할 것이다. 나는 당신에게 크리슈나를 통째로, 하나로 주기를 원한다.

　그러므로 내가 당신에게 말하고 있는 것은 주석이 아니다.

　크리슈나에 대하여 말씀하실 때 당신께서는 크리슈나 그 자신이 됩니까?

　무엇이 될 필요가 있는 것은 자기 아닌 것이 될 때뿐이다. 여기에서는 그런 문제가 생기지 않는다. 될 필요가 없다. 내가 크리슈나이기 때문이다.

　슈리 오로빈도가 기타에 대한 주석을 썼는데, 그 주석에서 그는 창조와 창조의 지각과의 관계에 대해 말하고 있습니다. 어떤 관점으로 보면 중요한 것은 실재이지만, 또 다른 관점으로 보면 실재의 지각이 더 중요합니다. 그의 초월적 마음이라는 개념 속에서 그는 신의 의식이 땅에 내려올 것이라고 믿습니다. 그러나 그의 이러한 개념은 이원적인 것처럼 보입니다. 당신께서는 무엇이라고 말씀하시겠습니까? 또 당신께서는 라마나 마하리쉬의 아자트바드(Ajatvad), 즉 태어나지 않은 실재의 개념이 당신에게 더 가깝다고 생각하십니까? 아니면 차이타니야의 아친티아 베다베드바드, 즉 생각할 수 없는 이원적 비이원론의 개념이 더 가깝다고 생각하십니까? 그리고 마지막으로 당신께서도 크리슈나의 비전을 본 오로빈도의 일화에서처럼 빛을 발하실 수 있습니까?

초월의식과 초월적 마음에 관한 오로빈도의 모든 말은 이성적 마음의 한계 내에 있다. 그는 결코 이성을 초월하지는 않는다. 그는 이성의 초월에 대하여 말할 때조차도 이성적 개념을 사용한다. 오로빈도는 이성주의자이다. 그가 말하는 모든 것과 그가 말할 때 사용하는 모든 단어와 개념들은 이성주의 문법에 속한다. 오로빈도의 말 속에는 대단한 일관성이 있는데, 초이성주의에서 나오는 말에는 그런 것이 없다. 신비가의 말 속에서는 이와 같은 논리적 일관성을 찾을 수 없다. 신비가는 패러독스와 모순의 용어로 말을 한다. 신비가는 한 가지 말을 한 뒤 곧 이와 모순되는 다른 말을 한다. 그러므로 신비가는 자기모순 속에 있다. 하지만 오로빈도는 스스로 모순된 적이 결코 없다.

오로빈도는 훌륭한 체계를 만드는 사람이다. 체계를 만드는 자는 결코 초이성주의자가 될 수 없다. 체계는 이성의 도움으로 만들어지기 때문이다. 그래서 초이성주의자들은 항상 비체계적이며 어떤 하나의 체계가 없다. 체계는 논리적으로 완전해야 한다. 비논리적인 것은 하나의 방법론이나 질서를 따를 수 없다. 생각할 수 없는 것은 체계화될 수 없다. 이성의 문턱을 넘어선 이 세기의 모든 사상가의 말들은 사실은 단편적이다. 그들 중 어느 누구도 논리적인 질서를 따르지 않았다. 그래서 비트겐슈타인, 후설, 하이데거, 마를로 폰티 등은 단편적인 주장을 해 온 것이다. 크리슈나무르티도 체계와 질서를 부정하는 같은 범주에 속한다. 그들의 주장은 원자적이고, 그들은 스스로 모순된다.

오로빈도의 경우는 매우 다르다. 사실 샹카라 이후 인도에서 오로빈도보다 더 훌륭한 체계를 만든 사람은 아무도 없다. 그러나 이 체계는 그의 철학의 허약함과 빈곤을 조장한다. 그는 말이나 개념과 이론들을 가지고 노는 데 뛰어난 재주가 있다. 그런데 삶의 실재는 이러한 말과 개념과 이론들을 초월하여 있다. 그의 문제는 그가 전적으로 서양에서 교육을 받았고, 그곳에서 아리스토텔레스의 논리학, 다윈의 진화론과 과학적 사고법 등에 대해 배웠다는 점이다. 오늘날 인도에서 오로빈도보다 더 서구적인 사고방식을 지닌 사람은 아무도 없다. 그런데 아이러니컬하게도 그는 동양 철학을 해석하기를 선택했고, 그 결과 모든 것을 하나의 체계 속으로 축소하여 버렸다.

동양에는 논리적인 체계가 없다. 동양의 모든 깊은 통찰은 논리와 사상을 초월한다. 그것들은 생각을 통하여 얻을 수 없다. 동양의 체험들은 알려지는 것과 아는 자와 앎 그 자체를 초월한다. 그것들은 모두 알려지지 않은 것과 알려질 수 없는 것, 즉 우리가 미스터리라고 부르는 것에 속한다. 그런데 오로빈도는 동양의 통찰과 초월적 마음의 경험들을 해석하기 위하여 그것을 자신의 서양적 마음에 적용한 것이다. 그는 그것들을 범주들로 구분하고, 그것들로부터 하나의 체계를 만들었다. 그것은 다른 동양 사람들이 할 수 없었던 것이다.

그러므로 오로빈도는 생각할 수 없는 것에 대해 말할 때도 시종일관 생각할 수 있는 것과 사고의 도구들을 사용한다. 결과적으로 그의 생각할 수 없음은 말의 꾸러미에 지나지 않는다. 만약 오로빈도가 생각할 수 없는 것을 체험했다면, 그는 그것을 분류하지 않았을 것이다. 왜냐하면 그것은 어떤 범주도 허용하지 않기 때문이다. 생각할 수 없는 것을 진정으로 아는 사람들은 범주와 개념들을 받아들이지 않는다.

신기하게도 오로빈도는 결코 개념화된 적이 없는 것들에서 개념을 창조한다. 그의 초월적 마음에 대한 개념이 바로 그러한 경우이다. 그러나 그는 계속해서 범주들과 개념들을 만들고 그것들을 논리와 이성의 틀에 맞춘다. 그는 조금도 억제하지 않으며 그렇게 하고 있다.

당신의 질문 중 다른 부분은 이 맥락에 적절하다. 어느 의미에서는 어떤 종교 사상도 진화의 개념에 동의하지 않는다.

이 점에서, 우리는 세상의 종교를 두 그룹으로 나눌 수 있다. 한 그룹은 시작과 끝이 있는 창조론을 믿는다. 그리고 나머지 그룹은 시작도 끝도 없는 존재를 믿는다. 힌두교, 기독교, 이슬람교는 창조를 믿는다. 그들은 신이 우주를 창조하였다고 믿는다. 자이나교나 불교와 같은 다른 종교 그룹은 창조론을 부정한다. 그들에 따르면, 존재하는 것은 시작이 없다. 그것은 창조된 적이 없다.

창조를 믿는 사람들은 아무도 진화론을 받아들일 수 없다. 만약 그들이 그것을 받아들인다면, 그것은 점차적으로 발달하여 현재의 상태로 된 불완전한 세상을 신이 창조하였다는 말이 된다. 그러나 어떻게 완전한 신께서 불완전한 세상을 창조할 수 있겠는가? 진화는 세상이 점차적으로 변화해 가는 것을 의미한다. 창조는 온 세상이 한꺼번에 같이 존재한다는 것을 의미한다.

본래 창조를 뜻하는 슈리스티(Shristhi)란 말은 힌두교에 속하였고, 창조 이전을 뜻하는 프라크리티(Prakriti)는 자이나교와 붓다와 샹키야 학파에 속하였다. 그러나 시간이 지나면서 그것들은 뒤섞였다. 그러나 힌두교는 창조 이전부터 존재하고 있는 것, 창조되지 않은 것, 궁극적인 것을 의미하는 프라크리티란 단어를 받아들일 수가 없었다. 창조는 언제나 거기 있는 것이 아니라 창조되었고 언젠가는 끝날 수 있는 어떤 것을 의미한다.

'창조 이전의', '창조되지 않은'이라는 프라크리티의 개념은 창조를 믿지 않는 전적으로 다른 학파에 속하는 개념이다. 샹키야 학파, 자이나교도와 불교도는 창조자의 개념이 없다. 왜냐하면 아무것도 창조되지 않았다면, 창조자에 대한 질문은 일어나지 않기 때문이다. 그래서 신은 사라졌고, 그들의 철학 속에는 신의 자리가 없다. 신은 오직 창조자의 모습으로 존재할 뿐이다. 그래서 창조를 부인한 자들은 신도 역시 부인하였다. 창조자로서의 신은 창조의 개념을 받아들이는 자들에게만 속할 뿐이다.

오로빈도는 서양에서 진화론을 들여왔다. 오로빈도가 영국에서 학생이었을 때, 다윈의 사상이 유럽을 휩쓸었다. 확실히 오로빈도는 그들에게 아주 많은 영향을 받았다. 인도에 돌아온 후에 그는 동양 철학을 공부했으며 깊이 공부했다. 나는 지금 그가 자기 자신에 관한 진리를 알지 못했으며 그가 아는 것은 단지 지식에 불과하다는 것을 말하기 위해 신중하게 '공부했다'라는 말을 사용한다. 그는 예리한 지성의 소유자였지만 진리에 대한 직접적인 체험은 아주 미미했다. 그 결과로 그는 일종의 변칙인, 서양 이성주의와 동양의 신비주의의 잡종을 생산했다. 인도의 정신은 자연 즉 물질과 그것의 진화에 대해서는 그다지 많은 관심을 두지 않는다. 인도의 정신은 근원적으로 마음과 영혼의 이해에 관심이 있다. 정신에 대한 동양의 이해와 진화에 대한 서양의 사고가 만나면서 정신 진화론이라는 이상한 사상이 일어나게 되었는데, 이것이 오로빈도의 필생의 과업이 되었다. 그는 자연처럼 의식도 진화한다고 생각했다.

오로빈도는 진화라는 개념에 자신의 새로운 어떤 것을 첨가하였다. 그것은 전적으로 잘못이다. 독창적인 개념들은 오류인 경우가 많은데, 왜냐하면 그러한 개념들은 대부분 한 사람의 발견으로 이루어지기 때문이다. 시간이 지나면, 전통적인 믿음들이 낡은 사고방식으로 전락하는 것이 사실이다. 그러나 이러한 전통적인 믿음은 수백만의 사람들이 그것을 발견하려고 하기 때문에 자체의 타당성을 지닌다. 오로빈도를 유명하게 만든 이 새로운 사상은 신 의식의 하강이다.

예전부터 인간은 신을 향하여 올라가야 한다고 믿어 왔다. 그것은 언제나 위로 가는 여행 즉 상승을 뜻한다. 하지만 오로빈도는 다르게 생각하였다. 그는 신이 내려와서 인간을 만날 것이라고 생각한 것이다.

어느 면에서 이것은 또한 동전의 양면과도 같다. 진리는 정확하게 중앙에 있을 때 일어난다. 진실은 인간과 신이 둘 다 서로를 향해 움직여서 중간 어디쯤에서 만나야 한다는 것이다. 이 만남은 항상 중간의 어디쯤에서 일어난다. 그러나 낡은 생각은 인간의 노력을 강조하였다. 신에 관한 한, 신은 준비된 자가 자신을 만나기를 원하면 언제나 인간에게로 올 수 있다. 그것은 분명하다. 그러나 인간이 신을 만나기 위해 움직일 것이라는 것은 확실하지 않다. 그러므로 인간과 신의 만남에서는 신을 향한 사람의 여행, 즉 인간의 노력을 강조한다.

오히려 인간을 향한 신의 여행은 당연한 것으로 여겨질 수 있다. 그렇다고 인간을 향해 움직이는 신을 너무 강조하면 인간의 노력이 약해지게 된다.

오로빈도는 신이 우리를 향해 내려올 것이라고 말하는 잘못된 결론으로부터 시작하였다. 그러나 그것은 스스로 무엇을 하고 싶지 않은 사람들에게는 크게 매력적이었다. 그들은 초월적 마음 에너지의 하강이라는 오로빈도의 사상을 열광적으로 받아들였고 폰디체리(Pondicherry, 오로빈도 아쉬람이 있는 인도 남부 도시)로 달려갔다. 최근에 인도인들은 다른 어느 장소보다도 더 많이 폰디체리를 찾는다. 그곳에서는 노래만 해도 신을 가질 수 있었다. 그들은 손가락조차 까딱할 필요가 없다. 왜냐하면 신이 스스로 그들에게 오고 있는 중이었기 때문이다. 이보다 더 싸게 신을 팔 수는 없다. 신이 내려올 때는 모두에게 내려올 것이다. 신은 어떤 구별도 하지 않을 것이다. 많은 사람들은 폰디체리의 은둔처에 홀로 앉아 오로빈도가 신의 하강을 위해 일할 것이며, 마치 비기리디(Bhagirath)에 의해 강기 여신이 내려옴으로 갠지스 강이 성스러워져 모든 사람들에게 이로움을 주고 있듯이, 모두가 신의 에너지를 얻을 수 있을 것이라고 믿는다. 그리고 오로빈도는 훨씬 더 높은 차원의 또 다른 바기라타임에 틀림없다고 믿는다. 그것은 인간의 탐욕을 더 조장하였으며 상당한 망상으로 이끌었다.

나는 그것이 아주 잘못된 사상이라고 생각한다. 신이 내려오는 것은 사실이다. 그러나 신은 그를 향해 올라오는 자들에게만 내려올 뿐이다. 많은 부분은 인간과 그 자신의 노력에 달려 있다. 신의 에너지는 신의 에너지를 위해 자신을 준비한 사람들, 즉 그것을 받을 자격이 있는 자들에게만 내려온다. 신이 모든 사람에게 집단적으로 열려 있을 아무런 이유가 없다. 사실 신은 언제나 열려 있지만, 오직 신을 향해 노력하고 열망하는 사람들에게만 열려 있다. 그리고 신을 향해 길을 걷는 것은 언제나 개인이지, 집단이나 사회가 아니다. 그는 오로지 홀로 가야만 한다. 만약 신이 모두에게 내려올 것이라면, 왜 당신은 신이 동물, 나무, 바위를 제외할 것이라고 생각하는가?

폰디체리에서 진행되는 실험은 극히 무의미하다. 인간의 역사에서 이보다 더 무의미한 실험이 있은 적이 없었다. 그것은 노력의 낭비이지만, 지금도 계속되고 있다. 왜냐하면 그것이 우리의 탐욕을 조장하기 때문이다.

이 맥락에서, 질문자는 오로빈도와 정반대되는 인물로 라마나 마하리쉬를 생각해 냈다. 오로빈도가 훌륭한 학자라면, 라마나는 학자와는 아무런 관련이 없다. 오로빈도는 매우 박식한 인물로 잘 알려져 있다. 하지만 라마나는 학문과는 완전히 거리가 멀다. 사실 그보다도 더 학문과 거리가 먼 사람은 볼 수 없다. 오로빈도는 모든 것을 알고 있는 것으로 보이지만, 라마나는 알고 있는 것이 아무것도 없는 상태로 있었다. 그는 도무지 뭔가를 알고 있는 것으로 보이지 않는다. 라마나는 인간의 최상의 가능성이 자신 속에서 이루어졌다. 그러나 오로빈도는 그것을 놓쳤다. 오로빈도는 지식이 풍부한 자로 있다. 하지만 라마나는 실제로 진리를 아는 자로 있다. 라마나는 지식이 아니라 참나 깨달음에 이르렀다. 그러므로 라마나의 말들은 직선적이고 단순하며, 경전과 학문의 전문적 용어로부터 자유롭다. 라마나는 언어와 논리에서 빈약하지만 그의 체험과 존재의 풍요함은 거대하다. 그래서 그는 어느 누구와도 비교될 수 없다.

라마나는 오로빈도처럼 체계를 만드는 사람이 아니다. 그의 말은 매우 적다. 그의 말들은 바로 수트라, 즉 경전이다. 그는 말해야 할 것이 많지 않다. 그리고 그는 아는 것만을 말한다. 라마나의 모든 가르침은 우편엽서에 다 쓸 수 있는데, 아마 한 장도 필요치 않을 것이다. 그러나 당신이 오로빈도의 글을 수집한다면, 그것들은 도서관 전체에 가득 찰 것이다. 그렇다고 오로빈도가 자기가 하고 싶은 말을 모두 한 것은 아니다. 그것 모두를 다 말하려면, 그는 몇 번이고 다시 태어나야 할 것이다. 그에게는 할 말이 너무나 많다. 그렇지만 그가 이미 할 말이 너무 많았다고 해서 진정한 깨달음을 얻으려 하지 않았다는 의미는 아니다. 아니다. 이것은 어려운 일이 아니었다.

붓다는 할 말이 많았으며 또 그렇게 했다. 진리의 체험에 관한 한 붓다는 라마나와 같았다. 그리고 그는 일반적인 지식에서는 오로빈도와 같았다. 마하비라는 거의 말을 하지 않았다. 그는 침묵 속에서 대부분의 시간을 보냈다. 그의 말은 아주 적었다. 그리고 그의 주장은 매우 간결하다. 그의 주장으로 봐서 마하비라는 라마나를 닮았다. 자이나교 두 종파 가운데 하나인 슈웨탐바라(Shwetambara)는 마하비라가 죽은 지 500년 뒤에야 겨우 몇 권의 경전을 만들었지만, 디감바라(Digambara)는 그의 가르침을 모은 경전이 아예 없다.

당신께서는 라마나를 먼 과거에 생존한 붓다와 비교하셨습니다. 왜 그를 가까이 있는 크리슈나무르티와 비교하지 않습니까?

가까운가, 먼가 하는 문제는 일어나지 않는다. 크리슈나무르티는 라마나와 꼭 같다. 나는 특별한 이유로 오로빈도를 라마나와 붓다를 들어 비교한다. 진리의 체험에서는 크리슈나무르티는 라마나와 아주 비슷하다. 그러나 그는 지식의 능력에서는 오로빈도에 뒤떨어진다. 물론, 그는 라마나보다 더욱 명료하고 논리적이다. 그리고 논리나 이성의 사용에 관한 한, 크리슈나무르티와 오로빈도 사이에는 대단한 차이가 있다.

오로빈도는 자신의 주장을 강화하기 위하여 논리를 사용한다. 크리슈나무르티는 논리를 파괴하기 위하여 논리를 사용한다. 크리슈나무르티는 사람들을 이성 너머로 데려가기 위하여 이성을 수없이 사용한다. 그러나 그는 지식이 많은 것은 아니다. 바로 그러한 이유로 나는 예로서 붓다를 선택한다. 붓다는 지식으로는 오로빈도와 잘 비교가 되고 참나 깨달음으로는 라마나와 비교가 된다. 크리슈나무르티에 관한 한, 그는 초월적 경험에서는 라마나와 같다. 그러나 그는 오로빈도와 같이 박식하지는 않다.

라마나와 크리슈나무르티 사이에는 또 다른 차이가 있다. 라마나의 말들은 매우 간결한 반면 크리슈나무르티의 말들은 풍부하다. 그러나 그 풍부한 양에도 불구하고, 크리슈나무르티의 가르침은 간결한 주장으로 압축될 수 있다. 크리슈나무르티는 40년 동안 같은 말을 되풀이하고 있다. 그의 말들은 엽서에 모두 압축될 수 있다. 그러나 그는 이성을 사용하여 말하기 때문에 말의 양이 많아졌다. 라마나는 간결하고 정확하다. 그는 양을 피한다. 그대로 봐서는 크리슈나무리티와 라마나의 주장이 둘 다 매우 적다고 말할 수 있다. 그러나 크리슈나무르티는 여러 가지 논증들로 자신의 말들을 꾸미지만, 라마나는 그렇지 않다. 우파니샤드의 현자들처럼 말한다. 우파니샤드는 "브라만, 지고의 존재가 존재한다."고 선언할 뿐이다. 그들은 그 선언을 뒷받침하는 논증을 덧붙이려 하지 않는다. 그들은 "그렇다."와 "그렇지 않다."는 식으로 간결하게 말할 뿐이다. 라마나는 우파니샤드의 리쉬(Rishi, 깨달음을 얻은 현자)들과 비교될 수 있다.

라마나의 '아자트바드' 즉 태어나지 않음의 원리에 대해 말씀해 주십시오.

라마나와 그와 같은 사람들에 따르면, 존재하는 것은 시작이 없고, 태어난 적이 없으며, 태어나지도 않는다고 말한다. 똑같은 내용이 항상 다른 방식으로 말해졌다. 즉 존재하는 것은 결코 죽지 않을 것이며, 그것은 죽음이 없고, 그것은 영원하다. 시작도 없고 끝도 없는 브라만, 즉 궁극의 존재의 불멸성을 주장하는 수백 가지 말들이 있다. 결코 태어나지 않은 것, 시작이 없는 것만이 불멸일 수 있다. 이것이 궁극을 묘사하는 라마나의 방식이다.

당신은 당신이 태어난 때를 아는가? 당신은 모른다. 그렇다. 다른 사람들이 지니고 있는 당신의 출생 기록물들은 있다. 그것들을 통하여 당신은 자신이 어떤 날, 어떤 달, 어떤 해에 태어났다는 것을 알게 되었다. 이것은 다른 사람들로부터 받은 정보에 불과하다. 이 정보가 없으면 자신이 태어난 것을 알 길이 없다. 태어남에 관하여 당신에게 말해 줄 수 있는 고유하고 본질적으로 내재된 정보의 원천은 없다. 당신에게는 당신의 출생 사실을 뒷받침해 줄 정보가 없다. 당신의 가장 안쪽에 있는 존재의 진리는 영원하다. 그러므로 그것의 탄생에 대한 질문은 일어나지 않는다. 사실 당신은 결코 태어난 적이 없다. 당신은 영원처럼 영원하다.

당신은 자신이 언젠가는 죽을 것이라고 말한다. 그러나 당신은 그것을 어떻게 아는가? 당신은 죽음이 무엇인지 아는가? 당신은 죽음을 경험해 본 적이 있는가? 아니다. 당신은 다른 사람이 죽는 것을 보았을 뿐이다. 그래서 당신도 언젠가는 죽을 것이라고 추측한다. 그런데 우리가 어떤 사람으로 하여금 다른 사람들이 죽는 것을 한 번도 보지 못하게 한다고 가정해 보자. 그는 자신이 죽을 것이라는 것을 스스로 알 수 있는가? 그럴 수 없다. 그러므로 당신이 어떤 미래에 죽을 것이라는 것은 외적 증거에 근거한 당신의 추측에 불과하다. 당신이 죽을 것이라는 당신의 추측을 뒷받침해 줄 수 있는 지식의 아무런 내적 증거 혹은 고유한 원천도 없다. 바로 이러한 이유로 그렇게 많은 죽음들이 주변의 모든 곳에서 일어나는 데도 불구하고 정말로 자기가 죽을 것이라고 믿는 사람은 아무도 없다. 그는 다른 사람들이 죽는다 할지라도 자신은 살 것이라고 믿는다. 당신의 가장 깊은 내면에 있는 존재는 아무런 태어남도 죽음도 없다는 것을 알고 있다. 그것은 영원하다. 당신은 오직 당신이 존재한다는 것을 안다.

라마나는 당신에게 추측하지 말고 정말로 탄생과 죽음이 있는지를 스스로 발견하라고 한다. 당신은 탄생과 죽음을 뒷받침할 수 있는 어떤 내적 증거도 가지고 있지 않다. 당신 내면에 유일하게 의지할 수 있는 그 무엇이 "나는 존재한다."라고 말한다.

나 역시 당신이 "나는 존재한다."를 알도록 해 줄 수 있는 모든 증거가 있다고 말한다. 만약 당신이 더욱 깊이 들어가면, 당신은 "나는 ……가 아니다."를 알게 될 것이다. 그때 당신은 내면에 있는 '있음'의 상태를 알게 될 것이다.

네 번째 문

죽음 이후의 삶과 환생

앞서 드렸던 질문 하나에 대한 답을 받지 못했습니다. 그것은 슈리 오로빈도가 크리슈나의 비전을 본 것에 대해서입니다. 당신께서는 그러한 비전들이 대개 심적 투사에 지나지 않다고 아메다바드(Ahmedabad)에서 말씀하신 적이 있습니다. 오로빈도의 경우에 그것은 심적 투사입니까, 아니면 진정한 신비 체험입니까?

또 다른 질문이 하나 있습니다. 만약 아르주나가 존재의 손에 있는 하나의 도구에 불과하다면, 그의 개체성은 어떻게 됩니까?

크리슈나, 붓다, 마하비라, 그리스도의 비전들은 두 가지 다른 방식으로 보인다. 첫째로는 우리가 마음의 투사라 부르는 것이다. 즉 당신이 보는 것은 당신의 눈앞에 시각적 형상과 모양으로 나타난 당신의 꿈들, 욕망들, 상상들일 뿐이다. 당신 앞에 있는 것은 실재하는 것이 아니다. 그것은 모두 상상이다. 마음은 충분히 그렇게 할 수 있다. 마음은 당신의 꿈들과 욕망들의 이미지를 투사할 수 있으며, 당신은 그것을 실재라고 생각할 수 있다. 잠을 잘 때 꿈꾸는 것처럼, 깨어 있는 상태에서도 꿈꿀 수 있다. 이러한 이유로 힌두교인은 크리슈나나 라마의 비전을 보고, 기독교인은 그리스도 또는 마리아의 비전을 본다. 그것은 단지 정신적으로 일어나는 상상과 환각에 불과하다. 또 다른 방식은 상상이나 환각이 아닌 실재이다. 그러나 이때는 크리슈나나 그의 이미지를 마주 대하지 않는다. 이때는 크리슈나 의식이라고 불릴 수 있는 것을 만나고 체험하게 된다. 이와 같은 경험에서는 크리슈나 또는 그리스도의 이미지와 같은 것들이 전혀 없으며, 단지 고양된 자각, 접촉 도취의 상태만이 있다.

어제 얘기했던 대로, 크리슈나의 모습은 두 가지가 있다. 하나는 바다의 모습이고, 다른 하나는 파도의 모습이다. 바다의 모습은 우주적 의식 즉 초월의식을 나타내는 반면, 파도의 모습은 오천여 년 전에 있었던 인간 크리슈나이다.

지금 그의 파도의 모습, 즉 인간 크리슈나의 이미지나 상은 바다의 모습, 즉 크리슈나 의식과 만나는 데 이용될 수도 있다. 그러나 실제로 크리슈나 의식과 만나게 되면, 크리슈나의 이미지와 상징은 사라지고 초월의식만 남게 될 것이다. 비록 크리슈나의 초월의식과 연결되는 데 그의 상을 사용할 수 있다는 것이 사실일지라도, 만약 어떤 사람이 크리슈나의 비전들만을 보고 그의 의식을 경험하지 않는다면, 그때 그것은 단지 마음의 투사에 불과할 뿐이다.

크리슈나 의식의 경험은 비전과 이미지라는 방식으로 일어나지 않는다. 그것은 어떠한 모양이나 형태도 없는 순수한 의식이다. 우리가 크리슈나의 이름을 크리슈나 의식에 결합시키는 까닭은 크리슈나를 사랑하면 그의 이미지의 도움으로 이 의식에 도달하게 되기 때문이다. 어떤 사람은 붓다의 이미지의 도움으로 그것에 이를 수 있고, 그는 그것을 붓다 의식이라고 부를 수 있다. 만약 어떤 사람이 그리스도의 이미지를 통하여 그것에 이른다면, 그것은 그리스도 의식이라 불릴 수 있다. 이름들은 문제가 아니다. 실재는 바다 의식이며, 그것은 이름과 형태가 없다.

오로빈도의 크리슈나 비전에 대한 경험은 크리슈나의 육체적 형상인 크리슈나의 이미지와 관계되어 있다. 그는 크리슈나가 육체적 형상으로 자기 앞에 나타났다고 말한다. 이것은 단순히 심적 투사의 경우이다. 물론, 그러한 경험은 유쾌하고 만족스러운 것이지만, 그럼에도 불구하고 그것은 마음의 투사에 불과하다. 그것은 욕망의 연장이다. 그것은 정확히 꿈의 재료이다. 그것은 우리 마음의 창조물이다.

우리는 마음과 함께 시작할 수 있지만, 마음 너머로 가야만 한다. 그 여행은 마음과 함께 시작하여, 마음의 정지인 무심으로 끝난다. 마음이 말과 형태와 이미지의 세계라는 것을 아는 것은 중요하다. 마음은 말과 형태, 이미지들로 구성되어 있다. 그러므로 형태들과 이미지들이 사라지게 되면 마음도 스스로 사라진다. 마음은 말과 형태, 이미지 없이 존재할 길이 없다. 마음은 텅 빔 속에, 공(空) 속에 존재할 수 없다. 마음은 한정되고 구체적인 것들에 의지하여 살아간다. 구체적인 세상이 끝나는 순간, 마음 자체가 끝난다. 크리슈나 의식은 마음이 존재하기를 그칠 때만 얻어진다. 그것은 무심의 상태이다.

육체적 형상으로 있는 크리슈나를 만났다고 말하는 사람은 누구나 마음의 투사에 속은 사람들이다. 그는 우주적 의식의 광대한 스크린 위에 자기 마음의 이미지들을 투사하고 있으며, 그것들을 객관적인 실재로서 바라보고 있다. 그것은 빨리 움직이는 그림들을 텅 빈 스크린 위에 투사하는 영사기와 같다. 실제로 스크린 위에는 영상들을 제외하고는 아무것도 없다. 그러한 비전들은 영적 체험이 아니며, 전적으로 심적인 것이다. 그러나 그러한 비전들은 큰 만족을 준다. 크리슈나 헌신자가 평생 보기를 갈망해 온 크리슈나의 비전을 보게 되면, 그는 넘쳐 나는 기쁨에 젖어 들게 된다. 그러나 기억하라, 그것은 단지 행복의 한 종류일 뿐, 희열은 아니다. 당신은 그것을 진리의 경험이라 부를 수 없다.

나는 오로빈도의 경험이 실재가 아니라고 말하려는 것은 아니다. 그러나 그는 그것을 학자 혹은 지식인의 방식으로 묘사하고 있다. 그래서 그의 경험은 심적 투사의 하나로 보이게 된다. 투사되거나 상상된 것과 진정한 경험, 즉 바다 의식의 경험을 구별하는 것은 어렵지 않다. 바다의 경험은 영원하다. 그것은 한 번 오면 영원히 온다. 그리고 그것은 당신의 마음에서 다른 경험들을 모두 지운다. 그것은 진실로 마음 그 자체를 지운다. 그러한 경험으로 축복받은 사람은 모든 곳에서, 나무와 바위에서, 개울과 강에서, 산과 별들에서 신을 본다. 그러나 투사된 비전들에 관한 한, 그것들은 나타나고 사라진다. 그것들은 결코 지속되지 않는다. 그것들은 덧없고 순간적이다. 지식인인 오로빈도는 그것을 올바르게 묘사할 수 없다. 왜냐하면 지식인에게는 그러한 과제가 어렵기 때문이다.

그러나 오로빈도에게는 또 다른 면이 있는데, 그것은 시인의 기질이다. 그는 지식인일 뿐만 아니라 위대한 시인이다. 시인으로서 그는 라빈드라나트 타고르에 못지않다. 만약 그가 노벨상을 받지 못한다면, 그것은 그가 상을 받을 만한 자격이 없어서가 아니라 그의 시가 이해하기에 너무 복잡하고 어렵기 때문이다. 그의 사비트리(Savitri)는 세상의 가장 위대한 서사시들 가운데 하나이다. 사비트리에 견줄 만큼 위대한 서사시는 열 개도 채 안 된다. 그리고 학자가 아닌 시인으로서 오로빈도는 크리슈나의 비전들을 볼 수 있는 상당한 능력이 있다. 아이러니컬하게도 오로빈도는 이 경험을 아주 자연스럽게 논리와 이성의 용어로 표현하였다. 그래서 크리슈나 비전의 경험에 대한 그의 설명에는 초월의 맛이 없다.

우리는 두 가지 방식으로 단어들을 사용한다. 한 가지 방식에서는, 단어는 그것의 알려진 의미의 범위 내에서만 유지된다. 단어는 그것의 의미로 전달되는 것만을 전달한다. 단어는 자기의 한계를 넘어서지 못한다. 다른 방식으로 사용된 단어는 주어진 의미보다 훨씬 많은 것을 전달한다. 단어 그 자체는 작을지 모르지만, 그것의 의미는 거대하다. 의미는 단어 그 자체보다 더 크다. 하지만 오로빈도의 방식은 꽤 다르다. 그는 의미가 큰 단어들을 사용하지만, 그것들을 통해 어떤 위대한 의미를 전달하는 데 실패한다. 그는 긴 단어들과 문장들을 사용하는 사람으로 알려져 있다. 바로 이런 이유로 그는 항상 철학자로서 끝난다.

단어들이 실제로 끝나고 주어진 의미들을 초월할 때, 그것들은 신비의 세계로 들어가며 초월적 경험을 위한 매개체가 된다. 그러한 단어들은 거대한 의미를 품고 있다. 그것들은 달을 가리키는 손가락과 같다. 하지만 오로빈도의 단어들은 의미심장하지 않다. 그것들 속에는 너머를 향하는 화살이 없다. 그의 단어들은 주어진 의미를 결코 넘어서지 않는다. 거기에는 그럴 만한 이유들이 있다.

내가 오늘 아침 이야기했듯이, 오로빈도가 한때 서양에서 교육받고 있을 때 과학에서는 다윈이, 철학에서는 헤겔이 가장 지배적인 영향을 미치고 있었다. 헤겔은 그의 문장들에서 큰 단어들과 복잡한 구절들로 충만한 과시적인 언어를 많이 사용하는 것으로도 알려져 있다. 헤겔의 작품들을 읽어 보면 누구나 시작부터 그것들이 심오하다고 느낀다. 우리는 우리가 이해하지 못하는 것은 아주 심오할 것임에 틀림없다고 생각하는 경향이 있다. 그러나 심오한 것들은 이해하기 어렵다는 것이 사실이라 할지라도, 반드시 그러한 것은 아니다. 그래서 많은 사람들이 청중과 독자들에게 깊이가 있다는 인상을 주기 위해 모호한 단어들과 정교한 구절들을 사용한다.

헤겔이 적절한 예다. 그의 언어는 복잡하고 우회적이며 과장적이며, 괄호 안에 둘러싸인 길고도 설명적인 말들로 가득하다. 그러나 유럽에서 학문이 성숙해짐에 따라 헤겔의 명성은 쇠퇴하기 시작했고, 사람들은 헤겔이 스스로 가장한 것보다 훨씬 더 모른다는 것을 알게 되었다. 오로빈도의 표현 방식은 헤겔의 철학과 비슷하고 그 역시 헤겔처럼 체계적으로 조직하는 사람이다. 그 역시 말할 것이 많지 않았지만, 그것을 엄청나게 많은 단어들과 길고 복잡한 문장들로 말해야만 했다.

표현은 논리적이고 합리적인 줄거리를 가져야만 한다. 만약 표현이 자신을 넘어서는 어떤 것을 말한다면, 그것은 그 사람이 단어들 너머에 있는 것을 알았다는 의미이다. 그러나 만약 그가 자신의 말들 속에서 그 자신을 소진시킨다면, 그것은 그 단어들이 의미하는 것 너머의 것은 말하지 않고 있다는 의미이다. 그때 그는 단지 지식만 있는 사람일 뿐이라는 것이 분명해진다. 오로빈도의 모든 작품들을 검토하고 나면, 당신은 그의 작품들이 매우 장황하다고 느끼게 된다.

그 작품들 속에 경험적인 것은 아무것도 없다. 만약 너머의 어떤 것을 아는 누군가가 침묵한다면, 심지어 그의 침묵조차도 웅변이 될 것이다. 그러나 그런 경험의 부재에서는 백만 개의 단어들조차도 낭비임이 증명될 것이다. 당신이 어떤 것을 이야기할 때는 논리적으로 말해야 하지만, 만약 당신이 말하려는 그 '어떤 것'이 경험적인 것이라면, 그것은 당신의 모든 단어와 은유에 그 자신의 맛과 향기를 남길 것이다. 그뿐 아니라, 당신의 단어들은 또한 실제로 말하고자 했던 것을 말할 수 없었다고 말할 것이다. 하지만 오로빈도에 관한 한, 그는 말할 가치가 있는 것보다 훨씬 더 많이 말했던 것 같다.

이 맥락에서 나는 타고르의 삶에서 한 중요한 사건을 기억하는데, 그것은 이 문제를 더 잘 이해하는 데 도움이 될 것이다. 그 위대한 시인이 임종을 눈앞에 두고 있었다. 그의 친한 친구가 작별 인사를 하기 위해서 왔다. 그 친구가 말하였다 "당신은 노래하기 원했던 모든 것을 노래했고, 말하고 싶었던 모든 것을 말했다. 그뿐 아니라, 당신은 하기를 원했던 모든 것을 했다. 나는 지금 당신이 완전한 평화와 만족 속에서, 신에 대한 전적인 감사의 느낌을 가지고 이 세상을 떠날 수 있다고 믿는다."

타고르는 눈을 뜨고서 말했다. "당신은 잘못 알고 있다. 바로 지금 나는 신에게 말하고 있었다. '제가 모든 악기를 준비하고 이제 막 노래하려는데 세상을 떠나야 한다니, 이 얼마나 아이러니입니까?' 나는 아직도 나의 노래를 불러야만 한다. 사람들이 내 노래라고 생각하는 것이 내가 이제 막 시작하려는 진정한 노래를 위한 준비에 불과하다. 하지만 오호라! 아직 나는 말하기 원했던 것을 말해야만 한다."

오로빈도는 같은 말을 할 수 없다. 그는 말하고자 원했던 모든 것을 말했고, 매우 질서정연하게 말했다. 나는 타고르가 신비가로서 오로빈도보다 월등하다고 말한다.

당신은 또 한 가지 질문, 즉 만약 아르주나가 존재의 손안에 있는 하나의 도구에 불과하다면 그의 개체성은 어떻게 되느냐고 물었다. 만약 모든 일이 일어나야만 하는 방식대로 정확히 일어난다면, 또 만약 모든 것이 이미 모두 결정되어 있다면 그때 개인의 의미와 그 사람의 책임은 무엇인가? 그는 단지 기계 속에서 돌아가는 톱니바퀴의 한 톱니일 뿐인가?

이것은 매우 중요한 질문이다. 그러므로 내가 여기에서 말하려는 것을 주의 깊게 듣도록 하라. 만약 당신이 이것을 올바르게 이해한다면, 당신은 삶의 어떤 기본적 진실에 도달하게 될 것이다.

만약 어떤 사람이 다른 사람의 손안에 있는 하나의 도구이기를 강요받는다면, 확실히 그 사람의 개체성은 파괴될 것이다. 그러나 만약 어떤 사람이 그 자신의 자유의지로 다른 사람의 도구가 된다면, 정반대 현상이 일어날 것이며 그의 개체성은 최고의 꽃을 피울 것이다. 이 두 상태들 간에는 엄청난 차이가 있다. 만약 어떤 사람이 강제로 당신을 수단으로 바꾸고 당신을 그렇게 사용한다면, 당신은 반드시 자신의 영혼을 잃게 되어 있다. 그러나 만약 당신이 스스로 자신을 포기하고 존재의 손에 놓인 하나의 도구가 된다면, 당신의 영혼은 충만해질 것이다. 부디 이 차이를 이해하라. 그것은 매우 미묘하고 중요하다. 예를 들어, 만약 당신이 나에게 와서 나를 압박하고 나의 손발에 족쇄를 채운다면, 나는 당신의 노예가 된다. 그러나 만약 내가 기꺼이 당신의 노예가 되기를 스스로 자원한다면, 무슨 일이 일어날 것인가? 그러면 나는 노예의 주인, 노예의 조물주가 된다.

나는 그리스의 현자 디오게네스의 삶을 들려주고 싶다. 나는 이 이야기가 좋아서 몇 번이고 되풀이한다. 참으로 아름다운 이야기다.

디오게네스가 숲을 가로질러 가고 있었다. 그는 벌거벗고서 마치 사자가 걷듯이 아무 두려움이 없이 걷고 있었다. 그때 노예 무역상들이 디오게네스를 보게 되었다. 그들은 그의 튼튼한 체격에 유혹되었다. 그의 몸은 실제로 건장했으며 마하비라의 몸만큼이나 좋았다. 마하비라와 디오게네스 둘 다 옷을 버리고 벌거벗고 생활한 것은 분명하다. 그들은 그렇게 아름다운 몸으로 혼자서 벌거벗고 지낼 여유가 있었다. 노예 무역상들은 여덟 명이나 되었지만 너무나 강해 보이는 디오게네스가 두려웠다. 디오게네스를 제압하여 사로잡기는 어려운 일 같았다.

사실 다른 사람을 이기려는 사람은 본질적으로 약하고 두려움에 짓눌린 사람이다. 두려워하는 사람만이 자신의 두려움을 달래기 위해 다른 사람들을 위협하고 지배하기를 원한다. 진실로 두려움이 없는 사람은 결코 다른 사람을 지배하려 하지 않는다. 그는 자신의 자유를 사랑하는 것만큼이나 모든 사람의 자유를 사랑한다. 두려워하는 사람은 자신이 다른 사람을 지배하지 않으면 다른 사람들이 자신을 지배할 것이라고 생각하며 항상 두려워한다. 이것이 모든 전쟁의 심리학이다. 마키아벨리가 자신의 책 『군주론』에서 공격이 최선의 방어라고 말한 것은 이 때문이다.

그처럼 무역상들은 디오게네스를 두려워하지만, 그들의 탐욕도 그만큼 강하다. 디오게네스와 같은 튼튼한 노예는 노예 시장에서 아주 높은 가격에 팔릴 것이다. 그들 사이에 많은 의논이 오간 후에 그들은 디오게네스를 사로잡기로 결정한다. 완전한 전투태세를 갖춘 그들이 사방으로 그를 둘러싸지만, 디오게네스는 예상치 않은 방식으로 그들을 당황하게 한다. 만약 그가 그들에게 대항을 했더라면 그들은 놀라지 않았을 것이다. 그들은 그럴 경우에 대비해 이미 잘 준비되어 있었다. 그러나 대신에 그들은 얼굴에 어떤 두려움이나 동요의 기미도 없이 자기 자리에서 조용히 고요하게 서 있는 디오게네스를 발견한다. 그는 손을 끼고 큰 소리로 웃으면서, "당신들은 무엇을 원합니까? 당신들의 목적은 무엇입니까?"라고 묻는다.

어리둥절해진 노예 상인들은 그를 사로잡아 노예로 만들기를 원한다고 머뭇거리면서 대답했다. 그러자 디오게네스는 웃으면서 말한다. "그렇다면 왜 그렇게 야단법석을 떱니까? 당신들은 바보들입니다. 당신들은 곧바로 나에게 요구해야 했습니다. 그러면 나는 곧바로 동의했을 것입니다. 나는 당신들이 계속 쓸데없는 정교한 계획을 근심스럽게 의논하고 준비하는 것을 바라보고 있었습니다. 수갑은 어디에 있습니까? 당신들의 가방에서 꺼내 오십시오. 내 손은 여기 있습니다." 이렇게 말하면서 그는 두 손을 그들에게 내민다. 노예 상인들은 몹시 놀라 혼란에 빠진다. 그들은 지금까지 "수갑이 어디에 있습니까? 당신들의 가방에서 꺼내 오십시오!"라고 자신들에게 소리치는 사람을 결코 본 적이 없었다. 디오게네스는 마치 자신이 주인이고 그들이 노예인 것처럼 말한다.

그들은 굉장히 망설이고 두려워하며 수갑을 꺼내 디오게네스의 손에 채우면서 말했다. "놀라운 일이다. 이런 식으로 우리에게 자신을 맡기다니 믿을 수가 없다. 너는 우리를 당황스럽게 한다."

디오게네스가 그들에게 한 다음 말은 중요하다. 그는 말한다. "나는 자유의 비밀을 배웠는데, 그것은 스스로 노예가 되는 것입니다.

지금은 어느 누구도 나에게서 자유를 빼앗을 수 없습니다. 당신들은 나를 노예로 만들 길이 없습니다."

　노예 상인들은 그를 사슬로 매어 자신들의 손에 사슬의 한쪽 끝을 쥐고 노예 시장으로 그를 끌고 갔다. 그러자 디오게네스가 말했다. "왜 불필요하게 당신의 손에 무거운 사슬을 들고 갑니까? 당신들은 내가 자유의사로 당신들과 함께 가고 있는 것을 보지 않습니까? 사슬을 풀어 주십시오. 그러면 우리는 좀 더 쉽게 걸을 것입니다. 오히려 시장에 도착하기 전에 당신들이 달아나지 않도록 조심하십시오. 그러면 휴식은 보장됩니다. 나는 달아날 마음이 없습니다." 상인들은 그가 어떤 사람인지 마음으로 알았기 때문에 곧 사슬을 풀어 주었다. 그는 자발적으로 자신을 그들에게 넘겨주었던 것이다. 요구하지 않았는데도 자기 손에 스스로 수갑을 찬 사람에게 족쇄를 채울 필요는 없다.

　디오게네스는 마치 왕이 수행원을 데리고 행진하듯이 그들의 선두에서 걸어가고 있다. 그의 얼굴에는 공포의 기미가 조금도 없는 반면에, 그를 사로잡은 사람들은 마치 그의 포로들처럼 보인다. 그는 너무나 권위 있게 보여 그가 어디를 가든지 모든 눈들이 그에게 쏠린다. 자신을 체포한 사람들을 가리키면서 디오게네스는 구경꾼들에게 말한다. "당신들은 무엇을 찾고 있습니까? 그들은 모두 나의 종들입니다. 비록 사슬에 매여 있지는 않지만 그들은 나에게서 도망갈 수 없습니다. 그들은 실은 나에게 묶여 있습니다." 노예 상인들은 정말로 풀이 죽어 있다.

　마침내 그들은 노예들이 사고 팔리는 시장에 도착한다. 그 패거리의 두목이 시장의 경매사에게 다가가서 말한다. "우리는 이상한 놈을 팔려고 데려왔는데 최대한 빨리 팔아 주십시오. 그렇지 않으면 우리 모두는 곤경에 빠질 것입니다. 그는 우리가 그에게 너무 속박되어 그로부터 달아날 수 없기 때문에 자기가 주인이고 우리가 자기의 노예들이라고 모든 사람들에게 말합니다. 그것은 사실입니다. 그는 아주 높은 가격에 팔릴 것이기에, 이제 우리는 그를 떠날 수가 없습니다."

디오게네스는 즉시 노예들이 경매되는 단 위에 올라가서 왕의 위엄으로 서 있다. 그때 경매사가 소리를 친다. "여기 팔려고 내놓은 굉장한 노예가 있습니다. 충분한 돈을 가진 분들은 누구든지 그에게 값을 매기십시오."

디오게네스가 경매사에게 고함을 친다. "주인을 파는 방법을 알지 못한다면 입을 닥치시오." 그러고 나서 입찰자들에게 말한다. "여기 팔려고 내놓은 주인이 있습니다. 주인을 살 여유가 있는 사람은 누구나 그에게 값을 매기십시오."

만약 당신이 스스로 선택하지 않았는데도 자신의 의지와 달리 도구가 되기를 강요받는다면, 그때 당신은 확실히 노예이고 당신의 개체성은 사라진다. 그러나 크리슈나가 아르주나에게 요구하는 것은 노예와 같은 그런 도구가 아니다. 그는 단지 아르주나가 실재를 이해하고 존재의 흐름에 따라 흐르기를 원할 뿐이다. 삶의 강에 맞서 싸우고 강을 거슬러 헤엄치려는 것은 어리석다. 그는 아르주나에게 말한다. "그대 자신을 삶의 손에, 존재의 손에 맡겨라. 그러면 그대는 충만해질 것이다." 만약 사람이 자기 자신을 존재에게, 진리에게, 전부에게 완전한 이해와 기쁨을 가지고 넘겨준다면, 그때 그의 정체성은 불구가 되는 대신 완전히 꽃피우고 결실을 맺을 것이다. 그때 그는 자기 자신의 주인이 된다. 그러므로 자신이 주인임을 선언하는 방법으로서 포기하는 방법보다 더 나은 방법은 없다.

이것을 매우 선명히 이해하기 위해 노력하라. 자신이 주인임을 선언하는 방법으로서 포기의 방법보다 더 나은 방법은 없다. 만약 내가 포기한다면, 그것은 내가 나 자신의 주인이라는 것을 의미한다. 노예는 포기하지 않는다. 그는 다만 억압당하고 사로잡혀 있을 뿐이다. 아르주나가 포기하면 톱니바퀴 기계의 톱니가 되는 것이 아니다. 그는 정말로 영혼을 가진 남자가 되고, 그는 신성을 지니게 된다. 그의 개체성은 처음으로 활짝 꽃피우게 되며, 그것은 노력 없이 자연스럽게 일어난다.

당신께서 심적 투사의 경우라고 생각하시는 오로빈도의 크리슈나 비전으로 다시 화제를 돌리고 싶습니다. 이와 관련하여 영험한 라마승들이 매년 특정한 날에 함께 모여서 붓다와 접촉한다는 티베트 라마승들의 이야기를 당신께서 언젠가 말씀하셨던 것으로 기억합니다. 또 다른 때에, 당신은 간디에 관해 무엇인가를 말씀하시다가, 추가 질문을 받으시면서 이 사실은 간디 자신으로부터 직접 받은 것이라고 말씀하신 적이 있었습니다. 뿐만 아니라 우리는 자신의 육체적 몸을 가지고 한 장소에서 다른 장소로 아스트랄 체 여행을 하였다는 티베트 라마승들에 관한 이야기를 최근까지 들어 왔습니다. 이 문제들을 자세히 설명하여 주시겠습니까?

이와 관련하여 우선 몇 가지를 이해해야 한다.

'붓다의 만월 밤'이라고 알려져 있는 특정한 만월 밤에 오백 명의 라마승들이 히말라야, 우리가 지금 모여 있는 여기 히말라야 산의 어느 정상에 모여 붓다의 비전을 본다는 것은 사실이다. 거기에 모인 라마승들의 수는 절대 오백을 넘지 않는다. 그 수는 영원히 변치 않는다. 그들 중 한 명이 죽게 되면 그제야 다른 라마가 그 자리를 대신할 수 있다. 그러나 이것과 오로빈도의 크리슈나 비전과는 근본적으로 차이가 있다. 오로빈도가 크리슈나의 비전을 보는 것은 주도적인 것이며, 그것을 보기 위해 노력을 한다. 라마승들은 아무것도 할 필요가 없다. 붓다가 생존 시에 제자들에게 한 약속에 따라 그들 앞에 스스로 나타나는 것이다. 라마승들은 정해진 시간에 거기에 참석하기만 하면 된다. 이 두 사건 사이의 뚜렷한 차이를 분명히 이해해야만 한다.

붓다는 매년 '붓다의 만월 밤'이라는 특정한 시간에, 히말라야에 있는 특정한 장소에서 나타날 것이라는 약속을 남기고 떠났다. 그는 그의 선택된 제자들을 위해 나타날 것이다. 이 약속된 순간에 붓다의 바다 같은 몸은 하나의 파도 같은 몸의 형태를 취하는데, 이것이 오백 명의 라마승들에게 동시에 보인다. 그러나 라마승들은 여기에 참석하는 것을 제외하고는 어떠한 역할도 하지 않는다. 이것이 이 달샨 즉 만남과 오로빈도가 갖는 비전 사이의 첫째 차이점이다.

둘째로, 오로빈도가 크리슈나를 볼 때는 혼자 있을 때지만, 붓다가 나타날 때는 그것을 목격하는 오백 명의 라마승들이 있다는 것이다. 마음의 투사는 언제나 개인적이어서 다른 사람을 당신과 연결시킬 수 없다. 만약 당신이 오로빈도 혹은 그런 비전을 보는 다른 사람들에게 함께 경험을 하자고 요청한다면, 그들은 곧바로 안 된다고 말할 것이다. 사실 그것은 가능하지가 않다. 그러나 오백 명의 사람들이 붓다의 비전을 함께 보는 것, 그것은 정신적 투사일 수 없다. 그뿐만 아니라 참석한 모든 사람은 자신이 본 것을 기록하고 그 기록을 서로 비교하여 그것이 다른 사람들과 일치할 때만 실재로서 받아들인다. 오로빈도의 경우에는 그가 자신의 증인이다. 그리고 오로빈도는 오랜 노력 후에 그 상태에 도달하지만 라마승들은 어떠한 노력도 하지 않는다. 그것은 단지 이전에 다른 사람에 의해 만들어진 약속의 이행일 뿐이다.

그것은 집단적 자기 암시일 수도 있지 않습니까?

아니다. 그것은 가능하지 않다. 거기에는 그럴 만한 이유가 있다. 이 오백 명 라마승들의 집단에 들어갈 수 있는 사람은 아무도 없다. 이 집단에 입회하는 것을 통제하는 매우 엄격한 기준들이 있다. 자신이 자기 무의식의 주인이 아니면 개인이나 집단 최면에서 면역력이 없기 때문에, 그 집단에서는 자기의 무의식을 완전히 파악한 사람들만이 입회가 허락된다. 최면은 사람의 무의식적 마음에 작용한다. 그러므로 자신의 무의식을 완전히 알게 되면, 그는 더 이상 최면에 걸릴 수가 없다. 자기 무의식의 모든 찌꺼기를 태워 버리고 전체 영혼을 밝힌 사람에게 최면을 걸 수 있는 방법은 없다. 투사된 비전이나 이미지가 되는 암시가 심길 수 있는 곳이 그의 마음속에는 어디에도 없기 때문이다. 이러한 이유로 라마승들은 새 회원의 입회에 관해 매우 엄격한 규칙을 유지한다. 현재 회원의 임종 때에만 한 명의 새 회원이 그 자리를 채우기 위해 선택되며, 그가 선택되는 방식은 보통의 방식이 아니다.

한 사람을 라마승으로 선택할 때는 기이하고 몹시 까다로운 규칙들이 적용된다. 그의 현생뿐 아니라 과거의 생들까지도 조사한다. 이 자리를 물려받을 자격을 갖추려면 오랜 세월 지속적으로 영적 수행을 했다는 기록이 있어야만 한다. 예를 들어, 현재의 달라이 라마는 자신이 계승하도록 선택된, 이전 달라이 라마의 영혼을 동반하고 있다. 이전의 라마는 죽을 때, 자신이 어떤 특별한 표식을 가지고 다음 생에서 태어날 것이며 그러한 표식을 갖고 있는 아이가 자신의 후계자로 선택되어야 한다고 말하는 암호로 된 진언을 남기고 떠난다. 그것은 힘들고 복잡한 과정이다. 만약 그런 특별한 표식을 가진 아이가 어느 가정에서 태어나게 되면, 북 소리로 그 소식을 온 나라에 알리게 되며, 그 아기가 태어난 가정은 라마교 사원에 아기의 탄생을 알려야만 한다.

또한 달라이 라마는 죽을 때 자신의 후계자를 찾기 위한 어떤 단서들을 남겨 놓는다. 이 단서들은 은밀히 간직되며, 작고한 달라이 라마의 화신을 찾기 위해 그의 죽음 이후에 태어난 수천 명의 아이들을 면접한다. 그리고 모든 질문과 표식들에 알맞게 대답한 아이가 달라이 라마의 계승자로 선택된다.

오백 명의 라마승 협의체의 빈자리를 채울 라마승을 선택할 때는 미리 그가 자신의 무의식을 알고 있는지, 또 더 이상 최면에 걸릴 수 없는지를 확인하기 위해 많은 시험을 한다. 그러므로 집단 최면의 문제는 일어나지 않는다. 그리고 기억하라, 이 오백 명의 라마승들이 붓다의 비전을 위해 함께 모일 때, 그들은 완전한 침묵 속에 서 있으며 단 한 마디도 속삭이지 않는다. 그것은 오로빈도의 경험과는 전혀 다른 것이다.

셋째로, 이미 육체를 떠났지만 자신의 바다 존재에 도달하지 못한 영혼과 접촉하는 것은 충분히 가능한 일이다. 만약 누군가가 깨닫지 못하고 죽게 되면, 그는 미묘한 몸으로 계속해서 살아갈 것이다. 그는 바다와 같은 형상을 가진 존재가 아닐 것이다. 이러한 미묘한 형상으로 살아가는 영혼들과 특정한 기법을 이용하여 접촉하는 것은 가능한 일이다. 어려운 일이 아니다.

크리슈나의 영혼은 미묘한 몸에 이용될 수 없다. 그는 자신의 일곱 가지 몸들을 모두 초월하여 우주적인 존재와 하나가 되었다. 따라서 자신의 옛 세상을 배회하는 보통의 영혼들과 접촉하는 방식으로는 크리슈나와 접촉할 수 없다. 이를테면, 간디는 미묘한 몸을 가진 영혼이다. 그래서 그와 쉽게 접촉할 수 있다. 그러한 미묘한 몸들과 접촉할 수 있는 여러 가지 규칙들과 기술들이 있다. 그러한 영혼들도 친구와 친척들과 접촉하기 위해 스스로 많은 노력을 한다. 그래서 그들은 우리를 깜짝 놀라게 하기도 한다. 왜냐하면 우리는 그들과 접촉하기를 원하지 않기 때문이다. 심지어 우리에게 아주 소중했던 사람들과도 말이다. 그들은 지금 우리에게 알려지지 않은 어떤 세계에 속해 있다. 비록 살아 있을 때는 당신에게 가장 소중했던 사람의 영혼이 문 앞에 나타난다 할지라도, 당신은 공포로 비명을 지르고 그로부터 달아나며 도와 달라고 소리치게 될 것이다. 왜냐하면 당신은 그의 육체적 몸에만 익숙해 있기 때문이다. 그의 아스트랄 몸은 당신에게 이질적이다.

그러므로 육체가 없고 새로운 몸을 갈망하는 영혼과 접촉하기는 쉽다. 거친 몸을 제외하고는 모든 것을 갖고 있는 영혼과 접촉하기를 원하는 사람에게는 마음의 투사가 문제되지 않는다. 당신이 원하는 그러한 영과 접촉할 수 있는 아주 간단한 방법들이 있다. 이를테면, 우리는 크리슈나와 그의 철학을 토론하기 위해 여기에 많이 앉아 있다. 그런데 당신은 우리 눈에 보이는 수만큼의 사람들만 여기에 있다고 생각하는가? 아니다, 여기에는 눈에 보이지 않으면서 존재하는 훨씬 더 많은 사람들이 있다. 당신이 원한다면 지금 바로 그들과 접촉할 수도 있다. 그대에게 필요로 하는 것은 그들과 접촉하기 위한 그대의 자발성과 그것을 향한 어떤 수용성이다.

당신은 내가 제안하는 한 가지 실험을 할 수 있다. 셋이서 한 방에 들어가 문을 잠근 뒤, 눈을 감은 채 손은 나마스카, 즉 인사하는 방식으로 접어 조용히 앉아 있어라. 그러고 나서 기도하듯이 말하라. 만약 이 방에 어떤 영혼들이 있다면 그들은 당신들이 제안하는 방식, 즉 문을 노크하거나 하는 방식으로 당신들 모두에게 접촉할 것이라고 말이다. 그러면 곧 당신들은 육체를 가진 사람이라고는 아무도 없는 문 앞에서 노크 소리를 듣게 될 것이다. 당신은 방 안에 있는 보이지 않는 영혼에게 탁자 위에 놓여 있는 문진(文鎭)을 통해 질문에 답해 줄 것을 제안할 수도 있다. 그러면 삼사 일 내에 그 영혼이 문진이라는 매개물을 통해 그대의 질문에 답하기 시작하는 것을 볼 수 있을 것이다.

그 이상의 실험도 해 볼 수 있다. 그렇게 어렵지 않다. 모든 곳에서 그리고 항상 그대의 주위를 배회하는 육체 없는 영혼들이 있는데, 그들은 기꺼이 그대와 의사소통하기를 원한다. 그러나 우리는 육체적 몸을 통한 의사소통 방법만 알고 있기 때문에 그들은 소통을 할 길이 없다. 우리와 육체가 없는 영혼들 사이에는 어떠한 다리도 없다. 그러나 단순한 장치들이 있는데, 그러한 것이 그들과 접촉하기 위한 신비주의자의 한 영역을 형성한다.

또한 당신은 만약 사람의 영혼이 육체적 몸을 떠날 수 있다면 아스트랄 체로 여행을 하고 나서 다시 자신의 몸으로 돌아올 수 있느냐고 물었다. 자신의 몸을 떠나서, 즉 육체를 벗어나서 아스트랄 체로 여행을 하고 그 뒤에 다시 원하는 대로 자기의 육체로 돌아오는 것은 가능한 일이다. 육체적 몸은 단지 하나의 거처일 뿐이다. 올바른 기술만 알면 육체에서 벗어날 수 있다. 그것을 위한 특별한 훈련이 있고, 그것에 대한 완전한 과학이 있다. 그런데 때로는 아무 노력도 하지 않았는데 우연히 그런 일이 일어나기도 한다. 깊은 명상에 잠겨 있을 때, 당신은 자신이 육체적 몸을 벗어나 멀리서 자신을 바라보고 있는 것을 발견할 것이다. 거기에 완전한 오컬트 과학이 있다. 우리는 어떤 다른 때에 따로따로 그 상태로 들어갈 수 있다.

신비주의와는 별개로, 영혼과 그것의 환생에 대하여 지적으로 아는 어떤 방법이 있습니까? 바꾸어 말하면, 실제 수행의 도움이 없이 영혼의 존재와 환생의 사실이 철학적으로 증명될 수 있습니까? 육체가 없는 영혼이 자신의 전생에 대해 모두 안다는 것이 어떻게 가능합니까? 깨달음을 얻고 육체를 떠난 영혼만이 자신의 전생을 기억하게 됩니까?

대개 사람이 죽을 때, 죽는 것은 그의 육체적 몸뿐이다. 그 자신과 그의 마음은 몸과 더불어 죽지 않는다. 대개 죽는 사람의 마음은 그와 함께 간다. 죽음 이후 잠깐 사이에 그는 자신의 전생에 대한 모든 기억을 회복한다. 그것은 우리의 꿈들에서 일어나는 것과 같다. 당신은 잠에서 깨어난 후에 잠깐 동안 자신의 꿈을 기억한다. 그러다 꿈의 기억은 서서히 사라지기 시작하여 정오쯤 되면 완전히 사라져 버린다. 그리고 저녁쯤이 되면 꿈에 대해 한마디도 할 수가 없게 된다.

비록 당신은 수면 동안에 무의식의 상태에서 꿈을 꾸지만, 깬 상태에서도 꿈의 몇 가지 파편들을 명확하게 기억할 수 있다. 특히 꿈의 뒷부분은 더욱 그렇다. 잠의 뒷부분에서 깨어나기 시작하지만 반쯤은 아직 잠들어 있기 때문에 꿈을 명확하게 기억하게 된다. 반쯤은 잠들어 있고 반쯤은 깨어 있는 상태에 있을 때 꾸는 꿈은 완전히 또는 부분적으로 기억할 수 있다. 그러나 이러한 기억조차 오래 지속되지 않는다. 시간이 지남에 따라 그것들은 사라진다. 마찬가지로 육체 없는 영혼은 죽음 이후 잠깐 동안 이전의 생, 자신의 친구들과 친척들을 기억한다. 그러나 이러한 기억은 다소 고통스러운데, 왜냐하면 더 이상 그들과 관계할 수 없기 때문이다.

우리는 가까운 사람이 죽게 되면 그가 과거와 관련된 애착과 기억에서 놓여나도록 몇 가지 일을 하는데, 그것은 이러한 이유 때문이다. 이전 생에 대한 기억들은 매우 고통스럽기 때문에 현재의 기억들을 가져가는 것은 좋지 않다. 힌두인들은 친척들의 죽음 직후에 시체를 화장한다. 그것을 피할 수 있다 할지라도 그들은 지체하지 않고 화장을 한다. 그것은 대단히 중요하다. 화장은 죽은 사람의 정체성과 애착을 그들의 육체와 함께 모두 파괴해 버린다. 왜냐하면 그들은 죽은 육체라는 매개물을 통해서만 자신의 과거를 기억하기 때문이다. 죽은 육체는 놓여난 영혼과 그의 과거 생애 사이에 다리 역할을 한다. 그래서 화장은 죽은 영혼을 위한 것이다.

어떤 사람이 갑자기 죽거나 사고로 죽게 되면, 그는 자기가 죽은 것을 알지 못한다. 잠깐 동안 그는 자신이 자신의 몸으로부터 분리되어 있는 것을 보고 대경실색하고 당황하게 되는데, 그것은 영혼이 육체를 떠난 것을 제외하고는 육체의 내부가 실제로 죽지 않았기 때문에 일어난다. 대부분의 영혼들은 죽음 직후에 몹시 당황하고 혼란스러워한다. 영혼들은 왜 가족들이 눈물을 흘리고 소리 내어 우는지, 왜 도처에 그렇게 많은 슬픔이 있는지를 이해할 수가 없다. 왜냐하면 그는 자신의 몸이 자기에게서 약간 떨어져 있는 것을 제외하고는 이전처럼 살아 있다고 느끼기 때문이다. 그에게 그러한 지속감을 주는 것이 육체인데, 육체는 그의 모든 과거와 연관 짓는 매개물이기 때문이다. 깊은 명상을 경험해 온 명상적인 사람들만이 이러한 어리둥절하고 당황스러운 상태에서 떠날 수 있다. 그들은 자신들이 몸에서 분리되어 있다는 것을 알기 때문이다.

죽은 육체를 화장하거나 매장하면, 영혼은 점차 과거의 기억들로부터 자유로워진다. 그것은 우리가 서서히 꿈을 잊어버리는 것과 같다. 우리가 서로 다른 장례 의식들을 행하는 것은 영혼들이 죽음을 인식하는 데 필요한 시간이 서로 다르기 때문에 그것을 계산한 것이다. 어떤 사람, 특히 아이들은 과거의 기억을 잊어버리는 데 단 3일만을 필요로 한다. 대부분의 사람들은 13일을 필요로 한다. 그래서 동양의 어떤 지역에는 13일간의 긴 장례 의식이 있다. 이러한 목적을 위해 1년이 필요한, 매우 강력한 기억을 가진 소수의 영혼들이 있다. 그들을 위하여 1년을 끌며 장례 의식을 치르기도 한다. 대개 3일에서 13일이 일반적인 시간이지만, 소수의 영혼들은 1년 동안 육체 없이 지내기도 한다. 그들 대부분은 짧은 시간 내에 새로운 육체를 가지고 환생한다.

죽음의 순간에 완전히 깨어 있고 자각을 유지하고 있는 사람은 실제로 죽는 것이 아니다. 그는 자신에게 죽음이 없음을 안다. 그는 오래된 옷을 버리는 것처럼 오래된 몸을 떠나는 것이지 죽는 것이 아니라는 것을 안다. 그렇지만 그러한 깊은 깨달음의 상태에 도달하는 사람은 드물다. 그는 모든 집착들과 심리적인 기억들로부터 자유롭다. 그는 친구들도 없고 적들도 없다. 또한 모든 갈망과 욕망들로부터 자유롭다. 그는 비길 데가 없다. 깨달은 채 죽음으로써 그는 과거에 구애받지 않고 다시 깨달은 채 태어날 것이다.

죽음 이후 잠깐 동안 자신의 과거를 기억하듯이 새로운 탄생 후에도 역시 그러하다. 새로 태어난 아이는 영으로 존재했던 전생의 기억을 짧은 시간 기억한다. 그러나 이 기억은 점차 사라지고, 말을 배울 때쯤에는 완전히 잊어버리게 된다. 아이가 또렷하게 발음하고 다른 사람들과 의사소통할 수 있게 된 뒤에도 자기의 전생을 기억하는 경우는 매우 드물다. 그러한 아이는 자연의 변덕이다. 아마 그는 전생에 드문 기억력을 가졌던 사람임에 틀림없다.

이 맥락에서 당신은 신비 체험의 방식과 별개로 환생에 대하여 철학적으로 입증할 수 있는지도 알기를 원했다. 환생을 뒷받침하는 철학적 증거를 내세울 수 있는 것은 논리를 통해서뿐이다. 그러나 논리에는 본래의 약점이 있다. 논리는 명제를 강력하게 찬성하든지 아니면 반대하는 경우로만 사용될 수 있다. 만약 논리를 바르게 묘사하고자 한다면, 또 논리에 대해 잘 아는 사람들이 말한다면, 논리란 보수를 지불하는 사람이면 누구와도 동행하는 법률가나 매춘부와 같다고 할 것이다.

윤회가 사실이라고 논리적으로나 철학적으로 증명해 온 이들이 있는가 하면, 마찬가지로 논리와 철학의 도움에 의해 이 같은 이론을 반박하고 비난해 온 이들도 있다. 논리는 일종의 궤변이다. 즉 그것은 자신에게 돈을 주는 사람의 사건을 맡아 변호해 주는 변호사와 같다. 그는 고객의 사건을 지지하기 위해 힘을 싣는다. 비록 논리가 표면적 가치에 확신을 주는 듯하지만, 바로 그러한 이유로 논리는 어떤 것도 세울 가능성이 결코 없다. 왜냐하면 반대 의견이 논리의 도움으로 기술적으로 만들어질 수 있기 때문이다. 그것은 전혀 어렵지 않다. 논리는 양쪽으로 자를 수 있는 양날의 칼과 같아서 하나의 명제에 찬성할 수도 있고 반대할 수도 있다.

이 같은 이유로 철학은 결코 윤회의 이론을 증명할 수도 없고 반박할 수도 없다. 비록 철학은 수많은 말을 할 수 있고 몇 천 년 동안이나 계속해서 말할 수 있으나, 그러한 노력에도 불구하고 성공하지 못할 것이다. 그것은 겉으로 보기에는 완벽해 보이지만 아기를 낳을 수 없는 불임 여성과 같다.

논리에는 흥미 있는 또 다른 면이 있다. 당신은 이미 사실이며 옳다고 믿고 있는 것을 굳히기 위하여 논리를 사용한다. 논리는 단지 당신의 가정이나 가설을 뒷받침하는 데 사용되는 도구에 지나지 않는다.

인도의 대학에 환생에 대해 연구를 하는 한 유명한 교수가 있다. 최근에 그는 나의 친구와 함께 나를 보러 왔다. 그는 대화를 시작하면서 자신이 환생론을 과학적으로 증명할 것이라고 강력히 주장하였다. 나는 그에게 그의 마음은 이미 환생에 대한 편견을 가지고 있으며 지금 그것을 증명해 보이기 위해 과학적인 증거를 찾고 있는 중이라고 말했다. 어떤 것이 여러 가지 측면에서 완전하게 밝혀지기 전에 그것을 받아들이는 것은 전적으로 비과학적이다. 만약 과학적으로 밝히고 싶다면, 그는 윤회론이 사실인지 아닌지를 조사하고 싶다고 말해야만 한다. 그렇지 않고 환생을 증명하고자 한다면, 그것은 이미 그가 환생을 거짓이 아닌 사실이라고 믿고 있음을 뜻하는 것이다.

이 사람에게는 이 문제가 이미 증명된 사실이며, 그는 단지 그것을 뒷받침하는 설득력 있는 주장들을 만들어 내기만 하면 되는 것이다. 그러한 논증들은 쉽게 수집하고 만들 수 있다. 그것은 어려운 일이 아니다. 만약 당신이 환생에 대한 이론을 증명하고자 한다면, 당신은 그것을 뒷받침하는 논증들을 얼마든지 찾아낼 수 있다. 이 세상은 너무 거대하고 복잡하며 역설적이어서 당신은 자신이 지지하거나 혹은 반대하기 위한 것들에 사용할 수 있는 온갖 종류의 논증과 증거들을 모을 수 있다.

철학은 결코 환생을 증명하거나 반대할 수 없을 것이다. 만약 당신이 질문에 약간 변화를 준다면, 당신은 이 학문이 이러한 고전적인 논쟁에 빛을 비추어 줄 수 있는지 여부를 먼저 물어보아야 할 것이다. 철학은 실패했으며, 완전히 실패했다. 환생에 대한 이러한 질문은 5천 년 동안이나 논의되어 오고 있지만 아직 아무것도 해결된 것이 없다. 환생을 믿는 사람들도 있지만, 그것을 믿지 않는 사람도 그만큼 있다. 어떠한 측도 다른 측 입장의 타당성을 확인할 수 없었다.

당신이 확신시킬 수 있는 사람은 이미 확신하고 있는 사람뿐이라는 것은 아이러니컬하다. 당신은 확신하고 있지 않은 사람을 확신시킬 수는 없다. 이것이 바로 논리의 무력함이다. 당신은 힌두교인에게는 환생에 대한 진리를 쉽게 확신시킬 수 있을 것이다. 왜냐하면 그것은 그들의 신념 체계의 한 부분이기 때문이다. 그러나 당신이 이 이론의 진실성을 이슬람교도에게 확신시키려고 해 보면, 논리라는 것이 얼마나 무력한 것인지 알게 될 것이다. 당신은 환생이 없다는 것을 기독교인에게는 쉽게 확신시킬 수가 있을 것이다. 그러나 환생이 허구라는 것을 힌두교인에게는 확신시킬 수가 없다. 이처럼 논리라는 것은 사실이라고 믿고 있는 어떤 것을 증명하기 위하여 사용하는 하나의 기술이다. 그러므로 환생이라는 것이 철학적으로 증명될 수 있는지를 묻는 것은 올바른 질문이 아니다. 올바른 질문은 환생이라는 문제를 과학적으로 접근할 수 있는 방법이 있는가 하는 것이다.

    과학은 순수한 탐구이다. 과학은 객관적이며 편견이 없다. 철학과 논리가 어떤 믿음, 가정에 대하여 찬반의 입장으로 나뉘는 반면, 과학은 그렇지가 않다. 과학적 정신이라는 것은 열려 있으며 편견에 치우치지 않음을 뜻한다. 과학은 진실을 밝히고자 하며 양자택일의 측면에서 모두 열려 있다. 과학은 믿음에 의존하지 않는다. 과학은 진실이나 가정의 다른 측면을 밝혀내기를 원한다. 과학은 자기의 발견이나 결론을 재검사하도록 준비하고 있는 유일한 학문이다. 과학은 객관적인 연구와 관찰이 이끌어 낼 수 있는 어떠한 가능성에도 준비되어 있다.

    과학은 최근에야 비로소 윤회와 같은 문제에 관심을 보이기 시작했다. 심리학회가 미국과 유럽에서 시작된 지는 이제 겨우 50년 정도 되었지만, 그들은 이 방면에서 몇몇 좋은 성과를 거두었다. 과학적 성향이 있는 몇몇 유능한 사람들은 스스로 심령 연구에 관심을 두고 있다. 그들은 신비주의자가 아니며, 사후의 삶이나 환생과 같은 것들은 경험으로 알게 된 사실이지만 논증을 통해서는 입증할 수 없다고 오랫동안 말해 왔다. 신비주의자들은 말하기를, 사후의 삶이나 환생과 같은 것들은 일종의 명상 수행을 통한다면 누구나 알 수 있는 것이라고 한다. 그렇지만 그들은 그것이 무엇인지 당신에게 알려 줄 수는 없다고 한다. 그것은 마치 내가 두통을 겪으면, 나는 그 고통이 무엇인지 알지만 당신에게는 그 고통에 대해서 알려 줄 수 없는 것과 같다. 당신은 직접 머리에 고통을 느낄 때라야 비로소 그것을 알게 될 것이다. 내가 겪은 두통 경험을 당신에게 전해 줄 방법은 전혀 없다.

최근 50년 동안 올리브 로지(Oliver Lodge), 브로드(Broad), 그리고 라인(Rhine)과 같은 사람들은 인간 마음의 새로운 영역에 대해 몇 가지 연구를 해 오고 있다. 그들은 모두 과학적인 견해를 가진 이들이며, 그들 자신의 어떠한 선입견이나 믿음을 가지고 있지 않다. 그들은 사후의 삶과 윤회에 관한 몇몇 실제적인 연구를 해 오고 있다. 그들의 발견은 믿을 만하며, 그들은 윤회를 계속 지지해 오고 있다. 이제는 몸이 없는 영혼들에 접근하기 위한 과학적인 기법들이 생겨나고 있으며 현재 실행되고 있다. 이와 같은 기법들을 이용함으로써 일어날 수 있는 오류와 잘못들을 최소한으로 줄이기 위하여 모든 관심을 기울이고 있다. 과거에는 죽은 자들과 교신하기 위한 여러 사이비 집단들이 존재했었다. 그러나 만약 단 한 번이라도 확실하게 영혼과 교신을 할 수 있다면, 그것으로 충분하다. 몸이 없는 영들과 접촉하기 위한 많은 실험들은 영혼들이 몸을 바꾸면서 계속해서 태어난다는 것을 성공적으로 증명해 보이고 있다.

영혼과의 교신에 삶을 바친 많은 사람들이 자신의 몸을 떠나기 전에 심령학회에 약속하기를, 죽은 뒤에 특정한 방법으로 그들과 교신하겠다고 하였다. 그들 중 몇몇이 노력하여 그것에 성공하였다. 그들은 사후의 삶이라는 현상에 관한 매우 가치 있는 정보를 학회에 보고하였다. 이 정보는 환생을 뒷받침하는 증거로 이용되고 있다.

많은 연구들이 텔레파시와 투시의 분야에서 행해지고 있으며 좋은 결과들을 낳고 있다. 나는 기술적 도움 없이도 여기에서 수천 마일이나 떨어져 있는 사람과 의사소통을 할 수 있다. 이것은 아스트랄 통신, 즉 어떤 물질적 도움이 없이 가능한 통신을 의미한다.

그것은 영혼 차원이 아니라 마음 차원의 의사소통일지도 모릅니다.

이제 나는 바로 그것을 설명하려고 한다. 비록 그것이 마음의 의사소통이라고 할지라도, 그것은 신체적인 의사소통과는 확실하게 다른 것이다. 그리고 일단 과학이 신체적 몸과 다른 어떤 것을 알게 되었다면, 머지않아 영혼에 대해서도 알게 될 것이다. 모든 논쟁은 사람 속에 신체와 다른 무엇이 있느냐 없느냐 하는 문제를 중심으로 이루어지고 있다. 그리고 만약 신체와 다른 무언가가 있다는 것이 밝혀지게 된다면, 논쟁의 반은 끝난 것이다. 이것이 과학이 작용하는 방법이다. 과학은 마음에서 출발하여 점차 초월적 마음인 영혼에 이를 것이다. 과학은 마음이 육체적 몸보다 더 높은 어떤 것이라고 받아들이지 않는다.

'테드'라는 남자가 있었다. 그의 마음은 과학적 세계에 완전히 빠져 있었다. 심령학회 사람들은 그의 경험을 통해 많은 것을 배웠다. 그 경험들은 매우 특별한 것들이었다. 예를 들면, 나는 지금 여기에 있으며 테드는 뉴욕에 있다. 그는 나를 모르고, 나에 대해 들어 본 적도 없고, 나의 사진을 본 적도 없다. 그러나 그는 나에 대해 생각을 집중하는 것만으로도 그의 눈에 나의 이미지를 만들어 낼 수 있다. 만약 어떤 사람이 그에게 그렇게 해 보라고 하면, 그는 눈을 감고 30분 동안 나에 대해 명상할 것이다. 그리고 30분 안에 그는 그의 눈 속에 나의 이미지를 만들어 내며, 이 이미지는 특수 카메라로 찍을 수 있다. 여기서 직접 찍는 사진보다는 좀 희미하겠지만, 그것은 분명히 나의 사진이다. 테드는 그와 같은 사진들을 수천 장 만들어 냈다. 그것들 모두는 사실인 것으로 밝혀졌고 입증되었다.

이것은 무엇을 의미하는가?

테드의 눈이 그처럼 먼 거리에서 나를 볼 수 있다는 것을 의미한다. 그 눈은 나를 볼 수 있을 뿐만 아니라, 당신이 여기서 얼굴을 맞대고 나를 쳐다볼 때 그대의 눈이 하는 것처럼 그렇게 나의 유사한 모습을 잡아낸다. 과학자들은 테드를 두고 온갖 종류의 시험을 했으며, 그때마다 그는 항상 진짜로 증명했다.

이제 우리는 우주의 시대에 들어섰으며, 우주여행이 눈앞에 다가오고 있다. 그와 동시에 과학자들은 다양한 방법으로 텔레파시에 흥미를 보이고 있다. 우리는 이미 달에 착륙했으며 화성에 가기 위한 시도를 하고 있다. 우주 먼 곳으로의 항해는 진행 중에 있으며 이 같은 항해 중 몇몇은 몇 년 후면 실행될 것이다. 그렇지만 화성으로 여행하는 것만도 꼬박 일 년이 걸릴 것이다. 그것은 이해할 수 없는 위험들로 가득할 것이다. 경우에 따라서는 어떤 기계적 실패가 있을 수도 있지만, 우리는 우주 비행사들에게 어떤 일이 일어났는지 결코 알 수 없을 것이다. 우주에 대한 지식을 가지고 있는 그들은 영원히 우리에게서 사라져 버릴 것이다. 바로 그러한 이유로 우주 탐험에 있어서 가장 발전된 나라인 러시아와 미국 두 나라가 텔레파시에 깊은 관심을 보인다. 이는 우주 비행사들과 정상적으로 의사소통을 하는 수단이 실패할 경우에 대안으로 사용할 수 있는 의사소통 수단을 제공하기 위한 것이다. 그들은 자신들의 기계 장치에만 전적으로 의존할 수는 없다. 왜냐하면 그 기계들의 오작동이 이미 일어나고 있기 때문이다. 텔레파시에 능숙한 우주 비행사는 그 기계 장치가 작동되지 않을 경우에도 우리와 의사소통을 할 수 있을 것이라고 믿어진다. 지상에서는 그 같은 실패들이 발생하더라도 큰 문제가 되지 않을 수 있지만, 우주여행을 준비할 때는 소중한 우주 비행사와 그의 위대한 과업이 잘못되지 않도록 몇몇 대안을 마련해야 한다. 그래서 지금 텔레파시가 미국과 러시아의 과학적 연구에서 한 위치를 차지하고 있는 것이다.

러시아에 특이한 사람이 한 명 있는데, 그의 이름은 피오데브(Fiodev)이다. 그는 모스크바에 있는 그의 연구실에서 몇 천 마일이나 떨어진 곳에 있는 사람에게 텔레파시 메시지를 보내는 데 성공했다. 만약 그 사람이 모스크바로부터 몇 천 마일 떨어진 도시의 공원에 앉아 있다면, 피오데브는 텔레파시로 그에게 바로 메시지를 보낼 것이고, 그 사람은 메시지를 있는 그대로 받을 것이다.

과학은 이제 물질적인 것 이상의 어떤 것에 대하여 연구하고 있는 중이다. 그것은 사람에게는 신체만이 유일한 것이 아니라 비물질적인, 영적인 것 역시 가지고 있다고 말하는 신비가들에게 점점 더 가까이 다가가고 있다. 만약 영적인 무엇이 존재한다는 이론이 일단 정착되게 되면, 윤회의 진실에 다가가는 데는 별로 어려움이 없을 것이다. 그러므로 과학은 이제 철학이 실패한 것을 이루어 가고 있다. 물론, 신비가는 그것을 알고 있다. 그러나 그에게는 그것을 설명할 아무런 방법도 없다. 하지만 과학은 설명도 해 줄 수 있다.

환생에 대한 과학적인 연구는 충분히 가능하다.

인간에게 영혼과 같은 무언가가 있다는 것을 알아내기 위하여, 과학자들은 죽어 가는 사람을 유리관 속에 넣고 실험을 했습니다. 이 실험에 대하여 의견을 말씀해 주십시오.

이 같은 실험들은 많았으나, 그것들 중 어떤 것도 결과를 이끌어 내지 못했다. 과학자들은 자연히 물질이라는 개념으로 모든 것을 생각하게 되는데, 그래서 만약 사람에게 물질적인 것 이외의 다른 무언가가 존재한다면, 그의 영혼이 몸을 떠날 때는 몸무게가 약간 줄어야 한다고 생각했다. 그러나 죽음의 순간에 사람의 신체에서 빠져나오는 그것이 반드시 무게가 있어야 하는가? 그것은 무게가 없을 수도 있다. 혹은 그 무게가 너무 가벼워서 우리가 가지고 있는 어떠한 도구로도 측정할 수 없을지 모른다.

예를 들어, 태양 광선은 아주 가볍고, 그래서 그것을 측정할 만한 어떠한 도구도 없다. 만약 모든 태양 광선을 100평방 마일의 넓이에 펼쳐 놓고 함께 모은다면, 그것들은 대략 10그램 정도가 될 것이다. 그러나 이것을 알아내기는 아주 어렵다. 이와 비슷하게 비록 우리의 영혼이 무게가 있다고 해도, 그것을 측정할 수는 없을 것이다. 그래서 많은 장소에서 유리관 실험을 시행했지만 아무런 효과가 없었다.

죽은 이의 무게를 측정하는 것을 떠나서, 유리관 실험은 달성해야 할 또 다른 목적이 있었다. 만약 영혼이 있다고 가정한다면, 죽은 사람의 영혼이 몸을 떠나 밀폐된 유리관을 빠져나올 때는 그 유리관에 구멍이 나거나 금이 갈 것이다. 그러나 그 같은 일은 일어나지 않았다. 영혼은 태양처럼 유리벽을 부수지 않고서도 그것을 통과할 수 있는 것이다. 엑스레이(X-ray)가 두꺼운 뼈의 층과 강철을 뚫고 나갈 수 있다면, 왜 인간의 영혼은 유리관을 통과해서 빠져나갈 수 없겠는가? 논리적으로 말한다 해도 아무런 어려움이 없다.

그리고 무게는 상대적인 것이다. 우리가 무게라고 부르는 것은 사실은 어떤 것에 대한 중력의 압력을 말한다. 당신의 몸무게가 여기에서는 120파운드이지만, 달에 간다면 당신의 몸무게는 똑같지 않을 것이다. 아마 여기서보다 여덟 배는 적을 것이다. 당신의 120파운드 몸무게는 15파운드로 줄어들 것이다. 달의 인력은 지구의 인력보다 여덟 배는 적다. 이러한 이유로, 만약 당신이 여기서 0.5피트를 뛰어오를 수 있다면 달 표면에서는 4피트까지 뛰어오를 수 있다. 다른 말로 하자면, 무게는 단지 지구 중력의 당기는 힘일 뿐이며, 지구는 인간의 영혼을 당기지 못할 수도 있다는 것이다. 아마도 중력의 법칙은 영혼에는 적용되지 않을 것이며, 그러므로 영혼들은 전혀 무게가 없을 것이다. 만약 중력이 없는 공간을 만들 수 있다면, 그 공간에서는 모든 것이 무게 없이 존재할 것이다.

처음 달에 착륙한 사람들이 제일 먼저, 제일 많이 놀랐던 것이 무중력 상태였다. 어떤 사람이 약 200마일 정도 펼쳐져 있는 지구 중력의 영역을 벗어나게 되는 순간, 그는 완전히 무게가 없어진다. 우주 공간을 날고 있는 우주선 안에 있는 모든 우주 비행사들은 자신을 묶어 두어야만 한다. 그렇지 않으면 풍선처럼 우주선 천장으로 떠오를 것이다.

그러므로 사물의 무게라는 것은 많은 것들에 대해 상대적인 것이다. 영혼은 무게가 없을 수 있다. 이 같은 이유로 파리와 다른 곳들에서 행해진 실험들은 실패하게 되어 있었다. 내 의견을 말하자면, 중력의 당기는 힘은 단지 그 사물의 밀도에 비례하여 적용된다는 것이다. 밀도가 낮으면 무게도 작아진다. 영혼에 관한 한, 밀도는 지극히 낮으며 거의 없다. 그래서 중력의 법칙은 영혼에 작용하지 않는다. 영혼은 이 법칙의 영역에 속하지 않는다. 만약 우리가 계속해서 물질 도구를 이용하여 영혼에 관한 문제들을 연구하게 되면, 과학은 영혼의 실재를 계속해서 부정하게 될 것이다. 그러므로 우리는 영혼의 법칙을 발견하기 위한 조사에 새로운 도구들을 조합할 필요가 있다. 조금 전에 내가 말했던 라인과 메이어 그리고 로지와 같은 초심리학의 개척자들과 심령 단체들은 이제 기존의 물질적 과학의 도구들을 대체할 새로운 도구들을 만들어 내려 하고 있다. 아마 과학은 어떠한 방법으로도 증명할 수 없었던 신비가들의 통찰들을 이들의 도움으로 확인해 낼 것이다.

당신께서는 아르주나가 크리슈나에게 복종하였지만 그는 자유로운 개체였다고 말씀하셨습니다. 이와 비슷하게 라마크리슈나에게 복종한 비베카난다에 대해서는 뭐라고 말씀하시겠습니까? 왜 그는 깨달음을 얻을 수 없었습니까?

거기에는 이유가 있다.
라마크리슈나와 비베카난다의 관계는 기본적으로 스승과 제자의 관계이다. 그것은 크리슈나와 아르주나의 관계와는 같지 않다. 둘째 이유는 크리슈나는 자신의 가르침을 세상에 널리 알리기 위해 아르주나를 준비시키려 한 것이 아니었다. 그의 모든 가르침은 아르주나의 성장을 위한 것이었고 전적으로 그에게 주어졌다. 반면에 라마크리슈나는 비베카난다가 온 세상에 자신의 메시지를 전하는 메신저가 되어 주기를 원했다.

크리슈나는 아르주나와 대화한 내용이 바가바드 기타가 될 줄 몰랐다. 그 대화들이 그렇게 된 것은 우연의 일이다. 그것은 쿠루크셰트라의 전쟁터에서 크리슈나와 아르주나 간의 즉흥적인 토론에서 나온 것이다. 그는 자신의 말이 긴 세월에 걸쳐 전해지며 논의될 만큼 그렇게 중요한 것이 될 것이라고는 생각하지 못했다. 그 말들은 오직 아르주나만을 위한 것들이었고 아르주나의 영적 변형을 위한 것들이었다. 그것은 가까운 친구끼리 나누는 친밀한 대화였다. 내 경험에 의하면, 가장 중요하고 중대한 지혜의 모든 말들은 가까운 사이의 대화로 존재하게 되었다. 작가는 절대 그러한 깊이에 다다를 수 없다. 세상의 가장 고귀한 모든 지혜는 말해진 것이지 쓰인 것이 아니다.

오늘 아침에 말했듯이, 오로빈도의 모든 말들은 그에 의해 쓰였다. 그는 어떤 것도 말로 하지는 않았다. 반대로 크리슈나와 예수, 붓다와 마하비라, 라마나와 크리슈나무르티는 모든 것을 입으로 말했다. 말이라는 것은 개인적인 것이다. 즉 한 사람과 다른 사람의 사이에서 일어난다. 거기에는 친밀함의 요소가 있다. 편지를 쓸 때를 제외하면, 쓰는 것은 개인적이지 않다. 그것은 알지 못하는 추상적인 대중을 상대로 쓰는 것이다. 크리슈나는 아르주나와 직접적인 의사소통을 했다. 그것은 두 친구 간의 친밀한 대화이다. 그들 사이에는 제3자가 전혀 없다.

라마크리슈나의 경우는 아주 다른데, 거기에는 이유들이 있다.

라마크리슈나는 초월의식, 즉 사마디에 도달하였다. 그는 진리를 체험하였지만, 자신이 체험한 것을 다른 사람과 의사소통할 수 있는 능력이 부족했다. 그는 자신의 중계자가 되어 그의 메시지를 세상에 알려 줄 역할을 할 누군가를 찾고 있었다. 그는 진리를 알았으나 그것을 전달할 수 없었다. 그는 벵골 초등학교 2학년 과정도 제대로 마치지 못했을 정도로 교육을 받지 못했었다.

이 단순한 촌사람은 큰 보물을 가졌으나 그것을 세상과 함께 나눌 방법을 몰랐다. 그는 표현할 수 없었던 것이다. 그는 언어 능력이 극히 결여되어 있었다. 지금 우리가 접할 수 있는 그의 말들은 아주 잘 편집된 것이다. 왜냐하면 교육을 받지 못한 촌사람으로서 투박하고 거칠며 자연스러운 그의 원래 말들은 네 문자의 단어들로 이루어진 경우가 많았다고 전해지기 때문이다. 그가 한 말들을 모아 선집을 내려 했던 사람들은 그의 거칠고 상스럽다고 생각되는 모든 말들을 없애고 거의 그것을 다시 썼다. 나는 그들이 올바른 행동을 했다고 생각하지 않는다. 그들은 있는 그대로 전달해야 했다. 그가 말한 대로 정확히 전달해야 한다. 그가 거리낌 없이 욕설을 사용했다는 것은 사실이다. 그런데 욕설이 왜 잘못인가? 그러한 말들이 그대로 실렸어야 했다. 그러나 그의 제자들은 파라마함사, 즉 절대적 순수의 상태에 이른 자로 알려진 자신들의 스승을 세련된 스승으로 보여 주기로 결정했다. 그래서 그들은 그의 말에서 수많은 부분을 제거했다.

그러므로 라마크리슈나는 자신의 입이 되어 줄 누군가가 필요하였다. 비베카난다가 그에게 왔을 때, 그는 비베카난다를 자신의 도구로 이용하기로 결정했다. 라마크리슈나와 비베카난다의 삶에서 그들의 관계에 불을 밝힌 한 작은 사건이 있다. 나는 여기서 그것을 이야기하고 싶다.

어느 날 비베카난다는 라마크리슈나에게 초월의식, 즉 사마디를 체험해 보고 싶다고 말하였다. 라마크리슈나는 그에게 필요한 기법들을 설명해 주었고 필요한 훈련을 시켰다. 라마크리슈나는 그의 현존만으로 비베카난다 안에서 사마디의 과정을 촉발시킬 수 있는 그런 위대한 스승이었다. 그는 너무나 힘이 있어서 손으로 접촉하는 것만으로도 비베카난다를 깊은 사마디에 빠지게 할 수 있었다. 그런데 비베카난다가 자신의 첫 번째 초월의식을 경험한 후에 무엇을 했는지 아는가?

라마크리슈나의 아쉬람에는 한 남자가 있었다. 칼루(Kaloo)라고 알려진 남자였다. 그는 벵골의 어느 시골 출신이었으며 닥쉬네쉬와르(Dakshineshwar) 사원과 가까운 작은 오두막에 살고 있었다. 그는 아주 솔직하고 단순하고 순수한 사람이었다. 칼루와 같은 순수하고 순진한 사람들이 사원 안에서 살고 있는 한, 사원은 사원으로 남아 있을 것이다. 똑똑하고 교활한 사람들이 사원에 들어와 거주하는 날, 사원의 아름다움과 성스러움 그리고 영광은 파괴된다.

칼루는 수많은 신과 여신들의 상들을 모았다. 그는 그런 상들을 발견하기만 하면 모두 모아서 자기 방으로 가져와 제단 위에 모셔 두었다. 신들이 너무 많아져서 그의 작은 방은 신들로 가득 찼다. 그래서 정작 그 자신은 밖에서 자야 할 때가 더 많았다. 이것이 신의 방법이다. 신은 자신에게 다가오는 이들의 모든 공간을 차지한다. 그러고는 그를 그 자신의 집으로부터 쫓아낸다. 칼루는 신들 이외의 다른 것을 위한 시간이 전혀 없었다. 아침부터 저녁까지 그는 신들에게 계속해서 기도를 드렸다.

확고한 합리주의적 배경으로 교육을 받은 비베카난다는 칼루와 같은 정통파적 관행을 좋아하지 않았다. 그는 종종 칼루에게 신들의 상들을 가져다가 갠지스 강에 버리라고 조언했다. 신은 형태가 없으며 전지전능하므로 상과 의식의 매개체를 통하여 신을 믿는 것은 어리석은 짓이라고 비베카난다는 믿었다. 그래서 그는 종종 칼루에게 당신은 아무 소용도 없는 의식에 에너지와 시간을 낭비하고 있다고 말하곤 했다. 그러나 칼루는 웃으면서 말하길, "아마 당신이 옳을지도 모릅니다. 그러나 내가 먼저 신들을 경배하도록 해 주십시오. 그분들은 틀림없이 나를 기다리고 계실 것입니다. 다른 사람들이 다른 일로 시간을 보내고 있는 것처럼 나도 나의 신과 여신들과 함께 시간을 보내게 해 주십시오. 그분들은 너무나 멋지고 아름다우니까요."

비베카난다가 그의 첫 사마디에 이르렀을 때, 사마디 상태에 있는 그에게 이상하면서도 강력한 에너지가 흘렀다. 이 절정의 순간에 그의 마음속에서 어떤 생각이 떠올랐다. 그것은 지금 칼루에게 영적 메시지를 보내 그의 수많은 무익한 신들을 버리게 한다면, 그는 아마도 그것을 거부하지 못할 것이라는 생각이었다. 그 순간 비베카난다는 이처럼 생각을 하였고 칼루는 그의 방에 앉아서 그 메시지를 받았다. 그는 어떠한 의문도 없이 그것을 가슴속에 받아들였다. 그는 신들을 꾸러미로 묶고 나서 등에 지고 성스러운 강물에 던지기 위해서 갠지스 강으로 갔다.

비베카난다는 단지 그것을 생각만 했을 뿐인데도 그 생각은 작용하기 시작했다. 훨씬 이전부터 그 생각은 칼루에게 메시지의 형태로 적절하게 보내졌다. 이러한 이유로 현자들은 그러한 에너지, 그러한 힘을 사용하면 안 되며, 그렇지 않으면 구도자를 해치고 그의 발전을 방해할 것이라고 했었다. 그들은 그러한 힘의 사용을 철저하게 금지했다. 구도자는 그냥 그것이 일어나도록 두고 지켜봐야 한다. 그 같은 에너지의 사용은 그것으로 충분하다. 그러나 비베카난다는 다른 식으로 그 에너지를 사용했다. 그의 설득력 있고 논리적인 논쟁들에도 불구하고 오랫동안 설득하지 못했던 칼루를 그 힘으로 설득하는데 성공했다. 그는 직접적으로 이룰 수 없었던 것을, 강력한 명상의 힘을 이용할 수 있게 되었을 때 뒷문을 통하여 이루었다.

비베카난다가 칼루를 생각할 때, 칼루는 자신의 신들에게 경배하느라 바빴다. 그런데 갑자기 자기도 모르게 그는 경배를 그만두고, 그 신상들을 큰 자루에 넣고서 갠지스 강으로 가져갔다. 라마크리슈나는 지붕이 있는 현관에 앉아 있었는데, 그 현관은 갠지스 강을 향하고 있었다. 칼루를 본 그는 그를 불러서 물었다. "칼루, 무슨 일인가?"

칼루는 그의 가방을 가리키며 대답했다. "이것들은 좋은 게 아닙니다. 그래서 이것들을 갠지스 강에 버릴 것입니다."

라마크리슈나는 그를 꾸짖으며 말하였다. "집으로 돌아가서 그것들을 모두 제자리에 돌려놓아라. 누가 그대에게 말했는지 알고 있으니 내가 그 악당을 혼내 주겠다."

라마크리슈나는 비베카난다에게 달려가, 그의 몸을 잡고 흔들며 말하였다. "이것이 너의 마지막 사마디다. 너는 더 이상 사마디를 경험할 수 없을 것이다. 지금부터 너의 사마디를 위한 열쇠를 내가 보관할 것이며, 네가 죽기 3일 전에야 다시 돌려줄 것이다."

비베카난다는 충격을 받았고 울음을 터뜨리며 애원했다. "제발 저의 사마디를 빼앗지 말아 주세요!"

그러나 라마크리슈나는 확고하게 말하였다. "너는 위대한 일을 해야 한다. 너는 세상을 위한 나의 메신저이자 도구가 될 것이다. 만약 네가 사마디에 들어간다면, 너는 다시 돌아올 수 없을 것이다. 그러면 위대한 일이 이루어지지 못할 것이다. 내가 알고 있는 것이 세상 모든 곳, 구석구석까지 전해져야만 한다. 이기적이 되지 말라. 너의 집착을 포기하라. 너의 사마디를 갈망하지 말라. 너는 전 세계에 있는 수백만 명의 목마른 구도자들이 쉴 거대한 사원을 지어야만 한다. 바로 그러한 이유로 나는 너의 사마디로 가는 열쇠를 빼앗았다."

이 열쇠는 라마크리슈나가 보관했다. 그리고 비베카난다는 약속했던 대로 그가 죽기 3일 전에 그것을 돌려받았다. 그것은 그가 이 세상을 떠나기 전 경험한 두 번째 사마디였다.

그러나 내가 말하려는 것은 만약 어떤 사람이 당신의 사마디로 가는 열쇠를 쥐고 있다면, 그것은 단지 심령의, 즉 깊은 심리적 사마디일 뿐, 궁극에 대한 완전한 경험이 아니라는 점이다. 다른 사람에게 의존하는 사마디, 즉 초월의식은 실재도 아니며 궁극도 아니다. 그것은 마음을 초월하지 않는다. 칼루로 하여금 그의 상들과 결별하도록 생각하게 한 그 사마디는 영적으로 깊게 들어갔다고 말할 수 없다. 그것은 심적인 것이다. 물론, 비베카난다는 그의 몸을 초월했지만, 아직 영혼에는 도달하지 못했다. 라마크리슈나는 그를 거기에 멈추게 하였다. 왜냐하면 그가 생각하기에, 만약 비베카난다가 사마디 속으로 더욱 깊이 들어간다면, 그는 주어진 일을 달성할 수 없을 것이라고 생각했기 때문이다.

세상이 라마크리슈나의 존재를 알게 된 것은 비베카난다를 통해서이다. 그러나 비베카난다는 많은 희생을 해야만 했다. 그러나 그와 같은 희생은 그만한 가치가 있고, 또 매우 의미 있는 것이다. 라마크리슈나는 일부러 그의 더 나은 발전을 멈춰 세워야만 했다. 왜냐하면 만약 비베카난다가 사마디의 심령 상태를 초월하게 되면 도구로써 이용되지 않을 것이기 때문이다. 라마크리슈나는 지혜와 그 지혜를 표현할 수 있는 기술을 둘 다 가진 붓다와는 달랐다. 라마크리슈나는 붓다만큼의 지혜를 가지고 있었으나 그것을 말로 표현할 수 있는 능력은 없었다. 그래서 그는 세상에 자신의 지식을 전할 수 있는 비베카난다에게 의존해야만 했다.

비베카난다가 그의 스승의 수중에 있는 하나의 도구였다는 것은 사실이다. 그러나 아르주나의 경우는 이와 같지 않다. 크리슈나는 아르주나를 도구로 만들기 위해 노력하지 않는다. 그는 단지 그의 지혜를 쿠루크셰트라에 서 있는 아르주나에게 쏟아 붓고 있다.

자, 이제 앉아서 명상을 하자.

다섯 번째 문

무신론, 유신론 그리고 실재

오로빈도는 크리슈나의 모습을 보았으며 요기 레레(Lele)와 만났습니다. 폰디체리에서 행해지고 있는 연구에 대한 최종 판단은 다음 세대들에 의해 이루어질까요? 또 메시지를 받았다고 주장하는 앨리스 베일리(Alice Bailey)에 대해서는 어떻게 생각하십니까? 그러한 메시지는 어디서, 어떻게 내려오는 것입니까? 당신께서도 역시 몇몇 마스터들과 그러한 신비스러운 접촉을 하시는지요?

오로빈도는 감옥 안에서, 즉 감옥의 벽들과 죄수들의 얼굴들 속에서 그리고 그 자신 속에서 크리슈나의 비전들을 보았다. 그러나 자신이 크리슈나의 모습을 본다는 것을 아는 그 자는 누구인가? 만약 아는 자가 있다면, 그것은 분명히 그 자신의 마음의 투사이다. 만약 누군가가 자신이 크리슈나를 본다고 말한다면, 그것은 보는 자가 크리슈나가 아니라는 것을 의미한다. 그가 크리슈나와 별개라는 것이다. 바다의 형상, 우주적 형상의 크리슈나는 오천여 년 전에 존재했던 크리슈나와는 완전히 다른 어떤 것이다. 그러나 그의 우주적 모습 즉 우주적 초의식은 영원하다. 이러한 우주적 의식에 직면하는 자는 하나의 자아이기를 멈춘다. 그는 사라지고 우주적 지성 그 자체 속으로 들어간다. 당신은 그것을 크리슈나, 예수 혹은 붓다라는 이름으로, 또는 당신이 좋아하는 아무 이름으로도 부를 수 있다. 이름은 중요하지 않다. 이름의 선택은 그것을 직면한 자의 문화적 배경에 의해 결정된다. 이 지고의 지성과 상상이 아닌 실재로 접촉하게 되면, 그는 영원히 그 속에서 자신을 잃는다. 무슨 일이 일어나든지, 이제 그는 자신의 비참하고 고통스러운 예전의 삶으로 다시 돌아갈 수는 없다. 누구든지 일단 이 궁극의 지성에 이르게 되면, 그는 결코 그것을 빼앗길 수 없다.

오로빈도의 영적 삶 전체가 크리슈나의 모습을 보았다고 알려진 감옥에서의 그 사건 이후에 시작되었다는 것은 아이러니다. 당신이 질문에서 언급한 요기 레레를 만난 것은 감옥에서 석방된 뒤였으며, 오로빈도는 그에게서 명상을 배운다. 명상을 아직 배우지 않은 사람이 크리슈나의 우주적 형상과 접촉할 수 있다는 것은 믿을 수 없다. 만약 한 인간이 이미 크리슈나의 의식 수준에 이르렀다면, 그는 명상을 배울 필요가 없다. 왜 배우는가? 그러한 사람에게 스승이나 구루가 필요한가?

그리고 오로빈도가 요기 레레에게서 배운 명상은 특별한 것이 아니다. 그것은 심오한 단계가 아닌 기본적인 명상법이다. 그리고 그가 명상한 것은 3일뿐이다. 아마도 이것이 그의 처음이자 마지막 명상이었을 것이다. 우리는 오로빈도가 어떠한 새로운 진전이나 진척을 보이지 않았다는 것을 레레의 권위에 근거하여 안다.

레레가 오로빈도에게 자기의 생각들을 바라보고 지켜보는 단순한 기법을 가르쳤을 때, 오로빈도는 그러한 명상을 위해 단 3일만 앉았을 뿐이다. 레레는 그에게 마치 벌떼가 쉴 새 없이 들락날락거리는 벌통을 지켜보듯이 자신의 생각을 지켜보라고 말했다. 오로빈도는 자신의 생각이 쉴 새 없이 계속되는 것을 보고 놀랐다. 그러나 레레는 그에게 인내심을 가지고 계속 생각을 바라보도록 요구하였다. 만약 자신의 생각들을 지켜본다면, 그 생각들의 활동이 점차 느려지다가 결국에는 사라지게 된다는 것을 알게 될 것이다. 그러나 오로빈도는 이 기법을 3일 이상 실천하지 않았고 그것으로 충분하다고 생각했다. 그리고 이것은 그의 삶에서 가장 큰 실수였다.

지켜봄은 명상의 시작이다. 비이원적이며 지고의 지성과 합일에 이르는 것은 명상의 정점이다. 지켜봄은 궁극의 합일에 이르기 위한 수단이다. 그러나 지켜봄도 넘어서야 하며, 나중에는 그 지켜보는 자조차도 사라져야만 한다. 왜냐하면 지켜보는 자로 있고 지켜볼 뭔가가 있는 한, 즉 관찰자와 관찰되는 것이 분리되어 있는 한, 이원성은 남아 있을 것이다. 관찰자와 관찰되는 것이 사라지고 오직 순수 의식만이 남을 때, 진정한 명상의 순간이 온다. 거기에는 아는 자와 알려지는 대상이 녹아 서로 속으로 사라져 버려, 누가 주체이고 누가 대상인지를 말하기 어렵다. 지켜보는 자와 보이는 것 사이에 아주 미세한 차이라도 있다면, 당신이 아직 마음을 넘어서지 못했다는 것임을 알아야 한다.

이러한 이유로 나는 오로빈도의 경험은 실재가 아니라고 말한다. 오고 가는 것은 결코 실재가 될 수 없다. 그것은 상상이고 꿈이고 투사일 뿐이다.

그러면 실재에 대한 진정한 경험은 무엇인가? 영원하고 파괴될 수 없는 것이 진정한 경험이다. 다른 모든 것은 마음의 게임이다. 오로빈도는 지켜봄을 넘어서지 못했고, 그는 바로 거기서 멈추었다. 그리고 명상의 기본을 가르치기 시작한 레레와의 관계를 단절하였다. 레레는 명상의 무엇인가를 지니고 있었다. 그는 오로빈도를 더 멀리 안내할 수 있었다.

오로빈도는 그 자신이 스승이 되었을 때 레레와 두 번째로 만났다. 이 두 번째 만남에서 그는 레레를 향한 존경과 감사의 마음이 부족하다는 것을 분명하게 드러냈다. 오로빈도는 레레가 자신에게 가르친 것은 쓸모가 없고 잊어버리는 편이 낫다는 것을 보여 주려고 애썼다.

오로빈도뿐만이 아니다. 이러한 상황은 구도자들이 명상을 하다가 첫 번째 경험을 하고서 그만두어 버릴 때 매번 일어났다. 맨 처음 경험하는 명상은 너무나 행복하고 상쾌하고 흥분되는 것이어서, 구도자는 자신이 얻어야만 할 모든 것을 얻게 되었다고 믿어 버린다. 영적 행로에서 가장 큰 장애물들은 구도자의 가족과 구도자 자신의 소유물에 대한 집착에서 오는 것이 아니라, 명상의 첫 번째 경험 그 자체의 모습에서 온다. 구도자가 직면하는 위험은 외적이라기보다는 오히려 내적이다. 명상의 첫 번째 경험이 너무나 즐겁고 행복하기에 사람은 그것들에 영원히 매이기를 원한다. 그래서 오로빈도뿐만 아니라 수많은 사람들이 목적지로 가는 여정에서 중도 하차하는 실수를 범하였다. 만약 중도에 머무는 집이 이전의 집과는 달리 여행자에게 너무나 편안함과 안락함을 준다면, 그가 자신의 여행을 그만두고 그곳을 자신의 집으로 삼더라도 놀랄 일이 아니다.

오로빈도의 명상은 레레에게 배운 것 너머로 한 치도 나아가지 못했다는 것을 입증하는 많은 증거들이 있다. 오로빈도는 여생 동안 제자들과 사람들에게, 레레가 자신에게 첫 3일 동안 가르친 것과 같은 명상의 기초를 가르쳤다. 명상을 지도받기 위해 오로빈도에게 간 사람들은 누구나 오로빈도의 병 속에 담긴 레레의 포도주를 받았다. 그러나 뛰어난 지성을 갖추고 있고 언어들에 통달한 그는 그것들을 수천 장에 달하는 문장으로 정교하게 설명하였다. 그 자신의 것은 아무 것도 없었다. 나는 그가 레레에게서 가져온 것 말고 다른 무언가를 말했는지를 찾기 위해 그의 모든 저서를 살펴보았다. 그래서 나는 그가 레레의 가르침 외에는 어떠한 의미 있는 내용도 부가하지 않았다고 말하고 있는 것이다. 레레는 단순한 사람이고 모든 것을 단순하게 설명하였다. 반면에 오로빈도는 단순한 생각을 복잡한 장문으로 변화시키는 복잡한 사람이다. 그러나 사실 그가 가르친 것들은 오직 단순히 지켜보는 것뿐이었다.

나는 오로빈도가 오히려 레레에게 배운 것조차 모두 잃어버리고 쓸모없는 궤변 속으로 휘말려 들어갔다고 믿는다. 당신은 레레가 훗날 오로빈도에게 한 말을 들으면 놀랄 것이다. "그대는 실패한 자이다. 그대는 그대가 도달했던 모든 명상을 잃어버렸다. 그리고 지금 그대는 이론의 논쟁뿐인 말들의 요술에 빠져 있다. 그것은 진정한 경험을 하는 것과는 아무런 관련이 없다."

레레의 이 말은 진실을 잘 드러낸 것이었지만, 오로빈도의 추종자들은 그의 스승에 관한 비판과 토론에 관심이 없었다. 이 말은, 명상으로 오로빈도에게 첫 번째 가르침을 주었고 아마 마지막 가르침도 주었을 사람이 한 말이다. 따라서 이러한 레레의 말은 그에 대해 많은 것을 말하고 있다.

레레가 두 번째로 오로빈도를 만났을 때, 그는 철학적 논문들을 쓰는 데 현혹되지 않도록 충고하였다. 그는 오로빈도가 상당한 분량의 책들을 쓰기 시작했다는 것을 알았다. 그러나 오로빈도는 레레의 말에 귀 기울이지 않았다. 오로빈도는 레레를 완전히 무시했다. 그러므로 오로빈도의 추종자들이 그들의 스승에 관한 레레의 충고를 무시하는 것은 당연하다.

나는 얼마 전에 말하기를, 독창적인 아이디어들은 개인들이 발견하기 때문에 그릇될 수 있다고 하였다. 물론, 그것들이 항상 잘못될 것이라는 뜻은 아니지만 잘못되지 않을 가능성은 아주 적다. 나는 또한 전통적인 아이디어들과 믿음들은 그렇지 않다고 말하였다. 시간이 지남에 따라 그러한 아이디어들과 개념들은 구세대의 유물로 남거나 사라질 수 있지만, 악취를 풍기는 화석들조차 그들 안에 몇몇 위대한 진리들을 숨기고 있을 가능성이 많다. 그렇지 않다면 죽어 버리고 악취를 풍기는 화석들과 같은 믿음들을 오랜 세월에 걸쳐 전하는 것은 불가능하다. 분명 그 속에는 다이아몬드가 묻혀 있지만, 우리는 그것을 찾는 데 실패한다. 이러한 이유로 사람은 전통적인 신념에 완강하게 매달린다.

나는 이와 관련된 다른 것을 설명하고 싶다. 오로빈도는 초월적 마음이라는 자신의 개념이 베다에서 유래한다고 말한다. 하지만 그것은 진리를 흉내 낸 것에 불과하다. 오랜 세월을 거치면서 잘못된 행위나 비도덕적 행동들이 전혀 그럴 것 같지 않은 사람들에 의해 저질러진다. 사람들은 새롭고 독창적인 무엇인가를 발견할 때마다 그것을 자신의 것이라고 주장할 용기를 내지 못했다. 왜 그런가? 첫째로 이 나라는 새로운 아이디어들이 잘못될 가능성도 함께 지니고 있다는 것을 알고 있다. 그러므로 이 새로운 개념을 뒷받침하고 확증해 줄 근거를 오래되고 권위 있는 경전들에서 찾는 것이 전통이 되었다. 새로운 것들에 접한 사람들은 모두 그것의 근원이 베다, 우파니샤드, 브라마 수트라에 있다고 주장하였다. 이러한 이유로 이 경전들의 올바른 해석이 어렵게 되었다. 모든 사람들이 자신의 생각들과 해석들을 스스로 아무것도 할 수 없는 경전들에 무조건 덧씌운다. 이것은 오래되고 확실한 상점의 신용을 새로운 사업에 이용하는 것과 다를 바 없다.

분명히 어느 누구도 베다나 우파니샤드가 진정으로 말하는 것을 알려고 하지 않는다. 모두가 자신의 해석들을 무사히 그들에게 첨가한다. 그래서 샹카라는 자신의 방식으로 우파니샤드를 해석하고, 님바카(Nimbarka)는 그와 상반된 방법으로 그것을 해석한다. 그리고 다야난다(Dayananda)도 자신의 생각들에 일치하게 베다를 해석하며, 오로빈도도 그의 신념에 맞게 다야난다와는 아주 다르게 해석한다. 그들은 이 위대한 경전들에 혼란을 야기시킨다. 그들은 사실상 경전들을 타락시키고 더럽힌다. 베다, 우파니샤드, 브라마 수트라는 불행하게도 그들의 해석에 의해 좌우되어야 했다. 기타의 운명도 마찬가지이다. 자기의 주장을 펴고 싶은 사람들은 누구나 이러한 경전들의 뒷받침을 주장하고, 자신의 의미들을 그것들에 덧씌우기 위해 모든 힘을 다하였다.

나는 이것이 지적 매춘 행위에 불과하다고 생각하는데, 그것은 수천 년 동안 인도에서 존재해 왔다. 어느 누구도 독자적으로 자신의 것을 자신의 권위로 말할 용기가 없었기 때문에 그들은 베다, 우파니샤드, 기타에 은신처를 마련해야만 했다. 이러한 부정직한 행위는 위대한 인도 정신에 대한 자기 확신의 결여에서 나왔다. 정직은 요구한다. 설령 오로빈도가 진리를 뿌리째 흔들었다 하더라도, 그는 베다가 말하는 것과는 상관없이 그 자신에 기초하여 말해야 한다고……. 비록 모든 경전들이 반대의 것을 말할지라도, 그는 자신의 주장을 두려움 없이 주장해야 한다. 그러나 자신의 생각이 분명하지 않다면 그는 베다, 우파니샤드, 기타에서 뒷받침할 근거를 찾는 것 외에는 다른 방법이 없다. 그래서 그는 그것들을 이용할 것이다.

베다와 우파니샤드의 현자들은 그들 자신에 대한 어떤 지지도 구하지 않는다는 것을 제발 명심하라. 그들은 그들이 말해야 하는 것이 무엇이든지 그들 자신에 근거하여 말한다. 그래서 그들의 주장들은 직선적이고 대담하고 힘이 있다. 브라마 수트라의 저자는 자신의 관점을 지지하기 위해 권위 있는 문헌들을 인용하지 않는다. 그는 적극적으로 이것이 진리에 대한 자신의 비전이라고 말한다. 그러나 베다, 우파니샤드, 브라마 수트라 후에 인도의 지적 수준은 쇠퇴하기 시작했고, 그것은 수천 년에 걸쳐 길고 가슴 아픈 역사를 만들었다. 그때 이후로 어느 누구도 예전의 현자들이 가졌던 것처럼 그 자신의 말로 자신의 것을 말하는 용기를 가지지 못했다. 그래서 모든 사람들이 우파니샤드, 브라마 수트라 그리고 기타, 이 세 경전의 지지를 구하였다. 솔직하고 정직한 말들은 없어지기 시작했다. 오로빈도는 이러한 인도의 지적 쇠퇴의 흐름의 마지막 연결이다.

이러한 이유로 나는 라마나와 크리슈나무르티가 훨씬 더 정직하다고 말한다. 그들은 베다나 어떤 다른 것으로부터도 지지를 구하지 않는다. 정직이란, 당신이 틀렸을 때 베다나 다른 어떤 것에 책임을 넘기지 않고 자신이 책임을 지는 것을 뜻한다. 정직은 당신이 어떤 옳은 것, 어떤 진리를 알았을 때, 비록 온 세상이 그것에 대해 반대할지라도 그것을 말하는 것을 뜻한다. 만약 그대가 알고 있는 것에 진정한 무엇인가가 있다면, 나중의 후손들이 그것에 대해 판단할 것이다. 하지만 최근까지도, 철학적 아이디어들과 개념들의 세계에 심각한 혼란 상태가 만연하고 있다.

나의 견해로, 인도의 철학은 서양 철학 발전의 정직한 경로를 따르는 데는 실패했다고 본다. 소크라테스는 무엇인가를 말하고자 할 때 자신의 것으로만 말하였다. 그는 조상들의 무게에 기대려고 노력하지 않았다. 마찬가지로 칸트와 비트겐슈타인이 무엇인가를 말할 때, 그들은 스스로 말했다. 그들은 소크라테스나 어떤 다른 사람들의 권위를 주장하지는 않는다. 그런 의미에서 서구 철학은 우리의 철학보다 더 정직하다. 과학이 서구에서 태어났다는 것은 이러한 사고의 정직함에 기인한다. 과학은 정직의 자식이다. 사실 과학은 부정직한 사고로는 나올 수 없다. 그것은 불가능하다. 인도에서는 과학을 탄생시킬 수 없었다. 왜냐하면 우리는 뿌리 깊은 지적 부정직의 희생물이었기 때문이다. 여기서는 누가 무엇을 말하는지를 결정짓기 어렵다. 모든 사람이 경전을 인용하고 있다. 모든 사람이 권위를 인용하고 있다. 모든 사람이 다른 사람의 목소리를 흉내 내고 있다.

베다에 대한 오로빈도의 지나친 의존은 그의 열등감에서 온다. 그러므로 베다에 대한 의존은 그의 말의 깊이에는 아무런 영향을 끼치지 못한다. 그것은 다만 그가 자신이 말하는 것이 진실인지 아닌지 확신이 서지 않아서, 그의 흔들리는 생각들을 유지하기 위해 권위적인 힘을 찾고 있다는 것을 말할 뿐이다.

인도의 마음은 베다, 우파니샤드, 기타에 깊은 영향을 받았다. 또한 인도의 마음은 마하비라와 붓다에 의해 크게 조건화되었다. 인도의 마음은 전통의 포로이다. 그래서 우리는 베다나 담마파다(dhammapada)의 권위에 바탕을 둔 무엇인가를 말하는 사람은 누구든지 받아들인다. 우리는 그를 문헌과 별도로 자세하게 조사해 보려고도 하지 않으며 그가 말하는 것이 진짜인지를 찾아내는 것에도 개의하지 않는다. 우리는 베다의 내용 아래 말해지는 모든 것, 또는 어떠한 것이라도 맹목적으로 받아들인다.

그러나 의문이 있다. 왜 베다 뒤에 숨어 있는가? 진리는 가면이 필요한가? 만약 내가 어떤 진리를 알게 된다면, 나는 그것을 평이한 언어로 말할 것이다. 베다가 나와 같은 관점으로 진리를 본다면 그것들이 옳고, 만약 그것들이 내 생각과 다르다면 그것들이 틀렸다고 말할 것이다. 진리에 대한 나의 지각은 나의 확인을 바탕으로 한다. 그것은 그것 자체로 충분하다. 나는 베다의 말이 틀렸다고도 맞다고도 할 수 있다. 나로서는 베다가 나의 말에 맞을 수도 있고 틀릴 수도 있다.

만약 누군가 와서 내가 말한 것이 마하비라와 다르다고 말한다면, 나는 그에게 마하비라가 틀렸다고 말할 것이다. 나는 마하비라가 정말로 그 말을 했는지 하지 않았는지 확신할 수 없으나, 나는 내가 말하는 것에 관해서는 확신할 수 있다. 비록 온 세상이 내가 보는 방식이 틀렸다고 말할지라도, 나는 내가 그것을 다르게 보기 때문에 온 세상이 틀렸다고 말할 것이다. 나는 나 자신의 지각에 대해서는 목격자가 될 수 있지만, 다른 사람들의 지각에 대해서는 목격자가 될 수 없다.

그러나 그것이 자신을 올바른 자리에 두는 가장 간단하고 편리한 방법이다. 만약 당신이 진리를 직접 알고 당신이 본 대로 정확하게 말한다면, 당신이 실제로 무엇인가를 발견했는지를 판단하는 데 수천 년이 걸릴 것이다. 그러나 만약 당신이 베다의 뒤로 숨는다면, 당신은 즉각적으로 손쉽게 승인을 받게 된다. 왜냐하면 베다가 말한 것과 같은 것을 말하면, 당신의 말은 가장 고전적인 경전들의 권위로 인정되기 때문이다. 그것은 매우 간단한 속임수이고 매우 더러운 속임수이다.

나는 한 이야기를 통해 그것을 설명하고 싶다.

프랑스에 낭비벽과 방탕한 생활로 잘 알려진 한 백작 부인이 있었다. 그녀는 중국을 방문하였고, 거기서 멋진 재떨이를 가지고 왔다. 그녀는 재떨이와 똑같은 색깔로 거실을 칠하기로 결정하였다. 그녀는 이 분야의 제일 훌륭한 화가를 초대했다. 그러나 아무도 벽의 색과 재떨이의 색깔을 정확히 같게 할 수가 없었다. 그 재떨이는 프랑스의 어떤 곳에서도 찾을 수 없는 특별한 중국 물감으로 칠해져 있었다. 그래서 그녀의 모든 노력들은 실패하였다. 수많은 유명한 화가들이 오고 갔지만 모두 실패했다. 어느 날 한 화가가 와서 그 일을 하고 싶다고 말하였다. 그런데 그는 자신이 일하는 한 달 동안 아무도 그 방에 들어오지 못하게 해 달라고 말하였다. 백작 부인은 그의 제의를 받아들였고 그 사람은 열성적으로 일하기 시작했다.

한 달 내내 그 화가는 매일 아침 일찍 와서 거실 문을 잠그고 저녁이 될 때까지 일했다. 한 달이 지난 뒤, 그가 백작 부인을 거실로 초대했을 때, 그녀는 자신의 희망대로 거실이 변한 모습을 보고 아주 기뻐했다. 그 방은 재떨이의 색과 정확히 같았다. 그리고 그 화가는 몇 백만 프랑의 돈을 호주머니에 넣고 기쁘게 집으로 돌아갔다.

후에 그 화가는 자서전에 적기를, 먼저 백작 부인의 거실 벽을 칠한 뒤 똑같은 색으로 재떨이를 다시 칠했다고 하였다. 그렇게 된 것이었다.

오로빈도와 다야난다와 그 밖의 다른 무리들은 벽을 먼저 칠한 다음 똑같은 색으로 재떨이를 칠한다. 먼저 그들은 자신의 학설을 세운 다음, 베다를 그들의 학설에 맞추고서 그들 학설의 완벽함을 선언한다.

산스크리트, 아랍어, 라틴어, 그리스어와 같은 모든 고대 언어는 과학적이 아니라 시적인 언어이다. 그러한 언어들은 유리한 점과 불리한 점이 다 있다. 유리한 점은 그 단어가 유연하고 섬세하여, 한 가지 의미 이상을 가지고 있다는 것이다. 이것은 역시 그 단어의 불리한 점도 된다. 왜냐하면 그 단어가 한 가지 이상의 의미를 지니기 때문에 처음 사용된 의미를 밝히기가 힘들기 때문이다.

그러한 언어들은 시를 쓰기에는 매우 적합하다. 그것들은 시에 유연함과 다양함, 깊이와 풍부함을 더한다. 시가 수많은 다양한 사람들에게 철자를 던지지만 모두가 거기에 반영된 자신의 의미들을 발견하는 것은 이 때문이다. 그러나 이러한 언어들은 절대적으로 정확한 뜻을 가진 한정적인 언어를 필요로 하는 과학에는 적당하지 않다. 과학에서 'a'는 정확히 a를 뜻해야 한다.

고대의 어떤 언어들도 과학적이지 않으며, 과학도 그들 속에서 발전되지 않았다. 정확한 과학은 절대성이나 질적인 정밀함을 요구하므로 이와 전적으로 다른 언어가 필요하다. 과학자들은 그러한 언어를 만드는 데 바쁘다.

그대는 오늘날 가장 발전한 과학인 물리학이 단어의 사용을 점차 포기하고 대신에 H_2O와 같은 수학적인 공식으로 자기를 표현하기 시작했다는 것을 알고 놀랄 것이다. 수학적인 공식들은 한 가지 의미 이상을 뜻하는 일반적인 단어들보다 훨씬 더 정확하다. 그러므로 아인슈타인을 이해하기 위해서는 높은 수준의 수학을 이해하는 것이 필요하다. 첨단 물리학을 이해하려면 언어를 아는 것으로는 충분하지 않다. 수학의 통달이 필수적이다. 그래서 과학적 언어는 수학의 모습을 취하고 있다. 아인슈타인 같은 사람들은 미래의 과학적 언어는 단어나 문장보다 상징이나 기호로 이루어질 것이라고 생각한다. 그렇지 않으면 그것은 정확하고 분명해질 수가 없다.

인도뿐 아니라 온 세계에 걸쳐, 과거의 언어는 하나의 모습 즉 운문만 가지고 있었다. 대부분의 고대 경전들은 운문으로 되어 있다. 고대의 인도 의학서들조차도 운문으로 적혀 있는 것은 놀라운 일이다. 거기에는 이유가 있다. 과거에는 모든 지식이 말로써 스승으로부터 제자에게로, 한 세대에서 다음 세대로 전해져야 했다. 글로 전달하는 것은 훨씬 나중에 이루어졌다. 이러한 의사 전달을 위하여 시가 필수적이 되었다. 시는 쉽게 기억이 된다. 산문은 그만큼 쉽게 기억되지 않는다. 그러한 이유로 우파니샤드나 기타나 코란은 시의 형태로 되어 수천 년 동안 구전되어 왔다. 그러나 이러한 전통으로 인해 단어와 문장의 뜻에 혼란이 야기되기도 하였다. 그래서 모든 사람들은 베다를 자기가 좋아하는 방식으로 자유롭게 해석한다.

내가 보건대, 폰디체리에서 그들이 행하고 있는 작업은 영성의 장에서 행해진 그 어떤 작업보다 가장 쓸모없는 작업이다. 우리는 그것이 과연 가치가 있는지 없는지에 대해서 미래에 그것을 결정하도록 남겨 둘 필요가 없다. 그것은 지금 여기서 결정될 수 있다.

어떤 사람이 화로 위에 물을 한 통 올려놓고 가열하고 있다면, 물이 수증기로 변한다는 것을 우리는 지금 즉시 여기서 말할 수 있다. 우리는 이 결정을 다음 세대들이 말하도록 남겨 둘 필요가 없다. 또 만약 어떤 사람이 얼음 위에 물통을 올려놓음으로써 물을 데우려고 한다면, 우리는 이 물이 절대로 수증기로 변하지 않을 것이라고 지금 즉시 말할 수 있다. 미래가 무엇이 무엇인지를 결정하도록 기다릴 필요가 없다. 영성학은 완전한 과학이다. 그것은 점성학이나 수상학과 같은 것이 아니다. 그리고 영성학은 그것 자신의 법칙들과 규칙들을 가지고 있다. 그러므로 누군가가 영성학의 이름으로 마차를 말 앞에 놓고 달리고자 한다면, 나는 그가 어리석은 일을 한다고 즉시 그에게 말할 것이다. 만약 미래가 결정해야 할 것이 있다면, 그것은 내 말이 옳은지 오로빈도의 말이 옳은지를 결정하는 것일 것이다.

이 세상에서의 모든 성장은 개인적 수준에서 일어난다. 의식과 의식의 진보를 위한 여정은 개인별로 시작되는 반면, 그것의 성취와 그것의 절정은 우주적이다. 모든 의식의 원천은 우주적이지만, 그것의 표현은 항상 개인적이다. 우주는 바다와 같고 개인은 파도와 같다. 하지만 의식은 항상 개인들의 모습 속에서 보인다. 당신은 지금은 개인적 의식이지만, 개인적 의식으로서의 정체성을 잃을 때, 당신은 우주적 의식을 얻을 것이다. 그러나 그때 당신의 우주적 의식의 경험이 모든 사람의 경험이 될 수는 없다. 그것은 당신의 것으로 남을 것이다.

이러한 맥락에서 바르게 이해될 필요가 있는 구태의연한 논쟁이 하나 있다. 처음으로 누군가가 한 영혼이 모든 그리고 각각의 존재에게 스며들어 있다고 말했을 때, 개인적 영혼의 존재를 믿는 사람들은 "그렇다면 어느 한 사람이 죽으면 모든 사람이 죽어야 하고, 어느 한 사람이 행복을 느끼면 모든 사람이 행복해야 한다."고 말함으로써 그것을 반박하였다. 그들의 논박은 설득력이 있다. 만약 전기처럼 하나의 의식이 우리 모두 속에 있고 그래서 서로 어떠한 분리도 없다면, 내가 불행할 때 어떻게 당신이 행복할 수 있겠는가? 만약 내가 죽는다면, 어떻게 당신이 살 수 있겠는가? 다양한 영혼이 있다고 믿는 것은 이 주장을 바탕으로 하고 있다.

그러나 나는 그들의 주장이 완전히 옳다고는 생각하지 않는다. 전기가 모두 같다는 것은 사실이지만, 한 전구가 파손되었다고 해서 한 마을 전체의 전구가 파괴된다는 의미는 아니다. 전기는 변압기와 스위치, 전선과 전구에 의해 통제되고, 모든 전구는 각각의 스위치에 연결되어 있다. 그러므로 한 개의 전구나 그 스위치가 꺼짐으로써 모든 전구들과 스위치들이 작동되지 않는 것은 아니다.

바다는 하나이고, 그 바다로부터 일어나는 파도는 많다. 그러나 하나의 파도가 사라졌다고 해서 다른 모든 파도가 사라질 것이라고 말할 수는 없다. 아마 하나의 파도가 사라지고 있을 때 많은 다른 파도들이 생겨나고 있을 것이다. 그러지 못할 이유가 없다.

그것을 다른 관점에서 살펴보면, 우주적인 지고의 의식 즉 신은 우리 모두에게 스며들 것이며, 너와 나를 구별하지 않고 우리 모두에게 내려올 것이라고 상상할 수 있다. 이것이 오로빈도의 환상이다. 나는 의도적으로 그것을 환상이라 부른다. 그것은 유쾌하지만, 그럼에도 불구하고 그것은 환상이다. 많은 환상들이 유쾌하다. 그러나 그것들이 유쾌하다고 해서 진실이 되지는 않는다. 신이 우리에게 하강할 것이라고 상상하는 것은 매우 즐겁다. 그러나 만약 내가 무지한 채로 남아 있겠다고 결심한다면, 오로빈도나 신의 힘으로 나의 무지를 쫓아낼 수 없다. 그들은 나에게 이 정도의 자유를 허용해야 한다. 나는 원한다면 무지한 채 남아 있을 수 있다. 내가 원하는 것을 할 수 있는 자유, 즉 무지한 채로 남아 있거나 또는 내가 무엇을 선택하든지 그렇게 있을 수 있는 자유가 사라진다면, 이 땅에 신과 신의 빛의 하강은 아무런 의미를 가지지 못할 것이다. 그때는 지혜조차도 속박과 부담으로 변할 것이다. 그러므로 비록 초마음이라는 오로빈도의 생각이 유쾌하게 보일지라도, 사실 그것은 무서운 것이다. 나는 그의 생각에 동의하지 않는다. 인간의 역사는 그것을 증명하지 못한다.

역사는 신성한 의식을 향해 올라가 그 속으로 몰입되는 것은 항상 개별 의식이라고 말한다. 물론, 개별 의식이 신을 향해 올라가서 신 속으로 들어가 사라질 준비가 될 때, 신은 개별 의식을 맞으러 온다. 이것은 같은 것을 말하는 또 다른 방법이지만, 그러나 먼저 가야만 하는 것은 늘 개인이다. 그들이 만나 서로 섞인 뒤에는, 물방울이 바다로 들어갔는지 아니면 바다가 물방울 속으로 들어갔는지를 말하기 어렵다. 그러나 지금까지는 바다를 만날 준비를 갖추지 못한 어떤 물방울 위로 바다가 스스로 내려온다고 말할 만한 증거가 전혀 없다.

바다로 흘러가는 것은 언제나 강이지, 그 반대는 아니다. 오로빈도는 지금부터 바다가 강으로 흘러가기를 원한다. 그러나 만약 그러한 상황이 일어난다 하더라도, 강이 바다를 받아들이기를 거부할 상황이 일어날까 봐 염려스럽다. 강이 바다를 향해 여행한 뒤 바다에 흡수되어야 한다는 것은 강의 책임이자 특권이다. 바다는 결코 이 합일을 거부하지 않을 것이다. 바다는 너무나 거대하여 합일이 아무런 차별을 만들지 않을 것이다. 비록 모든 강물이 바다로 가서 합쳐지더라도 그것은 그 어떤 차이도 만들지 않을 것이다. 그렇지만 만약 바다가 강으로 온다면, 바다는 간단하게 강을 파괴시킬 것이다.

자신이 신 의식을 얻었다고 말하는 자는 언제나 개인이다. 신은 결코 자신이 개인과 하나가 되었다고 말하지 않는다. 그리고 인간은 신의 측에서의 어떤 그러한 노력도 거절할 것이라고 나는 확신한다. 왜냐하면 그것은 인간의 자유를 침해할 것이기 때문이다. 자유는 최고의 것이다.

나는 오로빈도의 생각처럼, 우주적 의식이 늘 인간에게 내려오고 있다는 것을 받아들일 준비가 되어 있지 않다. 모든 인류의 경험이 내가 말한 것을 증명할 것이므로, 나는 미래를 위해 말할 수 있다.

오로빈도는 더 이상 이 땅 위에 없다. 그리고 그의 생전에 초월적 마음의 하강과 같은 일은 전혀 일어나지 않았다. 오로빈도는 그런 어리석은 주장들을 많이 하였다. 예를 들면, 그는 육체적으로 영원하고 죽지 않을 것이라 단언했다. 그래서 그의 눈먼 추종자들은 그들의 스승이 육신을 가지고 영원히 살 것이라 믿었다. 마찬가지로 그들은 신 의식이 그들에게로 내려올 것이라고 믿었다. 그들은 "신 의식을 받은 이가 어떻게 죽을 수 있겠는가?"라고 주장했다.

어떻게 오로빈도는 신 의식의 하강이 자신의 영뿐 아니라 육체까지도 포함할 것이라 믿게 되었는지 이상한 일이다. 그는 신의 하강으로 자신의 몸의 모든 원자가 신성하게 될 것이라고 믿었다. 어떻게 그러한 몸이 죽을 수 있겠는가? 그러므로 논리적으로 보면 오로빈도가 맞는 것처럼 보인다. 많은 사람들이 영혼의 불멸에 대해 말했지만, 육신의 불멸에 대해 말한 사람은 지구상에 오로빈도가 처음일 것이다.

육신의 불멸에 대한 자기의 주장을 고수하는 사람은 일면 편리한 점이 있다. 당신은 그가 살아 있는 동안에 그의 잘못을 증명할 수 없고, 그가 죽고 나면 증거가 없다. 오로빈도가 살아 있는 동안은 그의 주장이 틀림없었다. 그리고 지금 그는 없고, 그의 잘못을 고발하는 당신의 말을 들을 사람도 아무도 없다. 그가 죽은 후 24시간 동안 마더(Mother)로 알려진 폰디체리 아쉬람의 부인이 오로빈도가 죽었다는 사실을 믿지 않았다는 것은 놀랄 일이 아니다. 그녀는 그가 깊은 사마디 상태에 들어갔다고 믿었다. 그녀는 그의 몸이 다시 소생할 것이라 믿고는 그의 몸을 화장하기를 사흘 동안 거부했다. 그녀는 또한 요기의 시체는 부패되지 않는다고 믿었다. 오로빈도는 요기였다. 그러나 3일 후 오로빈도의 시체에서 악취가 났고, 그의 제자들은 서둘러 그의 시체를 화장했다. 그들은 그 모든 일을 서둘러야 했다. 왜냐하면 그들은 자신들의 스승의 시체가 부패했다는 사실을 온 나라에 알리고 싶지 않았기 때문이다. 만약 그것이 알려지게 된다면, 인도는 오로빈도를 위대한 요기로 받아들이지 않을 것이다.

폰디체리 아쉬람의 일부 사람들은 오로빈도가 육체적으로 불멸하므로 언젠가 되살아날 것이라고 여전히 믿고 있다는 것은 아이러니이다. 그것은 어리석은 생각이지만, 그러나 인도의 정신은 그 같은 쓰레기로 채워져 있다. 모든 종류의 믿음들과 미신들이 이 나라를 그들의 집으로 만들었다. 오늘날 요기의 시체가 부패되지 않을 것이라는 이 믿음은 아주 어리석은 것이다. 그럼에도 불구하고 그것은 자세히 검토되어야만 한다.

나는 요기의 시체가 변질되거나 분해되지 않는다는 의견을 받아들일 수 없다. 시체는 변질되며 그렇게 되어야만 한다. 만약 요기의 몸이 부패를 면한다고 한다면, 죽음 그 자체도 면하지 못할 아무런 이유가 없다. 사실 몸이 늙고 몸의 모든 기능이 저하되는 것은 몸의 죽음의 시작이다. 자신의 몸이 노후해져 가는 것이 늙는 것 아닌가? 요기도 삶의 법칙에서 예외는 아니다. 요기의 몸은 젊을 때는 자라고 나이가 들면 죽게 된다는 모든 삶의 법칙들을 지키면서, 왜 죽은 후에 부패한다는 이 한 가지 법칙만은 허용하지 않으려 하는가? 그의 몸은 다른 사람들의 몸과 마찬가지로 부패할 것이다. 그것은 피할 수 없다!

만약 어떤 이가 요기라면, 그의 몸이 아니라 그의 영혼이 깨달음을 얻을 것이다. 그리고 영혼은 그가 요기인지 아닌지에 상관없이 모든 몸속에 존재한다. 물론, 요기는 그것을 알게 된다. 그는 자신이 영혼이라는 것을 알게 된다. 그러나 이 지식은 그의 몸인 물질의 화학적 성분을 변화시키지 않는다. 심지어 요기도 병으로 쓰러진다. 그러나 요기의 몸이 부패하지 않는다는 믿음 때문에, 우리는 우리의 위대한 스승들에 대해 여러 가지 이야기들을 만들어야만 한다.

마하비라는 이질로 죽었다. 그는 죽기 전 꼬박 6개월 동안 이 병으로 고생을 했다. 그래서 자이니교인들은 모든 일을 왜곡히어 설명하기 위하여 이야기 하나를 꾸며야만 했다. 그토록 수많은 단식을 해 왔던 마하비라와 같은 위대한 요기가 이질 같은 병으로 고통을 당해야 한다는 것을 그들이 어떻게 받아들일 수 있겠는가? 그의 위는 그러한 병에 대한 면역을 가졌어야 했다. 자이나교 경전들은 마하비라가 12년이란 기간 동안 단지 365일만 식사를 했다고 전한다. 그는 아무것도 먹지 않고도 몇 달 동안 살 수 있었다. 어떻게 질병이 그에게 올 수 있었을까? 나의 견해로는, 그가 너무나 많이 자신의 위를 괴롭혔기 때문에 이질에 걸리기에 가장 이상적인 상태에 있었던 것으로 보인다. 그러나 마하비라를 위대한 요기로 믿어 왔던 모든 이들은 이러한 질병이 그를 쓰러뜨렸다는 것을 받아들일 수 없었다. 나는 그런 문제로 어려움을 겪지 않는다. 나에게 있어 위대한 요기는 이질로 고생을 하건 안 하건 위대한 요기로 남아 있다.

그러나 자이나교는 마하비라의 이질이 일반적인 이질이 아니라고 조작하였다. 그들은 고샬락(Goshalak)이 특별하고 비밀스러운 만트라를 통해서 마하비라에게 이 병을 옮겼으며, 마하비라는 위대한 연민으로 그것을 받아들였다고 하다. 그와 같은 이야기는 요기들이 연민으로 헌신자들의 병을 대신 떠맡아서 스스로 병에 걸리게 되었다는, 이 나라에 떠도는 이야기들과 같다. 우리는 요기들이 병에 걸리는 것조차 허락하지 않는다는 것은 우스운 일이다. 이러한 어리석음은 세월이 흘러도 계속해서 이어져 내려오고 있다.

오로빈도는 죽었고 그의 몸은 부패되었다. 육신의 불멸에 대한 모든 말은 이제 무의미해졌다. 나는 그가 죽기 전에도 그러한 말들은 무의미하였다고 말한다. 육신의 불멸은 이 지구상에서 결코 일어나지 않았다. 그럴 만한 이유가 있다. 붓다가 말하듯이, 함께 모인 것은 반드시 서로 떨어지게 마련이다. 왜냐하면 모든 그러한 함께 함은 일시적이기 때문이다. 만약 내가 돌을 던지면, 그것은 땅에 떨어지게 마련이다. 돌을 움직이게 만든 것은 내 손의 에너지이고, 그 힘이 다하면 돌은 땅에 떨어진다. 내가 던지든 누가 던지든, 던져진 뒤 영원히 공중에 머물 수 있는 돌은 이 세상에 존재하지 않는다. 날아가는 거리는 연장될 수 있지만, 낙하는 필연적이다.

태어난 자는 죽어야만 한다. 만약 어떤 사람이 보편적인 출생 과정을 거쳐 지상에 오지 않았다면, 즉 어머니의 자궁이란 매개체 없이 물질화되었다면, 그 사람은 육체적으로 불멸일 수 있다. 삶의 한 끝인 출생은 인정하면서 다른 끝인 죽음을 부정한다는 것은 정말 웃기는 일이다. 양 끝은 함께 있다. 태어난 사람은 누구나 죽을 것이다. 불멸의 육신을 자식에게 줄 수 있는 인간 부모는 없다. 그들은 출생을 죽음으로부터 분리할 수 없게 만든 삶의 법칙을 따라야만 한다. 그것은 간단한 산수이다. 그러나 오로빈도가 살아 있는 동안에는 그가 틀렸다고 말할 수는 없다고 주장할 수도 있다.

그러나 나는 그의 죽음을 기다리지 않고 말할 수 있다. 삶의 이러한 법칙은 너무 간단하고 명확하고 또 자명해서, 오로빈도의 상상들과 사색들은 이것에 차이를 생기게 할 수 없다. 아이러니는 이제 그가 죽었기 때문에 그와 토론할 방법이 없다는 것이다.

그리고 당신은 이와 관련한 폰디체리의 연구는 후세들이 판단할 것이라고 말한다. 그러나 폰디체리에서 이런 우둔하고 어리석은 행동에 몰두하고 있는 현 세대들에게는 무슨 일이 일어날 것인가? 우리는 그 동안 그들이 스스로를 바보로 만드는 것을 내버려두어야 하는가? 후세대들이 판단하겠지만 현세대가 타락하도록 내버려둬야 하는가? 아니다. 그러한 일이 미래에 남겨질 수는 없다. 폰디체리에서 신기루를 찾고 있는 모든 사람들은 매우 착한 사람들이다. 그들은 보살핌을 받아야 한다. 그리고 우리는 그들의 어리석은 행동에 대해 경고해야 하며, 그들이 지금 무엇을 하고 있는지를 다시 생각해 보도록 요구해야 한다. 신은 결코 우리에게 내려오지 않는다. 우리가 신에게 올라가야 한다. 그것은 다르다. 어떤 사람이 신에게 이를 때, 그는 신이 자신에게 내려왔다는 느낌을 받을 것이다. 그러나 이 느낌은 오로빈도의 이론과는 다르다.

당신은 앨리스 베일리에 대해서 질문하였다. 그녀는 케이(K)라는 어떤 마스터가 티베트에 있는 산에서 자신에게 메시지를 보내고 있다고 주장하였다. 이것은 꽤 가능성이 있는 것이며, 앨리스 베일리가 옳을지도 모른다.

사실 우주에는 우리를 너무나 사랑하고 우리에게 연민을 느껴, 몸이 없이 에테르의 존재에 있으면서도 우리를 도우려고 노력하는 영혼들이 많이 있다. 그래서 그들은 어떤 적절한 매개체를 발견한다면 우리에게 메시지를 보내려고 한다.

앨리스 베일리는 그러한 메시지를 받은 지구상의 최초의 인물은 아니다. 마담 블라바츠키(Madame Blavatsky), 애니 베산트(Annie Besant), 올코트 대령(Colonel Olcott) 그리고 리드비터(Leadbeater)와 같은 많은 사람들이 과거에 몸이 없는 영혼들을 위한 매개체로서 역할을 해 왔었다. 그래서 보다 높은 영적 성장의 단계들에 도달한 그러한 영혼들과 접촉함으로써 많은 것들이 알려지고 전달되게 되었다.

신지학회에서는 크리슈나무르티를 통하여 이러한 종류의 위대한 실험을 했다. 그들은 크리슈나무르티가 올바른 매개체를 찾으려는 영혼들과 접촉하도록 많은 노력을 했다. 크리슈나무르티의 초기작품 『스승의 발밑에서(At the Feet of the Master)』와 『알시오네의 삶(Life of Alcyone)』은 그가 티베트의 마스터와 접촉하고 있던 시기에 속한다. 이러한 이유로 크리슈나무르티는 자신의 책을 자신의 것이 아니라고 부인하는 것이다. 그는 자신의 의식 상태에서 이 책들을 쓰지 않았다. 『스승의 발밑에서』는 비범한 책이지만 크리슈나무르티에 의해서 쓰인 책은 아니다. 그는 단지 메시지의 형태로 그것을 받는 매개체에 불과하였다.

앨리스 베일리는 몸이 없는 영혼들로부터 메시지를 받는 그러한 매개체라고 주장한다. 서구 심리학자들은 앨리스 베일리의 주장을 받아들이지 않을 것이다. 왜냐하면, 그들은 그 주장을 증명할 수 있는 방법이 없기 때문이다. 서구 심리학은 이 지구상의 생명을 초월해서 이용할 수 있는 지식은 아무것도 없다고 말한다. 내가 서구 심리학을 말할 때, 그것은 한동안 서구에서 발전되어 온 초심리학을 뜻하는 것이 아니라 옥스퍼드, 케임브리지, 하버드에서 가르치고 있는 전통 심리학을 뜻한다. 전통 심리학에서는 인간이 몸이 없는 상태에서 살 수 있고 몸이 없는 영혼이 우리와 의사소통을 할 수 있다는 것을 전혀 알지 못하고 있다. 그러나 그러한 영혼들은 언제나 존재해 오고 있으며 우리와 의사소통을 하고 있다.

마하비라에 관한 일화가 있다. 마하비라는 숲 언저리에서 조용히 혼자 서 있었다. 한 목동이 그에게 다가와서 잠시 자기의 소들을 돌봐 달라고 요청했다. 목동은 어떤 급한 일로 서둘러 마을에 가야 했기 때문이다. 마하비라는 침묵 중에 있었다. 그래서 그는 '예'라거나 '아니오'라고 할 수 없었다. 하지만 목동은 그의 침묵을 승낙으로 여기고 마을로 급히 내려갔다.

다시 돌아온 목동은 자신의 모든 소들이 사라졌음을 알고 충격을 받았다. 마하비라는 전과 같이 그 자리에 서 있었다. 목동은 자신의 질문에 아무 대답도 하지 않고 귀머거리인 체하는 이 남자의 묵인으로 인해 누군가가 자신의 소들을 훔쳐 간 것이라고 믿었다. 그래서 그는 마하비라를 저주하고 무자비하게 때렸다. 심지어 마하비라의 귀에 쇠막대기를 찔러 넣기도 했다. "귀머거리인 척하다니. 언제까지 그럴 수 있나 보자." 마하비라는 아무 말도 하지 않았다. 그는 움직이지 않고 말없이 그냥 서 있었다.

전설에는 신들의 왕 인드라가 마하비라에게로 와서 그를 보호해 주려고 했지만 마하비라가 그 제안을 거절하였다는 이야기가 있다. 이 인드라는 사람이 아니다. 그는 마하비라와 같이 순수하고 방어하지 않는 사람이 고통받는 것을 보고 연민을 느껴 도와주려고 한 몸이 없는 영혼들 중 하나이다. 그러나 마하비라는 단호하게 "아니오."라고 말한다. 자기 자신을 괴롭히는 목동에게는 한마디도 하지 않던 사람이 인드라에게 "아니오."라고 말한 것은 재미있는 일이다. 사실 인드라와 마하비라 사이의 이 대화는 마하비라가 인드라의 메시지를 심령적으로 받아들인 어떤 내면적인 수준에서 일어나고 있는 것이다. 만약 마하비라가 인드라에게 말을 했다면, 그는 목동한테도 역시 말로 그의 상황을 설명할 수 있었을 것이다. 그러나 그는 자신이 받고 있는 온갖 고통에도 불구하고 침묵의 맹세를 지킨다. 그의 침묵의 맹세는 12년 동안 지속되었다. 분명히 그는 말로써 인드라의 제안을 거절한 것이 아니다. 그것은 단어와 언어 없이도 전달될 수 있는 내적인 대화이다. 어떤 단어들이나 감각 기관들이 전혀 필요치 않는 비밀스런 의사소통의 통로들이 있다.

　마하비라의 추종자들은 이 일화를 설명하는 데 어려움을 느꼈다. 그러나 그것은 분명히 가능하다. 우리와 말 없이도 아스트랄로 의사소통할 수 있는 몸이 없는 영혼들이 있다.

　전하는 바에 의하면, 마하비라는 인드라에게 말하였다. "아니오, 내가 당신의 보호를 받아들이는 데 동의한다면 나는 나의 자유를 잃을 것입니다. 내 자유를 위해 나를 그냥 내버려두십시오. 당신의 도움은 분명히 저를 당신에게 구속되게 할 것입니다. 저는 저를 보호해 준 데 대한 보답으로 굴레를 원치 않습니다." 인드라에게 보호를 받으면 자신이 신들의 왕에게 구속받을 것이기 때문에 오히려 목동이 그에게 덜 해롭다는 뜻으로 마하비라는 말한다. 목동이 가하는 고통들은 그를 구속하지 않겠지만, 인드라가 제공하는 보호는 분명 그를 구속하게 될 것이다. 그는 어떤 희생을 치르더라도 자신의 자유만은 포기하고 싶지 않았다.

또 다른 전설에서는, 고타마 싯다르타가 처음 깨달음의 경지에 이르렀을 때 신들이 그에게 인사하기 위하여 왔다고 한다. 붓다는 깨달음을 얻은 후 7일간 마치 목소리를 잃어버린 듯 아무 말도 하지 않았다. 그러한 일은 지고의 지식에 이르렀을 때 종종 일어난다. 그는 그의 말을 잃어버린다.

무지의 상태에서 말하는 것은 쉽다. 진리에 대해 알지 못하는 사람은 자신이 말하는 것에 대해 책임감을 갖지 않는다. 그는 자기가 좋아하는 대로 말할 수 있다. 모르는 것에 대해 말하는 것은 전혀 어렵지 않다. 왜냐하면 우리는 그릇됨을 두려워하지 않기 때문이다. 그러나 진리에 이르게 되었을 때 그는 말이 없어진다. 왜냐하면 진리는 말해질 수 없기 때문이다.

그래서 붓다가 됐을 때, 그는 7일 동안 절대적인 침묵을 유지했다. 신들은 그가 다시 말을 시작하도록 방해하고 애원했다고 한다. 신들은 만약 붓다가 자신의 소중한 지혜를 그것을 필요로 하는 사람들과 나누지 않는다면, 그것은 인류에게 참으로 비참한 일일 것이라고 생각했다. 붓다와 같은 사람이 이 지구상에 다시 태어나려면 천 년이 지나야 한다. 신들은 그에게 간청하였다. "기도드립니다. 고통받는 이 인류를 구원하기 위해 말씀을 해 주십시오."

이 신들은 인간이 아니며 몸 없는 영혼들이다. 그들은 붓다가 성취한 고귀한 것에 대해 알고 있는 고도로 진화된 영혼들이다. 세상을 위해 다행스럽게도 그는 인간의 몸을 지니고 있다. 그래서 그는 세상과 의사소통할 수 있는 위치에 있다. 신들은 몸이 없기 때문에 의사소통을 할 수 없다. 신들은 붓다가 깨달은 것이 무엇인지를 알고 있다. 그들은 그것을 세상에 알리고 싶어도 아무런 도움을 줄 수가 없다. 그런데 여기에 궁극의 진리를 알고 있는 사람이 있다. 그는 여전히 몸을 지닌 채 이 세상에 존재하고 있다. 인류의 구성원 중에서 궁극의 진리와 마주친 자가 나오는 것은 매우 드문 일이다. 그러므로 이 몸이 없는 영혼들은 붓다가 말을 해야만 하며, 그것도 더 이상 지체 없이 말해야 한다고 주장한다. 그들은 붓다로 하여금 말을 하도록 설득하는 데 가까스로 성공했으며 그로 인해 그들은 기뻐했다.

그러나 이 아스트랄 체의 영혼들은 붓다를 자신들의 매개체로 이용하려고 하지 않는다. 붓다가 이 세상에 전달하는 것은 그들의 메시지가 아닐 것이다. 붓다에게는 그 자신의 말, 그 자신의 메시지가 있다.

앨리스 베일리가 하는 말은 옳다. 그러나 자신이 말하고 있는 것이 옳다고 주장하기에는 여러 가지 어려움이 있다. 왜냐하면 그녀는 단지 매개체에 불과하며, 그 메시지는 다른 누군가의 것이기 때문이다. 매개체가 말할 수 있는 것은 이 메시지를 그의 내적 공간의 차원에서 받는다는 것뿐이다. 그러나 그는 자신이 받고 있는 모든 메시지가 옳다고 주장할 수는 없으며, 또한 그것이 그 자신의 마음의 게임, 즉 무의식의 속임수가 아니라고 주장할 수도 없다. 그리고 자신이 망상의 희생자가 아니라고 단언할 수도 없다. 왜냐하면 무수한 사람들이 자기가 위대한 영혼이나 신들의 매개체라고 믿도록 자신의 무의식에 속고 있기 때문이다. 그래서 매개체가 자신의 권위를 주장하는 것은 정말로 힘든 일이며, 심리학자들은 쉽사리 앨리스 베일리를 궁지로 몰아넣을 수 있다.

그리고 그대는 마지막으로, 내가 그러한 마스터들과 접촉하고 있는지를 알고 싶어 한다.

아니다. 나는 지식은 빌리는 것이 아니라고 믿고 있다. 나는 어떤 마스터와도 접촉하고 있지 않다. 나는 완전히 독립적으로 존재한다. 내가 말하는 것이 옳거나 그른 것은 전부 나의 일이다. 그리고 나는 이것에 대해 전적으로 책임을 진다. 나는 몸이 없는 어떠한 마스터들과도 전혀 관계가 없다. 그리고 만약 내가 누군가를 나의 마스터로 수용한다면, 다음에는 내가 누군가의 마스터가 될 위험이 있다. 나는 그런 게임에 빠지지 않는다. 나는 어느 누구의 제자도 아니며 또한 누군가의 마스터가 되기를 원하지도 않는다. 그러므로 나는 내가 아는 것만 말하며 마스터에는 관심이 없다. 내가 마스터에 대해서 이야기한다면, 그것은 단지 말이 난 김에 하는 것이며 참고로 말하는 것뿐이다. 나는 그들이 믿을 수 있는지 어떤지 아무 상관이 없다.

이와 같은 맥락에서 내가 말하고 싶은 것은 좋은 영혼과 나쁜 영혼이 모두 존재한다는 것이다. 일반적으로 좋은 영혼은 신으로 알려져 있으며, 나쁜 영혼은 악령으로 알려져 있다. 서양에서 이 신들은 마스터로 알려져 있다. 이제 마스터라고 하는 단어는 서양에서 통용되고 있는 신과 동의어가 되어 가고 있다. 이 신들은 항상 메시지를 보내고 있고 앞으로도 계속 그렇게 할 것이다. 이와 마찬가지로 나쁜 영혼들도 메시지를 보내는데, 그들도 역시 그에 적절한 매개체를 찾고 있다. 만약 당신이 나쁜 영혼들에 적합한 마음 구조를 갖고 있으면, 그들은 당신을 이용하는 것을 놓치지 않을 것이다.

사람들은 자신도 모르게 어떤 일을 하는 경우가 많다. 그들은 나쁜 영혼의 수중에 있는 도구에 불과하다. 그래서 살인자가 재판관 앞에서 자신도 모르게 죄를 범했다고 진술할 때, 그가 반드시 거짓말을 하는 것은 아니다. 그럴 수 있는 일이다. 사람들로 하여금 자기를 대신하여 극악한 범행을 저지르게 만드는 영혼들이 있다. 세계 곳곳에는 나쁜 영혼들이 출몰하는 건물들이 있다. 만약 당신이 그곳에 살기 위해 간다면, 그들의 명령으로 살인을 저지를 수밖에 없을 것이다. 불화와 복수는 한 세대에서 또 다른 세대로 전달될 뿐만 아니라, 한 사람의 생애에서 또 다른 사람의 생애로도 전달된다.

최근에 사람들이 어떤 젊은이를 나에게 데려왔다. 그는 그 당시 살고 있는 집을 3년 전에 구입하였는데, 그 이후 그의 인격은 파괴되기 시작하였으며 얼마 안 있어 그는 완전히 다른 사람이 되어 버렸다. 젊은이는 이 집으로 이사 오기 전에는 매우 점잖고 온순한 사람으로 알려져 있었다. 그런데 이제는 불손하고 성미가 급하며 폭력적이어서 아주 사소한 자극에도 싸우려고 하였다. 그의 성격상의 변화와 돌연변이는 그가 새집에 들어간 바로 그날부터 발생했다. 만약 그의 성격이 오랜 시간에 걸쳐서 점차적으로 변화되어 갔더라면, 그의 부모가 그렇게 두려워하지는 않았을 것이다. 더 흥미로운 점은 그는 새집에서 나오면 곧 예전의 모습으로 돌아간다는 점이었다. 내 앞에 왔을 때 그는 정상이었다. 젊은이 스스로 내 앞에서는 기분이 좋지만 집에 들어가는 순간 모든 것이 엉망이 된다고 말했다.

나는 젊은이에게 최면을 걸고서 잠시 동안 그에게 질문을 했다. 최면 상태에서 비참한 이야기가 흘러나왔는데, 그것은 1,100년이라는 기간에 걸친 이야기였다.

젊은이가 살고 있는 그 새집은 유령이 나타나는 집이었다. 그 집에 나타나는 영혼은 집이 서 있는 땅의 주인이었다. 그리고 이 영혼은 1,100년 동안 특정 가문의 사람들을 살해하는 데 관여해 왔다. 지금까지 그는 많은 세대에 걸쳐서 35번의 살인을 하였다. 그 영혼은 이 젊은이가 자신을 위해서 살인을 할 때까지 그에게서 떠나지 않겠다고 말했다.

유령이 복수해 온 가문의 선조들은 1,100년 전에 바로 이 농장에서 그 사람을 살해했다. 그 후로 그 유령은 자신의 죽음에 대한 복수의 일념으로 계속 여기에 머물면서, 자신을 죽인 가문의 후손들이 출생할 때마다 그들을 추적하여 이 젊은이와 같은 매개체를 통하여 그들을 죽여 왔다.

나쁜 영혼들은 사람들에게 자신의 메시지를 보냄으로써 자신의 일들을 수행한다. 그들은 사람들에게 좋은 일 혹은 나쁜 일들을 많이 하게 한다. 당신은 자신이 그것을 했다고 생각한다. 아니다. 도처에 잠복해 있는 몸이 없는 영혼들이 그 일을 하게 만든다. 때때로 당신은 자기 자신의 행동에 깜짝 놀란다. 자기가 그런 대단한 일을 할 수 있다는 것을 다른 사람들은 물론이고 스스로도 믿지 못한다. 사실 그 일 뒤에는 당신을 통해서 그것을 행하는 몸이 없는 영혼들이 있다.

베일리의 말에 잘못된 것은 없지만, 그녀는 그것을 증명할 수 없다. 어느 누구도 할 수 없다. 심지어 많은 메시지를 받은 블라바츠키 여사도 그것을 증명할 수 없다.

이 맥락에서, 조금 전에 언급한 사건을 좀 더 설명할 것이다. 나는 거창한 실험이 크리슈나무르티와 더불어 실시되었지만 실패했다고 말했다. 성스러운 여러 영혼들이 협조적으로 그 실험에 참여하게 하는 그러한 실험이었다. 그들은 붓다, 마하비라 혹은 크리슈나와 같은 고차원적 의식이 인간인 크리슈나무르티에게 들어오는지를 보려고 하였다. 사실 그와 같은 의식은 이와 같은 기회를 이미 기다리고 있었다. 붓다가 자신의 몸을 떠나기 전에 한 약속이 이루어져야 할 시간이 다가오고 있었다. 붓다는 2,500년 후에 마이트레야(Maitreya)라는 이름으로 이 땅을 다시 방문하겠다고 말했다.

그래서 붓다 자신의 영혼, 그 자신의 화신이 이 땅에 마이트레야의 모습으로 오기 위해서 기다리고 있었다. 그러나 적당한 몸 즉 화신에 맞는 매개체가 없었다. 수백 년 동안 신지학의 모든 계획과 노력들은 마이트레야의 화신을 위한 매개체를 찾는 데 전념했다. 그래서 그들은 네다섯 명의 인물들을 실험해 보았으나, 그들은 모든 면에서 실패하였다. 그들은 크리슈나무르티에게 관심과 열정을 쏟았다. 그러나 그들은 성공할 수 없었다. 왜 그런가?

굉장한 노력을 기울였음에도 실패한 가장 중요한 이유는 노력 그 자체였다. 신지학자들은 실제로 노력이 너무 지나쳤다. 이 실험에 관여한 모든 사람들이 크리슈나무르티에게 노력을 집중하고 그에게 너무나 많은 부담을 주었으므로 크리슈나무르티의 개체성이 그들에게 반항하였다. 크리슈나무르티는 싫다고 분명히 말하였다.

그 후로 40년이 흘렀지만, 크리슈나무르티는 신지학자들과 그를 따르던 사람들에 대한 거부감을 넘어서지 못했다. 그는 이제 더 이상 이 세상에 존재하지 않는 그들을 아직도 비판한다. 그가 말하는 것은 무엇이든지 예전의 경험이 자신 속에 남긴 아픔을 내비치고 있다. 깊은 상처는 치유되지 않은 채 남아 있다.

마이트레야의 화신을 위한 매개체로서 크리슈나무르티를 선택한 것은 큰 실수였다. 그가 매우 적합한 영혼이었다는 부분에 대해서는 의심의 여지가 없으나, 그는 다른 영혼의 매개체가 되기에는 너무 진화되었다. 그는 매개체가 되도록 설득되지 않았다. 크리슈나무르티의 영혼보다 약한 영혼이 선택되었어야 했다. 사실 신지학자들은 일부 약한 영혼들도 역시 연구하였으나 그들은 마이트레야를 위한 도구가 되기에는 너무 허약했다. 이것이 그들의 딜레마였다. 크리슈나무르티처럼 차원이 높은 영혼은 자신이 매개체가 되는 데 동의하지 않았고, 차원이 낮은 영혼은 필수적인 자질이 부족했다. 크리슈나무르티가 10대 소년일 때는 그들의 소원과 요구에 부응하였으나, 나이와 의식이 성숙되면서 그들의 노력에 저항하기 시작했고, 결국은 그들의 아성에서 멀어지게 되었다.

그래서 위대한 연구는 실패했고, 마이트레야의 영혼은 여전히 방황하고 있다. 그의 화신에 적합한 매개체를 찾는 데 얼마나 시간이 걸릴지는 말하기 어렵다. 매개체로서 적합한 사람들은 자신이 다른 사람들을 위한 도구가 되는 데 동의하지 않는다. 그들은 스스로 존재할 만큼 충분히 원숙하기 때문이다. 그리고 동의하는 사람들은 그럴 가치가 없는 사람들이다. 그래서 그의 화신이 나타날 가능성은 시간이 지날수록 점점 희박해지고 있다. 그리고 이러한 방향으로 이루어지고 있는 조직적인 노력도 이제는 더 이상 없는 것처럼 보인다. 아마 과거에 그랬듯이 우연히 몇몇 계획이 진행되기도 할 것이다. 어느 누구도 처음 고타마 싯다르타로 태어나서 나중에 깨달은 자인 붓다가 된 영혼을 위한 매개체가 되는 데 설득되지 않았다. 그래서 그는 적절한 자궁을 발견하여 화신으로 탄생하였다. 마찬가지로 마하비라도 다른 자궁을 통하여 이 세상에 왔다. 그러나 그런 우수한 자질의 자궁들이 점점 더 드물어지고 있다.

18장 701구로 된 기타를 전부 통독하려면 적어도 4시간이 걸립니다. 이것은 크리슈나와 아르주나가 대화를 하고 있던 이 시간 동안에 마하바라타 전쟁이 멈추었다는 것을 의미합니까?

그렇다! 자, 앉아라.

일전에 당신께서는 영혼은 신체를 떠난 지 1년 안에 다시 태어난다고 말씀하셨습니다. 그런데 지금 당신께서는 어떤 유령은 신체가 없이도 1,100년을 살 수 있다고 말씀하셨습니다. 이 모순을 설명해 주십시오.

그렇다. 특별한 기억력을 가진 사람들이 종종 있다. 보통의 기억력을 가진 사람들은 태어나는 데 그다지 오랜 시간이 걸리지 않는다. 그러나 특별한 기억력을 가진 몇몇 사람들은 시간이 많이 걸린다.
   인도의 전 영국 총독인 커즌(Curzon)은 그의 회고록에 한 사건을 언급했다.
   라자스탄(Rajasthan) 출신의 비상한 기억력을 가진 사람이 관저로 불려 온 적이 있었다. '비상한'이라는 말로도 그의 기억력을 묘사할 수 없을 만큼 그의 기억력은 참으로 놀라웠다. 그는 자기가 사용하고 있는 라자스탄어 말고는 다른 언어를 전혀 알지 못했다. 각각 서로 다른 언어로 말하는 30명의 사람들이 이 사람의 기억력을 시험하기 위하여 델리에 있는 총독의 관저에 불려 왔다. 그들 각자는 자기가 사용하는 언어로 한 문장씩 만들어 그에게 말하였으며, 그는 그 말을 마음에 새겼다.

자기가 사용하는 말 외에 다른 언어는 전혀 알지 못하는 이 시골뜨기 라자스탄인은 30명의 사람들에게로 차례로 갔다. 그들 각각은 종소리에 맞추어 자신들이 말한 문장 중 첫 번째 단어를 말하였다. 그러면 이 시골뜨기는 두 번째 사람에게로 가며 그때 두 번째 사람은 그의 문장의 첫 번째 단어를 말하였다. 이렇게 하여 30명 모두가 그들의 마음 속에 품고 있는 문장의 첫 번째 단어를 종소리에 맞추어서 그에게 말하였다.

다음에 그는 다시 첫 번째 사람에게 되돌아갔다. 이제 첫 번째 사람은 종소리에 맞추어 문장의 두 번째 단어를 그에게 말하였다. 이런 방법으로 그는 나머지 사람들로부터 두 번째 단어들을 받았다. 이렇게 그는 종소리에 의해 나뉜 30개의 서로 다른 언어의 30개의 문장을 모두 들었다. 그런 뒤에 이 라자스탄 사람은 모든 사람 앞에서 각각의 언어의 각각의 문장을 정확하게 반복했다.

이 라자스탄 사람과 같은 자가 죽어 유령이 되면, 그는 1,100년이 아닌 1,100,000년의 일들도 기억할 수 있게 된다. 그것은 특별한 유형의 기억이다.

또 다른 질문도 역시 중요한 것이다. 기타를 처음부터 끝까지 보는데 4시간이 걸린다. 그런데 마하바라타와 같은 결전을 치르기 위해 군대들이 대치하고 있는 상황에서 어떻게 그렇게 긴 대화를 나눌 수 있었는가, 그것은 당연한 의문이다. 그럴 수는 없을 것 같다. 어떻게 4시간이라는 긴 시간 동안 싸움을 멈출 수 있는가? 누군가가 그러한 의문을 떠올려야 한다. 그들은 싸우기 위해 거기에 있었는가, 아니면 4시간 동안 영적인 대화를 듣기 위하여 거기에 있었는가? 이 질문은 고려해 볼 만하다.

　한 역사가에 의하면, 기타에 수록된 대화의 원본은 짧은 것이었으나 시간이 지나면서 내용이 점점 늘어났다고 한다. 만약 우리가 이 질문을 기타의 권위자에게 묻는다면, 그는 기타가 마하바라타에 따로 삽입된 것이며 기타는 마하바라타 전쟁과 아무런 관련이 없는 것처럼 보인다고 말할 것이다. 마하바라타의 원본에는 기타가 한 부분으로 있었고, 후에 한 순수한 시인에 의하여 점점 더 내용이 부가된 것처럼 보인다. 마하바라타에 기타가 들어 있는 부분은 어울리는 자리가 아니다. 분명히 전쟁터는 그렇게 긴 영적 대담을 나눌 만한 곳이 아니다.

　그러나 나는 기타가 삽입된 것이라는 이론도 받아들이지 않으며, 또한 본래 간단한 대화였던 것을 뒤에 늘였다는 이론도 믿지 않는다. 나는 비베카난다의 일화로 그것을 설명하고 싶다.

　비베카난다가 독일을 방문했을 때, 그는 유명한 인도학자인 두셴(Duschen)의 손님으로 있었다. 그는 막스 뮐러(Max muller)와 같은 대단히 권위 있는 학자였다. 어떤 의미에서 그는 뮐러보다 더 깊은 통찰력이 있었다. 그는 서양의 철학자로는 제일 먼저 우파니샤드와 기타를 이해하였으며, 우파니샤드에 대한 그의 번역서는 잘 알려져 있었다. 우파니샤드에 대한 두셴의 번역은 쇼펜하우어로 하여금 머리 위에 책을 얹고 도시의 거리에서 춤을 추도록 할 만큼 그를 전율케 하였다.

　쇼펜하우어는 우파니샤드를 가리켜, 읽어야 할 책이 아니라 불러야 할 노래, 춤추어야 할 춤이라고 말하였다. 쇼펜하우어는 보통 사람이 아니었다. 그는 매우 심각하고 슬픈 기질로 알려진 유명한 철학자다. 그는 비관론자였으며 음악과 춤에 대해서는 완전히 문외한이었다. 그는 인생이란 본질적으로 고통이며, 행복은 우리를 고통 속으로 유혹하는 미끼라고 하였다. 그런데도 두센이 번역한 우파니샤드를 처음 읽었을 때 그는 춤으로 폭발하였다. 비베카난다는 그 두센의 손님으로 있었다.

어느 맑은 날 아침에 두센은 서재에서 독일어로 쓰인 책을 읽고 있었다. 그는 며칠 동안 그 책을 보았으나 책의 반도 읽을 수가 없었다. 그때 비베카난다가 인사를 하며 서재로 들어왔다. 그러자 두센은 그가 읽고 있는 책이 매우 훌륭하다고 언급했다. 비베카난다가 한 시간 동안만 그 책을 보았으면 한다고 말했을 때, 두센은 비베카난다가 독일어에 대해서는 거의 모르므로 이 책을 이해하기 힘들 것이라고 말하였다. 그러자 비베카난다는 "독일어를 잘 아는 사람은 그 책을 더 잘 이해할 것이라고 장담할 수 있습니까?"라고 반문하였다. 두센은 그렇지만은 않다고 하였다. 그러자 비베카난다가 덧붙이길, "그렇다면 그 반대도 역시 진실이 될 수 있지요. 독일어를 잘 모르는 사람도 그 책을 이해할 수 있다는 것 말입니다. 그러니 제게 그 책을 빌려 주시겠습니까?"라고 말하였다.

두센은 물었다. "우리 집에 머물 시간이 이틀밖에 남지 않았는데, 어떻게 그 사이에 이 책을 다 읽을 수 있겠습니까? 나는 이 책을 15일간이나 가지고 있었지만 아직 반밖에 읽지 못했습니다." 그러자 비베카난다는 웃으며 말했다. "나는 비베카난다지 두센이 아니랍니다." 그러고는 책을 들고 서재를 떠났다.

비베카난다는 정확히 한 시간 후에 책을 들고서 두센의 서재로 돌아왔다. 두센이 책을 읽어 보았는지 물었을 때 비베카난다는 대답했다. "저는 그것을 읽었을 뿐만 아니라 그것을 이해하였습니다." 독일인은 놀라면서 비베카난다가 정말로 그 책을 이해하였는지를 시험해 보려고 하였다.

우선 그는 그 자신이 읽은 부분 중에서 몇 가지를 질문했다. 그런데 비베카난다가 너무나 잘 알고 있어서 입이 딱 벌어졌다. 그는 소리쳤다. "비베카난다! 정말 믿을 수가 없네요! 어떻게 이러한 기적을 행할 수 있었습니까?" 비베카난다는 웃으며 말했다. "책을 읽는 데는 여러 가지 방법들이 있습니다. 보통의 방법으로 읽을 수도 있고 특별한 방법으로 읽을 수도 있습니다."

우리 대부분은 보통의 방법으로 읽는 것에 더 익숙하다. 그러한 방법으로는 일생 동안 열두 권 정도의 책을 읽고 이해할 수 있다면 충분하다. 그러나 책을 읽는 데는 다른 방법들이 있다. 손에 책을 쥔 뒤, 눈을 감고서 책을 던져 버리는 사람들이 있다. 그들은 그렇게 읽기를 마친다. 이것은 무엇인가를 읽는 심령적 방법이라고 부른다.

내가 이해한 바로는, 크리슈나는 말을 통하여 아르주나에게 말하는 것이 아니다. 그는 심령 수준에서 자신의 뜻을 아르주나에게 전달한다. 그것은 두 사람 사이에 말없이 침묵으로 전달되는 대화이므로 가까이에 서 있는 다른 사람이 알 수 없다. 쿠루크셰트라에 있던 다른 사람들은 누구도 그것을 들을 수 없었다. 그렇지만 아르주나의 마차 주위로는 수많은 군중들이 모여들었다. 적어도 판다바(Pandava) 형제들은 분명히 그들 속에 있었을 것이다. 카우라바(Kaurava)들조차 이 특별한 대화를 듣고 싶은 유혹을 뿌리치지 못하였다. 만약 크리슈나와 아르주나가 말로 대화를 나누었다면, 그 4시간 동안 전쟁을 포함하여 어떤 일이라도 일어날 수 있었다. 그러나 그런 일은 일어나지 않았다. 그것은 둘 사이에 오고간 내적 대화였으며 심령으로 나눈 대화였기 때문이다.

전쟁터에 있던 사람들은 어느 누구도 이 대화를 알아차리지 못했지만, 전쟁터에서 멀리 떨어져있는 산자야만이 이 대화를 듣고 그것을 카우라바의 눈먼 아버지 드리타라슈트라에게 전했다는 것은 매우 중요한 의미를 지닌다. 집에 앉아 있던 드리타라슈트라는 걱정스럽게 산자야에게 묻는다. "쿠루크셰트라에서 내 백성들과 판두의 아들들이 집결하여 전쟁을 하려고 한다. 지금 그들은 무엇을 하고 있는가?" 그들은 전쟁터에서 멀리 떨어져 있지만 산자야는 드리타라슈트라에게 그 상황을 말로써 보고한다. 산자야는 그에게 말한다. 두 군대가 정렬하여 싸우려 하고 있으며, 아르주나는 회의와 혼돈에 싸여 이 무모한 전투를 그만두어야겠다고 생각하고 있다. 크리슈나는 이 깊은 회의감에서 벗어나 전사가 싸우듯이 싸우라고 아르주나를 설득하고 있다. 그렇게 먼 거리에도 불구하고 산자야는 어떻게 이것을 알았을까?

이것은 텔레파시로 하는 대화이다. 산자야는 텔레파시로 쿠루크셰트라와 거기서 일어나고 있는 모든 일을 접하고 있다. 그렇지 않다면 그가 전쟁터의 상황을 알리고 전할 방법이 전혀 없다. 먼저 두 사람 사이에 심령 수준에서 대화가 이루어지며, 다시 산자야가 심령 수준에서 듣고 말로써 드리타라슈트라에게 전한다. 그러므로 드리타라슈트라는 기타를 받은 첫 번째 사람이며, 그 후에 온 세계의 사람들이 기타를 받게 된다. 기타를 다 읽으려면 4시간이 걸린다. 그러나 그 모든 일은 4분 안에 다 일어났을 수도 있다. 아마도 그것은 시간을 초월하여 일어났을 것이다.

자아나교의 역사에 의하면, 22번째 자이나 티르탄카라인 네미나트(Neminath)는 크리슈나의 사촌이라고 합니다. 극심한 금욕적 수행을 거친 후, 네미나트는 고어 안기라스(Ghor Angiras)라는 힌두교의 예언자로 알려지게 되었습니다. 그리고 그는 크리슈나와 비밀의 지식 사이를 이어주는 연결자가 되었다고 합니다. 그것에 대해 어떻게 말씀하시겠습니까? 과연 네미나트와 크리슈나 사이에 그런 관계가 가능할까요? 당신께서는 크리슈나가 존재 속으로 들어오는 것은 바로 내적 이유들에 달려 있다고 말씀하셨습니다. 비밀의 지식과 관련한 내적 이유들은 무엇입니까?

네미나트가 크리슈나의 사촌이라는 것은 사실이다. 그 이야기는 힌두교와 자이나교가 두 개의 전통으로 분리되지 않았을 때 나온 이야기이다. 자이나교가 힌두교와 분리된 것은 마지막 자이나 티르탄카라인 마하비라 이후이다. 네미나트는 22번째 자이나 티르탄카라로 크리슈나의 사촌이다. 그러나 그 둘 사이에 비밀의 연결은 아무것도 없다. 거기에는 이유가 있다.

네미나트는 일차원적 영적 수행을 헌신적으로 추구해 온 자이나 티르탄카라들의 오랜 전통에 속한다. 아마 다른 어떤 전통도 자이나교만큼 많은 희생과 포기를 행하지는 않았을 것이다. 자이나교는 기라성 같은 비범한 사람들로 이루어져 있는 점에서 가장 오랜 역사를 갖고 있다. 이것은 인류의 전 역사에서 드문 일이다.

첫 번째 자이나 티르탄카라인 리샤바데바(Rishabhadeva)는 리그베다의 시대에 살았다. 어쩌면 그는 베다의 가장 오래된 선조보다 훨씬 전에 살았는지도 모른다. 왜냐하면 리그베다가 리샤바데바를 언급할 때는 당대의 인물을 언급할 때와는 달리 높은 경의를 표하고 있기 때문이다. 리그베다에서 리샤바데바를 대단한 존경심으로 묘사하고 있는 것을 보면, 리그베다가 형성될 무렵에 이미 첫 자이나 티르탄카라는 확고한 평판을 가지고 있었다는 것을 알 수 있다. 그 당시 사람들은 이미 문명화되었으므로 그는 아마 당대에 상당한 존경을 받았을 것이다.

리그베다가 대단한 존경심으로 리샤바데바를 언급하고 있으므로, 그는 리그베다 시대의 인물이 분명하다. 마지막 티르탄카라인 마하비라와 리그베다 사이에는 천 년의 세월이 있다. 역사는 베다와 마하비라 사이의 시간을 분명히 확인하지 못했다. 서양의 사학자들은 이 시간의 간격을 1,500년 이상으로 볼 수가 없었다. 그들은 성경에 적힌 내용에 대한 믿음에 단단히 매여 있어서, 세상은 예수가 태어나기 4천 년 전에 창조되었다고 본다. 이것은 우리의 우주가 단지 6,000년 정도밖에 되지 않았다는 것을 의미한다. 그래서 서양의 사학자들은 전 인류의 역사를 이 짧은 시간 안에 압축해야만 하였다. 그래서 힌두교와 자이나교 역시 이 한계에서 벗어나는 것이 허용되지 않는다. 그래서 서양의 맥을 따르는 자들은 베다와 마하비라 사이의 세월이 1,500년 이상일 수는 없다고 말한다. 그러나 이것은 사실이 아니다.

지금 기독교는 자신들의 시간 계산을 고치려 하고 있다. 수십만 년이 넘는 사람의 뼈가 발견되고 있다. 그러나 미신에 사로잡힌 마음의 방식들은 참 이상하다. 그들은 오랜 교리와 믿음에 반대되는 모든 증거를 무시한다. 이 수천 년이 넘은 사람의 뼈대가 발견되자 기독교 신학자들이 뭐라고 말했는지 아는가? 그들은 신은 전지전능하고 뭐든지 할 수 있으므로 세상을 창조할 때 이 뼈들을 땅 속에 묻어 놓은 것이라고 말하였다.

그러나 지금의 과학은 우주가 매우 오래 전부터 존재해 왔다는 것을 받아들인다. 그래서 틸락의 계산에 따르면, 베다는 적어도 9만 년 정도는 되었다고 본다. 적어도 베다는 서양의 사학자들이 믿는 것보다는 훨씬 더 오래되었다는 것 정도는 반박의 여지 없이 말할 수 있다. 베다는 수천 년 동안 구전 전통을 통해 존재해 왔으며, 다시 기록의 형태로 수천 년 동안 전해져서 지금까지 존재하고 있다. 그런데 구전의 전통이 기록된 전통보다 훨씬 더 오래되었다. 첫 번째 자이나 티르탄카라가 리그베다에서 언급되고 있다. 마지막 티르탄카라의 경우, 모든 역사적 증거에 따르면 그는 2,500년 전에 존재했다고 볼 수 있다.

24명의 자이나 티르탄카라들의 이 오랜 전통은 포기의 차원에서 가장 오래되고 위대한 유산이다. 전 인류의 역사에서 그것에 필적할 만한 것은 아무것도 없다. 그리고 어떠한 종교라도 언젠가 미래에 그것을 능가할 가능성이 전혀 없다. 왜냐하면 점차적으로 포기의 차원 그 자체가 사라져 가고 있기 때문이다. 그래서 24번째 이후에는 더 이상의 티르탄카라들이 존재하지 않을 것이라는 것을 믿는 것이 그럴듯하게 보인다. 왜냐하면 포기는 미래에 대한 적절성을 완전히 잃어버렸기 때문이다. 그러나 그것은 과거에는 대단히 적절하였다.

네미나트는 22번째 자이나 티르탄카라이며 크리슈나의 사촌이라고 경전에서는 말한다. 경전은 네미나트와 크리슈나의 만남도 언급하고 있다. 네미나트가 크리슈나의 도시를 방문할 때마다 크리슈나는 네미나트에게 존경을 표하러 간다. 네미나트가 올 때, 크리슈나가 그를 방문하였다는 것은 의미 있는 내용이다. 네미나트는 결코 크리슈나를 방문하러 가지 않는다. 포기자는 비포기자가 자신에게 존경을 표할 것을 기대하지 않는다. 그것은 매우 어렵다. 포기자는 모든 관계와 집착을 엄격히 뿌리친다. 그러므로 크리슈나가 네미나트를 사촌으로 보는 한, 크리슈나는 네미나트에게 아무도 아니다. 그는 결코 안부 인사를 하기 위하여 크리슈나에게 가지 않는다. 그는 세상을 포기하였다. 바이라기야, 즉 무집착의 차원에 있는 사람은 모든 관계들과 여기에 따르는 집착을 던져 버리고 완전히 혼자가 되어야 한다. 친구도 적도 없다. 그러므로 크리슈나가 어떤 비밀의 과학으로 그와 연결되어 있다는 질문은 일어날 수 없다.

게다가 네미나트는 크리슈나를 영적으로 도와줄 위치에 있지 않다. 왜냐하면 그는 일차원적이기 때문이다. 이에 반하여 크리슈나는 그의 사촌을 매우 잘 도와줄 수 있다. 그는 다차원적이기 때문이다. 크리슈나는 네미나트가 알지 못하는 것들을 많이 알고 있으며, 네미나트가 아는 것에 관해서도 모두 알 수 있다. 크리슈나는 전체이다. 그는 삶의 모든 것을 포괄하지만 네미나트는 부분적이다. 네미나트는 안전한 생을 살지만, 그것은 단지 생의 한 특별한 차원에서만이다. 그러므로 비록 네미나트가 크리슈나의 시대에 있어서 매우 중요한 인물이지만, 그는 역사에 흔적을 남기지 못했다.

포기자는 역사에 인상을 남길 수 없다. 그는 시간의 모래 위에 어떤 특별한 발자취를 남길 수 없다. 그가 모든 것을 포기하였다는 것 외에 역사가 더 이상 무엇을 말할 수 있겠는가? 반면에 크리슈나는 인도에 폭넓고 심오한 영향을 미쳤다. 인도는 크리슈나를 통해 결코 다시는 닿을 수 없는 경지에 이르렀다는 것은 사실이다. 그의 지도 아래 치른 마하바라타는 그때까지 인도가 치른 가장 큰 전쟁이었다. 이전에 인도인들은 보잘것없는 전쟁들과 사소한 충돌로 싸웠다. 마

마하바라타와 같은 특별한 전쟁은 크리슈나의 지휘 아래서만 가능한 것이다.

일반적으로 우리는 전쟁이 사람을 파괴한다고 믿는다. 그렇다면 마하바라타 이후로 아무런 큰 전쟁도 겪지 않은 인도는 오늘날 가장 진보적이고 부강한 나라가 되어야만 한다. 그러나 사실은 정반대이다. 오늘날 인도는 가장 가난하고 가장 뒤떨어진 나라 중의 하나이다. 대전쟁을 치른 다른 나라들은 지금 번영과 향상의 정상에 있다. 전쟁은 사람들을 파괴하는 것이 아니라, 오히려 사람들의 잠재력과 영웅주의를 일깨운다. 하나의 사회가 존재의 가장 높은 정상을 접촉하는 것은 전쟁의 순간 안에서다. 한 사람이 완전히 살아 있고 깨어 있는 것은 도전의 순간 안에서다. 마하바라타 이후에는 우리가 자신을 완전히 발휘하는 그런 위대한 순간이 다시는 없었다.

제2차 세계 대전을 겪은 나라들이 매우 고통을 받은 것은 사실이다. 삶과 부의 파괴는 어마어마하였다. 그러나 이것은 단지 진실의 반일 뿐이다. 일본은 지난 전쟁에서 큰 고통을 겪었다. 그러나 20세기에 이르러 일본은 세계에서 가장 부강한 나라로 거듭났다. 일본의 회복과 성장은 전례가 없는 눈부신 일이다. 일본이 전에는 이런 높은 고지에 도달한 적이 없었다. 최악의 죽음과 파괴를 겪은 독일도 마찬가지다. 한 세대 동안 한 번도 아니고 두 번이나 독일에 전쟁이 찾아왔다.

독일이 제1차 세계 대전에서 패배한 지 20년 만에 다시 제2차 세계 대전을 준비한 것은 놀라운 일이 아닌가? 그렇다면 독일이 몇 십 년 이내에 제3차 세계 대전을 준비하지 않을 것이라고 말할 수 있는 사람은 아무도 없다. 우리가 전쟁의 창조적 가능성은 간과하고 파괴적인 면만을 강조하는 것은 아이러니컬하다. 전쟁은 우리의 무기력한 의식을 깨운다. 사실 전쟁에 도전하는 것은 우리의 에너지를 살아나게 하고 활동적이고 창조적이게 한다. 파괴는 창조를 가져온다. 그것들은 삶 속에서 손을 맞잡고 함께 간다.

그러한 이유로 감성적이고 화려한 삶을 산, 플루트를 연주하고 노래와 춤을 사랑한 크리슈나가 그토록 큰 전쟁의 도전을 받아들여 그 전쟁의 도구가 된다. 그렇게 하여 그는 전쟁터에서 기타와 같은 영적 계시를 전한다. 그에게는 플루트와 미사일과 기타 사이에 어떠한 모순도 없다.

네미나트와 같은 사람들은 역사에 아무런 자취를 남기지 않는다. 24명의 자이나 티르탄카라들 중에서 힌두교 경전에 언급된 사람은 첫 번째와 23번째 티르탄카라, 이 두 명뿐이라는 것은 흥미로운 사실이다. 22번째 티르탄카라에 대해서는, 고어 안기라스로 불리는 사람이 네미나트일 것이라고 추측되고 있을 뿐이다. 마하비라조차도 힌두 경전에 언급된 적이 없었다. 모든 티르탄카라들이 나름대로 카리스마와 명성을 가지고 있었지만 역사에 그들의 자취를 남길 수는 없었다. 사실 희생이나 포기는 역사와의 모든 단절을 의미한다. 그것은 모든 사건들, 행위들과 무행위들의 세상으로부터 떠남을 의미한다. 포기는 아무것도 만들어지지 않고 안 만들어지지도 않는, 절대 공(空)이 다스리는 공간 속으로의 여행이다.

네미나트는 크리슈나에게 배울 것들이 있지만, 그는 배우지 않을 것이다. 그로서는 크리슈나에게 배울 필요가 없다. 네미나트는 자신의 커다란 보석을 가지고 있다. 그는 21번째 티르탄카라의 유산, 즉 위대한 영적 체험들의 정수를 가지고 있다. 그는 자신의 여행을 위한 충분한 자산을 가지고 있다. 그래서 그는 다른 곳에서 도움을 구할 필요가 없다. 두 사촌끼리 만날 때, 그들은 서로 의례적인 인사만을 교환한다. 그들 사이는 주고받는 관계가 없다. 때때로 크리슈나는 네미나트가 사람들에게 말하고 있을 때 그것을 듣기 위해 간다. 이것은 크리슈나의 위대함과 배움에 대한 열정을 반영한다. 크리슈나만이 이처럼 겸손해질 수 있다. 삶의 모든 면에 관심이 있으며 삶 전체를 사랑하는 사람은 배우기 위해 어디든지 갈 수 있으며, 어느 누구도 자신의 스승으로 받아들일 수 있다. 그러나 크리슈나는 그 자신으로 충분하며 잘 갖추어져 있다. 그러므로 네미나트가 크리슈나의 내적 삶을 더 풍부하게 해 줄 수 있다고 생각할 아무런 이유가 없다.

크리슈나가 유신론에 있어서 최고의 경지에 이르기 위해서는 무신론을 거쳐야만 했습니까?

철저한 유신론자는 또한 철저한 무신론자이기도 하다. 피상적인 무신론자와 싸우는 자는 역시 피상적인 유신론자들이다. 싸움은 늘 표면에서만 일어난다. 삶의 가장 깊은 차원에서는 아무 싸움도 없다. 그러므로 어리석은 유신론자들만이 어리석은 무신론자들과 논쟁을 한다. 너그럽고 현명한 유신론자는 무신론자들과 싸우지도 않고 그들을 괴롭히지도 않는다. 마찬가지로 너그러운 무신론자는 유신론자들과 논쟁하지 않는다.

이해는 어떤 원천에서 나오든지 하나가 된다. 그것은 언제나 아드바이타, 즉 둘이 없는 하나로 안내한다. 유신론자가 말하는 것이 무엇인가? 그는 신은 존재한다고 말한다. 그러나 유신론이 깊어지면,

거기에는 나 외에 어떠한 신도 없다. 나 자신이 신이 된다. 유신론이 정말로 무엇인지 모르는 어리석은 유신론자는 신이 하늘 어딘가에 있다고 말한다. 현명한 유신론자는 신이 여기에 있다고 말한다. 무신론자는 신은 없다고 외친다. 만약 무신론자가 깊은 이해력의 소유자라면, 그는 유신론자가 의미하는 것과 같은 것을 의미한다. 무신론자는 "존재하는 그것, 존재하는 그 무엇 이외에 다른 신이 없다."고 말한다. 그는 그것을 프라크리티, 즉 창조 이전의 것, 혹은 자연이라고 부른다.

이와 관련하여 중요한 니체의 말이 있다. 니체는 심오한 무신론자이다. 무신론자로서 그는 유신론자가 유신론자로서 심오할 수 있을 만큼 심오하다. 니체는 말한다. "만약 신이 존재한다면 나는 그를 허용할 수 없을 것이다. 왜냐하면 그때 나는 어디에 설 것인가? 나에게 무엇이 일어날 것인가?" 그의 말은 만약 신이 존재한다면 그는 사람으로서 아무것도 아니게 될 것이라는 뜻이다. 그러면 그는 딛고 서 있을 바닥이 없어지므로 그것을 허용할 수 없다고 말한다. 그는 말한다. "신이 존재해야 한다면, 왜 나는 존재하면 안 되는가? 왜 나는 그 신일 수 없는가?" 니체는 무신론자이다. 그는 존재 외에 어떤 신도 없다고 말한다. 존재하는 그것이 신이다. 왜 어떤 부가적인 신을 생각하는가? 그런데 심오한 유신론자도 같은 이야기를 한다. 존재하는 것이 신이다. 다른 신은 아무것도 없다.

나는 유신론을 통과하는 것과 무신론을 통과하는 것을 다르게 보지 않는다. 실제에 있어서, 유신론자는 실재를 묘사하는 데 있어서 긍정적인 용어를 사용하는 반면, 무신론자는 부정적인 용어를 사용한다. 그 정도의 차이가 있다. 이러한 이유로 긍정적인 유신론자는 붓다와 마하비라를 무신론자라 생각한다. 그러나 붓다나 마하비라는 이 말에 동의하지 않을 것이다.

피상적인 유신론자에게는 샹키야와 요가가 무신론에 속하는 것으로 보이겠지만 사실은 그렇지 않다. 그들은 유신론자들이 생각하는 식의 무신론이 아니다. 그들의 오류는, 만약 그것을 오류라 한다면, 부정적인 용어를 사용한다는 점이다. 마찬가지로 크리슈나무르티와 같은 사람들은 피상적인 유신론자에게는 부정적 용어를 많이 사용하기 때문에 무신론자처럼 보인다. 그러나 문제는 실재를 표현하는 방법이 부정과 긍정이라는 두 가지 방법뿐이라는 것이다. 유신론자들은 긍정적인 말을 사용하여 "존재하는 그것이 신이다."라고 말한다. 무신론자들은 부정적인 용어를 사용하여 "존재하는 그것은 신이 아니다."라고 부정적으로 말한다.

또한 실재를 설명하는 데 긍정과 부정을 함께 사용하는 사람들도 있다. 우파니샤드의 현자들은 '네티-네티(neti-neti)'라는 그들의 특별한 용어를 사용하는데, 그것은 이것도 저것도 아니라는 뜻으로서 말로 할 수 없다는 것을 나타내기 위한 것이다. 그들에 따르면, 무신론자나 유신론자는 둘 다 진리의 반쪽만을 말하고 있을 뿐이다. 그들은 전체를 말하고 싶어 하지만, 그것은 말로 할 수가 없다. 진리는 표현할 수 없다. 그러므로 그들은 '네티-네티'라고 말하고는 침묵한다.

크리슈나는 어떤 무신론도 통과할 필요가 없다. 왜냐하면 그는 피상적 유신론에는 흥미가 없기 때문이다. 크리슈나는 이름에는 상관이 없는 경지에서 실재를 알고 받아들인다. 그것을 신이라고 하든지, 프라크리티 즉 자연이라고 하든지, 그것을 신이 아니라고 하든지, 당신이 좋아하는 대로 불러라. 그것은 아무런 상관이 없다. 존재하는 것은 존재하고 있다. 나무들은 전처럼 계속 자랄 것이며, 꽃들은 계속 꽃필 것이다. 별들은 계속해서 움직일 것이며, 삶은 태어났다 죽기를 반복할 것이고, 파도들은 일어났다가 사라지기를 계속할 것이다. 신이 존재하는지 않는지는 어리석은 자들만이 참여하는 논쟁일 뿐이다. 존재하는 그것은 그 모든 것들에 전혀 상관하지 않고 있다.

예전에 내가 어느 마을에서 캠핑을 하고 있었는데 두 노인이 나를 찾아왔다. 그들 중 한 명은 자이나교도였고 다른 한 명은 힌두교의 브라민이었다. 그들은 오랜 친구였고 이웃이었는데, 그들의 논쟁 또한 오래된 것이었다. 사실 모든 논쟁들은 끝이 없기 때문에 그것들은 오래 계속될 수밖에 없다. 사람들은 오고 가지만, 논쟁은 여전히 계속된다. 그 친구들은 둘 다 이미 60대를 넘겼다. 그 중 자이나교도가 내게 말하였다. "우리는 지난 50년간 우리를 괴롭혀 온 질문을 가지고 당신에게 왔습니다. 저는 신을 믿지 않습니다만 이 친구는 신을 믿습니다. 당신은 어떻게 보십니까?"

나는 그들에게 말했다. "당신들은 모두 둘 사이의 모든 논쟁을 독차지하려 하고 있습니다. 나와 같은 제3자가 말할 어떤 여지를 남겨 두고 있습니까? 당신들이 자신들 사이의 사물을 50대 50의 비율로 나누었는데, 내가 어디로 들어갈까요?" 그러고는 그들에게 물었다. "당신들은 지난 반세기 동안 논쟁을 해 왔습니다. 그런데 왜 결론을 내릴 수 없었습니까?"

브라민 친구가 말했다. "저는 제 주장이 소중하기 때문에 주장을 굽히지 않습니다. 그리고 제 친구 또한 자기의 주장이 소중하기 때문에 주장을 굽히지 않습니다. 우리 둘 중 어느 누구도 상대방을 인정할 수 없었습니다."

나는 말했다. "당신들은 불과 50년 동안 논쟁을 해 왔지만, 이 문제로 인류가 얼마나 오랫동안 논쟁해 왔는지 알고 계십니까? 태고적부터 그 문제로 인간은 논쟁을 해 왔습니다. 그러나 지금까지 어떤 유신론자도 무신론자를 그의 관점으로 변화시킬 수 없었습니다. 마찬가지로 어떤 무신론자도 유신론자를 확신시키지 못하였습니다. 그러므로 논쟁은 줄어들지 않았습니다. 각 논쟁은 반쪽의 진리를 가지고 있습니다. 그 때문에 그들은 그것에 끈질기게 매달리고 있습니다. 만약 당신이 손에 실재의 한쪽 끝을 쥐고 있다면, 당신은 거기에 다른 끝이 있다는 것을 어떻게 믿을 수 있습니까?"

나는 그들에게 말했다. "내가 그 논쟁에 절대 끼어들지 않을 때, 나는 당신들에게 도움이 될 수 있습니다. 만약 내가 그 논쟁에 가담하면, 나는 바로 당신들이 들고 있는 양 끝 중의 하나를 잡는 것이 됩니다. 그러나 그것은 아무런 도움이 되지 않을 것입니다. 이제 나는 논쟁을 그만두고 다른 사람의 말 속에 어떤 진실이 있는지, 동전의 다른 면을 보도록 노력하라고 당신들께 말합니다. 그러면 당신들은 자신의 진실을 주장하지 않을 것입니다. 나는 당신들이 말하는 것에 어떤 진실이 있다는 것을 인정합니다. 하지만 지금부터 진리의 다른 면도 보도록 노력하십시오. 다른 사람이 말하는 것이 모두 틀렸다는 믿음을 이제 그만두십시오. 그에게 어떤 진실이 있는지 찾아내도록 하십시오. 그것이 훨씬 도움이 될 것입니다."

그 다음 나는 힌두교도에게 물었다. "만약 신이 존재한다는 것이 분명하게 입증된다면, 당신은 무엇을 할 것입니까?"

그는 대답하였다. "아무것도 해야 될 것은 없습니다." 그의 자이나교 친구도, 내가 만약 신이 존재하지 않는다는 것이 입증된다면 무엇을 할 것인지를 물었을 때 역시 같은 대답을 하였다.

나는 두 사람에게 말했다. "그렇다면 왜 당신들은 이러한 불필요한 논쟁에 뒤얽혔습니까? 신이 존재할 때도 당신은 숨을 쉬고, 신이 존재하지 않을 때도 당신은 숨을 쉽니다. 신이 존재할 때도 당신은 사랑하고, 신이 존재하지 않을 때도 당신은 사랑합니다. 당신이 신을 믿지 않아도 신은 당신을 세상에서 내쫓지 않으며 당신을 받아들입니다. 그리고 당신이 신을 믿어도 신은 당신을 왕좌에 앉히지 않습니다. 그는 다른 사람들을 돌보는 것과 똑같이 당신을 돌볼 것입니다. 그렇다면 이 논쟁이 무슨 가치가 있습니까?"

그렇다. 신이 있는지 없는지에 관한 질문, 즉 유신론과 무신론에 관한 질문에서 우리는 언어적 결함의 희생양이다. 우리가 철학이라고 부르는 것들은 대부분 철학적 결함들의 파생물에 불과하다. 만약 우리가 이 철학적 결함을 진리로 받아들이면, 우리는 혼란에 빠지게 된다. 신을 믿는 벙어리와 신을 믿지 않는 또 다른 벙어리가 있다고 가정하자. 어떻게 그들은 그들의 관점을 주장할 것인가? 그들의 신념이 무엇이고 왜 그것들을 가지게 되었는지 말하기 위해 그들은 무엇을 할 것인가?

모든 언어들, 모든 형태의 말들이 24시간 동안 지구에서 갑자기 사라진 날을 상상해 보라. 우리의 철학적 논쟁에 무슨 일이 일어날 것인가? 당신이 자신의 종교와 믿음은 그대로 두고 당신의 언어들만 잃어버린다면, 당신은 자신의 신념들을 주장하기 위하여 무엇을 할 것인가? 언어가 없는데 당신은 힌두교도, 이슬람교도 혹은 기독교도가 될 것인가? 당신은 믿는 자가 될 것인가, 믿지 않는 자가 될 것인가? 그러나 당신의 언어들이 없어질지라도, 당신이 신을 믿거나 믿지 않을지라도, 확실히 당신은 늘 거기에 있을 것이다. 나는 말하노니, 당신이 만약 어떤 생각들과 신념들과 교리들이 없이 그냥 존재한다면, 그때 당신은 진실한 종교인이 될 수 있을 것이다.

나는 하나의 일화를 얘기함으로써 내 얘기를 끝내고 싶다. 마크 트웨인이 이런 농담을 한 적이 있다.

옛날에 세상 사람들이 어떤 실험을 하기로 했다. 만약 모든 세상 사람들이 같은 시간에 목소리를 모아 일제히 소리친다면 그 함성이 달에 닿을 수 있을 것이라는 생각이었다. 그래서 만약 달에도 사람들이 산다면 그들은 이 함성을 듣게 될 것이고, 그들도 역시 비슷한 노력을 하면 우리는 달나라 사람들이 답하는 함성을 들을 수 있을 것이라는 내용이었다. 사람은 항상 달에 매료되어 왔다. 달에 관련된 염원은 지구만큼이나 오래되었다. 그러므로 세상에 태어난 모든 아이들이 달에 대하여 질문을 하기 시작한다. 결정이 받아들여져 모든 지구촌 사람들이 목소리를 모아 달에게 말할 때가 되었다. 그들은 자신들의 부름이 달에 닿을 것을 확신하였다. 그리고 만약 달에 우호적인 사람들이 살고 있다면 그들도 우리와 같은 방법으로 대답할 것이라고 믿었다.

그들은 '후–후' 하고 외치기로 결정하였다.

약속된 시간이 왔다. 엄청난 기대감으로 지구촌 사람들은 지붕이나 높은 승강장, 언덕과 산에 모였다. 그러나 시계가 12시를 치자, 이상하게도 거대한 침묵이 지구 위로 내려앉았다. 휘파람조차도 들리지 않았다. 왜냐하면 전 인류가 단결하여 내는 보기 드문 '후–후' 소리를 듣고 싶어서, 모든 사람들이 자신은 침묵을 지키기로 하였기 때문이다. 사람들은 저마다 온 세상 사람들이 한 목소리로 말하고 있기 때문에 한 사람이 빠져도 아무런 차이가 없을 것이라고 생각했다. 사람들이 어떻게 그러한 기회를 놓칠 수 있겠는가? 결론적으로 그 특별한 순간에 지구를 압도한 침묵은 전례가 없는 것이었다. 이전까지 세상은 그처럼 관통하는 침묵의 순간을 경험한 적이 한 번도 없었다.

만약 말들, 개념들 그리고 언어들이 당신의 마음에서 사라져 버리고, 당신이 완전한 침묵에 접하게 된다면, 당신은 진리, 실재, 혹은 그것을 당신이 무엇이라 부르든, 그것을 알게 될 것이다. 실재가 모습을 드러내는 것은 오로지 완전한 침묵 속에서이다.

진리의 반쪽은 유신론자에게 있고, 다른 반쪽은 무신론자에게 있다. 반쪽 진리는 거짓보다 더 나쁘다. 그것은 항상 그렇다. 거짓말은 쉽게 포기할 수 있으나 반쪽 진리를 포기하기는 너무나 어렵다. 반쪽 진리는 진리 그 자체처럼 보인다. 당신이 어떻게 그것을 포기할 수 있겠는가? 진리란 나뉠 수 없는 것임을 기억하라. 그것은 결코 단편적일 수 없다. 만약 당신이 반쪽 진리를 가지고 있다면, 당신은 그것을 거대한 교리로 만들 수 있다. 그러나 교리는 반박될 수 있다. 그러나 진리를 반박하거나 나눌 수 있는 방법은 없다. 유신론자도 무신론자도 옳지 않다. 그들은 단편적인 진리들에 매달리고 끊임없이 그것들을 위해 싸운다.

크리슈나는 모든 것, 전체를 받아들인다. 그래서 그를 유신론자라고 부르는 것은 옳지 않다. 그를 무신론자라고 부르는 것 또한 옳지 않다. 아무 오류 없이 그에게 어떤 꼬리표를 붙이는 것은 어려운 일이다.

여섯 번째 문

모방하지 말고
그냥 당신 자신이 되라

당신의 강연은 우리의 넋을 앗아갈 정도로 강력하므로, 거기에 맞서기보다 그냥 당신과 함께 흘러가고 싶습니다. 그러나 당신의 에너지가 너무나 강력해서 우리가 당신과 보조를 맞출 수 없다는 것이 안타깝습니다. 『하얀 구름의 길(The Way of the White Cloud)』이라는 책에는 "때때로 나는 주체인 사람은 데리고 가지만, 객체인 환경들은 데리고 가지 않는다. 때때로 나는 환경들은 데리고 가지만, 사람들은 데리고 가지 않는다. 때때로 나는 사람과 환경 둘 다를 데리고 간다. 때때로 나는 사람도 환경도 데리고 가지 않는다."고 쓰여 있습니다. 당신은 오늘 아침에 슈리 오로빈도에 대해서 말씀하셨습니다. 저는 당신의 의견에 크게는 동의하지만, 크리슈나의 모습을 보는 오로빈도에 대한 해석에 대해서는 동의할 수 없습니다. 자신이 말하고자 하는 것에 대한 지지를 얻기 위해 베다와 우파니샤드와 같은 경전을 인용하는 것은 그 사람의 열등감을 반영하는 것이기 때문에 의미가 없다고 당신은 말씀하셨습니다. 그러나 크리슈나는 다르게 생각합니다. 그는 아르주나에게 "나는 그대에게 수많은 현자들에 의해 영원히 지지를 받고 있는 나의 지식, 지혜를 가르친다."고 말했습니다. 크리슈나는 그가 이 지상에 가지고 온 지혜는 영원에 속하는 것이라고 단언했습니다. 그러나 붓다는 비록 궁극의 자유에 대한 그의 개념이 첫 번째 우파니샤드와 바가바드 기타의 내용 속에 있는 개념과 같은 것일지라도, 그의 지혜는 자신의 개인적인 경험에서 나왔다고 주장합니다. 한편 라다크리슈난 박사는 붓다의 가르침들은 단지 우파니샤드 가르침들의 연장에 지나지 않는다고 합니다. 이러한 상황에서 어느 말이 맞는지 결정하기가 난감합니다. 또한 우리는 당신의 스타일과 말하는 방식에 어려움을 느낍니다. 우리는 당신의 논리에 압도당합니다. 하지만 당신이 구체적인 사실들을 말씀하실 때는 이해하기가 조금 쉽습니다. 저는 라즈니쉬와 교감을 느껴 여기 왔기에, 저의 자아는 녹아 사라질 것입니다. 저의 자아가 많이 약해진 것은 사실입니다. 이에 대해 의견을 말씀해 주십시오.

진리는 시작이 없다. 우파니샤드에서 아나디(anadi)라는 단어는 오래된 것을 의미하는 것이 아니라 시작이 없음을 뜻한다. 아나디는 어떠한 시작도 갖지 않는 것, 즉 시작이 없음을 뜻한다. 그것은 당신이 생각하는 것과 같은 먼 옛날을 의미하는 것이 아니다. 아무리 오래되고 먼 옛날의 것일지라도 그것은 시작을 가진다. 그러나 진리는 아무런 시작이 없다. 그리고 오래된 것은 진리가 될 수가 없다. 왜냐하면 진리란 바로 지금 이 순간에 있기 때문이다.

진리는 새로운 것도 아니고 오래된 것도 아니다. 지금 새로운 진리라 불리는 것이 미래에는 오래된 것이 될 것이다. 그리고 지금 오래되었다고 불리는 것은 과거에는 새로운 것이었다. 오늘 새로운 것은 미래에는 옛것이 될 것이다. 모든 새로운 것은 오래된 것이 된다는 것이 사물의 본질이다. 그러므로 진리는 둘 다 아니다. 진리는 영원하다. 아니면 영원한 것이 진리라고 말할 수도 있다. 그래서 아나디는 오래된 옛날의 것이 아니라 영원을 의미한다.

크리슈나가 아나디인 진리를 가르친다고 말할 때, 그것은 그가 오래된 옛날의 진리에 대해 말하고 있다는 것을 의미하지 않는다. 크리슈나가 말하려 하는 것은 존재하고 있는 것이 진리라는 것이다. 그는 "나는 그대에게 영원한 진리를 가르친다."고 말한다. 과거에 진리를 알고 있던 사람들은, 그들이 정말로 진리를 알았다면, 영원한 진리를 알고 있었다. 오늘날 진리를 아는 사람들도, 그들이 참으로 그것을 안다면, 같은 영원한 진리를 안다. 미래에 진리를 알 사람들도, 그들이 참으로 안다면, 그것은 시작도 없고 끝도 없는 똑같은 진리일 것이다. 단지 거짓만이 오래되고 새로울 수 있다. 진리는 새롭거나 오래될 수 없다.

물론 진리를 말하는 데는 두 가지 방법이 있다.

붓다는 진리에 대해 말할 때 과거에 진리를 깨달았던 모든 사람들을 언급하지 않는다. 그가 스스로 진리를 깨달았을 때, 그는 그것에 대한 지지를 얻기 위해 증거를 내세울 필요가 없다. 그것은 아무런 차이를 만들지 않을 것이다. 그는 자신이 깨달은 것이 무엇인지 알고 있었다. 증거는 그 깨달음에 아무런 보탬이 되지 않았다. 진리를 알았던 수천 명 사람들의 이름들조차도 붓다의 진리를 측정하는 데 조금도 도움이 되지 않을 것이며, 진리 그 자체의 영광이나 장대함에 보탬이 되지 못할 것이다. 붓다가 진리를 알고 나서 직접적으로 말한 것은 이 때문이다.

붓다는 대단히 신중하다. 그가 옛 현자들의 이름들을 언급하지 않는 데는 그럴 만한 이유가 있다. 붓다의 시대에는 이들 권위 있는 이름들이 잘못 사용되고 있었으며 그 속에는 위험성이 있었다. 기억하라. 붓다는 어떤 것을 말할 때마다 항상 청중들에게 누군가 그것을 알고 말한다고 해서 무조건 받아들이지는 말라고 경고하였다. 그는 항상 청중들에게 권위에 대항할 것을 당부했다. 자신의 전 인생을 통하여 붓다는 자신을 포함한 다른 사람의 권위에 의지하여 진리를 진실한 것으로 받아들이지 말고 스스로 진리를 깨우쳐야 한다고 강조했다.

붓다는 구도자들에게 말하고 있다. 사실 그의 청중들은 모두 진리를 찾는 구도자들이다. 그런 점에서 그들은 크리슈나의 유일한 청중인 아르주나와는 전혀 다르다. 스승이 진리의 구도자인 제자들에게 자신이 말한다고 하여 무조건 어떤 것을 받아들이거나 믿지는 말라고 요청하는 것은 반드시 필요하다. 그들이 뭔가를 진실이라 믿는다면, 그들은 진리 탐구의 길을 갈 수 없다. 만약 붓다가 자신의 말을 뒷받침하기 위해 권위자들을 인용한다면, 그는 이후의 세대들로 하여금 그를 권위자로 인용하게 하는 선례를 남기게 된다. 그래서 그는 이전의 모든 권위자들을 지워 버리고 분명하게 말한다. "나는 내가 알게 된 것을 너희에게 말한다. 그러나 너희들 스스로 그것을 알기 전까지는 그것을 받아들이지 말라."

그러나 크리슈나는 전혀 다른 종류의 사람에게 말한다. 그의 청중은 진리의 구도자가 아니다. 그는 진리를 찾는 모험가가 아니다. 아르주나는 붓다의 제자들과는 상당히 다르다. 아르주나는 진리를 찾고 있는 것이 아니라 혼란과 미혹에 빠져 있다. 급박한 전쟁의 상황이 나약함과 공포로 그를 압도해 왔다. 그러므로 크리슈나는 진리를 뿌리로부터 밝히고 그 베일을 벗기는 데는 관심이 없다. 그는 그에게 무엇이 진리인지만 말한다.

아르주나는 진리를 위해 그에게 오지 않았다. 그는 크리슈나가 자신의 혼란과 공포를 쫓아 주기를 바란다. 그러므로 크리슈나는 그가 말하는 것은 과거에 많은 사람들이 말했던 것임을 분명히 한다. 만약 아르주나가 구도자였다면, 크리슈나는 분명히 그에게 진리와의 만남을 위해 준비하도록 요구했을 것이다. 그러나 아르주나는 단지 실재가 무엇인지를 이해하기만 원한다. 그는 진리를 찾으러 가기 위해 준비하지 않는다. 그는 스승에게 진리를 배우기 위해 아쉬람이나 수도원에 있는 것이 아니다. 그는 전쟁을 벌일 준비를 하고 있다. 그는 마하바라타라는 특별한 상황에 직면하여 두렵고 우울하다. 그래서 크리슈나는 아르주나의 낙담을 일소하고 사기를 진작시키기 위해, 자신이 말하는 것은 과거의 수많은 현자들의 지지를 받고 있는 영원한 지혜라고 말한다.

이런 종류의 가르침은 아르주나에게는 적절하며 의미를 가진다. 만약 아르주나가 스스로 진리를 찾기 위한 욕망으로 그에게 왔다면, 그것은 완전히 달라졌을 것이다. 그러나 이것은 그런 경우가 아니다. 그래서 크리슈나는 아르주나가 오래된 경전의 진리를 적절하게 이해할 수 있도록 그에게 설명한다.

크리슈나가 이런 접근법을 택하는 데는 또 다른 이유가 있다.

만약 어떤 사람이 붓다에게 간다면, 그는 붓다의 제자로서, 붓다에게 자신의 모든 것을 내맡기러 가는 것이다. 하지만 아르주나는 크리슈나의 친구이며, 크리슈나에게 자신의 모든 것을 내맡기는 것이 아니다. 많은 것들이 상황들과 관계들에 따라 달라진다. 붓다의 제자들은 그가 말하는 것을 무조건 받아들이는 반면에, 붓다의 아내는 그의 말을 받아들이는 것을 거부하였다. 그는 붓다, 즉 깨달은 자로 널리 알려졌고, 전국에서 사람들이 진리를 찾아 그의 발아래로 찾아오고 있었다. 붓다는 12년이라는 세월이 지난 후 집으로 돌아왔다. 그를 만난 아내 야소다라는 그를 붓다로서 받아들이기를 거부했다. 그녀는 그를 12년 전 한밤중에 몰래 집을 떠난 그때의 사람으로 받아들인다. 그리고 그녀는 바로 그 점에서 논쟁을 시작한다. 그녀는 남편이 자신을 버렸다는 것을 알게 된 날의 아침처럼 화가 나서 격렬하게 붓다를 비난한다.

붓다의 아내는 나름의 성질을 가지고 있다. 붓다가 만약 그녀에게 자신이 지금은 붓다라고 바로 말하더라도, 그녀는 "허튼 소리 하지 마세요. 저는 당신이 누군지 압니다. 아무도 붓다가 아닙니다."라고 말했을 것이다. 만약 붓다가 아내와 대화를 해야 한다면, 그는 매우 다르게 대화를 할 것이다. 왜냐하면 그녀는 자신의 헌신자들이나 다른 구도자들과는 전혀 다르기 때문이다. 이 일화와 관련된 달콤한 얘기가 있다.

붓다가 아난다를 산야스로 입문시킬 때, 사촌 형이었던 아난다는 그에게 3가지 약속을 받아 내고자 하였다. 그는 입문식 때 붓다에게 말했다. "나는 너의 제자가 되기 전에 몇 가지 보장을 받고 싶다. 나는 너의 사촌 형이기 때문에 너에게 어떤 것들을 하라고 명령할 위치에 있다. 그런데 일단 내가 너의 제자가 되게 되면, 나는 그 위치를 잃게 될 것이다. 그러면 너는 나를 명령할 위치에 있을 것이고, 나는 너의 명령을 따라야 할 것이다. 하지만 지금 이 순간은 너는 나의 사촌 동생이다. 그러므로 너는 나에게 3가지를 약속해 주었으면 한다."

붓다는 그의 요구들이 무엇인지 물었다.

　아난다가 말하기를, "첫째, 나는 하루 내내 너와 함께 있을 것이다. 심부름으로라도 나를 너에게서 떨어지게 하지 말아야 한다. 둘째, 내가 방문객들을 데리고 네게 찾아갈 때는 한밤중이라도 만남을 거절하지 말아야 한다. 그리고 언제 어디서든 내가 묻는 질문에는 모두 답해 달라. 셋째로 내가 원한다면, 나는 네가 방문객들과 나누는 사적이고 은밀한 대화에도 참석할 것이다." 사촌 동생으로서 붓다는 아난다의 조건을 받아들일 뿐만 아니라 그의 전 생애를 통하여 그 조건을 존중했다. 그는 그것에 대해 어떤 어려움도 느끼지 않았다.

　그러나 그가 12년 후에 고향으로 돌아와 아내 야소다라를 만나려고 했을 때는 아난다에게 한 약속들이 방해가 되었다. 평소대로 아난다는 붓다가 아내와 만나는 곳에 함께 있기를 원했다. 그러자 처음으로 붓다는 당황하였다. 그는 아난다에게 말하기를, "생각해 보라. 나는 12년이라는 긴 세월 후에 그녀를 만나는 것이다. 그녀에게 나는 붓다가 아니라 아무 말도 없이 한밤중에 그녀를 떠났던 그녀의 남편 고타마 싯다르타이다. 그대도 알다시피, 그녀는 매우 자존심이 강한 여자라서 만약 그대가 나와 함께 간다면 그녀는 공격적이 될 것이다. 그녀는 그대가 나와 같이 있는 것이 그녀의 터질 듯한 분노와 좌절, 슬픔 그리고 고통을 표현하는 것을 막기 위한 술책이라고 생각할 것이다. 내가 한 약속을 알고 있지만 한 번만 봐 줄 것을 부탁한다."

　이것은 매우 민감하고 섬세한 순간으로 이때 붓다의 반응은 매우 인간적이고 아름답다. 아난다가 붓다에게 그가 이제는 아내도, 아들도, 모든 관계들과 집착들에서 벗어났다는 것을 상기시키자 붓다는 말했다. "아난다, 나에 관한 한 그 말은 사실이다. 그러나 야소다라에게는 나는 그녀의 남편이다. 그것은 나로서도 어쩔 수 없는 것이다."

아난다는 붓다의 길을 받아들이지 않는다. 붓다가 야소다라를 만났을 때, 예상했던 일이 일어난다. 그녀는 울음을 터뜨린다. 12년 동안 참고 참아 온 모든 억눌린 분노와 고통, 번민을 한꺼번에 쏟아 낸다. 그녀의 폭발은 당연하다. 붓다는 조용히 그녀의 말을 듣고 있다. 그녀가 진정하고 눈물을 닦을 때 붓다는 매우 부드럽게 그녀에게 말한다. "야소다라, 나를 자세히 보라. 나는 12년 전에 그대 곁을 떠난 그 사람이 아니다. 나는 그대의 남편으로 여기에 돌아온 것이 아니다. 그대의 남편은 더 이상 존재하지 않는다. 여기 있는 나는 전혀 다른 사람이다. 그대는 과거에 떠나 버렸던 사람에게 그렇게 오랫동안 얘기한 것이다. 자, 이제는 나에게 얘기해 보라."

크리슈나와 아르주나의 관계는 전혀 다르다. 그들은 친구다. 그들은 친밀한 친구로서 같이 놀고 떠들었다. 만약 크리슈나가 그에게 "나는 내가 알게 된 진리에 대해 말하겠다."와 같이 말한다면, 아르주나는 "나는 그대와 그대의 진리를 안다."고 반박했을 것이다. 그래서 그는 "내가 말하는 것은 많은 다른 현자들에 의해 말해진 것과 똑같은 진리이다. 그러므로 그 말이 친구로부터 주어지는 것이라고 안 좋게 받아들이지 말라. 내가 말하는 것은 정말 중요하다."라고 말해야 했다.

기타는 특별한 상황의 산물이다. 그러므로 이것을 염두에 두어야 한다. 그렇지 않으면 오해의 소지가 많다. 붓다의 상황은 크리슈나와 다르다. 그는 말한다. "내가 말하는 것은 진리이다. 나는 진리에 대해 다른 사람들이 말하는 것과 아무 관계가 없다. 또한 나는 그대들이 나의 권위 때문에 내 말을 받아들이지는 않기를 바란다. 그대들 스스로 진리를 아는 것이 필요하다." 이것은 이기주의자의 말이 아니다. 이기주의자는 자기 말이 권위로서 받아들여져야 한다고 주장할 것이다. 붓다는 단지 그의 청중들 속에 있는 진리에 대한 갈증을 자극하기 위해 그의 개인적인 경험을 말하고 있을 뿐이다. 그는 그들에게 그것을 믿음으로 받아들이지 말고, 진리를 찾기 위한 자신의 길을 떠나라고 누차 말한다. 그는 또한 그가 말하는 것은 그 자신의 경험이라는 것을 분명히 한다. 이것은 단순히 경험적 사실의 진술일 뿐이다.

우리는 붓다가 말하는 것 역시 다른 사람들에 의해서 말해져 온 것임을 알고 있다. 우리는 붓다가 말하는 것을 베다와 우파니샤드도 이미 말했다는 것을 알고 있다. 그런데 왜 붓다는 그렇게 말하지 않는가? 거기에는 다 이유가 있다. 그 이유는 붓다의 시대 상황에 이미 내재되어 있다. 붓다의 시대에는 베다와 우파니샤드의 전통이 완전히 타락하고 부패했다. 정말로 부패하고 썩어 있었다. 이러한 오래된 경전들을 지지하는 한마디 말은 바로 타락하고 썩은 그 전통을 지지하는 것과 같았다. 베다와 우파니샤드가 같은 진리를 담고 있다는 것을 잘 알면서도 붓다는 그것들을 지지할 수 없었다. 왜냐하면 우파니샤드와 베다의 지지로 허위와 미신과 위선의 괴물이 이 땅을 활보하고 사람들을 무자비하게 압박하였기 때문이다. 그런 이유로 그는 그것들에 대해 침묵할 수밖에 없었다.

붓다는 베다와 우파니샤드에 진리가 담겨 있다는 것을 모르지 않았다. 그러나 새로운 붓다가 올 때는 많은 오래된 진리들과 싸우고 그것을 뿌리 뽑아야 하는 일이 역사 속에서 종종 일어난다. 왜냐하면 그것들이 오래되면 거짓과 너무나 나쁘게 섞이게 되어, 그것들을 지지하면 자동적으로 그런 거짓말들을 강화시킬 것이기 때문이다.

크리슈나는 그러한 상황을 직면할 필요가 없었다. 그의 시대에는 베다와 우파니샤드의 전통이 너무나 활기차 있었다. 그것은 실제로 그 영광의 절정에 있었으며 전혀 오염되지 않고 완전한 순수에 있었다. 바로 이런 이유로 우리는 크리슈나의 기타가 베다와 우파니샤드의 정수라고 말한다. 사실 우리는 크리슈나 자신이 이러한 경전들로부터 온 위대한 문화의 화신이라고 말할 수 있다. 크리슈나는 그 문화의 필수적이고 기본적인 모든 것을 반영하고 있다. 그는 베다 문명이 절정에 있던 시대에 왔다. 붓다는 그것이 밑바닥에 달했을 때 왔다. 그것은 똑같은 문화였다. 그러나 브라민들이 진리를 깨닫는 것을 포기하고 대신에 신과 종교의 이름으로 사람들을 착취하기에 바빴을 때, 붓다는 그때의 완전한 부패와 타락을 목격해야만 했다. 모든 가능한 부도덕과 추함, 부패와 박탈이 이제 종교와 아무 관계도 없는 이 문화로 들어오게 되었다.

크리슈나는 우파니샤드 가르침의 절정을 나타낸다. 그의 시대에 우파니샤드는 최고로 빛났다. 그것들로부터 나온 지식의 빛이 모든 방면들에 퍼졌고, 그들의 향기가 공기 속 모든 곳에 있었다. 우파니샤드는 죽은 것이 아니라 활기차고 만발했으며, 그 노래를 숲 속에서 조차도 들을 수 있었다. 그래서 크리슈나가 우파니샤드에 대해 이야기할 때, 그는 오래되고 죽은 어떤 것에 대해 말하고 있는 것이 아니라 전성기의 절정에 있는 것에 관해 말하고 있는 것이다.

그러나 크리슈나 이후 2,500년이 지나 붓다의 시대가 되었을 때, 모든 전통은 죽고 썩어 가고 있었다. 그의 앞에는 그것의 시체만이 놓여 있었다. 그래서 붓다는 그것을 인용할 수 없었다. 그가 스스로의 힘으로 진리를 선언한 것은 거만함에서 나온 것이 아니었다.

동시에 크리슈나가 옛 현자들과 그들의 말로써 자신의 말을 뒷받침하려 할 때, 크리슈나에게도 이기적인 것이 없었다.

기타 10장에서 크리슈나는 자신을 강들 중에서는 갠지스로, 계절들 중에서는 봄으로, 짐승들 중에서는 사자로, 새들 중에서는 독수리로, 코끼리들 중에서는 에이라와트(eirawat, 인드라 신의 코끼리)로, 소들 중에서는 카마데누(kamdhenu)로, 뱀들 중에서 바수키(vasuki) 등으로 묘사하고 있습니다. 이것은 그가 자신을 모든 창조물 가운데 최고이며 가장 위대한 것으로 묘사하려는 의미입니까? 또한 그가 낮고 하잘것없는 것들을 대표하기를 거부한다는 의미입니까? 왜 그는 우리 모두의 가장 하잘것없는 것을 부정합니까? 그렇다면 가장 하잘것없는 것은 어디에 속하는지요?

그것은 중요한 질문이다. 거기에는 두 가지 아름다운 면이 있다.

첫째로, 크리슈나는 모든 것들 중에서 자신이 가장 최고라고 선언한다. 즉 모든 계절들 중에서 그는 봄이요, 모든 소들 중에서 카마데누이며, 모든 코끼리들 중에서 에이라와트이다. 둘째로, 이것은 더 중요한데, 그는 소나 말과 같은 가장 낮은 창조물들 중에서도 그의 동료를 발견한다. 두 가지를 함께 받아들여야 한다. 그는 창조물들의 여러 종류들 중에서 최고라고 선언하면서도 한 종류와 다른 종류를 차별하지 않는다. 즉 그가 자신은 코끼리들 중에서 에이라와트라고 선언할 때조차 그는 코끼리로 있다. 또 그가 소들 중에서 가장 최고라고 선언할 때조차 그는 소로 있다. 마찬가지로 그는 뱀들이나 파충류들 속에서도 그의 존재를 유지한다. 그는 당신이 생각하는 것처럼 이 우주의 가장 하찮은 것을 제외하지 않는다. 그는 이 우주의 가장 하찮은 창조물들 중에서조차 최고라고 선언한다. 거기에는 이유가 있다. 왜 그는 스스로 모든 것들 중에서 가장 최고이며 가장 위대한 것이라고 선언하는가?

표면적으로는 그것은 우리에게 이기적인 선언처럼 보인다. 왜냐하면 우리는 자아와 너무나 많이 관련되어 있기 때문에 우리가 보는 모든 것은 이기적으로 보이기 때문이다. 하지만 만약 그것 속으로 깊이 들어간다면, 우리는 크리슈나의 선언 속에 커다란 메시지가 함축되어 있다는 것을 알게 될 것이다. 그가 자신은 코끼리들 중에서 에이라와트라고 말할 때, 그것은 모든 코끼리가 에이라와트가 될 수 있다는 것을 의미한다. 그리고 만약 한 코끼리가 에이라와트가 되는 데 실패한다면, 그것은 그의 최선의, 최고의 잠재력을 실현하는 데 실패한다는 것을 의미한다. 마찬가지로 모든 계절은 봄이 될 잠재력이 있다. 그리고 만약 한 계절이 그것의 본성에서 최고의 것에 이르는 데 실패한다면, 그것은 자신의 본성에 실패한 것이다. 그리고 만약 소가 카마데누가 되는 데 실패한다면, 그것은 소가 자신의 본성으로부터 벗어났다는 것을 의미한다. 모든 이러한 선언들에서, 크리슈나는 단 하나만을 말한다. 즉 그는 모든 것 속에 있는 본성의 정점이며 정수라는 것이다. 정점에 이르는 존재는 누구 혹은 무엇이든지 신성을 띤다. 이것이 이 선언의 가장 핵심적인 메시지이다. 그것의 깊은 의미를 이해하라.

에이라와트가 되지 못하는 코끼리는 크리슈나가 아니라는 것이 아니다. 그도 역시 크리슈나다. 그러나 그는 뒤쳐진 크리슈나다. 그는 자신의 잠재력인 에이라와트가 되는 데 실패했다. 크리슈나는 말하기를, 자신은 각각의 존재가 크리슈나성 즉 신성으로 성장할 수 있는, 그리고 완성에 이를 수 있는 타고난 잠재력을 비추고 있다고 한다. 크리슈나는 각 존재의 가능성이 최선과 최고의 경지로 실현될 수 있는 모습을 상징하고 있다. 각각의 존재, 모든 것은 크리슈나성에 이를 수 있는 능력을 갖추고 있다. 만약 사람이 자신을 충분히 실현하지 못한다면, 그것은 그가 타고난 본성에 따르지 못했다는 것을, 그것으로부터 빗나갔다는 것을 의미할 뿐이다. 크리슈나의 말에는 이기주의의 흔적조차 없다. 사람이 동물들 중에서 사자, 계절들 중에서 봄, 강들 중에서 갠지스와 같이 되지 않는 한 신성을 얻을 수 없다는 것이 그의 표현 방식이다. 자기 자신이 완전히 꽃피었을 때만 신 앞에 올 수 있다. 그렇지 않으면 올 수 없다.

이러한 예들로서, 크리슈나는 아르주나에게 만약 그가 자신의 타고난 본성인 전사로서 완전히 꽃 피어난다면 그는 자연히 하나의 크리슈나가 될 것이라고 설득한다. 이천 년 후에 크리슈나가 태어났더라면, 그는 "나는 전사 중에서 아르주나이다."라고 말했을 것이다.

크리슈나가 자신의 존재를 선언할 때, 그는 자신의 위대함을 주장하는 것이 아니다. 위대함을 주장하기 위해서는 자신을 짐승들이나 새들, 뱀들이나 파충류들과 비교할 필요가 없다. 위대함을 주장하기 위해서는 직접적으로 표현할 수도 있다. 그러나 크리슈나는 사실 그 자신의 위대함을 주장하는 것이 아니다. 그는 당신이 자신 속에서 가장 좋은 것을 이끌어 낼 때, 당신이 자기 최고의 가능성을 실현시킬 때 그때서야 그대가 신이 된다는 성장의 법칙, 우주의 법칙에 대해 얘기하고 있다.

신을 의미하는 산스크리트 이름들 중 하나로 이슈와라가 있다. 그것은 풍요를 의미하는 아이슈와리아(aishwarya)에서 유래한다. 그것은 당신이 존재로서 풍요의 절정에 이르렀을 때 신이 된다는 것을 의미한다. 그러나 우리는 신성이란 모든 면에서 풍요로운 것이라는 점에는 관심을 주지 않는다. 동물들 중에서는 사자, 소들 중에서는 카마데누, 계절들 중에서 봄이 되는 것이 신성을 얻는 것, 바로 신이 되는 것이다. 당신의 잠재력과 실제 사이에 아무런 차이가 없을 때, 당신은 신이 된다. 삶의 가장 높은 가능성이 실현되었을 때, 당신은 신성에 이르게 된다.

만약 당신의 잠재력과 존재의 실제 상태에 거리가 있다면, 그것은 당신이 아직 숙명에 이르는 도중임을 의미한다. 신성은 모든 사람의 숙명이다. 그것은 정말로 모든 사람의 타고난 권리이다. 당신 속에 내재되어 있는 그것이 명백히 나타날 때, 당신은 신이다. 지금 당신이 일부는 내재되어 있고 일부는 피어났다면, 당신은 꽃이 피는 도중에 있다. 당신이 아직 완연한 봄이 아니라면, 당신은 아직 신이 되지는 않았다. 만약 크리슈나가 여기 우리의 정원을 방문하여 자신은 이 정원의 꽃들 중에서 가장 만발한 꽃이라고 말한다면, 그것은 무엇을 의미하는가? 그는 다른 꽃들에게도 이처럼 꽃 피어날 잠재력이 있으며, 그들은 그것에 이르는 도중이라는 것을 의미하고 있다.

크리슈나가 그 자신을 꽃봉오리나 씨앗에 숨겨진 꽃들과 결부시키지 않는 것은 옳다. 그는 단지 자신을 만개한 꽃들과만 결부시킨다. 거기에는 이유가 있다. 그는 낙담하고 혼란에 빠져 있는 아르주나에게 말하고 있다. 그는 아르주나가 기운을 차리게 하려고 애쓸 뿐 아니라, 그가 전사로서 활짝 피어나도록, 그가 전사의 잠재력을 실현하도록 영감을 주기 위해 애쓰고 있다. 크리슈나는 아르주나가 혼자서 최정상에, 신에 도달할 수 있다고 말한다.

여기서 크리슈나는 두 가지 역할을 하고 있다. 아르주나는 친구이므로, 크리슈나는 그에게 너무 딱딱하게 대할 수 없다. 그래서 그는 친구로서 말해야 하며, 아르주나가 크리슈나 그 자신 속에서 드러나 있는 존재의 같은 꽃피움에 도달할 수 있도록 도와야만 한다는 것을 항상 알고 있다. 그러므로 크리슈나는 순간순간 자신의 만개함, 즉 충만함에 주의를 기울이고는 이러한 것이 아르주나의 인식 속으로 부드럽게 스며들도록 한다.

크리슈나가 아르주나의 친구로서만 남아 있다면 그는 아르주나에게 아무런 소용이 없을 것이다. 하지만 그렇다고 해서 그가 무조건 자신의 신성을 드러낸다면, 아르주나는 아마 너무나 두려워 멀리 도망쳤을 것이다. 그래서 그는 항상 자신이 하고 있는 두 역할에 균형을 지켜야만 하였다. 그래서 그는 아르주나의 친구로 있으면서 때대로 자신의 신성을 나타내기도 한다. 그는 아르주나가 이완의 상태에 있을 때마다 자신의 신성을 드러낸다. 그러다 아르주나가 의심과 혼돈으로 고통을 받을 때는 다시 친구의 입장으로 돌아온다. 크리슈나의 역할은 매우 미묘하며, 극소수의 붓다들만이 크리슈나가 마하바라타의 전쟁에서 직면하는 것과 같은 상황을 직면한다.

사실 붓다는 그런 미묘한 상황을 겪지 않아도 된다. 그는 자신의 사람들을 분명히 알고 있다. 누가 누구인지 또한 그들이 무엇을 원하는지를 잘 알고 있다. 사람들은 붓다에게 진리를 배우기 위해 그의 발아래에 앉아 있으며, 그러므로 그들과 나누는 이야기는 쉽고 분명하다. 마하비라 역시 그의 청중들을 대하는 데 별반 어려움이 없었다. 하지만 아르주나를 대하는 크리슈나의 어려움은 분명하다. 그는 두 가지 역할을 해야만 한다.

친구를 가르친다는 것, 그의 스승이 된다는 것은 정말 어렵다. 절친한 친구에게 조언자가 되는 일도 어려운 일이다. 만약 그대가 친구에게 그렇게 하려고 한다면, 아마 그 친구는 "입 닥쳐, 잘난 척하지 마."라고 말할 것이다. 아르주나는 크리슈나에게 "네 현명한 충고는 네 자신을 위해 간직하라. 우리는 어린 시절부터 같이 자라 왔기 때문에 네가 얼마나 많이 알고 있는지 난 잘 알고 있다."라고 말할 수 있다. 아르주나는 그런 상황에서 도망칠 수 있을 것이다. 그래서 크리슈나는 한편으로는 그를 "오, 위대한 전사여!"와 같은 말로 달래기도 하고, 다른 한편으로는 그에게 "그대는 무지하다. 그대는 실재를 알지 못한다."라고 말한다.

만약 당신이 기타의 이러한 측면을 유념한다면, 당신은 기타를 이해하는 데 아무런 어려움이 없을 것이다.

모든 위대한 인물의 삶에는 두 가지 측면이 있습니다. 한 측면은 개인적이며 사적인 것이라면, 다른 측면은 공개적이고 대중적입니다. 당신께서 크리슈나에 대해 말씀하신 이 며칠간 우리는 그의 생애의 몇 가지 특징들을 이해하는 데 도움을 받았습니다. 그러나 오늘날 우리가 그러한 특징들과 그를 모방하려 시도한다면 즉시 사회에서 배척당하게 될 것입니다. 우리는 길거리에서 여자 친구들과 못된 장난을 칠 수 없습니다. 또 우리는 여자 친구가 수영장에서 수영을 하고 있을 때 그 옷을 가지고 도망갈 수도 없습니다. 그리고 비록 우리가 여자 친구와 깊은 사랑에 빠졌다 할지라도, 우리는 크리슈나가 아내 아닌 여자 친구인 라다와 춤을 춘 것처럼 우리의 라다들과 춤을 출 수는 없습니다. 그러나 크리슈나의 삶의 다른 측면은 올바릅니다. 그의 말들은 과거와 현재, 미래의 모든 시대에 완전한 타당성을 가집니다. 그래서 이 맥락에서 우리가 날마다 일상생활에서 크리슈나를 따를 수 있도록 그의 삶의 철학에 관하여, 그리고 일과 지식 및 무집착의 수행에 관하여, 그리고 그의 삶의 예술에 대하여 조명해 주셨으면 합니다.

오직 현대에만 크리슈나의 역할을 하기가 힘들다고 생각하지 말라. 크리슈나가 살았던 그 시대에도 크리슈나의 역할을 하기란 어려웠다. 그렇지 않다면 크리슈나는 단 한 명에 그치지 않고 여러 명이 되었을 것이다. 오늘날 크리슈나와 닮기가 어렵다면, 아마 당신들이 크리슈나와 동시대의 사람이었다 하더라도 역시 크리슈나와 닮기가 어려웠을 것이라는 사실을 알아라. 만약 크리슈나가 다시 태어난다고 해도, 그로서는 그 자신의 시대만큼 오늘날에도 크리슈나가 되기는 쉬울 것이다. 이러한 환상은 우리가 모든 면에서 다른 사람을 따르고 모방하려는 우리의 생각과 습관으로부터 유래된 것이다. 사실 모방이란 우리의 모든 문제점들의 근원이다.

당신이 크리슈나의 시대에 살았다 해도 당신은 결코 그를 모방할 수 없었을 것이며, 당신은 지금도 그를 모방할 수 없다. 그것은 불가능하다. 만약 당신이 크리슈나를 따른다면, 장담하건대 당신은 결국 혼란 속에 빠질 것이다.

내가 크리슈나의 삶과 철학에 대해 말하는 것은 당신이 크리슈나를 이상형으로 삼아 그를 모방하라고 하는 것이 아니다. 모방이라는 개념은 나와는 거리가 멀다. 만약 우리가 크리슈나의 삶을 이해한다면, 그것은 우리 자신의 삶을 바른 시각에서 이해하는 데 도움이 될 것이다. 만약 우리가 광대하고 다차원적인 삶을 산 크리슈나를 완전히 밝히고 이해할 수 있다면, 그로 인해 우리는 우리 자신의 인생을 밝히고 이해할 수 있게 될 것이다. 그러나 그를 모방하는 방식으로 생각한다면, 당신은 크리슈나를 절대 이해할 수 없을 것이다.

만약 우리가 어떤 사람을 모방한다면, 우리는 그 때문에 그를 절대 이해할 수 없을 것이다. 뿐만 아니라 우리 자신의 삶도 이해할 수 없게 될 것이다. 사실 우리가 누군가를 모방하는 이유는 자기를 이해하기 위해 애쓰고 싶지 않기 때문이다. 다른 사람의 그림자 속에 살면서 그를 모방하며 살아가는 것은 편리하다. 그것은 우리 자신들을 이해하려는 힘든 노고로부터 탈출하는 한 방법이다. 다른 사람을 모방하려는, 즉 다른 사람처럼 살려는 노력을 멈추고, 자신이 누구인지 또 자신이 어떠할 수 있는지를 알고자 할 때 비로소 이해가 시작된다.

완전히 꽃 피어난 사람의 삶은 자기의 삶을 이해하는 데 도움이 된다. 이 말은 사람들이 그처럼 되어야 한다는, 그의 복사본처럼 되어야 한다는 뜻이 아니다. 타인들처럼 된다는 것은 가능하지도 바람직하지도 않다. 모든 사람은 다르며 다른 채로 남을 것이다.

우리가 크리슈나에 대해서 말하고 있을 때 만약 당신이 모방의 의미로 생각한다면, 그러한 의미로 생각하고 있다는 것이 질문에서 나타나는데, 당신은 크리슈나를 결코 이해할 수 없을 것이다. 크리슈나를 결코 염두에 두지 말라. 그렇지 않으면 당신은 결코 자신을 이해할 수 없을 것이다.

둘째로, 비록 크리슈나의 철학, 그리고 진리에 대한 그의 통찰이 아무리 중요하고 유용한 것이라 할지라도, 그것을 모방하거나 추종하면 안 된다는 점을 강조하고 싶다. 나는 당신에게 너무나 풍부하고 변화무쌍한 크리슈나의 삶을 모방하지 말라고 말한다. 그런데 어찌

내가 그의 생각과 사상, 심지어 말로 표현된 그의 진리를 모방하라고 말할 수 있겠는가? 모방해서는 안 된다. 오직 그것들을 이해할 뿐, 따르거나 추종하지는 말라.

물론, 크리슈나를 이해함에 따라 당신의 이해와 지성도 성장하고 깊어질 것이다. 그것은 당신의 방식으로 당신을 풍부하게 할 것이다. 어떠한 개념, 어떠한 사상, 어떠한 원리도 그대에게 도움이 되지 않는다. 오직 이해만이 그대를 도울 것이다. 이해가 열쇠이며, 모든 문을 열 수 있는 마스터키다.

모방이 우리 삶의 특징이 되었다는 것은 불행한 일이다. 우리는 요람에서 무덤까지 모방한다. 우리는 타인들의 생활 방식을 모방한다. 우리는 그들의 아이디어와 사상을 모방한다. 삶의 모든 면에 있어서 우리는 오직 모방자들일 뿐이다.

크리슈나의 철학에 들어가기에 앞서, 추종과 모방에 대해 경고하는 것이 필요하다. 아무도, 심지어 크리슈나도 추종하지 말라. 오늘날 온 그대의 여자 친구들과 길거리에서 짓궂은 장난을 하거나 옷을 빼앗아 달아나거나 춤을 출 수 없어서 그렇게 말하는 것이 아니다. 모든 것이 가능하고, 그렇게 하는 데는 아무런 어려움도 없다. 만약 지금 여자 친구들과 춤추는 것이 어렵다면, 크리슈나의 시대에도 마찬가지였을 것이다. 지금처럼 그때도 플루트를 부는 것은 어려웠다. 예전과 오늘날은 근본적인 차이가 없다. 만약 있다 해도 그 차이는 아주 미미한 것이다. 그러므로 내가 모방하지 말라고 하는 것은 변화된 시대 때문이 아니다. 모방 그 자체가 잘못이다. 완전히 잘못이며, 그것은 늘 잘못이다. 모방은 자살이다. 만약 당신이 자살하고 싶다면, 모방을 하라.

크리슈나는 결코 어느 누구도 모방하지 않는다. 붓다도 다른 사람을 추종하지 않는다. 크리슈나나 붓다나 예수가 누군가를 모방한 적이 있는지 이름을 댈 수 있는가? 다른 사람을 결코 모방하지 않았던 사람들을 우리가 모방하는 것은 아이러니컬하다. 그것은 너무 어리석다. 크리슈나와 같은 사람들에 대해서 우선적으로 알아야 할 것은 그들은 아무리 위대한 사람이 있어도 그를 절대로 추종하거나 모방하려 하지 않았다는 것이다. 크리슈나, 붓다, 그리스도와 같은 사람들은 개인적 특성을 완전히 꽃피운 존재들이다. 그들은 타인의 복사본이 아니었다.

그러나 우리 모두는 다른 사람을 모방하려 애쓴다. 모방은 위험하다. 피리를 불거나 라다를 사랑하는 것은 그렇게 위험하지 않다. 심지어 오늘날에도 다른 사람의 아내와 사랑에 빠지는 것을 그만두지 않는다. 이런 일은 거의 날마다 일어난다. 남편은 아내를 두려워하고 아내는 남편을 두려워하지만, 그럼에도 불구하고 혼외정사가 도처에서 벌어지고 있다. 그것은 새로운 일이 아니다. 그것은 항상 있어 온 일이다. 아내들과 남편들이 있는 한, 상대에 대한 두려움도 거기에 있을 것이다. 남편들과 아내들이 없는 것도 똑같이 두렵다. 사람은 두려움 속에 존재하고 있으며, 이 두려움이 그의 모든 삶에 퍼져 있다.

먼저 이 두려움에 대해서 이해하자. 그 뒤에 진리와 실재라는 문제 속으로 들어갈 것이다. 당신은 대중적인 견해 때문에 크리슈나를 모방하기를 두려워하지 않는다. 모방에 대한 두려움은 보다 원초적이다. 그래서 나는 철학과 진리에 대한 당신의 질문에 답하기 전에 모방에 대한 두려움을 먼저 살펴보고 싶다. 내가 크리슈나의 개인적 삶을 언급하는 것은 자진해서가 아니라 당신이 그것에 대해 질문을 했기 때문이다. 당신이 크리슈나를 모방하는 것의 두려움에 대해 질문했기 때문에, 나는 먼저 그것을 다룬 뒤에 나머지 질문을 거론할 것이다.

모방에 대한 근본적 두려움은 아주 다르다. 모방 그 자체는 부자연스럽고 추하고 잘못이다. 온 세상에서 똑같은 사람은 아무도 없다. 사람들 각자가 모두 다르고 독특하며 비교될 수 없다. 이 온 세상에서 당신과 다른 사람을 비교할 방법은 전혀 없다. 당신은 당신과 같고, 당신은 당신이다. 인류의 머나먼 과거에도 당신과 같은 사람은 나타난 적이 없으며, 미래에도 당신과 같은 사람이 다시 생길 일은 결코 없다. 신은 창조주이다. 신은 창조성 그 자체이다. 그는 언제나 독창적이며, 그가 창조하는 것은 무엇이나 독창적이다. 그는 결코 복사본을 만들지 않는다. 그는 창조의 전 과정에서 복사지를 사용하지 않는다. 그는 결코 반복하지 않는다. 당신은 그를 반복한다고 비난할 수 없다. 그러므로 당신이 자신의 개성을 부인하고 다른 누군가를 추종하고 모방하러 한다면, 당신은 삶의 근본적 법칙을 위반하게 되는 것이다. 모방은 신에 대항하는 범죄이다. 신은 당신을 한 개인으로 만들었는데, 당신은 다른 사람의 복사본이 되려 한다. 신은 그대에게 개성을 주었는데, 당신은 자신에게 다른 사람의 개성, 생소한 개성을 부여하려고 노력하고 있다. 이것이 우리 삶의 원초적 두려움이자 근본적인 문제이다.

이제까지 세상의 모든 종교들은 모방을 가르쳐 왔다. 온 세상의 부모들과 선생들은 젊은 사람들로 하여금 아주 어린 시절부터 다른 사람들과 같아지도록 노력하였다. 그들은 그들에게 자기 자신과 닮거나 자신다워지도록 결코 요구하지 않는다. 그들은 당신에게 "크리슈나, 그리스도 혹은 붓다처럼 되어라. 그러나 너 자신과 같이 되는 실수를 결코 범하지 말라." 하고 주장한다. 왜? 어째서 세상의 모든 교육기관들이 당신에게 모방자가 되기를 가르치며 그들은 당신으로 하여금 그대 자신이 되기를 결코 요구하지 않는 것일까?

그것에는 이유가 있다. 가장 중요한 이유로는 만약 모든 사람이 자기 자신이 되면, 그는 자유로운 개인, 즉 사회에 추종하는 순종자가 아닌 반역자가 될 것이기 때문이다. 그는 부모들, 선생들, 설교자들, 사회의 지도자들, 사회 자체에 위험인물이 될 것이다. 모든 사회가 순종하지 않는 자들과 반역자들을 두려워한다. 모든 사회는 순종자들, '예'라고 말하는 사람들을 존중한다. 그것이 대통령에서부터 부모들까지 한 목소리로 아이들에게 추종자들, 모방자들이 되라고 압력을 가하는 이유이다. 그렇지 않다면 그들은 누가 무엇이 될지 알 수가 없게 된다.

당신이 라마처럼 되면 전혀 위험하지 않다. 왜냐하면 라마에 대한 모든 것, 그가 한 일, 그가 하지 않은 일이 잘 알려져 있기 때문이다. 그는 예측될 수 있다. 그래서 당신이 또 다른 라마가 되고자 한다면, 당신은 예측될 수 있으며, 그래서 사회는 당신이 무엇을 할 것인지를 알게 될 것이다. 만약 당신이 테두리가 정해진 길에서 벗어나려 하면, 그들은 당신에게 무법자라는 꼬리표를 붙이고 당신을 벌줄 것이다.

만약 모든 사람이 그들 자신이 되도록 허락된다면, 그때는 무엇이 옳고 무엇이 그른지, 무엇이 선이고 무엇이 악인지 말하기 힘들 것이다. 그러므로 사회는 당신을 잘 규정된 틀, 윤곽이 뚜렷한 거푸집에 맞추기를 원한다. 사회는 이런 노력 때문에 각자의 개성이 파괴되고, 인생이 망쳐지고, 영혼이 황폐해져도 개의치 않는다. 사회의 유일한 관심사는 어떤 희생을 치르든 현상을 유지하기 위해 사람들을 기계로 바꾸는 것이다.

사람은 사회를 위해 살고, 사회는 사람을 위해 존재하지 않는 것처럼 보인다. 개인은 전혀 중요하지 않다. 그저 사회라는 기계의 일부분일 뿐이다. 교육이 사람을 위해 있는 것이 아니라, 반대로 사람이 교육을 위해 있는 것 같다. 신조들과 교리들이 인간에 봉사하기 위해 만들어진 것이 아니라, 반대로 인간이 신조들과 교리들에 봉사하기 위해 만들어진 것처럼 보인다. 종교가 인간을 위해 있는 것이 아니라, 인간이 종교를 위해 있는 것처럼 보인다. 인간이 인간 자체의 목적으로 존재하는 것이 아니라 단지 수단들에 불과하다는 것은 아이러니컬하다. 수단이 되어야 할 것들이 그 자체로 목적이 되었다. 이것은 위험하다. 인간이 독립 존재가 아니라 일개 사물로 축소된 것, 이것은 모방의 저주이다.

모방은 파괴적이다. 그것은 개성을 말살한다. 이 위험은 내면적이고 영적이다. 그것은 바깥에 있는 것이 아니다. 이것은 일종의 정신적인 중독이다. 당신이 크리슈나를 모방하든 붓다를 모방하든, 그것은 아무런 차이가 없다. 모든 모방은 자살이다.

인간을 틀에 맞출 수 있는 어떤 거푸집도, 어떤 틀도, 어떤 유형도 없다. 모든 사람은 독특하며 서로 다른 개인이다. 각자는 자기 자신이 되어야만 한다. 이것은 그의 자유이며 타고난 권리이다.

그러므로 내가 크리슈나에 대해 말할 때, 내가 당신이 크리슈나처럼 되기를 원한다고 생각하거나 착각하면 안 될 것이다. 나는 모든 추종, 모든 모방, 모든 비교를 반대한다. 외부적인 원인에 기인하는 고통은 부차적이다. 모방과 추종이 가져오는 고통은 그 흔적만으로도 심각하고 대단하다. 죽지 않고는 크리슈나처럼 될 수 없다. 두려워하는 자는, 모든 것을 두려워하는 자는 죽은 자이다. 당신은 크리슈나처럼 춤추고 노래하면 대중들에게 맞을까 봐 두려워한다. 이것이 죽은 사람들, 모방자들의 두려움이다. 완전히 살아 있는 사람은 그 자신이 된다. 그는 모방하지 않는다. 더 많이 살아 있을수록 더욱 더 자기 자신이 된다. 살아 있는 사람, 진정한 개인은 사회를 두려워하지 않는다. 반대로 사회가 그를 두려워한다. 이것이 사회가 그를 비난하는 이유이다.

모든 사회가 자유로운 개인, 오로지 살아 있는 사람을 비방하고 비난하는 것은 놀랍다. 그러나 그것이 다가 아니다. 자유로운 개인은 처음에는 비난받지만 나중에는 숭배된다. 항상 그래 왔다. 만약 완전히 살아 있는 어떤 사람이 끝까지 살아남는다면, 그는 처음에는 경멸을 받겠지만 나중에는 반드시 숭배를 받고 존경받을 것이다. 그리고 진정으로 자유로운 사람은 경멸, 추방, 심지어 십자가에 못 박히는 것도 두려워하지 않는다.

크리슈나는 인류 역사상 자기 자신이 되기를 선택한 몇 안되는 존재들 중 한 명이다. 그는 당신이 그에 대하여 무슨 말을 하든지 신경 쓰지 않는다. 당신은 크리슈나가 당시에 바가반이나 신으로 받아들여졌으리라 생각하는가? 그렇지 않다. 그는 모든 면에서 책망받고 비난받았다. 심지어 오늘날에도 당신은 그의 일생의 여러 일화들을 눈감아 주지 않는 한 그를 이해할 수가 없을 것이다.

당신은 어떻게 하여 예수가 십자가에서 못 박혔는지 아는가? 그는 불명예스럽고 위험한 사람이라고 비난받았다. 그가 처형될 때 그는 혼자가 아니었다. 그는 똑같은 운명에 처해져 고통을 받게 될 두 도둑들 사이에 세워졌다. 이것은 예수가 다른 범죄자들과 다름없다는 것을 보여 준다. 흥미로운 점은 그의 죽음을 보러 모여든 수천 명의 예루살렘인들만 그를 조롱한 것이 아니라는 점이다. 심지어 십자가에 함께 매달린 도둑들 중 한 명조차 예수에게 농담을 했다. 그는 이렇게 말했다고 전해진다. "당신과 내가 함께 죽게 생겼으니 우리는 혈족이나 다름없구려. 그러니 내가 그곳에 닿을 때 당신 아버지의 왕국에 내 자리도 하나 마련해 주시오." 도둑마저도 예수와 그의 신의 왕국을 조롱한 것이다. 박해자뿐 아니라 예루살렘의 일반 사람들, 심지어 절도죄로 처형당하려는 죄인조차도 예수를 아무짝에도 쓸모없는 불량배라고 생각했다. 그는 예수는 헛되이 처형을 당하지만 자신은 벌을 받을 만한 짓을 했기 때문에 자신이 더 낫다고 생각했다.

크리슈나나 예수, 마하비라나 붓다가 태어난 사회는 그들을 바가반이나 화신, 메시아로서 받아들이지 않는다. 처음에 사회는 그들을 비난하고 욕하고 놀리고 박해했다. 그러나 그들은 용감한 사람들이며 두려워하지 않는다. 그들은 얼굴에 자비로운 미소를 띠고 모욕과 굴욕을 참는다. 당신은 얼마나 오랫동안 그들을 그렇게 대할 수 있는가? 당신은 당황하다가 그들의 사랑과 관용, 자비에 정복될 것이다. 그리고 그들을 존중하고 숭배하기 시작할 것이다. 그러나 그들은 당신의 모욕들과 굴욕들을 받아들일 때와 같은 초연함과 평정심으로 숭배를 받아들인다. 왜냐하면 명예든 불명예든 그 무엇이든 진정 그들에게 영향을 미칠 수 없기 때문이다. 이제 사회는 그들을 화신들로 환대하게 된다.

크리슈나의 삶을 살펴보는 것이 중요하다고 보는 까닭은 당신이 크리슈나를 모방하기를 원하기 때문이 아니라, 크리슈나가 다차원적인 인간 중에서 가장 아름답고 귀한 표본이기 때문이다. 만약 크리슈나의 보석들이 당신 앞에 놓여 있다면, 그 보석들은 당신 자신의 숨겨진 보석들을 찾는 데 도움을 줄 것이다. 크리슈나가 내게 중요한 것은 이 때문이며, 그 이상은 없다. 기억하라. 크리슈나의 보석은 크리슈나의 것이며, 당신의 보석은 당신 자신의 보석일 것이다. 당신의 보석이 크리슈나의 것보다 못하다고 말할 수 있는 사람은 아무도 없다. 나는 크리슈나에게 일어난 일이 당신들 각자에게 일어날 수 있으며, 이 자각만으로 충분하다는 것을 다시 한 번 상기시키고 싶다. 이 모든 토론은 당신들 모두가 신성의 상속자임을 상기시키기 위한 것이다.

당신은 크리슈나의 삶의 철학에 대해서 알고 싶어 한다. 삶의 철학에 대한 이 갈망은 같은 근원에서 나온다. 당신은 자신에게 편리하게 덧씌우고 그것으로 끝낼 수 있는 기성품, 이데올로기, 이념이나 신조를 원한다. 나는 내일 그의 철학을 논할 것이지만 목적은 다르다. 나는 당신이 그 철학의 도움으로 자신의 삶을 이해하기만을 바란다. 당신이 크리슈나의 견해와 아이디어를 받아들이고 추종하는 것은 바라지 않는다. 크리슈나와 같은 사람들은 비범한 눈으로 삶을 본다. 그들의 지각은 흔하지 않다. 그것은 삶의 가장 깊은 곳을 꿰뚫어 본다. 잠시 동안이라도 우리가 크리슈나의 눈으로 삶을 바라볼 수 있다면, 그것은 가장 큰 선물이 될 것이다. 그것은 삶에 대한 우리의 지각과 관점을 바꾸고 깊게 하는 데 많은 도움이 될 것이다.

당신은 아름다운 언덕들과 장엄한 산들로 둘러싸인 여기 히말라야의 마날리에 있다. 그러나 당신은 자신의 눈, 자신의 지각, 자신의 관점이 보게 하는 만큼만 이 산의 아름다움을 볼 수 있다. 저명한 화가인 니콜라스 로리히가 우연히 이곳에서 오래 살게 되었다. 당신이 그의 그림들을 본다면, 그것들은 당신에게 똑같은 산들에 대한 수없이 다른 시각을 줄 것이다. 당신은 로리히의 눈으로 산들을 보게 될 것이다. 지금은 히말라야와 세계의 나머지를 잇는 길이 생겨났지만, 이곳에 아무 길도 없을 때 그는 머나먼 러시아에서 이 산으로 왔다. 여기 히말라야를 본 그는 이곳을 일생의 고향으로 정하고 다시는 떠나지 않았다. 당신들 바로 앞에 있는 이 산들이 로리히의 마음을 빼앗고 그를 매혹시켰다.

당신들은 얼마 동안 여기 히말라야에 있었으나, 나는 당신들이 아직도 이 산들을 본다고는 생각하지 않는다. 당신은 도착한 첫날에 잠시 산을 보고는 그것으로 끝냈을 것이다. 그것들은 이제 그냥 산들에 불과하다.

그러나 니콜라스 로리히는 같은 히말라야를 보고 그리면서 일생을 보냈다. 이 산들의 영원하고 질리지 않는 아름다움은 그가 죽을 때까지 그를 계속 매혹시켰으며 그는 결코 질리지 않았다. 그는 이 산들을 그리는 데 평생을 바쳤지만, 산들에 대한 그의 갈망과 열정, 사랑은 줄어들지 않았다. 그는 낮과 밤에, 아침에, 정오에, 저녁에, 여름과 겨울에, 봄에, 비 내릴 때, 가을에, 태양과 달과 별이 떴을 때 등 수백 가지 견지에서, 그 무수한 색깔들과 분위기들로 히말라야를 보았다. 그는 죽을 때에도 히말라야를 그리느라 바빴다. 그러므로 만약 당신이 로리히의 눈을 통하여 이 산들을 본다면, 그것들은 아마 매우 다르게 보일 것이다. 당신이 이 사람의 작품에 대해 정통하게 된다면, 히말라야는 또 다른 이야기를 당신에게 들려줄 것이다.

나는 당신에게 로리히가 보았던 방식으로 이 산을 보라고 말하는 것이 아니다. 아니다. 내가 말하는 것은 그것이 아니다. 당신이 이 위대한 화가의 눈으로 그것들을 보는 것은 불가능하다. 그러나 그와 그의 작품을 알고 나면 당신의 시각이 바뀌고 깊어질 것이라는 것은 분명하다. 당신은 이 산들을 더 잘 알게 될 것이다.

많은 사람들이 사랑을 하였지만, 파라드(Farhad)와 마즈누(Majnu)의 사랑은 특별하였다. 그것은 히말라야만큼 위대하였다. 그들의 이야기를 읽고 그들의 삶에 익숙해지면 좋을 것이다. 그만한 가치가 있을 것이다. 사실 우리의 사랑은 너무나 형편없고 순간적이다. 그것은 시작하자마자 거의 동시에 끝난다. 그리고 일단 사랑이 끝나면, 언제 사랑을 했는지 기억하기조차 힘들어진다. 우리의 평범한 사랑의 강은 나타나자마자 우리를 기슭에 내려놓고 사라져 버린다. 그러나 마지막 숨이 다할 때까지 끊임없이 사랑하고 열정적으로 사랑하는 사람들도 간혹 있다. 그들의 사랑은 위대하며 측정할 수 없다. 만약 당신이 그런 위대한 연인들을 알게 된다면, 그것은 당신에게 도움이 될 것이다. 그것은 당신으로 하여금 자신의 사랑과 그 사랑의 문제점들을 이해하게 해 줄 것이다. 아마 그것들에 대해 알게 되면, 그때 당신은 자신의 사랑의 숨겨진 원천을 자각하게 될 것이다. 그 원천은 모든 존재에 내재되어 있지만, 우리는 그것을 질식시켜 죽이고 있다.

나는 당신이 마즈누처럼 되어야 한다고 말하는 것이 아니다. 그것은 가능하지도 바람직하지도 않다. 마즈누의 모방은 우습고 서툰 모방에 불과할 것이다. 당신은 마즈누 같은 머리 모양을 할 수 있으며, 마즈누처럼 옷을 입고 "라일라, 라일라."라고 외치며 미친 사람처럼 떠돌아다닐 수도 있다. 그러나 그렇게 하는 것은 마즈누와는 아무런 상관이 없다. 당신은 그것을 흉내 낼 수는 있지만 그의 사랑의 진수는 알지 못한다. 흉내는 바보 같은 짓이다.

그러나 마즈누와 파라드의 사랑은 꺼진 것이나 진배없는 당신의 사랑의 등불에 불을 붙일 수 있다. 아마도 그의 사랑의 힘은 당신 내면에 불을 댕겨, 당신은 영원히 소진되지 않는 사랑의 원천을 자각하고 생생하게 살아날 것이다. 바로 이런 의미에서 나는 당신이 그들을 알기를 바란다.

많은 사람들이 시나 서정시를 짓지만, 칼리다스(Kalidas)나 셰익스피어, 타고르의 서정시들은 이 지상의 것 같지 않은 어떤 특별한 것이 있다. 칼리다스나 타고르의 시를 들어보면, 전에는 알지 못했던 무엇인가가 당신에게 떠오를 것이다. 아마도 처음으로 당신은 자신의 숨은 가능성을 눈치 챌 수 있을 것이다.

내일 아침부터 나는 크리슈나의 철학에 대하여 이야기할 것이다. 그러나 나는 당신이 이것을 자신의 신조나 이념으로 만들기를 원치 않는다. 나는 당신이 교조주의자가 되기를 원하지 않는다. 그리슈니는 전혀 교조주의자가 아니다. 그러므로 모든 이론과 교의, 도그마를 멀리하라. 우리는 크리슈나를 전적으로 다른 목적으로 이해하고자 노력하고 있다. 자기의 존재를 완전히 꽃피운 크리슈나와 같은 영광스럽고 빛나는 사람이 현자의 눈으로 우리의 이 우주를 바라보고 그것에 대하여 무엇인가를 말한다면, 그의 말들은 우리에게 대단한 의미를 가진다. 우리의 세상에 대한 그의 판단은 굉장한 무게를 가지고 있으므로 그것을 숙지하는 것이 좋을 것이다.

그처럼 명쾌하고 깨달은 존재가 사람과 그의 마음과 깨달음의 길에 대해서 말하는 것을 아는 것은 유용하다. 그가 우리에게 전하는 이 지식, 이 정보는 우리 존재 내부의 심금을 울려 우리로 하여금 탐구의 여행을 떠나게 한다. 삶에는 단 한 가지 가치 있는 탐구가 있는데, 그것은 내가 누구인지, 또 당신이 누구인지를 아는 것이다. 그러면 당신은 크리슈나의 무리로 변하지 않을 것이다. 당신은 자신의 길을 걷는 여행자가 될 것이다. 그때 당신은 아르주나에게 자기 본성을 추구하다 죽으라고 말하는 그 사람이 당신에게 어떠한 교리도 강요하지 않을 것임을 알게 될 것이다.

그러므로 나는 당신들이 내일부터는 크리슈나의 철학에 대한 질문들을 가져오기를 원한다. 나는 그 질문들을 모두 다룰 것이다. 당신들의 질문들에 답하는 것은 나에게는 아주 편안하다. 그때 나는 마음을 긴장시키지 않아도 된다. 자연스럽게 시냇물처럼 흘러나올 것이다. 그렇지 않으면 내가 무엇인가를 말하기가 어렵다. 내가 당신들에게 말하고 있는 동안에만 말들과 개념들이 나와 함께 한다는 것이 나의 어려움이다. 말하고 있지 않을 때, 나의 마음은 완전히 비어 있고 고요하다. 그러한 상태에서 대화를 재개하기는 몹시 어렵다.

여러분이 질문을 하면, 그것은 내 생각들을 걸어 두는 걸이로 쓰인다. 보통은 말하는 것이 나로서는 정말 어렵다. 무엇인가를 말하려면 나는 심하게 긴장해야만 한다. 생각해서 말하는 것이 점점 어려워지고 있다. 그것은 나에게 큰 부담을 준다. 최근에 많은 친구들은 내가 질문을 받지 않고 독립적으로 말해야 한다는 바람을 표현한 적이 있다. 그렇게 하기는 매우 힘든 일일 것이다. 머지않아 나는 질문 없이 독립적으로 말하는 것을 그치게 될 것이다. 나는 질문이 없으면 무엇을 말해야 할지 모른다. 단어나 생각들이 나를 떠나 버렸다. 그러나 당신들이 질문을 하면, 나는 그 질문에 답하지 않을 수 없다. 당신의 질문들이 없으면, 나는 스스로 할 말이 없다. 나는 혼자서는 완전히 조용하다. 내가 말한다면, 그것은 당신들을 위해 말하는 것이다. 그러므로 내일 당신들의 질문을 가지고 오라. 그러면 우리는 그것들에 대해 토론할 것이다.

이제 명상을 위해 앉자.

일곱 번째 문
무집착은 거부가 아니다

크리슈나는 욕망과 집착을 포기함으로써, 그는 그것을 각각 니스캄타(niskamta)와 아나삭티(anasakti)라고 부르는데, 모든 속박에서 벗어나 궁극에 이른다고 말합니다. 그러나 평범한 사람들은 욕망과 집착에서 자유롭기가 매우 어렵습니다. 무욕과 무집착의 의미와 그러한 상태에 도달하는 방법을 가르쳐 주십시오.

먼저 아나삭티, 즉 무집착이라는 말의 의미를 이해하도록 노력하라. 그것은 불행히도 가장 잘못 이해되고 있는 단어들 중의 하나이다.
무집착은 일반적으로 거부의 의미로 받아들여지고 있지만 그것은 거부가 아니다. 거부하는 것은 집착과 상반되는 것으로서 일종의 또 다른 집착이다. 어떤 사람은 섹스에 집착하고, 또 어떤 사람은 그것의 정반대, 즉 독신을 뜻하는 브라마차리야(brahmacharya)에 집착한다. 어떤 사람은 부에 집착하여 부를 쫓아다니는 반면, 또 어떤 사람은 부의 포기에 집착하여 부로부터 달아나고 있다. 어떤 사람은 잘생

긴 외모라는 관념에 사로잡혀 있는가 하면, 또 어떤 사람은 추한 외모라는 관념에 사로잡혀 있다. 그런데 섹스나 돈, 외모를 거부하는 사람들은 집착하지 않는 사람인 것처럼 보인다. 왜냐하면 그들의 집착은 부정적이기 때문이다.

집착은 긍정과 부정의 두 가지 얼굴을 가지고 있다. 당신은 어떤 것을 몹시 좋아하여 미친 듯이 그것을 뒤쫓거나 그것에 매달릴 수 있다. 이것은 긍정적인 집착이다. 또는 무엇인가를 몹시 싫어하여 그것으로부터 도망치려고 할 수 있다. 그러면 이것은 부정적 집착이다. 부정적인 집착도 긍정적인 집착만큼이나 집착하는 것이다.

무집착은 이것들과 전적으로 다른 것이다. 무집착은 긍정적인 집착과 부정적인 집착으로부터 모두 자유로운 것이다. 무집착은 어떤 것에 집착하는 것도, 어떤 것을 거부하는 것도 아닌 것을 뜻한다. 무집착은 집착과 거부를 둘 다 초월하는 것이다.

영성의 세계에서는 무집착과 같은 말들이 많이 있지만, 그러한 말들은 대부분 왜곡되고 오해되고 있다. 집착을 초월한다는 말인 비트락(veetrag)도 그러한 말들 중 하나이다. 그러나 그 말은 거부와 비슷한 말로 쓰이고 있다. 사실 집착과 거부 둘 다를 넘어설 때, 그 사람은 비트락 즉 초월의 상태에 도달한다. 비트락이라는 단어는 마하비라의 전통에 속하지만, 아나삭티라는 단어는 크리슈나의 전통에 속하는 말이다. 그러나 그 둘은 접근 방식에 차이가 있다.

마하비라는 집착과 거부를 둘 다 포기함으로써 비트락의 상태에 이른다. 그러나 크리슈나는 집착과 거부를 둘 다 수용함으로써 아나삭티의 상태에 도달한다. 이것이 유일한 가능한 방법들이다. 그들은 이루고자 하는 목적은 같으나 이르는 방법은 다르다. 마하비라는 집착의 포기를 강조하지만, 크리슈나는 그것의 수용을 강조한다. 그러므로 깊은 의미에서 비트락은 부정적인 의미이고, 아나삭티는 긍정적인 의미라고 할 수 있다.

크리슈나에 따르면, 집착이 없는 마음이란 모든 것을 무조건적으로 받아들이는 사람을 의미한다. 흥미로운 것은 만약 당신이 어떤 것을 전적으로 받아들인다면, 그것은 당신의 마음에 흔적이나 상처를 남기지 않는다는 사실이다. 당신의 마음은 상처 입지 않고 훼손되지 않은 채 있다. 그러나 당신이 어떤 것에 강하게 매달릴 때, 그것은 당신의 마음에 상처를 남긴다. 당신이 어떤 것을 강하게 거부할 때, 당신은 그것을 발견해 내어 부정한다. 그때도 그것은 당신의 마음에 흔적을 남긴다.

당신이 어떤 것에 매달리지도 않고 그것으로부터 달아나려고도 하지 않을 때, 당신이 모든 것—선 혹은 악, 아름다움 혹은 추함, 즐거움 혹은 고통스러움—을 수용할 때, 당신이 거울처럼 앞에 오는 모든 것을 비추게 될 때, 그때 당신의 마음은 상처를 입지 않은 채로 있게 된다. 그러한 마음이 무집착의 마음이다. 마음은 이제 무집착에 자리 잡는다.

당신은 평범한 사람이 어떻게 무집착을 얻을 수 있는지를 물었다. 사실 무집착 상태에 이르기 전까지는 모든 사람이 평범하다. 그러므로 평범한 사람이 어떻게 집착하지 않을 수 있는가 하는 그러한 질문은 일어나지 않는다. 어떤 것에 집착하거나 거부하는 한, 그는 평범한 사람으로 남는다. 비범함은 무집착 상태 이전이 아니라 무집착과 더불어 온다. 평범한 사람은 이 길로 무집착 상태가 되고 비범한 사람은 저 길로 무집착 상태가 되는 것이 아니다. 집착과 거부를 둘 다

넘어선 자만이 비범하다. 그러므로 올바른 질문은 이것이다. 사람은 어떻게 무집착에 이를 수 있는가?

무집착에 대한 문제에 들어가기 전, 집착 그 자체에 대하여 이해해 보자. 어떻게 사람은 무집착이기를 그치고 사람들, 사물들, 생각들에 집착을 하게 되는 것일까?

크리슈나에 따르면, 무집착은 인간의 본성 속에, 그의 존재 속에 새겨져 있다. 무집착은 우리의 근본적 본성이며 우리의 본래 얼굴이다. 그러므로 왜 사람들은 자신의 본성에서 벗어나는가 하는 것이 진정한 질문이다. 우리는 무집착 상태를 연습할 필요가 없다. 우리는 그것에 이르기 위해 어떤 것도 할 필요가 없다. 단지 우리가 어떻게 본성에서 벗어났는가만 알면 된다. 이것이 우리의 근본적 질문이다.

예전에 어떤 사람이 나를 찾아와서, "저는 신을 찾고 싶습니다."라고 말했다. 나는 그에게 언제, 어떻게 신을 잃어버렸느냐고 물었다. 그는 신을 잃어버린 적이 없다고 대답했다.

그래서 나는 그에게 말했다. "어떻게 당신은 잃어버리지도 않은 것을 찾을 수 있는가? 찾는다는 것은 당신이 무엇인가를 잃어버렸으며 이제 그것을 되찾기 위해 노력하고 있다는 것을 의미한다. 그러므로 문제는 신을 찾는 것이 아니다. 당신이 정말 신을 잃어버렸다면 신을 찾아야 할 것이다. 그러니 먼저 당신이 신을 잃어버렸는지를 알아야만 한다. 그래서 당신이 결코 신을 잃어버린 적이 없다는 것을 스스로 알게 되면, 그때 찾는 것은 끝난다."

무집착은 우리의 본성이다. 우리는 모두 무집착 상태로 태어난다. 그런데도 우리 모두가 인생에서 집착과 거부의 희생자가 된다는 것은 정말 이상한 일이다. 무집착은 바로 우리의 본성이다. 만약 집착이 우리의 본성이라면, 우리는 어떠한 것도 거부할 수 없을 것이다. 만약 거부가 우리의 본성이라면, 우리는 집착의 먹이로 떨어지지 않을 것이다. 예를 들어, 나뭇가지는 서쪽으로 바람이 불면 서쪽으로 흔들리고, 동쪽으로 바람이 불면 동쪽으로 흔들린다. 어찌하여 나뭇가지는 바람에 따라 흔들리는가? 왜냐하면 그것은 동쪽이나 서쪽에 있는 것이 아니라 한가운데에 있기 때문이다.

다른 예를 들어 보자. 물을 끓이면 물은 뜨거워지고, 물을 식히면 물은 차가워진다. 물 자체는 차갑지도 뜨겁지도 않기 때문이다. 만약 물이 본질적으로 뜨겁다면, 물은 결코 차가워지지 않을 것이다. 만약 물이 본질적으로 차다면, 물은 결코 뜨거워지지 않을 것이다. 물 자체의 성질은 차가움과 뜨거움을 초월하기 때문에, 우리는 원하는 대로 물을 뜨겁게도 차갑게도 할 수 있다.

만약 집착이 우리의 본성이라면, 우리는 어떤 것도 거부할 길이 없다. 하지만 우리는 쉽게 거부한다. 만약 집착이 우리의 본성이라면, 우리는 어떤 것도 포기할 수 없지만 실제로는 이런저런 것들을 포기한다. 마찬가지로 만약 포기가 우리의 본성이라면, 우리는 어떤 것에도 매달릴 수 없지만 실제로는 거머리처럼 매달린다. 이것은 우리의 본성이 집착도 거부도 아니라는 것을 뜻한다. 그래서 우리는 두 가지 방향으로 움직인다. 우리는 어떤 것에 집착하다가 다음에는 그것을 거부한다. 우리의 타고난 본성은 마음의 이 두 상태를 초월하기 때문에, 우리는 편리한 대로 그런 상태들 속으로 움직일 수 있다.

다른 예를 들어 보자. 우리는 원하는 대로 눈을 감고 뜰 수 있다. 왜냐하면 본질적으로 우리의 눈은 감은 것도 뜬 것도 아니기 때문이다. 만약 눈을 뜬 것이 눈의 본질이라면, 우리는 결코 눈을 감을 수 없을 것이다. 반대로 눈을 감은 것이 눈의 본질이라면, 우리는 절대로 눈을 뜰 수 없을 것이다. 우리 눈의 본성은 감고 뜨는 두 상태들을 초월하여 있기 때문에, 눈은 마음대로 뜨거나 감을 수 있다. 눈은 두 상태들 너머에 있다. 뜨고 감는 것은 눈의 외적 현상에 불과하다. 정말이지 그것은 눈꺼풀 때문에 일어난다. 마찬가지로 우리의 의식은 본질적으로 무집착 상태이다. 어떤 것에 의해 집착되거나 거부되는 것은 눈꺼풀들, 덮개들에 의해서 일어난다.

그러므로 첫 번째로 이해하여야 할 것은 무집착이 우리의 본질이라는 점이다. 우리는 무집착의 상태로 태어났다. 무집착이 우리의 본래 얼굴이다.

두 번째로, 우리는 우리 자신의 본성에만 도달할 수 있다는 점을 이해하여야 한다. 우리는 자신의 본성이 아닌 것에는 도달할 수 없다. 실제로 우리는 우리 존재의 더욱 깊은 수준에서 이미 우리 자신인 것만 얻을 수 있다. 꽃씨가 자라서 꽃을 피우는 것은 그 씨앗의 깊은 곳에 꽃이 이미 있기 때문이다. 바위는 표면이건 깊은 곳이건 꽃과 아무 상관이 없기에 꽃을 피울 수 없다. 만약 당신이 꽃씨를 심듯 흙 속에 바위를 심는다 해도 바위는 여전히 바위로 남을 것이다. 그것은 결코 꽃으로 바뀌지 않는다. 표면적으로 볼 때 바위나 꽃씨는 둘 다 비슷하게 보인다. 그러나 그것들을 함께 심으면 꽃씨는 꽃으로 바뀌겠지만, 바위는 항상 같은 채로 남아 있을 것이다. 그러므로 꽃씨가 꽃으로 변하는 까닭은 그 씨앗이 본질적으로 꽃이기 때문이라고 말할 수 있다.

우리는 우리 존재의 중심에서 이미 우리 자신인 것만 될 수 있다는 것은 삶의 중요한 법칙들 가운데 하나이다. 중심에 숨겨져 있는 것이 주변에 나타난다.

　그러므로 집착도 거부도 아닌 무집착이 우리의 본성이다. 이 때문에 우리는 때때로 뭔가에 집착하기도 하고 뭔가를 거부하기도 한다.

　무집착이 우리의 본성이기 때문에 우리는 무집착에게로 되돌아갈 수 있다. 말하자면 꽃씨가 꽃으로 피어날 수 있다는 것과 같다.

　무집착은 몇몇 사람의 본성이 아니라 모든 사람의 본성이다. 의식이 있는 곳마다, 그것은 항상 집착과 거부를 초월하고 있다. 우리의 가장 높은 지성은 집착과 거부를 둘 다 초월한다. 행동의 면에서 의식 그 자체가 무엇인가에 집착하거나 거부하는 것은 별개의 문제이다. 그러나 그것은 의식의 행동적인 측면이다. 그것은 눈꺼풀이 필요할 때 뜨거나 감는 것과 같다.

　만약 내가 나의 의식만으로 오로지 남겨진다면, 나는 그 순간에 집착하고 있을까, 거부하고 있을까? 어느 쪽도 아닐 것이다. 집착과 거부는 어떤 것들과의 관계에서만 어쩔 수 없이 일어난다. 만약 내가 X씨가 집착하고 있다고 말한다면, 당신은 당장 "누구에게?" 혹은 "무엇에?"라고 물을 것이다. 어떻게 인간이 대상 없이 집착할 수 있겠는가? 같은 의미에서 만약 내가 Y씨는 거부하고 있다고 말한다면, 당신은 즉시 "무엇을?"이라고 물을 것이다. 왜냐하면 싫어함 역시 어떤 사람이나 대상과 관련해서만 가능하기 때문이다. 매달림과 거부는 둘 다 우리의 관계를 반영한다. 그것들은 우리의 행동적 측면에 속한다. 우리 자신 안에서 우리는 어느 쪽도 아니다.

　우리 본성의 행동적 측면을 이해하는 것은 매우 중요하다. 그것은 행동의 문제이기 때문에, 나는 오늘 어떤 사람을 좋아하다가 내일은 그 사람을 거절할 수 있다. 그것은 행동에 관한 문제이기 때문에, 만약 내가 오늘 어떤 사람을 싫어한다면 내일은 그를 좋아할 수도 있다. 더욱 이상스러운 것은 내가 어떤 사람이나 사물을 동시에 좋아할 수도 있고 싫어할 수도 있다는 것이다. 나는 어떤 사람의 성격적 측면은 좋아하지만 다른 측면은 싫어할 수 있다. 우리는 같은 사람이나 사물에 대하여 상반되는 관계에 놓일 수 있다. 동시에 집착하기도 하고 혐오할 수도 있는 것이다. 그러나 한 가지 확실한 것이 있다. 집착과 혐오는 우리의 행동에 속하는 것이지 우리의 본성에 속하는 것이 아니라는 것이다. 행동은 어떤 사람이 다른 사람이나 사물, 생각과의 관계 속으로 들어간다는 것을 의미한다. 행동은 대상 없이 이루어질 수 없다. 혼자 있을 때는 행동할 수 없다.

본성은 전적으로 혼자인 것을 의미한다. 혼자 있음은 본성의 고유한 성질이다. 본성은 혼자 있음이다. 만약 내가 사람과 사물, 생각이나 이미지로부터 분리되어 전적으로 홀로 남겨진다면, 내가 완전한 홀로임 안에 있다면, 내가 그 상태에서 집착이나 거부를 할 수 있을까? 그럴 수 없다. 왜냐하면 집착이나 거부는 관계를 반영하는 것이기 때문이다. 일단 모든 관계들로부터 벗어난다면, 나는 완전히 홀로 있으며 집착도 접촉도 하지 않고 있다.

나는 당신이 무집착의 의미와 중요성, 그리고 그것의 맥락과 관련된 단어들을 정확하게 이해하도록 충분히 설명하고 있다. 그리고 일단 그것들을 정확히 이해하면, 당신은 무집착 상태가 되는 데 큰 어려움이 없을 것이다.

집착과 거부는 둘 다 상대가 있어야만 하는 관계들이다. 다른 것이 필수적으로 있어야 한다. 다른 것들이 없이는 이 말들은 의미가 없다. 이 '다른 것' 때문에 집착과 거부는 둘 다 속박이 되고 구속이 된다. 두 경우 모두 우리는 다른 것들에 의존하고 있다. 그러므로 집착하는 사람은 노예이다. 그리고 거부하는 사람 역시 정반대 종류의 노예이다. 부(富)에 집착하는 사람에게서 부를 빼앗아 버리면, 그 사람은 죽을 것이다. 부를 거부하는 사람의 방에 부를 놓아두면, 그는 잠을 이룰 수 없을 것이다.

섹스에 중독된 사람은 남자나 여자가 없으면 살아갈 수 없다. 독신을 공언한 사람에게 아름다운 여자나 남자가 주어지면, 그는 혼란스러울 것이다. 두 유형의 사람들은 굴레 속에 있다. 그들은 다른 것에 의존하고 있다. 다른 것, 즉 대상이 실제로 존재하고 있는가, 그렇지 않은가는 문제가 아니다. 그것은 상상으로 존재할 수도 있기 때문이다. 그러나 다른 것이 그들 존재의 떨어질 수 없는 한 부분이 되었다. 그들은 다른 것이 없이는 그들 자신을 생각할 수 없다. 욕심쟁이는 돈이 없는 자신에 대해 생각할 수 없다. 포기자는 돈과 함께 있는 그 자신을 생각할 수 없다. 다른 것이 두 사람의 중심에 존재하고 있다.

만약 당신이 무집착의 이 행동적인 측면을 이해한다면, 당신은 행동의 변화들이 별로 중요하지 않다는 것을 알게 될 것이다. 집착하던 사람이 어느 날 모든 것으로부터 등을 돌릴 수도 있다. 마찬가지로 포기자가 어느 날 돈이나 지위, 명예를 쫓아다닐 수도 있다. 세상에서 성공한 사람이 어느 날 내게 와서 지금 자신은 혼란에 빠져 있으며 이 혼란에서 벗어나고 싶다고 말한다. 포기자들이 나에게 와서 자신들이 세상을 떠난 것은 실수였다고 말하기도 한다. 누가 알겠는가? 거기에는 아마도 그들이 놓치고 있는 정말로 가치 있는 무엇인가가 있을지도 모른다.

어떤 수도승들은 자신들이 삶을 낭비하는 동안 세상 사람들은 좋은 시간을 보낸다고 항상 생각하고 있다. 반면에 세상 사람들은 수도승들이나 은둔자들이 얻는 어떤 높은 경험들을 놓치고 있다고 생각한다. 사실은 그들이 처한 상황들이 서로 다를 뿐이다. 심리적으로 세상 사람과 수도승은 같은 배를 타고 있다. 심리적으로 그들은 다른 것들에 크게 의존하고 있다. 그들은 족쇄를 차고 있다. 그러한 사람들은 자유, 진리, 희열을 알 수 없다. 실제로 '다른 것'이 굴레이다.

보통 포기자는 그가 다른 것을 포기했다고 생각하지만, 그렇게 생각하는 것 자체가 실수라는 것을 알아차리지 못한다. 그는 여전히 다른 것에 구속되어 있는 것이다. 그는 이제 다른 것과 다른 종류의 관계, 즉 도피의 관계를 맺고 있을 뿐이다. 이제 그가 버린 것이 그를 쫓고 있다. 비록 그는 더 이상 그것을 향하여 달려가지는 않지만, 이제 그것을 두려워하게 된다. 그는 그것으로부터 달아났기 때문에, 이제 그것이 다시 자기를 압도하지 않을까 하고 걱정한다. 당신이 다른 것으로부터 달아나 어디로 도망칠 수 있겠는가?

다른 것은 어디에나 있다. 다른 것은 한 곳, 즉 당신의 가장 깊은 곳인 당신 존재의 중심을 제외한 모든 곳에 있다. 당신이 집을 떠난다면, 아쉬람이나 수도원이 그 자리를 차지할 것이다. 당신은 집에 집착하였듯이 이제 아쉬람이나 수도원에 집착하게 될 것이다. 만약 당신이 배우자나 아이들을 떠난다면, 그때는 그들 대신에 스승과 제자들의 관계가 그 자리를 차지하게 될 것이다. 당신은 다시 그것들에 집착하게 될 것이다. 당신은 궁전을 떠나 오두막으로 갈 수도 있지만, 그러나 오두막은 궁전같이 소중한 집이 될 것이다. 당신은 값비싼 옷을 포기하고 허리에 천 하나만 두르고 다닐 수도 있지만, 그 허리에 두른 천은 왕의 옷처럼 당신을 구속하게 될 것이다. 비록 당신이 알몸이 된다 할지라도, 당신은 알몸에 집착하게 될 것이다.

다른 것은 어디에나 있다. 이 세상에서 당신은 다른 것으로부터 달아날 수 없다. 왜냐하면 이 세상은 다른 것으로 되어 있기 때문이다. 당신이 어디로 가든 세상이 당신과 더불어 있을 것이다. 당신은 세상으로부터 달아날 수 없다. 당신이 어디를 가든 다른 것이 거기에 있을 것이다. 그러므로 당신은 다른 것으로부터 도망칠 수 없다. 물론 다른 것이 새로운 모습들을 취할 수는 있지만, 그러나 그것은 거기에 있다. 겉모습들을 바꿀 수는 있지만 실체를 바꿀 수는 없다.

단 한 곳, 사랑의 공간을 제외하고는 어디에나 다른 것이 있다. 사랑의 가장 깊은 핵에는 다른 것이 없다. 다른 것이 그곳에 들어갈 수 없기 때문이 아니라, 그곳에서는 당신 자신조차도 사라지기 때문이다. 자기 존재의 가장 깊은 중심에는 자기, 즉 '나'조차도 사라진다. 그러므로 '다른 것'이 거기에 있을 방법이 전혀 없다.

이제는 당신이 존재하는 한, 당신은 다른 것으로부터 달아날 수 없다는 사실을 말하고자 한다. 앞에서 나는 당신이 이 세상에 존재하는 한 다른 것이 어디에나 있기 때문에, 당신은 다른 것으로부터 도망칠 수 없다는 사실을 말하였다. 이제 나는 당신에게 같은 진리의 다른 측면을 말하고자 한다. 즉 당신이 '나'로, 자아로 존재하는 한, 다른 것은 거기에 있을 것이다. 눈을 감으면 세상은 사라지겠지만 다른 것은 사라지지 않을 것이다. 이제 다른 것은 당신의 감은 눈 뒤에, 당신의 갈망들과 바람들 속에, 당신의 꿈과 상상들 속에 존재하겠지만, 그래도 그는 거기에 있을 것이다. 당신이 존재하는 한, 다른 것은 어쩔 수 없이 당신과 더불어 존재한다.

사실 스바바바(svabhava), 즉 자기 본성은 자기, '나', 자아가 존재하기를 멈춘 상태이다. 자기 본성은 가장 오해를 많이 받고 있는 불운한 단어들 가운데 하나다. 자기 본성은 일반적으로 자기에 대한 감각이나 느낌을 의미한다. 하지만 스바바바, 즉 자기 본성이 시작되는 곳에서는 자기가 사라진다. 그러므로 자기 본성과 자기 간에는 도무지 아무런 관계가 없다. 자기 본성은 내가 이 세상에 존재하지 않았을 때 거기에 존재하였던 것이며, 내가 이 세상에서 사라질 때 거기에 있을 것이다.

내가 여기에 있든지 없든지 자기 본성은 항상 존재하고 있다. 영원한 것이 자기 본성이다. 자기 본성은 지금 존재하고 있는 것이며, 내가 사라지고 나의 '나'가 완전히 사라져도 존재할 것이다. '자기'라는 말과 본성의 연관이 온갖 혼란을 초래한다. 그러한 연관은 본성이 자기와 무슨 관계를 가지고 있을 것이라는 느낌을 일어나게 한다.

스바바바는 본성, 근원적 본성, 본래 얼굴, 프라크리티, 존재하고 있는 것, 심지어 나라는 것이 없이도 존재하는 것을 의미한다. 당신이 잠잘 때, 자기는 존재하지 않지만 자기 본성은 존재하고 있다. 산스크리트로 깊은 잠을 뜻하는 수슙티 상태에 있을 때, 자기는 존재하지 않지만 자기 본성은 존재하고 있다. 어떤 사람이 혼수상태에 빠졌을 때, 자기는 존재하지 않지만 자기 본성은 존재하고 있다. 수슙티와 사마디, 즉 깊은 잠과 초월의식은 큰 차이점이 있다. 수슙티 상태에서는 무의식 때문에 자기가 사라지지만, 사마디 상태에서는 깨어있음, 자각, 깨달음 때문에 자기가 사라진다.

그러므로 세상이 존재하는 한, 다른 것은 존재할 것이다. 내가 존재하는 한, 다른 것이 존재할 것이다. 그러나 우리는 이 현상을 다른 관점으로 볼 수 있다. 내가 존재하는 한, 내가 보는 모든 것은 세상이다. 세상은 나의 자기, 나의 '나'라는 렌즈를 통해 보는 주관적인 실체이다. 그러므로 그것은 다른 것이다. 세상은 다른 것이다. 그러므로 만약 '나'가 사라지면, 다른 것 역시 사라질 것이다. 그때는 집착하는 사람도 집착할 대상도 도무지 존재하지 않게 된다. 또한 거부하는 사람도 거부할 대상도 도무지 존재하지 않게 된다. 그때 나는 어디에도 없지만 모든 곳에 있으며 모든 것 속에 있다.

아나삭티, 즉 무집착은 우리의 본성이다. 하지만 어떻게 거기에 이를 수 있는가?

이와 관련하여 사람들이 저지르는 가장 큰 실수는 거부하는 것을 무집착에 도달하는 방법으로 받아들이는 것이다. 집착은 거부만큼 해롭지는 않다는 사실을 기억하라. 왜냐하면 집착의 얼굴은 선명하고 단순하여 쉽게 알아차릴 수 있기 때문이다. 어느 누구도 집착을 무집착이라고 보는 실수를 하지 않는다. 그것은 불가능하다. 돈에 집착하는 것을 어떻게 무집착이라고 말할 수 있겠는가? 하지만 거부의 얼굴은 매우 기만적이다. 그것은 기면을 쓰고 있다. 바로 그러한 이유로 거부는 무집착을 얻으려고 노력하는 사람들을 큰 위험에 빠뜨린다.

사람들이 거부를 무집착으로 오해할 수 있으며, 사람들과 물건들을 거부함으로써 무집착을 얻었다고 생각할 가능성이 다분히 있다. 거부는 위조지폐와 같다. 그것은 무집착이라는 이름을 쉽게 빌릴 수 있다. 그러므로 거부를 선명하게 알아차리는 것이 꼭 필요하다. 거부는 집착보다 나을 것이 없다. 거부는 집착의 머리 위에 있다. 이것을 아는 것이 그것을 조심하는 길이다.

둘째로, 앞서 말했듯이, 당신이 어디를 가든 다른 것은 거기에 있을 것이다. 왜냐하면 세상이 다른 것이기 때문이다. 나는 또한 다른 것이 존재하지 않는 오직 하나의 공간이 있는데, 그것은 자기 존재의 중심이라고 말했다. 그러므로 그 방향으로 가 보자. 우리 존재의 가장 깊은 곳인 그 공간 속으로 움직여 보자. 홀로임과 고독의 신전으로 내려가 보자. 그곳에는 아무도 존재하지 않고 있다. 당신조차도 존재하지 않고 있다. 그것은 절대적 침묵의 공간이다. 그것은 무엇을 의미하는가? 내가 세상에 대해 눈을 감으면 나의 홀로임과 고독의 공간 속으로 들어갈 것이라는 의미인가?

매일 눈을 감지만, 우리는 결코 홀로 존재하지 않는다. 눈을 감자마자 우리는 눈을 떴을 때 보았던 이미지들을 보기 시작한다. 생각, 상상, 꿈과 백일몽들이 사방에서 우리를 둘러싸고 있다. 세상은 또다시 우리와 함께 한다. 비록 그것이 상상의 것들임에도 불구하고 그것은 같은 세상이다. 우리는 우리의 눈을 무비 카메라처럼 사용한다. 우리는 눈으로 본 것을 마음의 필름에 인화한다. 그 뒤에 눈을 감고서 내면의 세상에서 그것을 본다. 우리의 모든 생각들과 이미지들은 다른 것과 관련이 되어 있다. 그것들이 떨어져 나가지 않는다면, 생각들과 꿈들의 이 내적 세상이 사라지지 않는다면, 우리는 다른 것으로부터 자유로울 수가 없으며 결코 혼자일 수가 없다.

하지만 생각과 꿈과 이미지들로 된 이 내면의 세상은 사라질 수 있다. 그것은 그렇게 어렵지 않다. 우리가 그것이 거기에 있기를 원하기 때문에 그것은 거기에 있다. 즉 그것은 우리와 제휴하여 거기에 있다. 그러므로 우리의 제휴를 거두어들이는 순간, 그것은 사라질 것이다. 우리가 생각과 이미지들로 된 세상을 음미하고 즐기기 때문에 —우리는 그것에서 쾌락을 발견하는데—그것이 살아 있고 번성한다. 그것을 즐기는 것뿐만 아니라 그것에 대한 거부조차도 그것이 계속되도록 도움을 준다.

다시 말하지만, 이 세상에 대한 우리의 집착뿐만 아니라 우리의 거부조차 똑같이 책임이 있다. 우리는 친구들과 사랑하는 사람들만을 생각하는 것이 아니라, 싫어하는 반대파들과 적들도 생각한다. 그리고 아이러니컬하게도, 우리가 미워하는 사람들이 우리가 좋아하고 사랑하는 사람들보다 더 우리의 머릿속에서 떠나지 않는다. 그러나 우리가 어떤 것과 동일시하거나 그것을 비난하지 않을 때, 또한 어떤 것을 기억하거나 그것을 잊는 데 관심이 없을 때, 바로 그때 그것이 저절로 떨어져 나가 사라질 것이다. 우리는 아무것도 할 필요가 없다. 그것은 무관하고 무의미해지며, 그래서 그것은 마음의 스크린에서 스스로 사라진다.

만약 당신이 마음인 영화를 보면서, 그 내용과 동일시하지 않고, 그것을 비난하지 않고, 완전히 무관심한 채 방관자나 목격자의 상태로 영화를 본다면, 그때 당신은 영화 전체가 떨어져 나감을 발견하게 될 것이다. 오래지 않아 그것은 사라질 것이다. 점차 목격하는 의식만 홀로 남고, 그 앞에는 아무런 대상도 없을 것이다. 이 대상이 없는 자각이 홀로 존재한다. 그것이 홀로임이다. 이 홀로임을 얻은 자만이 무집착에 이른다. 비어 있고 홀로 있는 이 의식의 경험이 무집착이다.

집착이 없는 사람의 행동은 다른 사람들과 근본적으로 다를 것이다. 이러한 행동을 아나삭티 요가, 즉 무집착 수행이라 한다. 그는 집착하거나 싫어하는 것이 없이—거울처럼—모든 것을 받아들인다. 이제 그는 본성이 무엇인지, 무집착이 무엇인지를 스스로 알게 된다. 그는 본성과 무집착은 분리될 수 없이 함께 있는 것임을 알며, 집착과 거부는 행동적인 면에 불과하다는 것을 알게 된다. 이러한 것을 깊이 알고 이해하였기 때문에, 그는 이전에 했던 것처럼 행동하지 않는다. 외부 세상과 관련한 그의 행동은 전적으로 다를 것이다. 왜냐하면 그에게 이제 세상은 전에 있었던 세상이 아니기 때문이다. 그의 의식은 변화를 겪었다. 그의 의식은 이제 더 이상 사진기의 필름 같은 것이 아니다. 그는 그것을 거울처럼 사용할 것이다.

거울은 자신 앞에 나타나는 모든 것을 비춘다. 그러나 거울은 사진기와는 달리 대상이 사라질 때 대상에 대한 인상들을 남기지 않는다. 그와 같은 의식의 사람은 사람이나 사물과 관련되겠지만, 집착과 거부의 관계들 속으로는 들어가지 않을 것이다. 그는 사회 속에 섞이지만, 그의 홀로임은 손상되거나 오염되지 않고 남을 것이다. 그는 사랑할 것이지만, 그의 사랑은 물 표면에 그은 선들과 같을 것이다. 비록 그가 싸운다 해도, 마치 싸움을 마친 뒤에는 배우에게 어떤 흔적도 남기지 않는 연극 속의 싸움처럼 싸울 것이다. 그의 의식의 거울은 사랑과 전쟁을 둘 다 비추지만, 그것 자체는 그 둘에 의해 영향을 받지 않은 채 있을 것이다. 그가 무엇을 하든, 그의 의식은 태풍의 눈처럼 조용하고 고요할 것이다. 그의 행동은 그냥 연기일 것이다. 그는 더 이상 행위자로 있지 않을 것이다. 그는 삶이라는 무대 위의 연기자가 될 것이다.

만약 크리슈나가 어떤 것이라면, 그는 배우이다. 그것도 아주 훌륭한 배우이다. 인류 역사를 통틀어 그보다 더 훌륭하고 숙련된 배우는 없었다. 그는 전 세계를 무대로 활용한 비길 데 없는 배우였다. 다른 모든 배우들이 하찮은 무대에서 연기를 하는 동안, 크리슈나는 온 지구를 자신의 무대로 사용하였다.

나무로 만든 무대가 사용될 수 있다면, 왜 지구 전체는 무대가 될 수 없겠는가? 별 차이가 없다. 세상은 릴라(leela), 즉 연극으로 바뀔 수 있는데—릴라는 바로 그것을 의미하는데—그래서 우리 모두는 배우들로서, 연기자들로서 맡은 역할을 할 수 있다. 배우는 울고 웃지만, 눈물과 웃음이 그를 구속하지 않는다. 그는 그것들에 의하여 접촉되지 않은 채로 있다. 그가 사랑을 할 때 그는 사랑하지 않으며, 그가 싸울 때 그는 싸우지 않는다. 그는 세상 사람들처럼 자신의 역할에 휘말리지 않는다. 그는 친구나 적을 연기하지만, 우정이나 적대감에 사로잡히지 않는다.

모든 것을 연기인 것처럼 행동하는 사람의 삶은 삼각형, 완전한 삼각형이 된다. 보통 우리의 삶은 이 삼각형의 두 점들만이 존재하고 있고, 세 번째 점은 어둠 속에 잠겨 있다. 집착과 거부라는 두 점은 작용하고 보이지만, 무집착이라는 점은 어둠 속에 잠겨 있다. 집착이 없는 사람은 이 세 번째 점을 밝은 곳으로 가지고 나온다. 그래서 삼각형이 완성된다. 그는 집착과 거부라는 점들 주위에서 행동을 하고 있는 동안에도 세 번째 점인 무집착의 점에 중심이 잡혀 있다. 그의 행동을 보면 사람이나 사물에 집착하거나 거부하는 듯이 보이지만, 겉보기에만 그러할 뿐 사실은 그렇지 않다. 실제로 그는 세 번째 점에 존재하고 있다. 그리고 이 세 번째 점에 있는 것이 아나삭티, 즉 무집착이다.

사실 삼각형의 모든 세 점들은 누구에게나 존재하지만, 보통 우리는 단지 2개의 점—하나는 집착이고 다른 하나는 거부이다—만을 알아차리고 있다. 세 번째 점, 즉 무집착의 점은 우리에게 알려지지 않은 채 있다. 집착과 거부라는 두 점은 프라이팬 및 불과 같다. 한쪽에서 다른 쪽으로 가 보고 모든 힘을 다해 보아도 고통과 아픔, 불행으로부터 도망칠 아무런 방법이 없다. 오랜 고통을 겪은 후에 되돌아와서 자신의 본성, 자신의 중심, 태풍의 중심을 발견할 때 그는 삼각형의 세 번째 점에 도달한다.

마음과 무의식의 모든 어둠이 사라질 때, 삼각형의 세 번째 점이 보이게 된다. 이 세 번째 점인 무집착에 이른 사람이 크리슈나의 경지, 붓다의 경지, 자이나의 경지 혹은 신성의 경지에 이른다. 이 경지를 당신이 무슨 말로 부르든 아무런 상관이 없다. 그는 이룰 가치가 있는 모든 것을 이루었다. 일단 그가 모든 상황에서 무집착으로 있을 수 있다는 것을 알게 되면, 그는 집착과 거부의 역할들을 연기할 여유를 가질 수 있다.

어떤 사람이 『게임의 모든 것(Games People Play)』이라는 책을 썼다. 이 긴 책에서 그는 사람들이 하는 모든 게임들을 다 적었지만 삶의 가장 기본적인 게임은 빠트렸다. 삶의 이 기본 게임은 무엇일까? 집착과 거부의 게임을 하면서도 무집착으로 있는 것이 궁극의 게임이다. 그러나 소수의 사람만이 이 게임을 하기 때문에 저자는 그것을 놓쳤다.

내면으로 향함으로 사람은 무집착에 이른다. 내면으로 향하는 것은 언덕 위에서 바라보는 사람, 즉 목격자가 되어야만 가능하다. 삶의 어떤 부분에서 목격자로 시작하라. 그리하면 당신의 가장 깊은 곳에 이를 것이다. 당신의 중심에 이르는 순간, 당신은 집착하지 않게 된다. 마치 물 속의 연꽃과 같이 된다. 연꽃은 물 속에서 태어나 물 속에서 살지만, 물에 닿지 않고 있다.

당신께서는 저희들에게 무집착의 중요성과 그 의미에 대해 훌륭하게 설명해 주셨습니다. 크리슈나는 무집착 이외에도 기타에서 다음 두 가지, 즉 무위를 의미하는 산야스와 결과들에 집착하지 않은 행위에 대하여 말하였습니다. 무집착, 산야스 그리고 결과들을 바라지 않은 행위, 이들의 관계에 대하여 설명하여 주십시오.

무집착 요가는 토대이다. 그것은 삼각형의 세 번째 점이며, 삶의 기본적인 점이다. 삼각형의 다른 두 개의 점들은 이 점에서 나온다.

다른 두 가지 점들은 다음과 같다. 첫째는 무위를 통한 행위이다. 둘째는 행위를 통한 무위이다. 전자는 산야스 즉 무위라고 불리며, 후자는 결과들을 바라지 않는 행위라 불린다.

갈망이 없는 행위는 무위를 통한 행위를 의미한다. 만약 당신이 어떤 일을 할 때 아무런 동기 없이, 그것을 해야 한다는 강박적인 느낌 없이 그리고 성공적인 결과에 대한 바람 없이 한다면, 그것은 갈망이 없는 행위이다. 만약 하는 일이 이루어지지 않거나 결실을 맺지 못해도 당신이 그것을 후회나 고통 없이 받아들인다면, 그것은 갈망이 없는 행위이다.

나는 이 질문을 깊이 파고들어 갈 것이다. 갈망이 없는 행위가 산야스이다. 만약 산야신이 어떤 일을 하지 않고 있더라도, 즉 그가 무위에 있을 때조차도 그 일에 대해 연루감이나 책임감을 가진다면, 그러한 행위는 산야스이다.

무위, 즉 자신이 아무 일도 하고 있지 않은데도 연루감을 가진다는 말은 언뜻 이해하기가 조금 어려울 것이다. 예를 들어, 생계를 잇기 위한 일을 전혀 하지 않는 산야신이 있다고 하자. 그가 당신의 집에 와서 구걸을 요청하자 당신은 훔쳐 온 음식을 주었다. 만약 그가 진정한 산야신이라면, 자신도 도둑질하였다고 말할 것이다. 자신도 역시 도둑이라고 말할 것이다. 그러나 만약 그가 가짜 산야신이라면, 그는 음식을 훔치는 일에 아무 관련이 없다고 말할 것이다. 그는 당신이 도둑질을 했건 안 했건 그것과는 아무런 관계가 없다고 말할 것이다. 그러나 정직한 산야신이라면, 자신이 직접 음식을 훔치지는 않았지만 당신의 절도 행위에 책임이 있다는 점을 받아들일 것이다.

그러나 그가 아무것도 하지 않는다고, 구걸조차도 하지 않는다고 가정해 보자. 행위와 관련한 그의 위치는 무엇일까? 내가 생각하기에 이 지구상에 진정한 산야신이 있고 만약 베트남에서 전쟁이 벌어지고 있다면—실제로 일어나고 있고 그 전쟁으로 사람들이 무자비하게 학살되고 있는데—그는 베트남 전쟁에 대한 책임을 나누어 가질 것이다. 비록 그가 베트남에서 수천 마일이나 떨어진 곳에 있고 베트남 전쟁에 실제로 관여한 일이 없다고 할지라도, 그는 스스로 책임감을 느낄 것이다.

산야신, 진정한 산야신은 이 넓은 지구상에 형상으로 나타난 의식이 있는 곳은 어디든지 자신이 그것과 어쩔 수 없이 연결되어 있다는 점을 자각한다. 그것은 그 자신 없이는 존재할 수 없다. 그는 모든 곳에 현존한다. 그러므로 그는 모든 곳에서 일어나는—좋든 나쁘든—모든 일에 책임이 있다.

예를 들어, 나는 지금 방문객으로서 이 도시에 있는데, 여기에서 힌두교와 이슬람교 사이에 폭동이 일어났다. 나는 힌두교도도 아니며 이슬람교도도 아니다. 나는 산야신이다. 그렇다면 나는 이 폭동과 어떤 관계가 있을까? 내가 진정한 산야신이라면 나는 말할 것이며,

진정으로 말할 것이다. "나는 이 폭동에 책임이 있다. 나는 이 폭동이 일어나게 하는 데 어떤 일을 하였을 수도 있다. 아마 아무것도 하지 않았을 수도 있다. 나는 단지 조용한 방관자일 뿐이지만, 그럼에도 불구하고 나는 책임감으로부터 달아날 수 없다."

산야신은 아무것도 하지 않는 사람이지만, 자신이 우주적 삶의 일부분이기 때문에 지구상에 무슨 일이 일어나든 자신이 그 일에 동참하고 있다는 것을 안다. 그는 인류가 하거나 하지 않는 모든 일에 전적으로 책임을 져야만 한다. 그는 또한 그가 무엇을 하든지 하지 않든지 그것이―그의 무위조차도―큰 결과를 낳을 것이라는 점을 자각하고 있다.

힌두교와 이슬람교 사이에 싸움이 일어나는 곳을 조용히 탈출하였다 하더라도, 나는 내가 이 폭동과 아무런 관련이 없다고 말할 수 없다. 나는 이 폭동을 막기 위한 일을 할 수 있었지만 하지 않았다. 이 경우 나의 회피 행위는 다분히 행위적이다. 그러므로 유혈 사태를 막지 못한 것에 대하여 나는 책임을 져야만 한다.

일반적으로 알려져 있는 산야스는 진정한 산야스가 아니다. 그것은 단지 거부일 뿐이다. 크리슈나의 산야스 개념은 아주 다르며 더욱 어려운 것이다. 크리슈나의 산야스는 정확히 아무것에도 집착하지 않는 사람의 상태를 말한다. 그는 우주적 의식의 일부로 존재하기 때문에―무위를 통한 행위인―자신의 무위에 전적으로 책임이 있다는 자각으로 산다. 그는 모든 의식이 결국에는 합쳐져 하나가 된다는 것을 안다.

당신은 바다에서 파도들을 보았을 것이다. 파도들은 해안을 향하여 끊임없이 움직인다. 그러나 파도들이 결코 해안을 향하여 움직이지 않는다는 사실을 알면 당신은 놀랄 것이다. 파도들은 사실 정지되어 있다. 당신은 믿을 수 없다고 할 것이다. 파도들이 해안으로 오기 위해 먼 거리를 여행하는 것을 당신의 눈으로 보았기 때문이다. 심지어 당신은 온 바다를 구르며 몰려오는 파도들과 더불어 놀기도 했을 것이다.

그러나 바다를 아는 사람들은 파도가 움직이지 않는다고 말할 것이다. 단지 움직이는 것처럼 보일 뿐이다. 사실은 하나의 파도가 다른 파도를 일으키고, 다른 파도가 또 다른 파도를 일으키며 그 과정이 무한으로 이어지는 것이다. 육지로부터 수 마일 떨어진 곳에서 파도가 일어나 육지를 향해 이동하는 것이 아니다. 사실은 파도는 일어나자마자 소멸한다. 그러나 이것은 다른 파도의 생성에 영향을 주고, 다른 파도는 또 다른 파도의 생성에 영향을 준다. 실제로 일어나는 일은 하나의 파도가 생길 때 이 파도는 양쪽의 물을 내리누르며, 그리하여 다른 파도가 생겨나는 것이다. 그래서 하나의 파도로 인해 수많은 파도들이 생겨난다. 파도는 실제로는 1밀리미터도 움직이지 않는다. 그러나 그것들이 매우 인접해 있고 연속적이기 때문에 움직이는 것처럼 보이는 것이다.

이제 한 아이가 해안 가까이에서 파도에 휩쓸려 익사했다고 가정하자. 당신은 먼 파도 때문에 그 아이가 죽었다고 할 수 있는가? 그 파도는 해안을 향하여 움직이지 않았기에 책임을 부인할 것이다. 파도와 익사한 아이 간에는 수 마일의 거리가 있다. 그러나 크리슈나는 다음과 같이 생각한다. 만약 먼 파도가 산야신이라면, 먼 파도는 아이의 죽음에 책임이 있을 것이다. 왜냐하면 먼 파도는 바다의 일부분이기 때문이다. 먼 파도가 해안에 닿았든 그렇지 않았든, 그 파도는 아이의 익사에 상당한 책임이 있다. 바다는 하나이고 나눌 수 없기 때문이다.

진정한 산야신이라면 그가 이 일에 아무런 직접적인 연관이 없다 할지라도, 이 넓은 세계의 어디에서 일어나는 일이든 모든 일에 책임을 떠맡을 것이다. 이것은 행하기 매우 어려운 역할이다. 비록 이 일과 저 일이 같은 동전의 양면일지라도, 어떤 사람이 무엇인가를 할 때 행위자가 되지 않기는 그리 어렵지 않다. 우리는 무위 속에서도 마찬가지로 깊은 관련을 갖는 산야스의 이러한 면을 보기를 간과하였다. 행위자가 되지 않고도 행위를 하는, 그리고 아무것도 하지 않으면서 행위자가 되는 것이 산야스라는 동전의 양면이다.

그러나 불행히도 우리는 산야스의 개념을 매우 한정되게 알고 있다. 우리에게 산야신이란 세상을 떠난 사람이며 산의 동굴이나 수도원에 자신을 가두고 세상과 관계를 끊어 버린 사람이다. 그러한 산야신들은 이제 세상에서 일어나는 일에 대해 아무런 책임도 없다고 말한다. 하지만 이것은 매우 편협하고 잘못된 산야스에 대한 견해이다. 이 세상은 바다의 표면에 일어나는 파도들과 같다. 나머지 파도들에 의해 일어나는 일들에 아무런 책임이 없다고 말할 수 있는 파도는 어디에도 없다.

삶은 매우 복잡한 것이다. 그것은 거대하고 깊다. 그것은 끊임없이 파도들을 생성하는 의식의 바다와 같다. 만약 내가 지금 여기서 한 단어를 말하면, 당신은 그것이 말해진 후 곧 소멸된다고 생각하는가? 아니다. 내가 내일 이곳에 없더라도, 내가 말한 이 한 단어는 시간의 마지막까지 계속해서 세상에 영향을 줄 것이다. 그리고 만약 내가 말을 하지 않는다면, 만약 내가 침묵한 채로 있다면, 그때는 나의 침묵 역시 끊임없이 이 세상에 영향을 줄 것이다. 내가 가고 나면 그 책임은 누구에게 있는가?

아이를 바다에 빠뜨려 익사시킨 파도를 일으킨 그 파도는 아마 더 이상 존재하지 않을 것이다. 그래서 우리는 아이의 죽음에 대한 책임을 그 파도에게 지울 수 없을 것이다. 그러나 크리슈나는 분명히 파도에게 책임을 묻는다. 그는 파도에게 아무런 잘못이 없다며 내버려 두지 않을 것이다. 크리슈나는 지상에 있는 이 거대한 생명의 그물을 만드는 데 우리의 존재와 비존재가 둘 다 관여하기 때문에 어떠한 방법으로든 우리는 연관과 책임을 피할 수 없다고 말한다. 사실 모든 파도는 다른 파도들의 한 구성원이다. 그러므로 모든 파도는 다른 모든 파도들에 책임이 있다.

진정한 산야신은 그가 한 일에 대하여 책임을 질 뿐만 아니라 그가 하지 않은 일에 대해서도 책임을 지는 사람임을 알아라. 심지어 그는 무위 속에서도 자신이 행위하고 있다는 것을 자각한다. 그러므로 다른 사람들이 하는 것에 대해 아무런 책임이 없다고 말하는 사람은 전혀 산야신이 아니다.

인도에는 수백만 명의 산야신이 있다. 이 나라에서 사두들과 산야신들, 수도승들과 탁발승들이 없었던 적은 결코 없었다. 그리고 이 나라는 수백 년간 정치적 예속으로 고통을 받았다. 세상을 포기한 이 사람들은 다음과 같이 말할 것이다. "우리는 인도의 정책과 인도의 정치적 예속과는 아무런 관련이 없다. 우리는 사회적, 정치적 쇠퇴에 아무런 책임이 없다." 그들의 주장은 그럴 듯하지만 잘못된 것이다.

나는 그들의 이러한 태도가 인도의 몰락과 오랜 정치적 예속에 분명히 관련이 있다고 말한다. 그들은 이 책임으로부터 달아날 수 없다. 적어도 진정한 산야신은 책임으로부터 결코 달아나지 않을 것이다. 그는 자기 자신에 대해 책임을 질 뿐만 아니라 다른 사람들 모두에 대해서도 책임을 진다. 그는 우리 모두의 보잘것없는 선행이나 악행에도 함께 한다. 왜냐하면 우리는 분리되어 있지 않고 고립되어 존재하지 않기 때문이다. 우리 각자는 여타의 모든 이들과 하나의 구성원이 되는, 하나의 분리될 수 없는 대륙이다.

그러므로 아무것도 하지 않은 사람도 행위자로 남을 수 있다. 그것은 매우 의미가 깊다.

만약 내가 무위 속에서도 행위자가 될 수 있다면, 나는 무집착에 이를 것이다. 이제 나의 행동과 타인들의 행동 간에는 아무런 차이가 없다. 나는 책임으로부터 달아날 수 없다. 내가 훔치지 않는다 해도, 그것은 아무런 차이를 낳지 않을 것이다. 왜냐하면 세계 곳곳에서 도둑질이 행해질 것이기 때문이다. 심지어 내가 훔치더라도 이 상황은 달라질 것이 없다. 만약 내가 이 넓은 세계 곳곳에서 일어나는 모든 일에 대하여 책임이 있다면, 만약 모든 악행과 선행, 증오와 사랑, 전쟁과 평화가 나의 것이라면, 그때는 이것을 가지거나 저것을 가지지 않거나 하는 것은 아무런 의미가 없다.

만약 모든 손이 나의 것이라면, 내 몸 옆에 붙은 두 손을 가지지 못한다 할지라도 무슨 상관이 있겠는가? 만약 모든 눈이 나의 것이라면, 내가 개인적으로 장님이 될지라도 아무런 차이를 낳지 않는다. 그리고 모든 집이 나의 집이라면, 나의 집이라 불리는 곳으로부터 내가 도망쳐 나오는 것은 아무런 의미가 없다.

산야스는 모든 사람들이 이 광활한 행위의 세상에 뗄 수 없이 서로 연루되어 있어서 우리가 그것으로부터 도망칠 수 없다는 것을 분명히 안다. 그러므로 우리는 아무 일도 하지 않을 때조차 행위를 하고 있으며, 심지어 우리가 무위에 있을 때조차 책임이 있다는 것을 아는 것이 좋다.

크리슈나에 의하면, 동전의 다른 쪽 면은 내가 무엇인가를 하고 있을 때조차도 내가 하고 있지 않다는 것을 아는 것이다. 일반적으로 이쪽 면은 단순한 것처럼 보인다. 그러나 행위의 전 패턴에 우리가 전적으로 관련되어 있다는 것을 알게 된다면, 당신은 그것이 단순한 것이라고 말할 수 없다. 그것은 참으로 어렵다. 어떤 사람들은 마치 연기를 하는 것처럼 행위를 할 수 있다고 쉽게 얘기하지만, 실제 그렇게 하기는 쉽지 않다. 사실은 전문적인 배우들조차도 종종 자신이 배우라는 것을 잊어버리고 행위자가 된다. 그들은 너무나 연기에 몰입하여 그들이 연기하고자 했던 배역을 자기 자신이라고 생각한다. 그들은 오랜 연기에 익숙해져서 자신의 실체를 까맣게 잊어버리고, 자신이 맡은 역할을 자기 자신과 동일시하기 시작한다. 그들은 오랫동안 연기하며 익숙해진 배역의 인물이 되어 버린다.

배우가 자신의 배역과 동일시하는 것은—이것은 일종의 미혹인데—주의 깊게 이해할 필요가 있다. 심지어 배우조차 자신이 연기하는 배역의 인물을 자기 자신이라고 믿는 미혹에 빠진다면, 배우가 연기하는 배역의 인물은 어떻게 자신이 배역을 연기하고 있다는 것을 믿을 수 있겠는가? 라마릴라(Ramaleela, 라마의 일대기를 그린 연극)에서 라마의 역할을 연기하는 어떤 사람이 자신의 아내 시타(Sita)가 납치를 당하고 눈물을 흘릴 때, 진짜 라마 역시 정말로 눈물을 흘리지 않았다고 믿기 어렵다. 연극을 보러 온 관객들조차 눈물을 흘리기 시작한다면, 배우야말로 정말로 울 수 있는 것이다. 한동안 그는 자신이 라마의 역을 연기하고 있을 뿐이라는 사실을 잊는다. 배우조차도 미혹된 동일시에 빠진다면, 우리가 진짜 삶에서 무대 위의 연기자들처럼 행동하기는 정말로 어려운 일이다.

연기를 하듯이 삶을 사는 것은 어렵지만 불가능하지는 않다. 만약 우리가 삶의 방식을 주의 깊게 살펴본다면, 우리가 정말로 연기를 하고 있다는 것을 오래지 않아 알아차릴 것이다. 당신이 길을 걷고 있는데 누군가가 "안녕하십니까?"라고 묻는다면, 당신은 즉시 "예, 좋습니다."라고 말할 것이며 지금 하고 있는 말에 대해 생각해 보지 않을 것이다. 다음번에 그 일이 일어나고 당신이 "좋습니다."라고 말한다면, 잠시 멈추고서 당신의 기분이 정말로 좋은지를 주의 깊게 생각해 보라. 그러면 당신이 말한 것은 연기 이상의 것이 아니었음을 알게 될 것이다. 어떤 사람과 클럽에서 만났을 때 당신은 "안녕하세요, 당신을 만나서 기쁩니다."라고 말한다. 그때 즉시 멈추고서, 과연 당신이 그를 만나 정말로 기쁜지를 돌이켜 생각해 보라. 만약 당신이 하루하루의 삶을 주의 깊게 본다면, 당신은 그 모든 것이 연기임을 알게 될 것이다.

당신이 무슨 일을 할 때나 자신을 행위자로 생각할 때마다—그러한 경우들이 수없이 많은데—당신이 한 것이 진실한지 내적으로 생각해 보라. 당신은 사랑하는 사람에게 "나는 나의 모든 것을 다하여 당신을 사랑합니다. 나는 당신 없이는 살 수 없습니다."라고 말한다. 스스로 돌이켜 생각해 보라. "내가 사랑하는 사람이 없이 살 수 없다는 말이 과연 진실인가?" 정말로 사랑을 위해 죽은 사람들이 얼마나 되겠는가? 그러면 당신이 일상생활에서 어떻게 연기하였는지를 분명히 알게 될 것이다. 당신 삶의 모든 과정을, 당신이 행한 모든 일들을, 당신이 말한 모든 말들을 살펴보라. 그리하면 그것들은 모두 역할을 연기한 것에 불과하다는 것을 깨닫게 될 것이다.

나는 물라 나스루딘(Mulla Nasruddin)의 이야기를 좋아한다.

그는 왕의 아내와 사랑에 빠졌다. 그는 밤에 그녀와 함께 지낸 뒤 새벽녘에 그 연인 곁을 떠나려 하고 있었다. 그는 감정을 실어 "당신은 가장 아름답고. 이제까지 내가 만난 사람들 가운데 가장 아름답고 가장 사랑스런 여인입니다. 전 당신 없이 살 수 없습니다."라고 그녀에게 말했다. 이 말을 들은 왕비는 행복의 눈물을 흘렸다. 나스루딘은 돌아서면서 말한다. "하지만 나는 과거에도 수많은 여인들에게 똑같이 말했습니다. 나는 그들 없이는 살 수 없다고 말했지만 지금도 계속 살고 있습니다. 그리고 다른 여인에게도 역시 이 말을 할 기회를 갖기 위해 앞으로도 계속 살 것입니다. 또한 나는 많은 여인들에게 '당신이 이 지상에서 가장 아름다운 여인입니다.'라는 말을 들려주었습니다."

이 말을 들은 왕비는 큰 충격을 받았다. 그녀는 견딜 수 없을 만큼 상처를 입고 화가 났다. 그러자 나스루딘은 "농담입니다. 정말로 당신이 없이는 살수가 없습니다."라고 말했다. 그러자 왕비는 다시 한번 기뻐했다.

이 사람 나스루딘은 삶이 연극에 불과하다는 것을 안다. 그래서 그는 이 세상을 연극으로 대하면서 배우로 살아갈 수 있다. 그러나 그의 연인이 그것을 알기란 쉽지 않다. 그녀는 삶을 매우 심각하게 받아들였다.

삶을 연극으로 여긴다고 해서 무엇인가를 놓치지는 않을 것이다. 오히려 삶의 질을 더 높여 줄 것이다. 그것은 당신의 삶을 풍부하고 탁월하게 해 줄 것이다. 그러므로 크리슈나는 말한다. "요가는 당신의 행위에 탁월함을 가져다준다." 사실 삶이 연극이 되면, 삶의 모든 아픔과 상처들이 사라진다. 그것의 모든 가시들이 사라진다. 그래서 우리의 손에는 꽃만이 남게 된다. 만약 삶이 연극이라면, 왜 어떤 사람이 미움과 증오라는 지옥 불 속에 스스로를 태우겠는가? 오직 미친 사람만이 자신의 삶에서 미움과 증오의 역할을 할 것이다. 지각이 있는 사람들은 오직 애정과 사랑만을 연기할 것이다. 당신이 꿈을 꾸어야 한다면, 왜 자신이 거지인 꿈을 꾸는가? 그러면 모든 사람이 자신이 왕인 꿈을 꿀 것이다.

만약 내가 나의 행위를 주의 깊게 관찰한다면, 나는 삶의 길을 따라 줄곧 역할들을 연기하고 있다는 것을 알게 될 것이다. 나는 아버지와 아들, 엄마와 딸, 아내와 남편, 친구와 적이라는 역할을 연기하고 있다. 당신은 자신의 모든 행위를 관찰하고 조사하여 그것들이 연기를 하는 것과 다른지를 정말로 알 필요가 있다. 그러면 당신은 곧 웃어 버릴 것이다. 이미도 당신은 울면서 자신의 뺨에 흐르는 눈물을 볼 수도 있지만, 곧 속으로는 웃기 시작할 것이다. 이제 당신은 겉으로는 어떤 사람처럼 보여도 내면은 아주 다를 수 있다. 당신의 삶은 점점 연극으로 바뀔 것이다.

한 선승이 죽어 가고 있었다. 그는 몇몇 친구들을 불러서 말했다. "무수한 사람들이 죽었네. 나 역시 죽을 걸세. 그런데 나는 좀 색다른 방법으로 죽고 싶다네. 이제 죽는 방법을 바꿀 때가 되었어. 나를 도와주게."

친구들은 웃으며 말했다. "무슨 말을 하는 건가? 죽는 게 장난인가?"

수도승은 물었다. "걷다가 죽은 사람에 대해서 들어본 적이 있나?

계속 걷다가 죽었다는 사람에 대해 들어보았나?" 친구들은 고개를 저었다. 그런데 그들 중 나이 든 친구가 말했다. "어떤 책에선가 걷다가 죽은 수도승에 대해 읽은 적이 있다네. 그 수도승은 죽기 전에 말하기를, 오직 성자만이 이 방법으로 죽을 수 있다고 하였다네."

죽음을 앞에 둔 수도승이 말했다. "그렇다면 이것은 새로운 방법이 아닐세. 이미 누군가가 그 방법을 썼으니 말일세. 서서 죽었다는 사람은 있나?" 그의 친구들 중 한 명이 그 경우에 관하여 들어본 적이 있다고 말했다. 그러자 수도승이 말했다. "사람은 자신이 살아온 방식으로 죽는 법일세. 서서 죽을 수도 있는 일이지. 그렇다면 요가의 물구나무서기 자세로 죽었다는 사람에 대해서 들어본 적이 있나?" 그의 친구들은 웃으면서 말했다. "우리는 들어본 적이 없거니와 물구나무서기 자세로 죽을 수 있다고는 생각할 수가 없네. 그럴 수는 없어."

수도승은 그 말을 듣고서 물구나무서기를 했고, 그 자세로 죽었다.

그가 이런 방식으로 죽자, 수도원 전체에 문제가 생겼다. 그의 죽은 몸을 어떻게 다루어야 할지가 문제였다. 사람들은 그 같은 죽음의 모습을 보고 충격을 받았다. 이것은 한 번도 들어보지도 못한 그리고 위험한 죽음의 방법이었다. 그들은 그가 정말로 죽었는지 확신할 수 없었다. 그를 여러 가지 방법으로 관찰한 뒤에야, 그들은 그의 호흡과 맥박, 심장 박동이 정지했음을 알았다. 아직까지 그들은 그의 시체를 어떻게 처리할지 결정하지 못하였다. 예전에도 없었고 한 번도 들어본 적이 없는 그러한 상황에 직면하였다. 이 수도승은 평소에도 형식에 구애받지 않는 인물로 잘 알려져 있었다. 그는 평생 문제를 일으켰으며, 그가 죽을 때 선택한 방법은 가장 큰 문제였다.

그래서 결국 그들은 모여서 장시간 동안 의논을 하였다. 하지만 죽은 수도승의 절친한 친구들조차도 실행할 수 있는 안을 내놓을 수 없었다. 그러자 걷다가 죽은 사람에 대한 이야기를 읽었다고 말한, 그들 중 제일 나이가 많은 사람이 죽은 수도승의 누나—그녀는 수녀였는데—가 수도원 근처에 살고 있다고 말하였다. 그녀는 그들을 도와줄 수 있을 것이다. 왜냐하면 그녀는 자신의 남동생을 가장 잘 알고 있었고 과거에도 동생이 문제를 일으킬 때마다 불려 와 사태를 수습했기 때문이다.

그의 누나는 근처 마을에 사는 90세 노부인이었다. 그녀는 도착하자마자 지팡이로 죽은 동생의 몸을 두드리며 말하였다. "죽을 때까지도 장난꾸러기 짓을 포기하지 못하였구나? 이게 죽는 방법인가? 제대로 죽어라!"

즉시 수도승은 자신의 발로 땅을 딛고는 누나에게 말했다. "제발 화내지 마세요, 이제 제대로 죽을 테니까요. 그래도 내게는 차이가 없어요." 그리고 그는 땅에 누워서 죽었다.

그의 누나는 지팡이를 집어 들고서 그녀의 수도원을 향하여 떠났다. 그녀는 죽은 자기 동생과 그의 친구들을 돌아보지도 않았다.

놀이처럼 죽을 수 있는 이 남자는 삶이 연극임을 안다. 그는 놀이하듯이 살고, 놀이하듯이 죽는다. 그는 또한 인센티브가 없는, 결실들에 집착하지 않는 행위가 무엇인지 안다. 일을 놀이처럼 바꿀 때, 그의 모든 삶은 놀이가 된다. 그렇게 되면 그는 죽음을 포함한 모든 것을 놀이처럼 대할 수 있다. 그러나 그것은 당신 안에 있는 진정한 연기자를 알 때만 가능하다. 당신은 연기할 필요가 없다. 이미 연기를 하고 있기 때문이다. 그 진실을 알기만 하면 된다.

크리슈나는 당신에게 연기자가 되라거나 연기 연습을 하라고 말하지는 않았다. 만약 연습을 한다면 당신은 행위자로 남게 될 것이다. 그러면 당신은 모든 역할에서 심각해질 것이다. 크리슈나는 단지 삶의 실재만 알라고 말한다. 그는 삶이 연기와 다르지 않다는 것을 스스로 알고 있다. 일단 당신이 그것을 스스로 알게 된다면, 당신은 삶에서 행위자가 되는 것을 멈추게 될 것이다. 그러면 당신의 삶은 연극이 될 것이다. 그것이 산야스다.

크리슈나는 두 종류의 행위에 대하여 말하고 있다. 하나는 집착이 없는 행위이며, 다른 하나는 모든 행위에 연루를 느끼는 무위이다. 이것들은 산야스와 행위의 두 가지 방법이다. 당신이 어느 것을 선택할 것인지는 당신에게 달려 있다. 어떤 사람은 행위를 선택하지만 행위를 하지 않는 자로 남는다. 다른 사람은 행위를 하지 않지만 행위자로 남는다.

이것들은 실제로 세상 사람들이 가지는 두 가지 유형이다. 당신도 자신의 유형을 알아야만 한다. 내가 볼 때, 남성의 마음은 행위를 하나 행위를 하지 않는 자로 있는 것처럼 보인다. 여성의 마음은 행위를 하지 않으나 행위자로 있는 것처럼 보인다. 남성의 마음과 여성의 마음 사이에는 근본적인 차이점이 있다. 남성의 마음은 활동적인 반면, 여성의 마음은 수동적이다. 여성이 무엇인가를 해야 한다면, 그녀는 그 일을 하지 않는 것처럼 할 것이다. 반대로, 남성은 심지어 아무것도 하지 않을 때조차 활동적이고 공격적인 것처럼 느껴진다.

마음을 크게 나누면 여성의 마음과 남성의 마음으로 나뉜다. 내가 이것들을 크게 나눈다고 하는 까닭은 모든 남자가 공격적인 것은 아니며 모든 여자가 수동적인 것은 아니기 때문이다. 여성의 마음을 지닌 남자도 있고, 남성의 마음을 지닌 여자도 있다. 여성은 일을 하더라도 아무것도 하지 않는 듯이 한다. 만약 여자가 남자를 사랑한다면, 여자는 남자에게 자신의 사랑을 직접적으로 표현하지 않는다. 여자는 자신의 사랑을 꼭꼭 숨기며, 사랑하지 않는 양 가장한다. 반면에, 남자는 심지어 진정으로 사랑하지 않을 때에도 여성에게 자신의 사랑을 과시할 것이다.

내가 남자와 여자에 대하여 말하는 것이 아님을 기억해라. 나는 남성의 마음과 여성의 마음에 대하여 말하고 있다. 당신은 수동적인 사랑을 하는 남자들을 볼 수 있을 것이며, 이와 마찬가지로 공격적으로 사랑하는 여자들을 볼 수 있을 것이다.

산야스에 관한 한, 그것은 하나이며 분리할 수 없다. 그러나 당신은 두 가지 방법으로 그것에 접근할 수 있다. 복종하고 기다릴 수 있는 여성적 마음의 사람은 무위의 방법으로 산야스에 접근할 수 있다. 행위를 하지 않는 것이 그의 패턴, 그의 방식이다. 그러나 그는 행위하지 않는 것이 그의 행위임을 안다. 그는 행위를 하지 않을 때조차 행위자로 남는다.

예를 들어 여자가 남자를 사랑하게 되었을 때, 그녀는 자발적으로 사랑을 표현하지 않는다. 이러한 이유로 어떤 남자들은 여성적 사랑의 방법을 이해하지 못한 채 속았다고 느낀다. 그러나 여자는 자기만의 방식으로 사랑이 굴러가야 함을 안다. 기다리는 것도 그녀가 선택한 방법이다. 여자는 기다린다. 여성적인 사랑은 명확하지 않다. 반면에, 남성적인 사랑은 명확하다. 그 때문에 만약 남자가 여자의 침묵의 사랑에 명확한 태도로 응답하지 않는다면, 그 여자는 상처를 받는다. 만약 남자가 자신의 사랑을 말로 표현하지 않고 여자를 사랑하기 시작한다면, 여자는 결코 그 남자를 좋아하게 되지 않을 것이다. 남자가 공격적인 태도로 그의 사랑을 표현하지 않는다면, 여자는 그 남자가 자신을 사랑하는지 결코 알지 못할 것이다.

이것이 여성과 남성의 사랑에 관한 변증법이다. 여자는 자신은 수동적이고 기다리고 기대하는 자세로 있지만, 그녀의 연인이 자신에게 공격적이고 분명하게 사랑을 표현해 주기를 원한다. 남자가 분명하고 공격적으로 사랑을 표현하지 않는다면, 여자는 그 남자가 진정으로 그녀를 사랑해도 믿지 않는다. 바로 이러한 이유로 조용하고 온순한 남자, 선하지만 공격적이지 않은 남자는 여성에게 환영받지 못한다. 그러나 만약 평범한 남자라도 자신의 사랑을 공격적이고 명확하게 표현한다면, 여성은 편안함을 느낀다. 반면에, 남자는 공격적이고 주장이 강한 여성을 싫어한다.

크리슈나는―남성의 마음과 여성의 마음이라는―인간 마음의 두 가지 유형에 따라 행위와 무위를 구분하였다. 남성의 마음은 행위자가 없는 행위를 선택할 것이며, 여성의 마음은 무위를 선택할 것이지만 행위자로 남는다. 그것들은 동전의 양면과 같다.

집착이 없는 행위와 당신이 말하는 산야스의 무위에는 문제가 있습니다. 그것은 일하고자 하는 인센티브를 없애 버립니다. 사기업은 충분한 인센티브를 제공할 수 있지만, 공기업은 충분한 인센티브를 제공하지 못해 생산성이 낮습니다. 이것을 설명해 주시겠습니까?

만약 사람들이 행위와 무위 가운데 하나를 바르게 선택하지 않는다면, 그들의 유형들에 따라 선택하지 않는다면 그럴 수 있다.

앞서 말했듯이, 사람들에게는 남성의 마음과 여성의 마음이라는 두 가지 유형이 있다. 만약 여성적인 마음을 지닌—행위하지 않고 행위자가 될 수 있는—사람이 산야신이 된다면, 그는 산야스를 무위로 바꾸어 놓을 것이다. 행위자가 없는 행위는 그의 길이 아니다. 만약 남성적인 마음을 지닌 사람이 산야스를 취한다면, 그때는 행위가 그의 길이 될 것이다. 그리고 그는 자신은 행위자가 아니며 행위가 그냥 일어난다는 점을 내면 깊은 곳에서는 알 것이다. 만약 그와 같은 마음이 무위를 선택한다면, 그는 인센티브를 잃게 되어 둔하고 무기력해질 것이다. 문제는 항상 그릇된 선택 때문에 일어난다.

그래서 모든 사람들이 자신의 유형을 바르게 아는 것이 매우 중요하다. 사람들이 자신의 기본 유형에 맞지 않게 행위나 무위 중 하나를 선택하면, 그는 확실히 어려움에 직면할 것이다. 그래서 그의 삶은 둔하고 무기력해질 것이다. 만약 당신이 그릇된 선택을 하지 않고 올바른 선택을 한다면, 당신의 행위는 활력과 생기를 얻을 것이다. 그것은 확대되고 풍부해질 것이다. 남성의 마음을 지닌 사람의 행위를 손상시키는 것이 하나 있는데, 그것은 행위자이다. 만약 행위를 그대로 둔 채 행위자가 사라지면, 그것의 역동성에는 어떤 한계도 없어진다. 당신은 그것이 어떤 폭발적인 힘을 가지게 될지 상상조차 할 수 없다. 행위자가 되기를 그만둔 사람의 행위는 그것의 모든 추진력을 모은다. 그것은 총체적이 된다. 행위자가 되는 데 소모된 거대한 양의 에너지가 오로지 행위에만 쓰이게 되어, 그것을 역동적이고 총체적이 되게 한다.

마찬가지로 만약 여성적 마음을 지닌 사람이 자신의 무위를 충분히 받아들인다면, 그때 이 무위는 상상조차 할 수 없는 거대한 행위를 자기의 방식으로 일으킬 것이다. 왜냐하면 그 사람의 온 에너지가 결합되어 한 덩어리가 될 것이기 때문이다. 이런 에너지의 합은 폭발적이다. 그러나 여성적 마음의 길들은 남성적 마음의 길들과 전적으로 다를 것이다.

그러나 우리들 대부분은 반대쪽을 택하는 오류를 범한다. 거기에는 나름의 이유가 있다.

우리의 모든 삶에서 남자가 여자를 유혹하고 여자가 남자를 유혹하는 것처럼, 서로 반대쪽이 끌어당긴다. 항상 반대쪽이 매력적이다. 음이 양을 유혹하고 양이 음을 유혹하는 것처럼, 삶이란 반대편을 유혹하는 한 편의 연극이기도 하다. 이것은 자연적이며 생물학적인 섭리이다. 영적인 수행에서도 비록 다른 행로이긴 하지만 이런 법칙에 영향을 받지 않는 것이 아니다. 영적인 수행은 자기 본성, 자기 자신에 이르는 행로이다. 당신은 영적 수행에서 당신에게 매력적인 것, 당신의 반대편의 것을 찾을 필요가 없다. 그와 반대로, 당신은 있는 그대로의 당신을, 당신 자신의 원래의 성품을, 당신 자신의 본래 얼굴을 찾아야 한다.

그러나 대개 당신의 삶은 반대편의 것들을 찾는다.

전에 들은 이야기가 있다…… 예전에 조그만 섬에서 일어났던 일이다. 바다 가운데 있는 작은 섬의 주민들이 점점 나태해지고 무기력해져서 모든 일을 그만두게 되었다. 모든 농토들이 황폐해지고 가내 공업들이 문을 닫게 되었다. 사람들은 저절로 자라나는 것만 먹고 아무것도 하지 않으면서 세월을 보내고 있었다. 이 섬의 영적 지도자인 현자는 걱정이 되었다. 섬 주민들은 그를 만나러 오는 것조차 멈추었다. 현자는 그들이 게으름뱅이가 되었다고 외쳤지만 어느 누구도 그의 말을 들으려 하지 않았다. 그의 현명한 충고를 듣는 것조차 그들에게는 부담이었다. 서서히 섬 생활은 위축되고 시들어 가다가 정지되었다. 현자는 정말로 염려스러웠다. 그러나 그는 사람들을 도울 방법을 찾을 수 없었다.

결국 현자는 연로한 섬 주민에게 가서 이 문제를 두고 상의했다. 노인은 이렇게 말하였다. "지금 이 문제를 해결할 방법은 한 가지뿐입니다. 우리는 여자들을 남자들로부터 격리시켜야 합니다. 이 섬에는 남자들만 남게 하고, 여자들은 모두 인근 섬으로 보내야 한다."

현자는 "그러면 어떻게 됩니까?" 하고 물었다.

나이든 노인은 다음과 같이 말하였다. "머지않아 남자들은 배를 만들기에 분주할 것이고, 여자들은 남자들을 맞이할 준비로 분주하게 될 것입니다. 그러므로 그들을 격리시키고 상반된 것들을 분리시키는 것이 급선무입니다. 그렇지 않으면 그들은 활동적인 삶으로 결코 되돌아가지 않을 것입니다."

그리하여 그 섬에서는 기적이 일어났다.

젊을 때는 모두들 활동적이다. 나이가 들면 모든 활동들이 쇠퇴하기 시작한다. 왜 그런가? 젊은이들은 남성 에너지와 여성 에너지로 채워져 있기 때문이다. 그래서 젊은 남성과 여성들은 배를 만들고 서로를 만날 준비를 하는 데 바쁘다. 하지만 늙어 감에 따라 삶의 불꽃이 상당히 희미해진다. 이 무렵이 되면 남녀는 서로를 너무나 잘 알게 된다. 그래서 상대되는 것들의 끌어당기는 힘은 시든다. 지나친 친밀감이 무관심을 낳는다.

상반되는 것들이 서로를 끌어당긴다는 것이 삶의 자연적인 법칙이듯이, 반대되는 것이 아니라 본성이 끌어당기는 것은 영혼의 자연적인 법칙이다. 여기서는 서로 유사한 것, 같은 것이 끌어당긴다. 이 때문에 세상의 보통 법칙을 영적 수행에 적용시키면 어려움에 처하게 된다. 바로 이러한 이유로 영성이 성장하는 나라들은 나태하고 무기력해진다. 인도가 그 생생한 본보기이다. 우리는 물질의 법칙을 영적 수행을 선택하는 데 잘못 적용하였다. 남성적 마음을 지닌 사람들이 여성적 마음을 위한 길들을 택했고, 여성적 마음을 지닌 사람들이 그 반대의 길들을 택했다. 미라(Meera)가 되어야 할 사람들이 마하비라가 되었고, 마하비라가 되어야 할 사람이 미라가 되었다. 자연히 모든 일이 뒤죽박죽이 되었다. 그렇게 될 수밖에 없다.

그러므로 나는 미래의 영성주의를 위한 과학적 수행을 그려 본다. 그것의 기본 법칙은 "어떠한 생물학적 법칙도 영성주의에는 적용되지 않는다."는 것을 분명히 말할 것이다. 생물학적으로는 서로 반대되는 것들끼리 끌어당기지만, 영성주의에서는 자기 본성이 자석이다. 영성주의는 반대되는 것들끼리의 매력으로 이루어져 있지 않다. 그것은 자기 본성 속으로의 몰입이다. 영적 여정에서는 나는 다른 것에 이를 필요가 없다. 나는 나 자신에게 이르러야 한다.

그러나 우리의 오래된 습관들이 방해가 된다.

나는 다음과 같은 얘기를 들은 적이 있다…… 아직 전기가 보급되지 않았을 때, 프로이트는 자기 집에 전기 시설을 하였다. 이 일을 끝냈을 때, 전기를 전혀 본 적이 없는 한 시골 사람이 그의 집을 방문하였다. 그 사람에게 익숙한 조명 기구는 등과 램프뿐이었다.

저녁 식사가 끝난 뒤 프로이트는 손님을 침실로 안내해 주고 나왔다. 그러나 이 손님은 즉시 전기 때문에 심각한 문제에 직면하게 되었다.

그는 방 안의 불이 너무 밝아서 잠을 이룰 수 없었다. 불을 끄는 방법이 문제였다. 전구가 높은 천장에 매달려 있었기 때문에, 그는 사다리를 가져온 뒤 올라가서 입으로 불어 불을 끄려고 하였다. 그러나 아무리 애써도 끌 수가 없었다. 입바람으로 어떻게 전등불을 끌 수 있겠는가? 그는 온 방을 찾아보았다. 그는 입으로 불어 끄기 위해 전등에 구멍이 나 있는지를 계속해서 찾아보았지만 헛수고였다. 그는 프로이트를 찾아가 불 끄는 방법을 모른다고 말하는 것이 부끄러워 그에게 가지 않았다.

그는 계속 뒤척거리며 밤을 지새웠다. 아침이 되자 집주인이 아침 인사를 하러 왔다. 프로이트가 왜 불을 끄지 않았느냐고 묻자 손님이 대답했다. "자네가 물어보니 이제 나의 고충을 말하겠네. 램프를 끄는 방법을 몰라 한숨도 못 잤다네."

프로이트는 단추를 누르면서 "바보, 이렇게 쉬운데."라고 말하였다.

이 사람은 먼 곳의 스위치로 불을 끌 수 있다는 것을 몰랐다. 우리는 그를 바보라고 탓할 수 없다.

우리의 모든 체험은 두 마디로 요약될 수 있다. 상반되는 것에 대한 이끌림이 바로 그것이다. 그러므로 우리가 영성의 세계로 들어갈 때—그것은 전적으로 다른 차원이다—우리는 우리의 낡은 방식들을 가지고 간다. 우리는 입으로 불어 전등을 끄려 한다. 우리는 결코 스위치를 생각하지 않는다. 이러한 잘못은 오랜 세월 지속되고 있다. 이러한 이유로 영적으로 발달한 모든 사회들은 무기력해졌다. 반대로, 성을 지향하는 사회들은 활동적이며 공격적이다. 그 나라들은 발전과 번영을 향해 나아가고 있다. 이 세상의 모든 역동적인 문명은 성을 지향하는 데서 일어났다. 그리고 모든 수동적이고 평화적인 문명은 영적인 것을 지향하는 데서 일어났다.

　이제까지는 그랬지만, 항상 그래야 할 필요는 없다.

　성 에너지가 활력과 역동성의 기본 추진력이라는 것은 사실이다. 성이 개방된 곳마다 행동과 활동의 폭발이 있을 것이다. 자연을 살펴본다면 모든 활동이 성으로부터 일어난다는 점을 발견하게 될 것이다. 꽃들이 봄에 피고 새들이 둥지를 짓고 대기가 향기와 노래로 가득 찬다면, 이 모든 생기 있는 활동들의 배후에는 성이 있음을 알아라. 새들은 알을 품기 위해 둥지를 짓는다. 뻐꾸기는 우리를 즐겁게 해 주려고 지저귀는 것이 아니라 성적 짝을 초대하고 유혹하려고 그렇게 한다. 이러한 것들은 모두가 생물학적 활동이다.

　인간 역시 생물학적 활동에만 친숙하다. 이러한 이유로 성이 개방된 수용적 사회들의 빌딩들은 하늘에 닿을 듯 높이 치솟고 있다. 그것들은 새 둥지들의 확장에 불과하다. 성이 개방된 사회들은 노래와 음악, 오케스트라로 흥얼거리고 있다. 그들은 다양한 색상과 화려한 의상들로 넘쳐 나고 있다. 이 모든 것이 뻐꾸기 소리들과 공작들의 춤과 같다. 그다지 차이가 없다.

　이와는 반대로, 생물학적 활동들에 등을 돌리고 다른 길을 택했지만 습관의 힘에 의해 반대편 법칙을 계속 따르고 있는 나라는 생기가 없고 슬픔에 빠져 있고 활기가 없다. 그들의 집들은 오두막으로 변하고, 그들의 노래들은 사라지고, 그들의 색상들은 희미해진다. 그들의 삶 전체가 단조롭고 무미건조하며, 가난하고 비참해진다.

　내가 아는 바로는, 생물학과 영성주의는 둘 다 자기의 법칙들을 가지고 있다. 만약 생물학과 영성주의가 둘 다 자기 고유의 방식으로 성장하도록 허용된다면 올바른 문화와 완전한 문화가 존재하게 될 것이다. 올바른 문화권에서는 성을 억압하지 않는다. 그 문화권에서는 억압과 죄의식이 없이 성을 받아들이고 즐길 것이다. 그 문화권은 성을 축복할 것이다. 그러한 문화권은 확장될 것이며 거대한 활동을 생성할 것이다. 이와 같은 방식으로 영성주의가 그것의 자연스러운 법칙들에 기초하여 성장하는 것이 허락된다면—만약 구도자들이 그들의 유형에 맞추어 자신의 수행을 바르게 선택한다면—종교 영역에서 폭발적인 활동으로 나아가게 될 것이다.

크리슈나는 자기 자신의 유형에 완전히 일치해 있다. 즉 그는 그 자신의 본성에서 벗어나지 않고 있다. 붓다도 그렇다. 마하비라도 그렇다. 이러한 이유로 크리슈나의 삶은 특별한 스타일의 활동으로 채워져 있다. 붓다가 활동 면이 부족한 것이 아니다. 그의 삶은 다른 유형의 활동으로 채워져 있다. 마하비라는 꼬박 40년 동안 이 마을에서 저 마을로 계속 다녔다. 그가 전쟁을 일으키지 않은 것은 사실이다. 그러나 그는 다른 차원에서 일어난 더욱 높은 유형의 전쟁에 참여한다. 붓다는 플루트를 불지 않는다. 그러나 그의 설법들은 플루트의 악보보다 더 높은 차원의 악보로 메아리치고 있다. 붓다는 자신의 본성 속에 완전히 자리 잡았기 때문에 그것은 아무런 차이를 낳지 않는다. 그는 그의 온전한 존재의 최고 상태를 깨달았다. 크리슈나는 그 자신의 숭고한 실재, 그의 진리를 발견하였다. 그는 자기완성과 만족에 이르렀다.

크리슈나, 붓다, 마하비라와 같은 사람들에 관한 한, 그들은 그들의 진정한 유형, 그들의 진정한 자기 본성을 찾았다. 그러나 그들의 추종자들은 자신들의 진정한 유형을 찾는 데 종종 오류를 범한다. 그들은 혼란에 빠진다. 자신의 본질적인 성품을 찾는 것이 영성주의의 최고의 모습이다. 나는 크리슈나가 한 말을 되새겨 본다. "위험한 타인의 본성을 받아들이기보다는 자신의 본성 속에 죽는 것이 더 낫다."

자신의 고유한 유형을 어떻게 알 수 있습니까?

자신의 유형을 아는 것은 그렇게 어렵지 않다. 한 방법은 다음의 간단한 격언을 상기하는 것이다. 즉 당신을 끌어당기는 것은 당신의 유형이 아니다. 왜냐하면 상반되는 것들이 끌어당기기 때문에 그것은 당신 자신의 본성과 반대되는 것이다. 그러므로 반대되는 것을 경계하고, 잠시 동안 그것을 숙고하고, 그것이 자신의 찻잔이 아님을 알아라. 당신을 쫓아 버리는 것이 당신의 유형이라는 점을 이해하기는 역설적이고 또 어렵다. 남자는 자신이 남자라는 사실을 어떻게 아는가? 여자가 남자를 끌어들이지, 다른 남자가 남자를 끌어들이지는 않는다. 여자는 자신이 여자라는 사실을 어떻게 아는가? 여자는 남자와 함께 있기를 원하지, 여자와 함께 있고 싶어 하지 않는다. 두 여자가 함께 있기는 어렵기 때문에 여자는 다른 여자를 쫓아 버린다. 당신을 끌어들이는 것은 당신이 아니다. 당신은 그것의 반대편에 있다. 이것을 하나의 규칙으로 가져라. 당신은 실제로 당신을 쫓아 버리는 쪽에 있다.

이 역설을 이해하기는 정말로 힘들다. 그러나 삶은 역설적이다. 당신이 미워하고 비난하며, 당신이 팔을 내저으며 피하고 싶어 하는 것이 변함없이 당신 자신의 것이라는 것을 믿기는 어렵다. 그것은 당신 안에 있다. 만약 어떤 사람이 항상 성에 반대한다면, 그의 무의식은 성과 성적인 것에 관심이 있다는 것을 알아라. 그것은 정말로 복잡하다. 그러나 만약 당신이 그것을 깊이 이해하고자 한다면, 그것은 그리 어렵지 않다. 만약 누군가가 돈을 비난한다면, 그의 그 비난은 그가 돈을 더없이 좋아한다는 사실을 말해 주고 있다. 마찬가지로 세상으로부터 멀리 달아나려는 사람은 세속적인 사람이다. 내가 말하고자 하는 바는, 당신을 초대하고 있는 것처럼 보이는 것은 항상 당신의 반대편의 것이라는 점이다. 그러므로 그것이 당신의 유형이 아니라는 사실을 주의하여 알아라.

제가 지금은 이것에, 나중에는 다른 것에 끌린다면 어떻게 됩니까?

그렇다면 당신이 혼란 속에 빠져 있다는 것임을 알아라.

두 사람이 같은 일에 열중하다 보면, 그들은 친구가 됩니다.

두 사람이 같은 일에 몰두한다면 그들은 친구가 된다고 당신은 말하고 있다. 이 점에 관해서는 몇 가지 사실들이 이해되어야만 한다.
같은 유형의 두 사람이 같은 일에 빠진다면 친구가 되는 것이 가능하다. 그러나 그러한 우정은 진정한 것이 아니다. 그것은 몰두에 의해 지탱되고 있다. 몰두의 버팀목이 제거되면 우정은 말라 버릴 것이다. 두 알코올 중독자는 같이 마시고 같은 클럽에 나가 같이 노니까 친구가 된다. 그러나 그들 둘을 연결시켜 주는 것은 알코올이다. 술병이 없어지면 두 사람은 등을 돌릴 것이다.
진정한 우정은 항상 이유가 없다. 사랑은 이유가 없다. 이유가 있다면, 그것은 관계에 불과할 뿐 우정은 아니다. 관계와 우정은 큰 차이가 있다.

두 사람이 같은 여정으로 여행을 하고 있다고 하자. 그들은 함께 하게 되어 서로 친구가 될 수 있다. 그러나 그것은 우정은 아니다. 그들의 목적지에 도착하면 그들은 헤어질 것이다. 공동의 몰두를 바탕으로 한 우정은 동료 여행자 사이의 우정과 같다. 그것은 이름만 우정일 뿐이다.

사실 우정은 항상 상반되는 성향을 지닌 사람들 사이에서 일어난다. 반대편의 것이 끌어당긴다는 것은 법칙이다. 두 사람이 다르면 다를수록 그들의 우정은 더욱 깊어진다. 사실 반대편 것들은 진정으로 반대편의 것들이 아니다. 그것들은 서로 상보적 관계를 이루고 있다. 그것 때문에 똑같은 두 지식인이 서로 친구가 되기는 매우 힘들다. 설령 그들이 친구가 된다 해도, 그들은 사사건건 싸우고 다툴 것이다. 지식인은 우둔한 사람을 우정의 대상으로 찾을 것이다. 그래야 그들은 서로 보완된다.

두 강자는 친구가 되지 못할 것이다. 같은 기술을 가진 두 사람 역시 친구가 되지 못할 것이다. 친밀한 친구 사이인 두 시인이나 화가를 만나기는 힘들 것이다. 만약 두 시인이 친구가 된다면, 우정의 씨앗은 시 이외의 다른 어떤 것일 것이다. 가령 술자리를 같이한다거나 놀음을 같이 한다. 그것은 관계이지 우정은 아니다.

심리학자들은 만약 두 남자 사이에 친밀한 우정이 있다면 그 심연에는 동성애 관계가 있다고 믿는다. 마찬가지로 그들은 두 여성 간의 어떤 친밀감도 동성애라고 생각한다. 당신이 심리학자들의 생각에 동의하긴 어렵지만, 그들의 말에도 일리는 있다. 모든 사람들은 사춘기 동안에 동성 관계의 일면을 보였기 때문에 대부분의 사람들은 남은 삶 동안에 그때 가졌던 친밀한 관계를 다소 그리워한다. 그들은 이성에 관심을 갖기 전 소년은 소년에게, 소녀는 소녀에게 관심을 가졌다. 사실 그들이 성적으로 성숙하기 전까지 성에 관한 한 소년과 소녀 간에 별 차이가 없다. 그래서 소년들은 소년에게, 소녀들은 소녀에게 관심을 갖는다. 이런 이유로 청소년 시절에 맺은 우정은 상당히 지속된다.

성적으로 성숙해지면, 심리적으로 자연스럽고 정상적인 소년들과 소녀들은 이성에 관심을 갖게 된다. 그러면 그들은 심리학자들이 이성애라고 일컫는 상태에 이른다. 오래된 관계들은 잊혀지고 이성 간의 새로운 친근감이 싹트기 시작한다. 물론, 젊은 남녀의 이삼십 퍼센트는 심리적 연령이 14세인 청소년기에 고정된 채 있게 된다. 이것은 그들이 심리적으로 성숙하지 못하고, 위축되고 병약하여 심리 치료가 필요하다는 것을 의미한다.

가령 25세의 젊은 여인이 동성의 친구들에게만 계속 관심을 보이고 젊은 남자들에게는 관심을 보이지 않는다면, 그녀의 정신에 분명히 어떤 문제가 있으므로 치료를 받을 필요가 있다. 그들은 이제 동성 친구들과 우정을 맺지 않을 것이라는 것을 의미하는 것은 아니다. 그들은 동성 친구와도 우정을 맺겠지만, 그것은 일종의 교제에 불과하다. 그것은 진정한 우정일 수는 없다. 그들은 같은 클럽—이를테면 로터리클럽—멤버이거나 같은 정치적 이념—예컨대 공산주의—에 찬성하거나, 혹은 같은 구루의 제자들이라면 동성 간에도 서로 친구가 될 것이다. 그러나 이들 관계는 어린 시절의 깊고 친밀한 관계는 결코 될 수 없다.

상반되는 것은 대단한 매력을 가진다. 그것을 좀 다른 각도에서 보

라. 종종 좋은 옷을 선호하는 사람들은 알몸을 한 고행자에 매료될 것이다. 식도락가는 단식으로 유명한 스승의 제자가 된다. 모든 것을 버린 성자의 추종자들이 탐닉으로 유명한 사람들이라는 것은 아이러니컬하다. 자이나교의 창시자인 마하비라가 알몸으로 지낸 반면, 대부분의 자이나교도들은 옷을 파는 직업을 선택하였고 수 세기에 걸쳐 옷을 팔아 왔다는 점은 심각하게 고려해 볼 만한 가치가 있다. 좋은 옷을 탐닉한 사람들이 마하비라의 벗은 몸에 매료되어 그의 추종자들이 되었다는 것은 확실하다. 마하비라는 왕국을 버리고 거지가 되었으나, 자이나교도들은 인도에서 가장 부유한 집단이라는 것은 놀랍지만 사실이다.

이것은 우연이 아니다. 배경에는 그럴 만한 이유가 있다. 마하비라가 자신의 왕국과 부를 버렸을 때—숲으로 떠나기 전에 그는 자신의 소유물을 가난한 자들에게 모두 나누어주었다—마하비라의 희생에 깊은 감명을 받은 것은 부를 좇는 부유한 계급이었다. 그들은 거머리처럼 동전 한 닢에 매달리고 있는데, 온 왕국을 던져 버린 마하비라가 있었다. 그들의 눈에 마하비라는 신적인 존재가 되었다. 마하비라는 부에 집착하는 사람들을 매료시켰다.

포기자는 마하비라에게 영향을 받지 않을 것이다. 그는 "쓰레기와 결별하는 것은 위대한 것이 아니다. 부는 쓰레기다."라고 말할 것이다. 그러나 쓰레기를 황금으로 여긴 사람들은 마하비라에게 고개를 숙였다. 한 가지라도 포기할 수 없는 사람은 포기하고 싶은 갈망을 품는다. 포기가 그의 이상, 그의 꿈이 된다. 그는 집착은 고통스럽다는 것을 가슴 깊은 곳에서 알고 있으며, 그가 포기할 수 있는 날을 꿈꾼다. 그래서 포기자가 그의 북극성이 된다. 그는 그를 자신의 신으로 공경한다. 바로 이러한 이유로 포기자는 탐닉에 빠진 사람들로 둘러싸인다.

상반되는 것은 자석같이 끌어당긴다. 그것은 자석과 같다. 모든 과학 법칙이 그러하듯이 그것은 스스로 작용한다. 만약 우리가 이 법칙을 바르게 이해한다면, 물리학자들이 물질과 에너지로 분류하듯이 우리는 온 세상을 의식의 다른 자장들로 나눌 수 있을 것이다. 그렇게 되면 우리는 의식이 어떻게 매력을 느끼고, 끌고, 만들고, 소멸하는지를 알 수 있게 될 것이다. 의식의 세계에서는 겉으로 드러나지는 않지만 매우 기이한 일들이 일어난다.

그러므로 당신이 누군가에게 끌릴 때마다, 그는 당신의 유형이 아니라 당신의 반대편, 당신의 보완 존재임을 알아라. 그는 당신의 영적 여정에서는 결코 당신을 도울 수 없다. 그러나 그는 당신의 세상 삶에는 도움이 될 수 있으며, 어떤 면에서는 당신의 유형을 아는 데도 도움이 될 수 있다.

영성은 자기를, 자신의 본성을 찾는 것임을 기억하라. 당신은 자신이 누구인지를 알아야 한다. 일단 자신이 누구인지를 알게 되면, 당신은 행위를 그만두지 않고도 무위를 얻을 것이다. 당신은 세상을 떠나지 않고도 진리에 이를 것이다. 세상은 있는 그대로 있을 것이지만, 당신은 변화를 겪을 것이다. 모든 것들이 같은 채로 있을 것이지만, 당신은 같은 채로 있지 않을 것이다. 당신은 변형될 것이다. 당신이 변형되는 날, 모든 것이 당신으로 인하여 변형될 것이다. 왜냐하면 당신이 보는 것이 당신의 세상이기 때문이다. 당신의 지각이 당신의 세상을 창조한다.

크리슈나는 아르주나에게 "만약 그대가 승리와 패배, 득과 실, 기쁨과 고통을 똑같이 대하면서 싸운다면, 그대에게 아무 죄도 이르지 않을 것이며 그대는 천국으로 갈 것이다."라고 말합니다. 이 말은 누군가가 집착하지 않고 싸운다면 폭력이 되지 않는다는 의미입니까?

이 질문과 관련하여 몇 가지를 이해할 필요가 있다.

크리슈나가 말한 첫 번째 내용은 폭력은 존재하지 않는 거짓이라는 것이다. 폭력은 환영이다. 폭력은 실재가 아니다. 어느 누구도 정말로 죽지는 않는다. 크리슈나는 "나 한야테 한야마네 샤리레(Na hanyate hanyamane sharire), 어느 누구도 자신의 몸이 살해될 때 죽지 않는다."라고 말한다. 몸에 관한 한, 그것은 이미 죽은 것이다. 그러므로 몸이 죽는다고 말하는 것은 잘못이다.

무엇보다도 먼저 크리슈나는 폭력은 불가능하며 잘못된 이름이라고 말한다. 그러나 그것은 사람들이 자유롭게 폭력에 빠져도 괜찮다는 말은 아니다. 폭력 그 자체는 실재하지 않지만, 폭력적인 마음은 실재한다. 어떤 사람을 죽일 수는 없지만 그 사람을 죽이려는 욕망은 가질 수 있다는 것은 사실이다. 사람이 살해될 수 없다는 것은 다른 문제이다. 그러나 만약 당신이 그를 죽이려고 한다면, 그때 이 욕망은 정말로 있다. 그리고 이 욕망은 죄악이다. 폭력은 죄가 아니다. 그러나 폭력을 하려는 의지, 즉 폭력적인 마음은 확실히 죄다. 만약 당신이 누군가를 죽이고자 한다면, 그것은 죄로서 충분하다. 당신이 죽일 수 없다는 것은 다른 문제이다. 그러나 당신의 죽이려는 갈망은 그 자체로 죄다.

마찬가지로 만약 당신이 누군가를 구하려고 한다면 그것은 선행이다. 그가 구해질지 않을지는 다른 문제이다. 그러나 그를 구하려는 사실은 그것 자체로 충분하다. 이 욕망은 선행이다. 예를 들어, 어떤 사람이 죽어 가고 있다. 그는 죽음의 기로에 있다. 그리고 당신은 그를 구하려 한다. 그는 내일 죽을 것이다. 그러나 당신은 그를 구하려는 노력으로 이미 선행을 쌓았다.

다른 사람들을 해치려는 욕망은 죄다. 다른 사람들을 도우려는 욕망은 선이다.

그러나 크리슈나는 훨씬 높이 날아오른다. 그는 사람은 폭력과 비폭력, 악과 선, 쾌락과 고통 모두를 초월할 수 있다고 말한다. 그렇게 되면 아무것도 없다. 폭력이나 비폭력, 선이나 악도 없다. 그것들 모두는 환영이다.

만약 어떤 사람이 폭력과 비폭력, 고통과 쾌락이라는 변증법 너머로 간다면, 만약 그가 그것들이 환영이라는 것을 스스로 안다면, 바로 이러한 앎으로 그의 모든 폭력적인 생각들과 느낌들이 사라질 것이다. 그래서 그는 그것들로부터 자유로워질 것이다. 당신이 아무도 죽일 수 없다는 것을 깨닫게 될 때, 그때 왜 당신은 죽이려고 생각하겠는가? 당신이 아무도 구할 수 없다는 것을 알 때, 당신은 그 문제를 두고 걱정하지 않을 것이다. 만약 진리의 빛으로 당신이 모든 충동들과 감정들을 가진 당신의 마음을 알게 된다면, 당신은 천국에 이를 것이다. 그때 당신은 어떤 미래에 천국에 가는 것이 아니다. 당신은 이미 천국 안에 있다.

기쁨과 고통, 득과 실, 승리와 패배가 모두 똑같다는 경지에 이를 때, 모든 이원성과 구분을 초월할 때, 삶의 완전성과 일체성을 깨달을 때, 그때 그는 천국에 있다. 왜냐하면 이 평정과 평등 그 자체가 천국이기 때문이다.

크리슈나에 의하면, 이러한 사마트바부디(samatvabuddhi), 즉 지성의 균형과 안정, 평정과 평등을 요가라고 한다.

크리슈나는 두 종류의 환영이 있다고 말한다. 그 하나는 사람이 살해될 수 있다고 생각하는 것이다. 다른 하나는 당신이 그를 살해할 수 있다고 생각하는 것이다. 마찬가지로 누군가가 구해질 수 있고 당신이 그를 구할 수 있다고 생각하는 것은 일종의 환영이다. 누군가를 죽일 수 있다거나 구할 수 있다는 이 첫 번째 환영으로부터 당신이 벗어나면, 사람을 죽임으로써 죄를 짓고 사람을 구함으로써 덕을 쌓는다는 이 두 번째 환영이 저절로 떨어져 나갈 것이다.

선과 악이라는 생각은 당신이 생과 사를 실재라고 믿는 무지와 같은 것이다. 만약 생과 사가 환영이라면, 존재하고 있는 것이 존재한다. 그러면 선과 악도 마찬가지로 환영이다. 환영이 무엇인지 아는 것, 거짓을 거짓으로 아는 것이 지식이다. 그것이 지혜이다. 그리고 지혜에 자리 잡은 사람은 자신의 편에서 어떤 일을 하지 않는다. 그는 안과 바깥에 있는 모든 것이 스스로 일어나도록 허락한다. 그것이 전체적 수용의 상태이다.

크리슈나는 아르주나에게 이 정도의 말을 한다. "지금 존재하는 것을 보고 받아들여라. 존재의 방식을 방해하지 말라. 삶의 강을 거슬러 헤엄치지 말라. 그냥 그 강과 더불어 흘러가라. 그렇게 한다면 그대는 천국에 있다."

여덟 번째 문

의식, 불 그리고 지식

영적 수행에서 야그나(Yajna), 즉 의식이 중요한 위치를 점하고 있습니다. 경전들을 보면 여러 형태의 야그나가 있습니다. 그 중 기타에서는 자파(japa) 야그나와 갸나(jnana) 야그나, 즉 찬송과 지식의 의식에 특별한 중요성을 부여합니다. 당신께서는 자파의 의미에 대해 말씀하시면서 아자파(ajapa), 즉 소리 없는 찬송에 대해 언급하셨습니다. 부디 저희들에게 기타에서 묘사하는 자파 야그나, 갸나 야그나 그리고 아자파의 의미에 대해서 설명하여 주십시오.

의식은 인간의 삶에서 중요한 위치를 차지한다. 이른바 삶이라고 말하는 것의 90퍼센트가 의식이다. 인간의 마음은 힘든 삶의 여정을 덜기 위해서 수많은 불필요한 행위들에 의지한다.

인간의 오랜 역사에서 수천 가지의 그러한 의식들—나는 그것들을 놀이라 부르고 싶다—이 발달하였다. 만약 유쾌하게 받아들인다면, 그것들은 삶에 활기를 더하고 축제를 위한 기회들이 된다. 그러나 우리가 그것들을 너무 심각하게 받아들인다면, 그것들은 병적이 되고 정신 이상이 된다.

　불을 처음으로 발견한 날은 인류의 전체 삶에서 결정적인 날이었다. 그것은 인간의 역사를 통틀어 가장 위대한 발견이었다. 우리는 처음으로 불을 발견한 사람의 이름을 알지 못한다. 그가 누구였든 그는 인간 삶에 있어 가장 훌륭한 혁명을 가져왔다. 그때 이후로 인간은 다른 많은 것들을 발견하였다. 코페르니쿠스, 갈릴레이, 케플러, 아인슈타인, 막스 플랑크와 같은 기라성 같은 훌륭한 이름들이 있다. 그러나 그들 중 어느 누구도 불을 처음 발견한 알려지지 않은 그 사람의 위대함에는 미치지 못한다. 원자의 발견과 달의 착륙조차도 그것만큼 중요하지 않다.

　이제 그 불은 우리의 일상생활에서 너무나 평범하고 보편적인 것이 되어 버려서—아주 조그만 성냥개비로도 얻을 수 있다—우리는 그것의 본래 영광을 이해할 수 없다. 하지만 먼 과거에는 불이 평범하지 않았다. 여러 시대를 거치면서 내려온 우리의 문명과 문화를 성장시키고 발전시키는 데 불은 지대한 공헌을 하였다. 오늘날의 인류 문명은 근원적으로는 불의 산물이라 할 수 있다. 역사의 훌륭한 발명들 중 그 어느 것도 불이라고 하는 기폭제가 없이는 가능할 수가 없었다. 불은 우리 삶의 모든 것들의 바탕이다.

　불이 처음에 발견되었을 때, 우리들은 완전한 황홀경 속에서 불 주위를 춤추면서 그의 탄생을 축하하였다. 지금은 의식으로 바뀐 이 축제는 마치 그것이 아무데도 아닌 곳으로부터 우리에게 폭발하여 나온 듯 너무나 자연스럽고 당연한 것이었다. 축제나 춤이 아니고서는 그것의 존재에 대해 우리의 감사를 표현할 아무런 다른 방법이 없었다. 우리는 불을 신이라 하였다. 왜냐하면 그것은 우리의 삶에 너무나 중요한 위치를 차지하였기 때문이다.

고대의 모든 종교는 태양이나 불 주위에서 발전되었다. 밤은 두려운 것이었다. 그것은 어둠과 위험으로 가득 차 있으며, 인간은 사나운 동물들, 뱀들, 파충류들을 너무나 두려워하였다. 그런데 낮은 안락했고 밝은 빛과 따뜻함으로 가득 차 있었다. 주위를 살펴볼 수도 있었고 어떤 위험으로부터도 자신을 지킬 수 있었다. 그래서 어둠은 해로워 보였고, 태양은 다정스럽게 보였다. 어둠에는 위험과 죽음이 있었다. 빛과 더불어 희망이 있었다. 두려움이 사라졌고, 모든 것이 상대적으로 안전해졌다. 그래서 인간들은 태양을 신으로 숭배하였다. 불이 발견되었을 때, 그것은 어둠에 대한 인간의 승리를 예고하였다. 그래서 인간은 태양을 포함하여 불을 그 어떤 것보다도 더 사랑하게 되었다. 노래와 춤과 같은 많은 아름다운 것들과 사랑과 축제가 자연스럽게 불을 중심으로 성장하게 되었다.

여러분도 알다시피, 유리 가가린이 우주여행을 하고 돌아왔을 때―그는 우주여행을 한 첫 번째 사람이다―온 세상 사람들이 그 사건을 축하하기 위해 모였다. 하룻밤 사이에 가가린은 세상에서 유명해졌다. 그의 이름은 지구의 먼 곳까지 전해졌다. 전 세계에 새로 태어난 수십만 명의 아이들에게 그의 이름이 붙여졌다. 어느 누구도 성취하지 못한, 지구 궤도를 선회한 이 우주 비행사의 명성은 그의 생애 동안 식지 않았다. 그것은 위대한 사건, 신기원의 사건이었다. 가가린이 가는 곳마다 사람들은 그를 열광적으로 환영하였다. 그가 가는 곳마다 수백만 명의 사람들이 그를 보기 위하여 몰려들었다. 그의 방문으로 몰려든 군중들에 의해 수백 명이 목숨을 잃었다. 왜 이러한 광기가 생겨났을까?

새로운 것의 출현은 인간의 가슴을 즐거움과 기쁨으로 가득 채운다. 그래서 인간은 항상 거대한 팡파르로 이 순간을 축하한다. 우리가 아이의 탄생을 노래와 음악과 잔치로 축하하듯이, 우리는 새로운 모든 것을 환영하고 그것에 대하여 기뻐한다. 그것은 그래야 한다. 우리가 새로운 것에 대해 기뻐하는 것을 멈출 때는 슬픈 날이 될 것이다. 그것은 우리의 삶에서 의미 있고 중요한 모든 것의 죽음을 의미할 것이다.

나는 야그나가 어떻게 존재하게 되었고 그것이 우리 삶에서 얼마나 중요하게 되었는지를 설명하기 위해 이 모든 이야기를 하고 있다. 야그나는 불의 발견을 축하하기 위한 우리의 의식이다. 우리는 흥에 겨워 불 주위를 춤추었으며, 우리가 가진 모든 좋은 것들을 불에게 바쳤다.

이러한 희생 의식들을 시작한 조상들은 줄 것이 많지 않았다. 그들은 밀을 가지고 있었다. 그래서 그들은 그것을 불에 봉헌물로 바쳤다. 또한 그들은 당시에 가장 좋은 와인이었던 솜라스(somaras)를 불에 바쳤다. 아주 급격하게 자신들의 삶을 변형시켜 준 이 신을 환영하기 위해서 그들은 가장 좋은 소들까지도 제물로 바쳤다. 이 모든 일은 즉흥적이고 자발적으로 일어났다. 그것은 그 당시의 사람들이 가졌던 순수하고 순결하고 천진한 가슴-마음의 발산이었다. 그들은 세파에 물들지 않은 시골 사람들—그 당시에는 도시라는 것이 아직 존재하지 않았다—이었다.

크리슈나와 기타의 시대에 들어서면서 문명은 불의 혜택으로 큰 변화가 일어났다. 그래서 불은 이제 가정의 것이 되었다. 즉 특별한 것이 평범한 것으로 되어 버렸다. 이제는 불의 주위에서 춤을 추는 것이나 그것에 희생의 봉헌물을 바치는 것은 의미가 없어졌다. 시간이 지나자 수천 명의 사람들이 그것에 반대하였다. 불은 처음 발견되었을 때와 달리 가장 큰 축복으로 여겨지지 않았다. 그래서 크리슈나는 야그나의 오래된 줄기에 새로운 단어를 접목시키고는 그것을 갸나-야그나, 즉 지식의 의식이라 불렀다. 갸나, 즉 지식이라는 새로운 단어가 야그나, 즉 의식이라는 오래된 단어에 덧붙여졌다.

비노바 바베(Vinoba Bhave)도 역시 같은 일을 하였다. 그는 일반적으로 토지 선물 운동으로 알려진 부단(bhoodan) 야그나를 시작하였다. 그는 오래된 단어인 야그나에 부단, 즉 토지 선물로 알려진 사회정치적 개념을 결합시켰다.

크리슈나가 태어난 사회는 매우 발전되고 세련된 사회였다. 이제 불 주위에서 춤을 추는 것은 너무나 원시적이고 시대에 뒤떨어진 것으로 보였다. 그래서 크리슈나는 물질적인 번영의 정점에 있는 사회의 마지막 화려함으로 지식의 불을 일으켜야겠다고 생각했다. 그러나 그는 오래된 단어를 사용하였다. 왜냐하면 말이 되기 위해서는 말은 오래되어야 하기 때문이다. 크리슈나는 말했다. "만약 우리가 춤추기를 원한다면, 우리는 지식의 불 주위에서 춤추어야 할 것이다. 만약 우리가 의식의 불에 무엇인가를 바쳐야 한다면, 우리는 곡물과 포도주와 소 대신에 우리 자신을 바쳐야 할 것이다."

갸나 야그나, 즉 지식의 의식은 특별한 영적 여정을 나타내고 있다. 이 여정의 각 여행자는 실재에 대한 지식의 불 속에 자신의 자아인 '나'를 태운다. 보통의 불은 눈에 보이는 모든 것들을 태우지만 눈에 보이지 않는 미세한 것들, 거만함과 오만, 자아와 같은 생각들은 태우지 못한다. 오직 앎의 불만이 그것을 파괴할 수 있다.

오랜 세월을 거치면서도 불의 상징은 살아 있다는 것을 아는 것은 흥미롭다. 이유 없이 그렇게 된 것이 아니다.

가장 중요한 이유는 원시인의 삶에서는 특성상 위로 상승하며 움직이는 불과 같은 것이 아무것도 없었기 때문이다. 물은 아래로 움직인다. 물을 어디에든 부어 보라. 그것은 아래로 흘러가는 길을 찾아낼 것이다. 그러나 당신이 어떻게 해보아도, 불길은 항상 위로 올라갈 것이다. 당신이 횃불을 아래로 향하게 해도 그 불길은 위로 올라갈 것이다. 그래서 불은 상승의 상징이 되었다. 그것은 위로 올라가는 여행을 한다. 불의 화염은 미지의 것에 도달하려는 인간의 가장 높은 열망을 나타낸다.

불은 인간의 지식 내에서 중력의 법칙을 따르지 않는 첫 번째 것이었다. 불을 넘어서는 힘은 지구상에 아무것도 없는 것 같다. 그러므로 불 주위에서 춤추고 불의 축복들에 기뻐하였던 사람들은 그들이 존재의 가장 높은 궁극의 경지를 향한 상승의 여정으로 나아갈 수 있는 날이 그들의 삶에 오기를 희망하고 기도하였다.

우리가 알고 있는 인간의 마음도 물처럼 아래로 흐르려는 경향이 있다. 인간의 마음과 물 사이에는 어떤 유사성이 있다. 물로 가득 찬 통을 언덕 꼭대기에서 부어 보라. 그러면 물은 계곡에서 가장 낮은 곳에 있는 호수로 내려가는 길을 곧 찾아낼 것이다. 그러한 것이 인간의 마음이다. 그러므로 처음으로 기쁨에 젖어 불 주위에서 춤을 추며 경외감으로 불을 찬양하였던 예언자들은 불처럼 되어 하늘로 올라가려는 자신들의 열정을 표현하였다. 그들은 기도하였다. "우리는 우리의 정신을 불꽃과 같이 바꾸기를 원합니다. 그러면 우리의 정신이 지옥의 심연으로 떨어지더라도 그것이 위로 계속 움직여 궁극에 이를 것입니다." 그러므로 불의 의식은 상징적이고 중요하였다.

더 심오하고 더욱 의미 있는 불의 또 다른 속성이 있다. 불은 처음에는 연료를 태우지만, 나중에는 스스로를 태운다. 그래서 연료가 재로 변하자마자 불은 꺼진다. 불의 이러한 면은 심오한 의미에서 지식을 상징한다. 지식의 불은 처음에는 무지의 불순물을 태우다가 나중에는 스스로를 태운다. 그것은 우선 자신의 무지가 제거된 후에는 자아 즉 아는 자 그 자신이 사라지게 된다는 것을 의미하고 있다. 우파니샤드에 다음과 같은 말이 있다. "무지한 자가 어둠 속에서 방황할 때, 아는 체하는 자는 칠흑 같은 어둠 속을 헤맨다." 물론 이 말은 빌려온 지식으로 살아가고 있는 학자나 현자들을 빗대어 하는 말이다. 지혜라 불리는 진정한 지식을 얻은 자는 자아라는 것이 사라진다. 그러므로 그가 어둠 속을 방황할 수는 없다. 진정한 지식은 먼저 무지를 파괴한다. 그 다음에 그것은 자아이기를 그친 아는 자 역시 파괴한다. 그것은 마치 연료를 태운 후 스스로를 소멸시키는 불과 같다.

그러므로 진리를 알게 된 사람들은 지식이 불과 같음을 깨닫는다. 지식은 연료처럼 무지를 태우고, 그 다음에는 자아인 아는 자를 태운다. 그러면 그것은 공(空) 속으로 사라진다. 그러므로 완전한 텅 빔, 무(無)가 될 준비를 갖춘 자만이 지식으로 가는 여정에 오를 수 있다.

진리의 지식에 더욱 관련이 있는 불의 또 다른 속성이 있다. 불꽃은 위로 타오를 때, 어느 정도까지는 보이다가 그 다음에는 거대한 공간 속으로 사라진다. 그것은 보이지 않게 된다. 지식의 지혜도 이와 같다. 그것은 좁은 범위에서만 아는 자와 관련이 있고, 그 다음에는 알 수 없는 것 속으로 사라진다. 실재의 보이는 부분은, 거대하며 무한한 보이지 않는 부분에 비교해 볼 때 더없이 작다.

이런 모든 이유들 때문에 불은 지식을 나타내는 매우 유용하고 강력한 상징이 되었다. 그래서 크리슈나는 갸나 야그나로 안내하였다. 지식의 숭배는 불의 숭배와 같다.

만약 당신이 불이 상징하는 바의 의미를 바르게 이해한다면, 당신은 지식의 숭배가 영원하다는 것을 알게 될 것이다. 불의 발견과 더불어 존재하게 된 다른 모든 의식들은 환경의 산물이기 때문에 사라졌지만, 지식의 추구는 우리와 더불어 영원히 남는다. 지식은 환경에 매이지 않는다. 그것은 영원하다. 그러므로 처음으로 크리슈나는 야그나를 시간과 사건들의 족쇄들로부터 해방시키고 그것을 영원과 결합시켰다. 지금은 물론 앞으로도 야그나 즉 의식들은 크리슈나가 만들어 놓은 방식으로 유행하게 될 것이다. 그것의 의미와 목적은 오직 크리슈나로부터 도출될 것이다. 크리슈나 이전의 야그나의 모습은 영원히 끝나 가고 있다. 그것은 이제 시대에 뒤떨어지고 죽었다. 만약 누군가가 크리슈나 이전의 야그나에 대해 아직도 말한다면, 그는 죽고 의미 없는 의식을 영속시키려고 노력하는 것에 불과하다. 오늘날 옛날 방식으로 불 주위에서 춤을 추는 것은 가능하지 않다. 왜냐하면 불은 더 이상 하나의 대사건이 아니다. 그것은 일상의 사건이 되어 버렸다.

크리슈나는 또 다른 형태의 야그나에 대해 말하고 있다. 그것은 자파 야그나, 즉 찬송의 의식이다. 자파의 비밀은 지식의 비밀과 같다. 자파는 처음에는 당신의 모든 생각들을 태운다. 나중에 남는 것은 아자파, 즉 말없는 찬송이다. 이런 이유로 그것은 야그나로 불린다. 왜냐하면 그것은 불처럼 작용하기 때문이다.

당신의 마음은 온갖 종류의 쓸데없는 생각들로 채워져 있다. 그래서 당신은 찬송을 위한 한 단어를 사용한다. 이 찬송의 도움을 받아서, 당신은 찬송을 위한 단어인 한 가지 생각을 제외한 모든 생각을 당신의 마음으로부터 내쫓는다. 그러나 다른 모든 생각들이 사라지면, 이 마지막 단어—찬송의 생각—가 필요 없게 된다. 그때 그것은 저절로 떨어져 나간다. 그러면 아자파, 즉 말없는 찬송 혹은 찬송 없음이라 불리는 완전한 침묵의 상태가 온다. 그러므로 아자파 역시 처음에는 연료를 태우고 그 다음에 자신을 태우는 불과 같다.

그러나 지식과 마찬가지로 찬송에도 위험성이 있다. 사실은 모든 영적 수행에는 위험이 따른다. 모든 길에는 이탈할 수 있는 길이 있다. 목적지로 안내하는 모든 길에는 이탈할 수 있는 샛길이 있고, 당신은 당신의 여행에서 이탈하기 위하여 그런 길을 이용할 수 있다. 우리는 목적지에 이르기보다는 오히려 빗나가기 위하여 그 길들을 이용한다는 것은 사실이다.

예를 들어, 크리슈나는 지식의 길에 관해서 말한다. 대부분의 사람에게는 지식이 학문, 정보, 개념들, 생각들, 학설들을 의미한다. 만약 누군가가 지식을 학문적 지식으로 잘못 이해한다면, 그는 잘못된 길 위에 있으며 길을 잃고 헤맬 것이다. 비록 그가 세상에 있는 모든 경전들을 자신의 머릿속에 넣는다 할지라도 이제 그는 진리와 지식에 이를 수 없다. 기억하라, 무지는 그릇된 지식만큼 해롭지 않다는 사실을……. 그릇된 지식은 해롭고 치명적이다. 그것은 생명이 없다. 그것은 아무런 불이 없다. 사이비 지식은 불이 꺼진 후에 남은 재와 같다. 당신이 몇 톤의 재를 모아도, 그것들은 당신을 변화시키지 않는다. 그러므로 만약 누군가가 지식을 학문으로 오해한다면, 그는 이미 궤도를 벗어나 있다.

자파 혹은 찬송도 마찬가지다. 만약 누군가가 찬송을 통해 목적지에 도착할 것이라고 생각한다면, 그는 오해하고 있다. 라마의 이름이나 아베마리아를 찬송함으로써 진리나 신을 발견한 사람은 여태 아무도 없었다. 찬송은 가시와 같은 것이다. 자신의 살에 박힌 또 다른 가시를 뽑아내기 위해서 가시를 사용한다. 그 다음에는 둘 다 던져 버린다. 두 가시들은 똑같이 쓸모가 없다. 첫 번째 가시를 빼낸 뒤에도, 두 번째 가시가 쓸모 있다고 여겨 첫 번째 가시가 있던 곳에 그대로 놓아둔다면, 그는 계속 고통받게 될 것이다. 그는 확실히 어리석은 사람이다. 그렇지만 세상에는 그런 어리석은 사람이 많다.

붓다는 어느 아름다운 이야기를 즐겨 들려주었다. 여덟 명의 사람들—아마도 그들 모두는 학자들과 사제들이었을 것이다—이 나룻배로 큰 강을 건넜다. 건너편 기슭에 도착한 뒤, 그들은 강을 건너도록 도와준 나룻배를 어떻게 할 것인지에 대해 의논하였다. 한 사람—아마도 그들 중에서 가장 총명하게 여겨지는 한 사람—이 자신들을 위해 큰일을 해 준 배에게 빚을 졌으므로 빚을 갚기 위해 배를 머리에 이고 가야 한다고 제안했다. 모두들 그의 의견에 동의했다. 그래서 그들은 배를 머리에 이고서 방문하기로 했던 마을로 갔다.

마을 사람들은 그들이 머리에 큰 나룻배를 이고 오는 것을 보고서 놀라 말하였다. "뭘 하고 있나요? 배는 우리가 건너가기 위한 것입니다. 우리가 배를 머리로 운반해야 하는 것은 아닙니다. 왜 강에 배를 두고 오지 않았나요?"

방문자들은 말했다. "당신들은 은혜를 모르는 사람들이군요. 우리는 은혜가 무엇인지를 압니다. 이 배는 우리가 강을 건너도록 도와주었습니다. 이제 우리가 배에게 빚을 갚고 있습니다. 그것은 영원히 우리의 머리 위에 있을 것입니다."

붓다는 많은 사람들이 수단을 목적으로 바꾸고 여생 동안 수단들에 매달린다고 말한다. 배는 강을 건너는 데 유용하다. 배가 우리의 목적을 위하여 일을 다 했으면, 우리는 배를 우리의 머리 위에 운반하지 않아야 한다.

자파는 자각과 더불어 사용해야 한다. 자파는 사람들로 하여금 자신의 생각들로부터 자유롭도록 도와주는 수단이다. 그러나 누군가가 자파 자체를 목적으로 여긴다면, 물론 그는 다른 생각들로부터 자유로워지겠지만 역시 하나의 생각에 불과한 이 자파의 포로가 될 것이다. 그의 마음은 전처럼 짐과 긴장으로 있을 것이다. 생각들로 채워진 마음과, 라마 혹은 아베마리아 찬송으로 채워진 마음 간에는 아무런 차이가 없다. 그것들은 똑같이 긴장되고 쉬지 못한다. 생각들로 가득 찬 마음은 세상에서 뭔가 가치 있는 것을 이루게 할 수 있다. 몇몇 생각들은 쓸모가 있을 수 있다. 그러나 찬송으로 채워진 마음은 아무런 쓸모가 없다. 그러나 이 사람은 쓸모없는 생각들로부터 자유로워지도록 그를 도와준 것은 가치 있는 것이라고 말할 것이며, 그것과 헤어지지 않을 것이다. 이 사람은 머리 위에 배를 이고 있다.

야그나, 즉 희생 의식의 자리를 자파에 내주는 것은 심오한 비밀을 지니고 있다. 그것은 의미가 있다. 크리슈나는 자파를 야그나, 즉 희생 의식이라고 부른다. 그는 자파를 처음에는 연료를 태우고 그 다음에는 그 스스로를 태우는 불과 같다고 말한다. 자파는 그 스스로 타 버릴 때에만 의미가 있다.

그러므로 우리는 우리 마음속에서 다른 말들을 내버리는 수단으로서 하나의 단어, 만트라, 씨앗 단어를 사용할 수 있다. 그러나 궁극적으로는 만트라까지 내버려야만 한다. 우리가 만트라에 집착하고 있거나 그것에 묶여 있으면, 그것은 자파이기를 그칠 것이다. 자파는 그 대신에 일종의 최면에 걸리게 하는 덫으로 바뀔 것이다. 당신은 자파 최면의 포로가 될 것이다. 만약 당신이 자파에 사로잡히면, 당신은 난폭해질 것이다. 자파에 너무나 고착된 사람들은 자파로부터 일종의 유아적인 만족을 끌어내기 시작한다. 그러면 그들은 그것과 결코 헤어질 수 없다. 그러면 그것은 병적이 된다.

자파는 자각과 더불어 사용되어야만 한다. 만약 당신이 이름이나 만트라를 찬송하는 동안 목격자로 있다면, 만약 당신의 찬송이 마음의 수준에서 진행되는 동안 당신이 목격자로 있다는 것을 안다면, 그때 당신은 자파를 바르게 사용하고 있다. 그러면 언젠가 당신은 자파를 넘어설 수 있을 것이다. 그러면 자파는 처음에는 연료를 태우고 나중에는 그것 자신을 태우는 불과 같은 야그나가 된다. 당신이 텅 빔, 전적인 텅 빔, 침묵이 될 때, 당신은 명상에 이른다. 당신은 사마디, 즉 초월의식에 이른다.

이런 이유로 크리슈나는 지식과 자파 둘 다에게 야그나의 위치를 준다. 왜냐하면 야그나는 불 주위에서 일어나기 때문이다. 불은 대단히 중요하다. 만약 당신이 불의 중요성을 이해한다면, 당신은 갸나 야그나 혹은 자파 야그나가 무엇인지를 알게 될 것이다. 자신의 자아, 자신의 '나'를 태워 버릴 준비가 되어 있는 사람, 완전히 자기 자신을 지워 버릴 준비가 되어 있는 사람은 야그나를 위한 준비가 되어 있다는 것은 사실이다. 그런 사람만이 자신을 지식의 불 속으로 던져 버리는 야그나를 행할 가치가 있는 사람이다. 그러면 다른 모든 야그나들은 내가 삶의 야그나라고 부르는 이 거대한 야그나 앞에 아무런 의미 없이 사라진다.

행위의 결실에 대한 집착을 버린 지혜의 사람은 탄생과 죽음의 굴레로부터 해방되어 궁극과 하나가 된다고 크리슈나는 말합니다. 크리슈나가 삶이 속박이라고 믿는 것에 대해 어떻게 생각하십니까? 당신은 그렇게 생각하지 않는 것 같습니다. 당신은 바로 이 삶이 자유이며, 바로 이 세상이 니르바나라고 말씀하십니다. 설명해 주십시오.

크리슈나는 현자는 행위의 결실에 대한 집착을 버리며 탄생과 죽음의 굴레를 벗어나 자유에 이른다고 말한다. 이 모든 것을 깊이 있게 이해할 필요가 있다.

우선, 크리슈나는 행위 그 자체로부터 벗어나라고 말하지 않는다. 그는 행위의 결실들에 대한 집착으로부터 벗어나라고 강조한다. 그는 당신에게 행위를 포기하고 행위를 하지 말라고 하지 않는다. 그는 단지 인센티브를 갖거나 행위의 결과를 염두에 둔 채 어떤 일을 하지는 말라고 말할 뿐이다. 행위와 행위의 결과 사이에는 의미 있는 차이가 있다. 모든 현자들이 행위의 결과에 관심을 두지 말라고 하는 것은 행위 그 자체에만 관심을 두고 행위를 진정하고 완전하게 하라는 것이다. 행위의 결실에 집착하지 않는 행위는 크리슈나 가르침의 핵심을 이루는 것이다.

나는 행위의 결실에 집착하지 않는 행위라는 이 중요한 문제를 깊이 있게 다루고 싶다. 그것은 진정으로 힘든 길이기 때문이다. 일반적으로 행위의 결실에 대한 욕망을 포기한다면, 당신은 행위 자체를 포기할 것이다. 누군가가 당신에게 아무런 결과를 바라지 말고 무엇인가를 하라고 하면, 당신은 "그런 일을 하라고 하다니 정말 미쳤군. 결과를 바라지 않는다면 왜 사람들이 무엇을 하겠는가? 모든 사람들은 무엇인가를 얻기 위한 동기로 일을 한다. 빵이나, 돈 혹은 명성을 위하여 한다. 일에 대한 아무런 동기가 없으면, 도대체 왜 일을 해야만 하는가?"라고 말할 것이다.

"행위의 결실에 대한 집착으로부터의 자유"라는 말은 크리슈나에 대한 많은 주석가들을 어려움에 처하게 하였다. 이 주석가들은 크리슈나가 강조한, 행위의 결실에 대한 포기를 이해하거나 받아들이기가 힘들었다. 그래서 그들은 크리슈나의 가르침의 실제 의미를 교묘하게 회피하여 '행위의 결실'을 뒷문으로 데려오는 교묘한 방법을 발견하였다. 그들은 자신의 노력의 결과에 대한 집착을 포기한 사람은 목샤, 즉 자유를 얻을 것이라고 말했다. 그래서 행위의 결실이 자유의 모습 뒤에 있게 되었다.

도대체 이 '행위의 결실'이란 무엇인가? 사람들은 흔히 "당신이 이것을 하면 저것을 얻을 것이다."라거나 아니면 "당신이 이것을 하면 저것을 얻을 수 없을 것이다."라고 말한다. 우리는 '행위의 결실'이라는 말을 이렇게 이해한다. 그것은 행위의 결실에 대한 집착을 포기하면 자유에 이른다는 말과 다르지 않다. 하지만 나의 견해로는, 이런 해석들은 크리슈나가 말하고자 하는 바와는 너무나 다르다. 그들은 크리슈나를 배반하였다.

크리슈나가 "행위의 결실에 대한 집착을 포기한 현자들은 탄생과 죽음의 굴레에서 해방된다."고 말할 때, 그것은 욕망 없는 행위에 인센티브를 제공하고자 하는 것이 아니다. 인센티브가 있는 행동에는 결코 욕망이 없을 수 없다. 왜냐하면 인센티브란 결과에 대한 욕망이 아니고 무엇인가? 크리슈나가 말한 "굴레로부터의 해방"은 욕망 없는 행위에 그것의 그림자로서 따라오는 결과이다.

크리슈나는 태어남의 굴레로부터 자유롭기를 원하는 사람들은 행위의 결실에 대한 집착을 포기해야 한다고는 말하지 않는다. 만약 그가 그렇게 말한다면, 그는 동기를 부여하는 것이 되므로 스스로 모순이 된다. 아니다. 그는 자유나 해방은 갈망 없는 행위의 결과이지 그것의 동기는 아니라고 말할 뿐이다. 자유나 해방을 염원하는 사람은 결코 그것에 이를 수 없다. 염원이 장애물이 되기 때문이다. 그러므로 다음과 같은 의문이 있게 된다. 어떻게 하면 결과에 집착하지 않고 일을 할 수 있을까?

이를 바르게 이해하기 위해서는, 우리는 먼저 우리의 삶에 두 종류의 행위가 있다는 것을 알 필요가 있다. 하나는 내일 결실로서 어떤 것을 얻기 위해 오늘 어떤 것을 하는 것이다. 그러한 행위는 미래 지향적이다. 미래가 당신을 행위로 인도하고 있다. 목에 줄이 묶여 끌려가는 동물처럼, 우리의 미래는 우리를 행위 속으로 끌고 간다. 나는 오늘 하는 행위가 미래에 어떤 결과를 가져오기를 기대하며 무엇인가를 한다. 행위는 지금 현재에 일어나는 반면, 그것의 결실은 미래에 있다. 미래는 알려지지 않았으며 불확실하다. 미래는 희망과 꿈, 예측일 뿐 존재하는 것이 아니다. 그런 희망 속에서 우리는 미래에게 소처럼 끌려가고 있다.

산스크리트로 동물은 파슈(pashu)이다. 그 말은 의미가 있다. 파슈는 파쉬(pash)에서 나온 것으로 속박을 의미한다. 따라서 파슈는 포로요, 노예인 사람을 말한다. 이런 의미에서 우리 모두는 동물이다.

왜냐하면 우리는 미래에게 잡혀 있는 포로이기 때문이다. 우리는 미래에 대한 희망 속에서 살고 있다. 우리 삶의 고삐는 미래의 손안에 있다. 인간은 항상 내일의 희망 속에 오늘을 산다. 마찬가지로 그는 내일도 역시 모레의 희망 속에서 살 것이다. 왜냐하면 내일이 올 때, 내일은 오늘로서 올 것이기 때문이다. 그러므로 그는 결코 실제로 살고 있지 않다. 그는 미래를 위하여 계속 삶을 미루고 있다.

미래에 대한 희망으로 살아가는 한, 그는 결코 살아가는 것이 아닐 것이다. 그의 온 삶은 살지 못하고 채워지지 못한 채 지나갈 것이다. 그래서 죽음의 순간에 그는 크게 후회하며 말할 것이다. "일생 동안 나는 제대로 살기를 바랐을 뿐인데 그렇게 살 수가 없었다." 죽는 순간의 가장 큰 슬픔은 더 이상 미래가 없으며 미래에 결실들을 거둘 아무런 희망이 없다는 것이다. 죽음 너머에 희망과 미래가 있다면, 그는 아무런 후회를 하지 않을 것이다. 바로 이러한 이유로 죽어 가는 사람은 죽음 후에 삶이 있는지 알고 싶어 한다. 사실 그는 미래에 희망의 수확을 거둘 기회가 있는지 알고 싶어 한다. 왜냐하면 자신의 삶의 땅에 뿌렸던 씨앗은 오직 희망들뿐이었기 때문이다.

그는 결코 오지 않을 내일의 희망으로 그의 모든 오늘들을 낭비하였다. 삶의 마지막 순간에 그는 내일이라는 것은 없으며 행위의 결실들에 대한 아무런 희망도 없다는 막다른 길에 직면한다. 그것이 미래를 지향하는 삶이 가져오는 절망이다.

다른 종류의 행위가 있는데, 이것은 미래를 지향하지 않는다. 그것은 미래에 뭔가 결실을 얻으려는 동기가 없이 행해지며 어떤 이념이나 틀에도 바탕을 두지 않는 행위이다. 그와 같은 행위는 자연스럽고 자발적이다. 그것은 우리 존재의 심연들에서 일어난다. 그것은 본연의 나에게서 나오는 것이며, 내가 되고 싶은 어떤 것에서 나오는 것이 아니다. 당신이 길을 걸어가고 있는데, 앞서 가던 사람이 자기도 모르게 바닥에 떨어뜨린 우산을 보게 된다. 그러면 당신은 그 우산을 주워 망설이지 않고 주인에게 돌려준다. 당신은 앞서 가던 사람에게 베푼 이기심 없는 행위를 대중들에게 알리기 위하여 사진사나 신문 기자를 찾지는 않는다. 더구나 당신은 그 사람에게서 "고맙습니다."라는 인사말조차 기대하지 않으며, 미래에 어떤 결과들이 있을 것을 바라지도 않는다. 이것이 내가 말하는 자연스럽고 자발적인 행위이다.

그러나 만약 우산 주인이 그대에게 고맙다는 말도 없이 그냥 가 버린다면, 그래서 만약 당신이 그 사람은 고마움을 모르는 사람이라고 생각하면서 약간이라도 상처를 느낀다면, 그때 당신의 행위는 더 이상 자연스럽지도 자발적이지도 않다. 그것은 동기 없는 행위가 아니다. 아마도 당신은 우산을 주워서 전해 주었을 때 감사의 인사에 대한 기대를 알아차리지 못했을지 모르지만, 그것은 이미 그대의 무의식 깊은 곳에 분명히 있었다. 감사의 인사에 대한 기대는 행위의 자발성과 순수성을 파괴한다. 그것은 더 이상 행위의 결실들에 대한 집착으로부터 자유롭지 않다. 그때 그것은 오염된 행위이며 결실에 대한 갈망으로 오염된 행위이다.

만약 행위가 그 자체로서 전부이고, 만약 그것이 자기 충족적이라면, 사랑의 행위는—만약 그 행위에 그것 자체 말고는 다른 어떤 기대도 없다면—크리슈나와 내가 말하는 결실에 집착하지 않는 행위라고 할 수 있다. 이러한 행위는 하나의 원처럼 그것 자체로 완벽하다. 그것은 미래에 대한 아무 기대도 없다. 그것은 그것 자체로 목적이다. 그 경우에 당신은 결실에 대한 갈망 없이 어떤 일을 할 기회를 당신에게 준 데 대하여 다른 사람—여기에서는 우산 주인에게—감사함을 느낄 것이다.

미래를 향한 마음은 미래에 있을 결과들을 얻기 위한 욕망들로 가득하다. 그러한 행위는 항상 산만하고 단편적이다. 결과들에 대한 그와 같은 아무런 갈망이 없을 때, 행위가 아무런 동기가 없을 때, 그러한 행위는 당신을 거대한 기쁨과 희열로 가득 채울 것이다. 내 생각으로는 행위에 대한 집착이 없는 행위는 너무나 완전하고 너무나 전체적이 되어, 그것 너머에는 아무것도 없다. 그것이 그것 자신의 결실이다. 그것은 그것 자신의 마지막 결실이다. 그것은 그 순간에 채워지고 있다. 그러한 행위가 그것 자신의 보상이다. 그것밖에는 아무것도 없다.

예수가 어느 마을을 지나다가 백합으로 가득 찬 들판을 지나가게 되었다. 그는 백합에게 가까이 가서 제자들에게 물었다. "이 백합들이 보이는가?" 제자들은 꽃을 보았지만 정말로 보는 것이 아니었다. 눈을 통해 보는 것만으로는 충분하지 않으며 자신의 존재 전체로 보아야만 한다. 다시 예수가 물었다. "이 꽃들이 보이는가?"

제자들이 그에게 말한다. "무엇을 보아야 합니까? 아무것도 다를 게 없는데요." 그러나 예수는 그들에게 말하였다. "그대들은 보고 있지 않구나. 다시 보라. 그들이 얼마나 아름다운가! 모든 위대함과 영광을 한 몸에 지닌 솔로몬 왕도 이처럼 아름답지는 않다."

그때까지 그들에게 가장 부유한 왕이었던 솔로몬 왕을 백합에 비유하는 스승의 말에 제자들은 놀란다. 제자들은 이 평범한 꽃을 이 세상에서 가장 부유한 왕과 비교할 수는 없다고 생각하였다. 제자들이 혼란스러워하고 어리둥절해 하는 것을 알아차린 예수는 다시 말하였다. "주의를 기울여 이 꽃들을 다시 한 번 보라. 이들은 평범한 꽃에 불과하지만, 그 아름다움에 있어서는 솔로몬 왕이 가진 위대함과 영광보다 더 찬란하다."

제자들 중 한 명이 그 꽃들이 왜 그렇게 아름다운지를 물었다. 예수가 대답하였다. "이 백합들은 지금 여기에서 활짝 피어 있다. 그들은 바로 지금 이 순간에 살아 움직인다. 그들은 어떤 것도 미래에 대한 희망으로 하지 않는다. 하지만 솔로몬은 미래를 위해 살았고 미래 속에서 살았다. 현재와 미래 사이에 놓인 이 긴장은 모든 것을 긴장시키고 아프고 추하게 만든다. 하지만 이 꽃들은 미래를 생각하지 않는다. 그들은 이 순간에 충족되어 있다. 그들은 그들이 자라는 이 한 조각 땅으로 충분하다. 그들은 더 큰 들판을 열망하지 않는다. 스쳐가는 바람, 그들을 흔들리게 하는 그 바람이 그들에게는 전부다. 그들에게 빛을 뿌리는 태양은 그들이 바라는 것 이상이다. 그들 주위로 윙윙대며 날고 있는 벌들조차도 그들에게 이 세상의 기쁨을 준다.

그들은 지금 있는 그대로 만족한다. 존재만으로 충분하다. 그들은 다른 어떤 것이 되려고 하지 않는다. 그들에게 다음 순간이 오지 않을 것이라는 말은 아니다. 다음 순간은 올 것이다. 하지만 그것은 저절로 올 것이다. 그 순간이 오게 되면 그들은 환영할 것이며, 지금 존재하는 이 순간에 살고 있는 것처럼 그때도 완전하게 그 순간을 살 것이다. 백합이 결실을 맺지 않을 것이라는 말은 아니다. 그들은 결실을 맺을 것이다. 그러나 그 결실은 그 자체로서 완전한 또 다른 행위가 될 것이다. 그것은 그들이 존재하는 순간으로부터 일어날 것이다. 그들이 이처럼 아름다운 이유는 그 때문이다."

우리는 모든 것이 우리의 염원과 기대에 따라 일어난다고 믿는다. 우리는 내가 되풀이해서 말하기를 좋아하는 우화의 미친 여자와 같다.

그 미친 노파는 어떤 마을에서 한평생을 살았다. 어느 화창한 날 아침에 그녀는 마을 사람들에게 욕설을 퍼부으면서 분노에 차 그 마을을 떠났다. 마을 사람들이 노파에게 왜 마을을 떠나는지 물어보자 노파가 대답했다. "당신들이 오랫동안 나에게 고통을 주었기 때문에 떠난다. 하지만 내일이면 내가 떠난 것이 당신들에게 무엇을 의미하는지 알게 될 것이다. 당신들의 삶에서 큰 교훈을 하나 얻게 될 것이다."

마을 사람들은 노파의 위협적인 말에 놀라서 물었다. "당신이 우리에게 주고자 하는 교훈이 무엇인가?"

그녀가 대답했다. "매일 아침 이곳에 태양이 떠오르도록 울었던 나의 수탉을 데리고 갈 것이다. 이제 태양은 내가 가는 다른 마을에서 떠오를 것이다."

다른 마을에 도착한 노파는 그곳에서 자신의 닭이 울자 태양이 떠오르는 것을 보고 중얼거렸다. "그 마을의 바보들은 쓰라린 눈물을 흘리고 있을 거야. 태양은 이제 이곳에서 뜰 것이고, 그들은 영원히 어둠 속에 있을 테니까."

노파의 논리는 흠잡을 데가 없다. 노파가 전에 살았던 마을에서는 노파의 닭이 울면 그 마을에 태양이 떠올랐다. 노파가 다른 마을로 오자, 그 닭의 울음소리와 함께 태양이 떠올랐다. 노파는 자기의 닭 울음소리에 따라 태양이 뜬다고 굳게 믿었다. 그러나 어떤 닭도 그런 착각의 제물이 되지 않는다. 주인들만 착각할 뿐이다. 닭들은 태양이 뜨면 자기들이 운다는 것을 알고 있지만, 그들의 주인은 반대로 생각한다.

이 우화는 인간의 마음을 그리고 있다.

미래는 저절로 온다. 그리고 그것은 이미 오고 있는 중이다. 우리가 미래를 오지 못하도록 멈출 수는 없다. 우리는 내일이 오늘이 되지 못하게 막을 수 없다. 오직 사람들로 하여금 자신의 일을 하도록 하고 그 일을 완전하게 하도록 하라. 그것으로 충분하다. 내일을 걱정할 필요는 없다. 그것은 저절로 올 것이다.

행위는 완전한 것이 되어야만 한다. 이것이 크리슈나의 가르침의 정수이다. 크리슈나가 의미하는 완전한 행위란, 일단 당신이 어떤 일을 했다면 당신의 일은 그것으로 끝난다는 것이다. 그것에 대하여 더 해야 할 것이 전혀 없다. 만약 행해야 할 무엇인가가 남아 있다면, 비록 당신이 그 결과를 기대하며 기다리고 있을 뿐이라고 해도, 그때 그 행위는 완전한 것이 아니다. 어떤 보상, 어떤 인정 혹은 평가조차도 기대하지 않을 때, 당신의 행위는 그 자체로서 완전한 것이 된다.

이 때문에 크리슈나는 말한다. "노동의 결실은 신에게 맡겨라." 여기에서 그는 신이라고 말하지만, 그것은 하늘 어딘가에 앉아 당신을 대신하여 그것을 돌봐 줄 어떤 회계사 겸 감사관이 있다는 것을 의미하는 것은 아니다. 그것을 신에게 맡기라는 말은 당신은 자신의 일만 하고 결실은 그것에게 맡기라는 것, 존재에게 맡기라는 것을 의미한다.

존재는 주변에서 나는 모든 소리를 메아리치게 하는 산과 같다. 언덕 가운데 앉아서 소리를 지르고 그 소리를 메아리치도록 언덕에게 맡기면, 그 소리는 마치 누군가가 우리에게 말하는 듯 들린다. 우리는 기도하는 마음으로 메아리를 기다릴 필요가 없다. 메아리는 절로 올 것이다.

만약 메아리가 어떻게 울릴지에 대하여 걱정한다면, 그는 제대로 소리를 지를 수 없을 것이다. 그러면 언덕은 그 소리를 메아리치게 하지 않을 것이다. 좋은 메아리가 되기 위해서는 특별한 음량을 가진 소리가 필요하다. 그래서 결과에 대한 욕망, 욕망과 기대로 생긴 긴장이 있으면 당신의 일을 바르게 할 수 없다.

결과에 대해 걱정하는 사람들은 행위 그 자체의 순간을 놓칠 때가 많다. 왜냐하면 행위의 순간은 지금 여기에 있지만 그 결과는 미래에 놓여 있기 때문이다. 그러므로 미래에 고정된 시선을 지닌 사람들은 현재를 놓치게 된다. 만약 당신이 결과에 관심을 가진다면, 만약 결과가 당신에게 중요한 것이라면, 그때 행위 그 자체는 의미가 없어진다. 그러면 당신은 당신의 일을 사랑하지 않고 오직 결과만을 사랑한다. 그렇게 되면 당신은 행위에 온 가슴과 마음을 주지 못한다. 당신은 그 행위를 마지못해 아무렇게나 하게 된다.

당신의 관심이 미래에 고정되어 있다면 — 당신은 관심을 두는 곳에 존재한다 — 그때 당신은 현재에 전적으로 있을 수 없다. 행위는 현재에 있다. 주의를 주지 않은 채 이루어진 행위는 깊이가 없으며 완전할 수 없다. 그것은 축복일 수 없다.

결과에 집착하지 않는 행위에 대한 크리슈나의 통찰은 분명하다. 그는 당신에게 현재 안에, 이 순간 안에 완전히 존재하라고 말한다. 그는 당신 자신을 현재와 미래로 나누지 말라고 한다. 조그만 관심조차도 미래로 넘기지 말라. 그때에만 당신은 전적으로 그리고 기쁘게 행위를 할 것이다. 그때에만 당신의 행위는 완전해질 것이다.

결과에 대한 기대는 행위로부터 빗나가는 것이다. 그러므로 결과에 대한 집착을 포기하고 행위가 전부이게 하라.

미래는 미래에, 존재에 맡겨라. 그리고 지금 여기에서 당신이 하고 있는 일 속에 전적으로 존재하라. 그러면 당신은 그 미래가 올 때에도 그 미래 속에 전적으로 존재할 것이다. 그렇지 않으면 단편적으로 존재하는 당신의 습성은 당신을 줄곧 따라다닐 것이다. 지금 속에서 전체로 존재하라. 그러면 미래에도 전체로 존재할 것이며, 항상 전체로 존재할 것이다. 당신의 갈망이 아닌 이 전체임이 결실을 맺을 것이다. 그러므로 당신은 결실이라는 문제를 신 혹은 존재 혹은 당신이 뭐라고 부르건 그것의 손안에 믿고 맡길 수 있다.

나는 그것을 다른 방식으로 설명하고 싶다. 만약 우리의 행위를 기쁨으로 만들지 못한다면, 만약 우리가 지금 하는 일을 사랑하지 못한다면, 만약 우리가 어떤 일을 그것에 대한 사랑으로 하지 않는다면, 우리는 미래에 대한, 결과에 대한 집착으로부터 자유로워질 수 없다. 시냇물이 그것의 근원에서 흘러나오듯이 우리의 행위가 우리의 존재로부터, 우리의 희열로부터 흐르지 않는다면, 우리는 그 안에서 전체로 존재할 수 없다. 우리는 항상 미래에 끌릴 것이다.

당신은 시냇물이 어떤 미래를 향해 흘러가고 있다고 생각하는가? 강이 바다로 가고 있다고 생각하는가? 그렇게 생각한다면 당신은 실수를 하고 있다. 강이 바다에 이르는 것은 다른 문제이다. 그러나 강은 바다를 위하여 흐르고 있지 않다는 것은 분명하다. 강은 흐름을 사랑하기에 흐른다. 흐르는 것은 실로 엄청난 에너지다. 강의 이 에너지, 이 힘, 이 강함은 그것의 근원, 그것의 원래 근원으로부터 온다.

갠지스 강은 강고트리의 힘으로 흐른다. 그것은 갠지스를 통하여 흐르는 강고트리다. 물론 갠지스 강은 바다에 이른다. 그러나 그것은 부산물에 불과하다. 그것은 대수롭지 않다. 그녀의 전 여정에서 갠지스 강은 바다와 아무런 관계가 없다. 심지어 그녀는 자신이 바다로 가고 있다는 사실을 인식하지도 못하고 있다. 그녀가 흐르고 춤추고 노래하고 축하하게 만드는 것은 그녀 자신의 풍성한 에너지다.

갠지스 강은 바다의 해변에 이르렀을 때에만 춤추는 것이 아니다. 그녀는 모든 기슭, 모든 강변에서 춤을 춘다. 그녀는 언덕과 계곡 사이로, 울창한 숲과 메마른 사막 사이로, 도시와 농촌 사이로, 행복과 불행 사이로, 인간과 동물 사이로 흐르면서 춤을 춘다. 그녀는 어디를 가든지 춤추고 기뻐한다. 그래서 비록 그녀가 바다에 닿는다고 해도, 그녀가 그 결과를 바라거나 기대한 것은 아니다. 그것은 그녀 삶의 여정의 절정이다. 그것은 그녀에게 주는 존재의 메아리며 존재의 응답이다.

삶은 에너지의 유희이다. 삶은 강과 같이 그 자신의 에너지로 흐른다. 크리슈나는 인간은 행위가 자신의 에너지에서, 가장 내면에 있는 근원에서 일어나도록 살아야 한다고 말한다. 내가 보기에 가정을 지키는 사람과 산야신의 차이점은 한 가지뿐이다. 가정을 지키는 사람은 내일을 위하여 산다. 그는 미래 지향적이다. 산야신은 지금 여기에서 살며 꽃을 피운다. 그는 그의 힘을 그의 오늘에서 얻는다. 그에게는 오늘, 지금이 그 자체로 충분하다. 산야신의 내일이 올 때, 그것은 그의 오늘의 모습으로 올 것이다. 그래서 그는 오늘을 사는 방식으로 그 내일을 살 것이다.

모하메드의 삶에서 의미 있는 에피소드가 하나 있다. 모하메드는 보기 드문 산야신이다. 나는 세상에서 그와 같은 산야신들을 많이 보고 싶다.

매일 그를 사랑하는 사람들이 그에게 많은 선물을 가져왔다. 어떤 사람들은 사탕을, 어떤 사람들은 옷을, 어떤 사람들은 돈을 가지고 왔다. 모하메드는 그 모든 것을 자신의 방문자와 다른 사람들과 나눈다. 저녁때까지 남아 있는 것이 있으면, 그는 아내를 불러 필요한 사람들에게 그것을 나누어주라고 하였다.

그래서 저녁이 되면 모하메드는 빈털터리, 탁발해야 할 처지가 되었다. 때때로 그의 아내가 내일을 위해 무언가를 남겨 두어야 한다고 제안한다. 모하메드는 "내일은 오늘처럼 올 것이오. 내일이 내일을 돌볼 것이오."라고 말한다. 그의 아내가 여전히 투덜대면 그는 말한다. "당신은 내가 내일에 신경을 써야 하는 무신론자라고 생각하시오? 내일을 걱정하는 것은 내가 무신론이라고 말하는 것이오. 내일을 걱정하는 것은 오늘 모든 것을 주신 존재를 믿지 않는 것이오. 나는 존재가 우리에게 필요한 것을 내일도 줄 것이라 믿소. 미래에 대해 걱정하는 것은 존재에 대한, 우주적 에너지에 대한 믿음이 부족한 것이오. 결국 우리가 무엇을 할 수 있겠소? 우리 자신의 노력이 무슨 가치가 있소?"

모하메드는 아내에게 남아 있는 것을 모두 나누어주라고 하면서 말하였다. "가슴속에 있는 믿음으로 우리는 내일을 위해 기다릴 것이오. 나는 유신론자요. 만약 내가 내일을 준비한다면 신은 '모하메드, 나에 대한 믿음이 그 정도밖에 되지 않는가?'라고 말할 것이오."

이것이 모하메드가 자신의 일생을 살아온 방식이다. 그런데 그가 심각한 병에 걸린다. 어느 날 저녁 의사들은 그가 그날 밤을 넘기지 못할 것이라고 말한다. 그래서 그의 아내는 그날 밤에 일어날지도 모르는 비상사태를 대비하여 무엇인가를 모아 놓아야만 한다고 생각하고는 5디나르를 남겨 그녀의 베개 밑에 숨긴다.

깊은 밤이 온다. 모하메드는 잠을 못 이루고 침대에서 이리저리 뒤척인다. 그는 이러한 이상한 고통스러운 증세에 놀란다. 마침내 그는 얼굴을 내밀고 아내에게 말한다. "오늘 밤 이 모하메드는 더 이상 극빈자가 아닌 것 같소. 당신이 오늘 밤을 위하여 무엇인가를 남겨 놓은 것 같소."

그의 아내는 놀라서 물었다. "어떻게 그것을 아세요?"

모하메드는 말한다. "오늘 밤 당신의 얼굴을 보니까 당신은 예전처럼 고요하지도 평화스럽지도 않구려. 집에 틀림없이 약간의 돈이 있는 것 같소. 걱정하는 사람들은 무엇인가를 가지려 하고, 무엇인가를 가진 사람들은 걱정이 생기오. 그것은 악순환이오. 그러므로 당신이 남겨 놓은 것을 꺼내서 나누어주어 내가 평화롭게 죽을 수 있도록 해 주시오. 명심하시오. 이것이 나의 마지막 밤이오. 나는 망치고 싶지 않소. 양심의 가책을 느끼며 신 앞에 서고 싶지 않소."

그의 아내는 베개 밑에서 급히 5디나르를 꺼낸다. 그리고 모하메드에게 말한다. "지금은 한밤중이라 이 돈을 받을 사람이 아무도 없어요."

모하메드는 "그냥 불러 보시오. 그러면 누군가가 올 것이오."

그러자 누군가가, 한 거지가 정말로 문 앞에 나타난다. 모하메드는 아내에게 말했다. "자, 보시오. 만약 누군가가 이 한밤중에 무엇인가를 가지러 온다면, 다른 누군가는 또한 주기 위하여 올 수 있소." 이 말을 남기고 그는 숄을 끌어당겨 얼굴을 덮고는 영원한 잠 속으로 들어갔다. 숄로 얼굴을 덮는 것이 그의 마지막 행동이었다.

영원으로 가는 모하메드의 여정을 5디나르가 가로막고 있었던 것으로 보인다. 그것은 그와 같은 진정한 산야신의 가슴에는 너무나 많은 짐이었다.

  만약 매일, 매 순간, 각각의 행동이 완전하게 끝난다면, 완전한 내일이 따를 것이다. 내일은 항상 온다. 그러나 만약 당신이 당신의 오늘을 완전하게 끝낸다면, 당신의 내일은 새롭고 신선할 것이며 낡거나 진부하지 않을 것이다. 그것은 좌절감을 느끼게 하지 않을 것이다.

  그러나 만약 당신이 내일에 대한 기대들로 오늘을 불완전하게 남겨 둔다면, 그것은 당신과 당신의 기대들을 좌절시킬 것이다. 당신은 점점 더 비참해질 것이다.

  미래는 거대하지만 당신의 희망들과 갈망들은 사소하고 하찮은 것이기 때문에, 미래는 당신의 기대들에 결코 일치하지 않을 것이다. 거대하고 무한한 것은 사소한 것에 의해 통제되거나 조종될 수 없다. 한 방울의 물이 강의 흐름을 바꾸어 놓을 수는 없다. 강은 물방울이 원하는 것에 눈길을 주지 않고 자기의 길을 간다.

  만약 한 방울의 물이 자신의 욕망과 기대들을 가지고 있다면, 만약 그것이 상류 혹은 오른쪽이나 왼쪽으로 가고 싶어 한다면, 그것의 괴로움과 아픔은 무한할 것이다. 이것이 인간의 비극이다. 희망과 꿈이 좌절과 절망으로 바뀐다.

  매 순간을 완전하게 사는 사람은 불안도 좌절도 모른다. 그는 만족하고 더없이 행복하며 충만하다.

  그러므로 감자의 껍질을 벗기고 있든지 시를 쓰고 있든지, 당신의 매 행동이 그 자체로 완전하게 하라. 결과는 신에게 맡겨라. 만약 당신이 그렇게 한다면, 크리슈나의 말에 따르면, 당신은 출생의 형태로 오는 굴레로부터 풀려날 것이다. 크리슈나는 탄생이 속박이라고 말하지 않는다. 그는 단지 기대들로 가득한 사람, 행위의 결실에 집착하는 사람은 항상 내일, 미래, 미래의 삶을 필요로 한다고 말할 뿐이다.

욕망과 희망과 기대 속에서 사는 사람은 죽은 뒤 새로운 탄생을 열망한다. 그는 환생을 벗어날 수 없다. 그런 사람에게는 탄생이 굴레가 된다. 그것은 결코 자신의 자유가 될 수 없다. 왜냐하면 그런 사람은 삶과 생활에는 거의 흥미를 가지지 않기 때문이다. 그는 그의 기대들에, 그것으로부터 기대하는 결과들에 관심이 있다. 그에게 있어 탄생은 어떤 결과들을 얻기 위한 기회에 불과하다.

그런 사람에게는 죽음이 매우 고통스러울 것이다. 왜냐하면 그는 욕망과 요구를 위해 살았는데, 죽음이 그것들을 모두 끝내 버릴 것이기 때문이다. 당연히 그는 다시 태어날 때 자신의 탄생이 굴레임을 발견하게 될 것이다. 삶이 자유라는 것을 알지 못하는 사람에게는 탄생이 굴레이다. 욕망이 굴레이다. 결과에 대한 갈망과 집착이 굴레이다.

삶을 완전히 살고 아는 것이 자유이다. 이러한 삶을 아는 사람에게는 탄생과 죽음이 없다. 그는 탄생과 죽음 둘 다로부터 풀려난다. 크리슈나는 단지 절반의 진리에 대해서만 말하였다. 사람이 삶의 속박들로부터 풀려나는 것을 말하는 사람은 절반의 진리를 말하고 있다. 이것을 완성하려면 죽음으로부터도 풀려나야 한다고 나는 말한다. 그는 탄생과 죽음 둘 다로부터 풀려난다.

이 말은 탄생과 죽음이 굴레라는 의미는 아니다. 무지 속에서는, 무지한 사람에게는 탄생과 죽음이 굴레인 것처럼 보인다. 그것들이 그를 묶는다. 진리를 아는 현명한 사람에게는 탄생과 죽음이 존재하기를 그친다. 그는 자유 속에 있다. 사실 굴레와 자유는 마음의 상태들이다. 무지한 마음은 속박을 경험하는 반면, 현자의 마음은 자유를 경험한다. 크리슈나는 탄생 그 자체를 비난하지 않는다. 그러나 우리가 살아가는 방식으로 보면, 탄생은 우리에게 구속처럼 느껴진다.

우리는 사랑조차도 굴레로 바꾸는 이상한 사람이다. 나는 때때로 결혼식 청첩장을 받는다. 누구의 딸이 결혼할 것이다. 또 다른 누구의 아들이 결혼할 것이다. 그들은 변함없이 그들의 초대장에 그들의 딸 또는 아들이 '사랑의 언약으로 맺어진'이라고 적는다. 우리는 완전한 자유인 사랑조차도 족쇄들로 바꾼다.

사랑은 자유이다. 그러므로 사랑을 바르게 말하자면, 그것은 누군가가 사랑 속에서 자유로워질 것이라는 의미이다. 그러나 우리는 반대로 말하고 행한다. 우리는 사랑을 감옥으로 바꾼다. 사랑은 감옥이 아니지만, 우리는 그것을 감옥으로 만든다. 우리의 살아가는 모습으로 보면, 우리는 삶 그 자체를 포로수용소로 바꾸고 있다.

반면에 현재 속에, 이 순간에 사는 사람, 기대나 애착 없이 살면서 보상에 대한 희망이나 처벌에 대한 두려움이 없이 일을 하는 사람, 행위가 무위 같고 무위가 행위 같은 사람, 자신의 온 삶을 유희로 바꾸는 사람, 그런 사람은 굴레조차도 자유로 바꾼다. 그런 사람에게는 행위가 자유이고, 사랑이 자유이고, 삶이 자유이고, 죽음조차 자유이다. 그 사람에게는 모든 것이 자유이다.

모든 것은 우리가 존재하는 방식에 달려 있다. 우리는 우리 안에 우리의 자유와 굴레 둘 다를 지니고 있다. 만약 어떤 사람이 행위의 결실에 대한 욕망이 없이 살기 시작한다면, 만약 그가 자기 자신과 존재에게 책임을 지기 시작한다면, 만약 그가 삶을 신뢰한다면, 그때 그가 사는 삶은 굴레이기를 그칠 것이다. 그것은 축복이요, 은총이 될 것이다. 그런 사람은 자유로운 삶의 경지에 이른다. 그는 이 세상에 살면서도 자유롭다. 지금 여기에서 그렇게 살 수 있다. 그것은 우리에게 달려 있다.

나는 반항적인 현자 —성자는 항상 반역자이다—가 자유에 대한 억제할 수 없는 사랑 때문에 감옥에 투옥되었다는 이야기를 들었다. 그는 반항의 노래를 부르면서 마을을 돌아다녔다. 그는 수피 현자였다. 그를 잡아 가둔 사람은 신앙심이 깊은 이슬람교의 임시 교주인 칼리프였다. 현자는 목부터 아래까지 족쇄들로 채워져 있었지만 자유의 노래들을 계속 불렀다.

어느 날 칼리프가 그를 보러 와서 불편한 점이 없느냐고 물어보았다. 그 현자는 대답하였다. "무슨 문제라니요? 나는 왕의 손님, 당신의 손님입니다. 나에게 무슨 문제가 있겠습니까? 나는 지극히 행복합니다. 나는 오두막에서 삽니다. 그런데 당신은 나를 궁전에 있게 해 주었습니다. 고맙습니다."

칼리프가 놀라서 물었다. "지금 농담하고 있는가?"

그 수피는 대답하였다. "그렇습니다. 나는 삶 자체를 농담으로 바꾸어 버렸습니다."

그러자 칼리프는 현실적인 질문을 하였다. "당신의 손과 다리에 차고 있는 쇠사슬이 무겁고 고통스럽지 않은가?"

그 수피는 쇠사슬을 보고서 말하였다. "이 쇠사슬은 나에게서 멀리 떨어져 있습니다. 나와 이 쇠사슬 사이는 아주 먼 거리입니다. 당신은 나를 감옥에 넣었다는 환영에 사로잡혀 있을지 모릅니다. 그러나 당신은 나의 몸만을 그렇게 할 수 있습니다. 당신은 나의 자유를 감옥에 넣을 수는 없습니다. 당신은 자유를 감옥으로 바꿀 수 없습니다. 왜냐하면 나는 감옥을 자유로 바꾸는 방법을 알고 있기 때문입니다."

모든 것은 우리가 사물들을 보는 방식에 달려 있다. 그 수피는 칼리프에게 말했다. "나와 쇠사슬 사이에는 큰 거리가 있습니다. 당신은 나의 자유를 구속할 수 없습니다."

또 다른 수피 반항자인 만수르는 처형되었다. 그는 매우 잔인하고 야만적인 방법으로 처형되었다. 그의 손과 다리가 하나씩 잘렸고, 심지어 눈까지 뽑혔다. 수만 명의 사람들이 이 사건을 보기 위하여 모여들었다. 그의 손과 다리가 잘려 나가는 동안, 만수르는 웃고 있었다. 그의 몸이 줄어들수록 그의 웃음소리는 더욱더 커졌다. 구경꾼들 가운데서 누군가가 외쳤다. "만수르, 당신 미쳤소? 지금이 웃을 때요?"

만수르가 말하였다. "내가 당신들을 보고 웃는 이유는 당신들이 나를 죽이고 있다고 생각하기 때문이다. 당신들은 누군가를 정말로 죽이고 있다고 크게 착각하고 있다. 당신들이 그런 비인간적인 방법으로 그를 죽이고 있을 때 만수르는 웃고 있다는 것을 잊지 말라. 당신들이 어떻게 만수르를 죽일 수 있겠는가? 그를 죽이는 것은 고사하고, 당신들은 만수르를 만질 수도 없다. 당신들이 죽이고 있는 사람은 만수르가 아니다. 만수르는 웃고 있는 자다."

만수르의 이 말은 사형 집행인들, 그의 적들을 격노케 하였다. 그래서 그들은 그에게 오만한 말을 하였다. 그들은 "그래, 당신이 어떻게 웃는지 보고 싶군." 하면서 그의 혀를 잘랐다. 그러자 만수르의 눈이 웃기 시작하였다. 구경꾼들 가운데 누군가가 사형 집행인들을 조롱하였다. "당신들이 그의 혀를 자른 후에도 그의 눈은 웃고 있다." 그러자 사형 집행인들은 그의 두 눈을 도려냈다. 그러자 만수르의 얼굴, 그의 존재의 온 근육이 웃고 있었다. 구경꾼들은 그들에게 말했다. "당신들은 그의 웃음을 멈출 수 없다. 보아라, 그의 온 존재가 웃고 있다." 그들은 아무것도, 그의 몸의 어떤 부분도 남기지 않았다. 그러나 그는 여전히 웃고 있었다.

우리의 삶은 우리가 심리적으로 영적으로 무엇으로 있는가에 따라 그렇게 된다. 우리의 죽음은 우리가 마음과 영혼에서 무엇으로 있는가에 따라 그렇게 된다. 만약 우리가 자유로우면, 우리의 탄생, 우리의 삶, 우리의 죽음 그리고 모든 것이 자유로워진다. 이와 마찬가지로 만약 우리가 굴레 속에 있으면, 그때는 우리가 하거나 하지 않는 모든 것이 굴레 속에 있게 된다. 행위가 묶이고, 사랑이 묶이고, 죽음조차도 묶인다. 그러면 심지어 신조차도 묶인다. 사실 우리는 우리 자신의 창조물이다.

당신께서는 남자는 60퍼센트가 남성적이고 40퍼센트는 여성적이며, 여자는 60퍼센트가 여성적이고 40퍼센트는 남성적이라고 말씀하셨습니다. 비율이 바뀌어 같게 될 때, 당신은 남성과 여성 에너지가 서로 중화되어 쓸모없게 될 것이라고 생각하십니까? 그리고 신은 과거에 반쪽은 남자이고 반쪽은 여자인 아르다나리슈와라(Ardhanarishwara)로 불린 적이 있지 않습니까?

나는 남성과 여성 에너지의 비율이 60대 40퍼센트로 고정되어 있다고 말하지 않았다. 그것은 다양할 수 있다. 70대 30, 심지어 90대 10일 수도 있다. 그러나 50대 50의 경우에는 남성과 여성의 성이 없어질 것이다. 그렇게 되면 남자나 여자는 성의 용어를 벗어나며, 그는 중성이거나 불임이 된다.

산스크리트에서 브라만, 즉 지고의 에너지 혹은 신이 중성으로 분류된다는 것은 의미가 있다. 브라만은 남성인가, 여성인가? 아니다. 그것은 중성이다. 전지전능이라는 말은 언어적으로 성이 없음을 시사한다. 어떻게 신이 남성이나 여성일 수 있는가? 그것은 브라만을 불완전하게 만든다. 아니다. 궁극의 존재는 완전하다. 이 완전함은 남성과 여성 에너지의 비율이 50대 50일 때만 가능하다.

아르다나리슈와라의 개념은 지고의 브라만, 즉 지고의 존재의 상징이다. 왜냐하면 브라만 안의 남성과 여성의 비율이 50대 50이기 때문이다. 브라만은 남자와 여자 둘 다이다. 혹은 그 어느 쪽도 아니다. 만약 신이 완전히 남성적이라면, 여성은 존재할 수 없을 것이다. 또 신이 완전히 여성적이라면, 지상에 단 하나의 남성도 없을 것이다. 신 안에 남성과 여성이 함께 존재하고 있다. 그러므로 남성과 여성이 함께 창조될 수 있었을 것이다.

그래서 우리가 남자와 여자인 이상, 우리는 신으로부터 분리된 두 개의 파편들이다. 바로 이러한 이유로 남자와 여자가 서로에게 끌린다. 이 서로 끌림은 합해져서 하나가 되려는 그들의 갈망으로부터 나온 것이다. 분리로 그들은 반쪽이고 불완전하다. 불완전한 모든 것은 스스로 완전해지려 노력한다. 그것이 삶의 방식이다.

아르다나리슈와라에 대한 우리의 개념은 독특하며, 우리가 창조한 아르다나리슈와라의 모습도 인류의 역사에서 매우 드문 것이다. 지구상에는 아름다운 상들이 많이 있다. 그러나 아르다나리슈와라는 단순히 비교할 수 없는 위대한 철학적 진리를 내포한다. 이 신상, 이 오래된 상징은 남성과 여성의 에너지를 섞은 것이다. 왜냐하면 이 상은 반절은 남성이고 반절은 여성이기 때문이다. 그 상의 한쪽 면은 여성이고 다른 쪽 면은 남성이다. 아니면 두 면을 섞은 것이나 합한 것이라고도 말할 수 있다. 그것은 또한 두 성을 초월하여 존재한다고 말할 수도 있다.

앞서 말했듯이, 신은 중앙이며 중도이다. 예수는 '거세된 신'이라는 이상한 문구를 사용하였다. 그는 신을 찾고자 하는 사람들은 거세된 신이 되어야 한다고 말한다. 그것은 정말로 기이하게 들린다. 그러나 예수가 옳다. 신을 찾고자 하는 사람은 남성도 여성도 아닌 신처럼 되어야 한다. 그리고 만약 당신이 이 지구상에서 최고의 신성을 반영하는 붓다와 크리슈나와 같은 남성을 주의 깊게 본다면, 그들 역시 남성도 여성도 아님을 알게 될 것이다. 그들의 충만한 영광과 위엄을 보면, 그들이 남성과 여성 둘 다이거나 둘 다 아니거나 또는 두 성을 섞은 것이다. 어느 면에서 그들은 초월적인 성을 나타낸다. 그들은 성의 두 면들 너머로 갔다. 우리에 관한 한, 우리는 남성과 여성이 다른 비율로 되어 있다.

당신은 일부 사람들이 여성도 남성도 아닌 거세된 남자로 태어난 이유를 알고 싶어 한다. 그들은 제3의 성을 지닌 사람이라 불릴 수도 있다. 그 이유는 같다. 만약 엄마의 자궁 속에서 태아의 상태로 있는 아이가 남성과 여성의 성향을 같은 비율로 가지고 있다면, 그때 그 아이는 분명히 하나의 성으로 성장할 수 없다. 그때 두 개의 똑같은 요소들은 서로를 중화시킬 것이다. 그러면 그 사람은 거세된 사람이 될 것이다.

때때로 성전환 사례들이 보고되기도 한다. 보통 그러한 뉴스는 감추어진다. 젊은 남자가 서서히 젊은 여자로 변하거나 그 반대의 경우가 일어나곤 하였다. 그것은 자연의 돌발적인 변화이며 우연이라고 생각되었다. 그러나 지금의 의학은 그런 일이 어떻게 일어나는지 알고 있다. 그리고 그와 같은 변화들을 실제 임상적으로 일으킬 수도 있다.

최근에 런던의 법정에 매우 놀라운 소송이 제기되었다. 이 소송에 따르면, 젊은 남녀가 남편과 아내로서 정식으로 결혼을 했다. 그들은 남편과 아내로서 두세 해쯤 살았는데, 부인의 성이 변하여 남자가 되어 버렸다. 고소의 요지는 그 여성은 여성이 아니라 남성이었으며 그녀가 자신의 진정한 성을 숨김으로써 젊은 남자를 속였다는 것이다.

재판관들은 올바른 판결을 내리기가 몹시 힘들었다. 아내는 자신이 언제나 여자였으며 그러한 변화는 결혼 후에 일어난 것이라고 항변했다. 심지어 이 사건을 접한 의학계에서도 이 문제에 대해서 명확히 규명하지 못했다. 지난 25년 내지 30년 동안에 많은 성전환 사례들이 빛을 보게 되었고, 의사들도 그것이 가능하다고 받아들이고 있다. 과학은 그러한 사건들의 도움으로 이 분야를 열심히 탐구하고 있다.

만약 남성성과 여성성 요소들의 차이가 매우 작다면—그 비율이 49대 51정도 된다면—성의 변화는 언제든지 일어날 수 있다. 이것은 그 사람의 생리학에서 일어나는 화학적 변화의 문제이다. 그리고 호르몬, 합성 호르몬들의 발견과 더불어 의학이 언젠가 임상적으로 이러한 변화를 가져오게 할 날이 멀지 않았다.

이제는 남자나 여자가 영원히 남자나 여자로 살아야 하는 지루함으로 고통받을 필요는 없다. 원하기만 하면 그들은 언제든지 변할 수 있다. 그것은 단지 신체의 화학 성분이나 호르몬의 양만 조절하면 되는 문제다. 곧 우리들은 만약 그들이 선택하기만 하면 남자가 여자로, 여자가 남자로 바뀌는 것을 보게 될 것이다. 사실 남자와 여자는 별 차이가 없다. 그 차이는 양적인 데 있다.

아르다나리슈와라로서의 신의 개념은 창조의 근원은 남성도 여성도 아니거나 둘 다라고 말한다. 나는 거세된 남자나 성적 능력이 없는 사람이 결과적으로 신에 더 가깝다고 말하는 것이 아니다.

신은 남자와 여자 둘 다이지만, 그러나 이 신은 성 불능이 아니다. 이 차이점을 마음에 새겨야만 한다. 신은 남성과 여성 둘 다이지만, 거세된 사람은 어느 쪽도 아니다. 그는 둘 다의 부정이다. 신은 음양의 조화로 존재하는 반면에, 거세된 자는 음양의 부재요, 음양의 부정이다. 그러므로 아르다나리슈와라의 상은 일부는 남성이요, 일부는 여성이다. 만약 아르다나리슈와라가 거세되었다면, 우리는 그 상을 그렇게 묘사했을 것이다. 신은 긍정을 나타낸다. 거세된 자는 완전한 부정이다. 거세된 자는 아무런 개체성이 없다. 이 때문에 그는 끝없이 비참하다. 예수는 우리가 신에 이르기 위하여 거세되어야 한다고 말하지 않는다. 그가 말하는 의미는 우리가 남성이나 여성으로 남아 있지 않아야 한다는 것이다. 그때 우리는 둘 다일 것이다.

왜 자이나교의 경전들에 여자는 자유에 이를 수 없다고 기록하고 있습니까?

이 질문은 토론의 맥락을 바꿀 것이다. 그러므로 나는 그것을 간단히 다룰 것이다. 그 후 우리는 명상을 할 것이다.

당신은 자이나교의 경전들에 왜 여자는 자유에 이를 수 없다고 쓰여 있는지 묻는다. 그 이유는 자이나교 경전들은 남성의 마음을 지닌 사람들이 만든 것이기 때문이다. 사실 모든 자이나교 수행은 남성 지향적이다. 그것은 공격적이다. 그러므로 자이나교의 경전들에서는 수동적 에너지를 의미하는 여성들이 자유에 이를 수 있는 방법을 생각할 수 없다. 그러나 크리슈나의 헌신자들은 다른 식으로 생각한다. 만약 당신이 그것에 대해 그들 중 한 사람에게 물어본다면, 그 사람은 즉시 여성만이 자유에 이를 수 있다고 말할 것이다. 크리슈나의 철학에 의하면, 남자의 마음은 신에게 도달하는 것이 가능하지 않다. 심지어 크리슈나의 남자 헌신자들은 크리슈나와 사랑에 빠지기 위해 여성의 마음으로 바꾸기도 한다.

크리슈나의 유명한 헌신자인 미라에 관한 아름다운 일화가 있다. 그녀가 크리슈나의 출생지인 브린다반에 갔을 때, 그녀는 여성이라는 이유로 사원에 들어갈 수 없었다. 여성은 그 사원에 들어가는 것이 허용되지 않았다. 그녀는 그 사원의 수석 사제가 여성을 쳐다보지 않겠다고 맹세하였으며 그 사원에 있게 된 이래 여성을 본 적이 없다는 말을 들었다. 미라는 거세게 항의했다. 그녀의 말은 매우 의미가 있다. 그녀는 말했다. "내가 아는 한, 이 모든 우주에 오직 한 분의 남자만이 있다. 그가 크리슈나이다. 어떻게 이 사원의 사제의 모습 속에 또 다른 남자가 있을 수 있는가? 나는 어떻게 그가 계속 남성으로 있으면서도 크리슈나의 헌신자로 있을 수 있는지 궁금하다!"

미라의 이 말이 수석 사제에게 전해졌을 때 그는 말문을 잃을 정도로 깜짝 놀랐다. 그는 미라가 들어가려고 서 있던 사원의 문 앞으로 달려갔다. 그는 사원의 문을 활짝 열고 그녀에게 용서를 빌며 말했다. "당신으로 인해 나는 나의 신과의 관계를 깨닫게 되었습니다. 정말 감사드립니다."

크리슈나는 여성적 마음, 믿음의 마음, 복종의 마음을 대표한다. 그러나 마하비라는 남성적 마음, 공격적인 마음, 정복자적 마음을 대표한다. 그러므로 그는 여성이 자유에 이를 수 있다고 생각할 수 없다. 그래서 자이나교 전통은 여자 구도자가 완전한 자유를 얻기 전에 남성으로 다시 태어나야 한다고 믿는다. 만약 세상에 마하비라의 여정처럼 단 하나의 영적 여정만 있다면, 여성은 신을 찾을 수 없을 것이다. 그것은 남성의 마음, 공격적 마음을 위해서만 존재한다.

마찬가지로 남성적 마음은 사랑과 신뢰와 복종의 길인 크리슈나의 길을 걸을 수가 없다.

이것들이 이 세상의 두 가지 심리적 원형들이다. 모든 것이 이 원형들에 의존하고 있다.

나머지 질문은 내일 받을 것이다.

아홉 번째 문

규칙 위에 당신의 규칙을 세우라

마하비라의 집착의 초월, 그리스도의 신성한 무관심, 붓다의 무관심, 크리슈나의 무집착, 이들 간에는 어떤 미묘한 차이가 있습니까? 그리고 그것들은 어떤 의미에서 동일합니까?

중립이라는 그리스도의 개념, 무관심이라는 붓다의 아이디어, 마하비라의 집착의 초월, 크리슈나의 무집착 간에는 상당한 유사성이 있다. 이것은 세상을 바라보고 만나는 방식들이다. 그러나 거기에는 어떤 근본적인 차이들이 있다. 그들이 목표하는 점들은 유사하지만, 그들의 접근 방식은 아주 다르다. 그들 궁극의 목표는 동일하지만, 그들이 목표에 이르는 데 사용하는 길과 방법은 아주 다르다.

그리스도가 일반적으로 세상에 대한 중립 혹은 비동조라 부르는 것과 붓다가 세상에 대한 무관심이라 부르는 것 간에는 깊은 유사성이 있다. 세상은 이상한 사건들과 모순들, 분쟁들, 투쟁들이 있기 때문에 영적 여정에 있는 구도자들은 세상과 적당한 거리를 유지하여야 할 것이다. 그러나 기억하라. 중립은 결코 희열이 될 수 없다. 깊은 곳에서 그것은 사람을 슬프고 단조롭고 시시하게 만든다. 그러므로 예수는 슬퍼 보인다. 그는 비록 어느 정도의 희열을 얻지만 슬픔을 거쳐 그것에 이른다. 그리고 그의 전 여정은 단조롭고 쓸쓸하다. 그는 노래하고 춤추며 그 길을 걸어갈 수는 없다. 중립은 슬픔으로 변하게 되어 있다. 예수로서도 어쩔 수 없다.

만약 내가 삶을 선택하지 않고 삶을 완전히 거부한다면, 만약 내가 나는 이것도 저것도 선택하지 않는다고 말한다면, 그때 나는 곧 흐르기를 멈출 것이고 고여 있을 것이다. 만약 강이 어느 방향으로도 —동쪽, 서쪽, 북쪽 혹은 남쪽— 흐르기를 거부한다면, 강은 흐르기를 멈출 것이다. 그것은 고일 것이다. 그것은 고인 웅덩이로 변할 것이다.

흐르지 않는 물웅덩이 역시 바다에 이를 것이라는 것은 사실이다. 그러나 강이 바다에 이르는 방식은 아닐 것이다. 그것은 우선 수증기로 변하여야만 한다. 그 다음에 구름으로, 그 다음에 비의 모습으로 바다에 내린다. 그것은 노래하고 춤추고 축하하면서 바다를 향해 전진하는 강의 기쁨은 갖지 못할 것이다.

흐르지 않는 물웅덩이, 연못은 이글거리는 태양 아래 증발되어 수증기가 되고 구름이 된다. 그것은 우회의 길로 바다에 이른다. 그것은 강이 가지고 있는 기쁨, 아름다움과 황홀을 박탈당하고 있다.

예수는 기뻐하고 환희하며 노래하는 강물이 아니라 방랑하는—어둠침침하고 슬픈— 구름과 같다.

예수와 붓다의 삶의 방식 간에는 어떤 공통점이 있지만, 그들 사이의 차이점은 매우 크다. 붓다는 예수와 아주 다르다. 예수의 중립이

슬퍼 보인다면, 붓다의 중립은 조용하고 평화롭고 고요하다. 붓다는 결코 슬프지 않다. 그는 고요하고 평온하며 조용하다. 그에게 크리슈나의 춤과 마하비라의 비밀스런 희열이 결여되어 있다면, 예수의 슬픔 역시 없다. 그는 그의 평화와 고요 속에 완전히 자리 잡고 있다.

붓다는 예수처럼 중립적이지 않다. 그는 무관심에 도달했다. 그것은 중립과는 아주 다른 것이다. 우리가 알고 있듯이, 그는 삶의 모든 것이 무의미한 것임을 알게 되었다. 따라서 이제 그 어느 것도 그의 평화를 깨뜨리지 못한다. 삶의 모든 대안, 모든 선택은 그에게 동일하다. 따라서 그의 고요, 평화, 평온은 완전한 것이다.

예수는 오직 중립적이다. 모든 선택, 모든 대안은 그에게 같지 않다. 예수는 이것은 옳고 저것은 잘못이라고 말할 것이다. 그는 반대자들과 제휴하지는 않지만 선택이 없는 것은 아니다. 붓다는 절대적 선택 없음을 얻었다. 그에게는 어느 것도 선하거나 악하거나, 옳거나 그르거나, 검거나 희지 않다. 그에게는 여름과 겨울, 낮과 밤, 기쁨과 고통, 웃음과 눈물이 동일한 것이다. 그에게는 선택이 그른 것이며 선택 없음만이 옳다.

예수는 그의 중립성, 그의 '신성한 무관심'에도 불구하고 손에 회초리를 들고서 예루살렘의 사원으로부터 고리대금업자들을 내쫓는다. 그는 그들의 가판대들을 뒤엎고 그들을 때린다. 연례 축제를 지내기 위해 전국에서 사람들이 몰려올 때, 유대교 대사원들의 성직자들은 고리대금업에 탐닉한다. 그들의 이율은 매우 높았다. 그래서 이것은 가난한 자와 힘없는 자들을 약탈하는 방식이다. 이것은 예루살렘의 사원을 그 나라에서 가장 부유한 시설물로 만드는 반면, 국민들의 부와 노동을 소진시키는 방식이다. 따라서 예수는 성직자들의 탁자를 뒤엎고 그들을 몰아낸다.

예수는 무관심하다. 그렇지만 그는 선택한다. 그는 세상의 문제들에 대해 중립을 옹호한다. 그러나 만약 그릇된 것이 있다면, 그는 그것에 대항하여 즉시 일어선다. 그는 선택이 없는 존재가 아니다.

우리는 손에 회초리를 든 붓다를 상상할 수 없다. 그는 전적으로 선택이 없는 존재이다. 그리고 그 선택 없음 때문에 그는 깊고 거대한 침묵에 이르렀다. 그러므로 침묵은 붓다의 삶과 가르침에서 중심이 되었다.

침묵이 감싸고 평화가 스며들며 평온이 뿜어져 나오는 불상을 바라보라. 침묵은 붓다 속에 구현되어 있다. 평화는 붓다와 더불어 집에 오게 되었다. 그 어느 것도 붓다의 평화와 그의 침묵을 방해할 수 없다. 연못조차도 지나가는 바람에 의해 방해를 받고, 연못의 물을 수증기로 변하게 하여 바다로 나르는 햇빛에 의해 방해를 받는다. 붓다는 너무나 고요하여 영원의 바다에 이르고자 하는 욕망조차 없다. 그는 바다가 원한다면 바다가 그에게 와야 할 것이라고 말한다. 바다에 대해 생각하는 것조차 그에게는 지금 긴장이 된다.

이런 이유로 인해 붓다는 초월적인 것에 관한 질문들에 답하기를 거부한다. 신은 있는가? 해방이란 무엇인가? 사후에는 어떤 일이 일어나는가? 이런 질문들에 붓다는 결코 답하지 않는다. 그는 부드럽게 웃어넘기며 말한다. "먼 미래와 관련된 그런 질문들은 하지 말라. 그것들은 당신을 가장 높은 곳인 지금 이 순간으로부터 당신을 멀어지게 할 것이다. 먼 미래에 관한 생각은 그곳으로 여행하고자 하는, 거기에 이르고자 하는 욕망을 불러일으킬 것이다. 또한 이 욕망은 불안을 일으킬 것이다. 나는 지금의 나로, 내가 있는 곳에 전적으로 만족한다. 나는 가야 할 곳이 없다. 나에게는 선택하거나 찾아야 할 것이 없다."

따라서 붓다는 이 세상에 대해 무관심할 뿐만 아니라, 신과 니르바나라는 다른 세상에 대해서도 역시 무관심하다. 예수는 이 세상에 대해 무관심하지만 다른 세상, 신의 세계에 대해서는 무관심하지 않다. 그는 세상 대신에 신을 확실히 선택한다.

그러나 붓다는 말한다. "신을 찾으려 할지라도 당신은 희망과 공포, 집착과 시기의 늪을 통과해야 할 것이다. 강이 왜 바다에 이르기를 갈망해야 하는가? 바다에 이른 뒤 무엇을 얻으려 하는가? 강에 비해 바다에 더 많은 물이 있다는 점 말고는 강과 바다는 그다지 차이가 없다." 붓다는 이어서 말한다. "내가 무엇이든 나는 존재한다. 나는 완전히 만족한다. 나는 완벽한 평화 속에 있다." 따라서 그의 무관심은 목적도 없고 얻어야 할 목표도 없다. 붓다의 얼굴과 그의 눈을 들여다보라. 어떤 동요의 흔적도 없다. 그것들은 고요 그 자체로 있다. 그 모습은 미치 작은 피문조치 일지 않는 고요한 호수와 같다.

자연히 붓다의 평화는 부정적이다. 그 평화는 크리슈나의 꾸밈없는 희열도 마하비라의 미묘한 기쁨도 가질 수 없다. 그처럼 커다란 침묵을 가진 사람, 어떤 욕망도— 궁극을 찾으려는 욕망조차— 가지지 않은 사람은 물어볼 필요 없이 희열을 얻을 것이다. 하지만 이 희열은 그의 내적 보물일 것이다. 이 희열의 등불은 그의 내면에서 빛날 것이다. 반면에 그의 모든 외적인 환경은 완전한 평화와 침묵 중의 하나가 될 것이다. 그의 후광은 오직 조화와 고요와 질서만을 반영할 것이다. 희열은 그의 바탕을 만들 것이다. 평화가 그의 정점을 이룰 것이다.

우리는 붓다와 움직임을 함께 생각할 수 없다. 그는 너무나 이완되고 휴식을 취하고 있다. 불상을 바라보면, 이 사람이 자리에서 일어나 몇 발자국을 걷거나 혹은 말을 했을 것이라고 상상할 수 없다. 그 안의 모든 움직임들, 모든 활동들, 모든 동요, 모든 분투들이 정지되었다. 그는 평화 그 자체이다.

붓다는 해방을 향한 갈망을 포함한 모든 긴장들, 모든 갈망들의 정지를 나타낸다. 만약 누군가가 그에게 자신은 자유를 찾기를 원한다고 말하면, 붓다는 이렇게 말할 것이다. "당신은 미쳤는가? 자유가 어디 있는가?" 만일 누군가가 자신의 자기, 자신의 영혼을 발견하고 싶다고 말하면, 붓다는 말할 것이다. "영혼 같은 것은 없다." 사실 붓다는 이렇게 말할 것이다. "무엇인가를 발견하고자 하는 욕망이 있는 한, 당신은 결코 찾을 수 없다. 욕망은 당신을 슬픔과 고통으로 데리고 갈 것이다. 찾기를 멈추어라. 그러면 찾을 것이다."

그러나 붓다는 "당신은 찾을 것이다."라는 말을 하지 않는다. 그는 이 지점에서 침묵을 지킨다. 그는 자신이 자유나 어떤 것에 대하여 말하는 순간, 당신은 그것을 갈망하고 그것을 좇을 것임을 알고 있다. 따라서 그는 모든 것—신, 영혼, 자유, 평화—을 부정한다. 당신 앞에 긍정적인 무엇인가가 있는 한, 당신은 그것을 찾고자 할 것이다. 당신이 무엇인가를 찾고자 애쓰는 한, 당신은 그것을 찾지 못할 것이다. 역설적이지만, 그것은 사실이다. 그것은 오직 완전한 고요, 절대적인 침묵, 전적인 텅 빔—거기에서 모든 움직임들이 멈춘다—속에서만 진리, 니르바나, 혹은 당신이 그것을 무엇이라 부르든 그것이 존재하게 된다.

붓다의 언어로는 타나하(tanaha)라고 하는 욕망은 당신을 쉬지 않고 달리게 한다. 따라서 욕망은 붓다에게는 문제들 중의 문제이다. 그리고 무관심, 우펙샤(upeksha)가 그 해결책이다. 즉 당신을 욕망의 굴레로부터 자유롭게 하는 열쇠이다. 따라서 붓다는 되풀이하여 말한다. "선택하지 말고, 찾지 말고, 달려가지 말고, 어떤 것을 목표로 삼지 말라. 왜냐하면 목표나 목적지와 같은 그런 것은 없기 때문이다. 모든 것이 지금 여기에 있다."

예수에게는 목표와 목적지가 있다. 그가 세상에 대한 신성한 무관심에 관해 얘기하면서도 신에 대해서 무관심할 수 없는 까닭은 바로 이 때문이다. 신에 대한 무관심은 예수의 눈에는 신성할 수가 없다. 그는 그것을 신성하지 않은 무관심이라 부를 것이다.

붓다는 모든 것에 무관심하다. 그의 무관심은 완전하다. 만약 당신이 그에게 어떻게 찾아야 할 것이 아무것도—세상도, 신도, 영혼도—없느냐고 묻는다면, 그는 이렇게 답할 것이다. "우리 눈앞에 보이는 것은 실제가 아니다. 그것은 단지 콜라주, 아상블라주, 즉 어떤 것을 함께 모아 놓은 것에 불과하다. 그것은 마차라는 것이 네 개의 바퀴들과 뒷좌석들, 막대들과 밧줄들, 그리고 그것을 끌고 가는 말의 집합에 불과한 것과 같다. 만약 당신이 모든 부분들을 차례로 치운다면, 마차는 간단히 사라질 것이다."

"짐마차와 같이 당신은 콜라주이며, 온 세상은 사물과 모양과 소리의 콜라주, 모음, 구성이다. 그 콜라주가 떨어져 나갈 때, 그 자리에 남는 모든 것은 무이며 공이다. 이 무, 이 공이 실재이며 얻을 가치가 있는 진리이다." 붓다는 그것을 니르바나라고 부르는데, 그것은 궁극적 소멸의 자리이며, 무이며, 말로 표현할 수 없는 것이다. 그러므로 붓다는 그것을 말로 표현하지 않는다. 그는 그것을 그의 존재로, 그의 내면으로, 그의 침묵으로 말한다.

이런 이유로, 오직 심오한 지성과 이해력을 지닌 사람들만이 붓다와 함께 걸을 수 있다. 탐욕적이고 목표 지향적인 사람들, 어떤 것— 황금이든 신이든—을 얻으려 애쓰는 사람들은 그에게서 달아날 것이다. 그들은 말할 것이다. "붓다 이 사람은 좋은 사람이 아니다. 그는 평화만 줄 뿐이다. 그러나 평화가 무슨 소용이 있는가? 우리는 천국을 원한다. 우리는 신을 원한다. 우리는 목샤를 동경한다." 그러면 부처는 그들을 보고 그냥 웃을 것이다, 왜냐하면 그들이 신, 영혼 혹은 목샤라 부르는 것은 오직 평화와 침묵의 거대함 속에서만 얻어진다는 것을 알기 때문이다.

그러므로 우리는 신을 목표로 삼을 수 없다. 그런 이유로 붓다는 신을 끊임없이 부정한다. 왜냐하면 만일 그가 신을 받아들인다면, 당신은 신을 즉각 목표로, 욕망의 대상으로 삼을 것이기 때문이다. 또한 목표를 좇는 사람은 평화로울 수 없으며 고요할 수가 없다. 그러므로 당신은 왜 붓다가 무관심을 주장하는지 이해할 수 있다. 당신을 평화로, 모든 여정들이 끝나는 고요함으로 나아가게 할 수 있는 것은 오직 무관심이기 때문이다.

마하비라의 집착의 초월은 어느 정도 붓다의 무관심과 일치한다. 왜냐하면 그 역시 세상에 대한 무관심을 지지하기 때문이다. 같은 방식으로 마하비라는 다소 예수의 입장에 동의한다. 왜냐하면 예수처럼 그도 자유를 지지하기 때문이다. 마하비라는 자유라는 목표에 관하여 선택이 없는 것이 아니다. 마하비라는 다음과 같이 말한다. 자유가 없이는 평화는 적절하지 않다. 자유가 없이는 평화와 평화의 부재 간에 아무런 차이가 없다. 그때 동요는 평화와 침묵만큼이나 좋다.

마하비라는 무엇인가를 포기하는 사람은 그 대신 다른 것을 얻기 위해서 그렇게 한다고 말한다. 만일 얻을 것이 아무것도 없다면 포기의 문제는 일어나지 않는다. 따라서 마하비라는 목샤, 즉 자유에 대해 무관심하지 않다. 그의 집착의 초월은 당신으로 하여금 세상의 모순들과 투쟁들을 넘어서게 하는 하나의 방법이다. 따라서 그것은 오직 성취의 수단이다.

붓다의 무관심은 전체적이다. 그의 무관심은 이룰 목표가 전혀 없다. 그것은 목표 지향적이지 않다. 또는 붓다의 무관심이란 당신이 잃고 또 잃어서 당신 앞에 전적인 텅 빔 이외에는 아무것도 남지 않는 무집착에 이르는 수단이다. 이 공이 붓다가 말하는 실재 혹은 진리이다. 그러므로 어느 의미에서 붓다의 산야신, 그의 포기는 완전하다. 왜냐하면 그것은 아무것도, 신조차, 니르바나조차 구하지 않기 때문이다.

마하비라의 산야스는 자유를 목표로 삼고 있기 때문에 그 정도로 완벽하지는 않다. 마하비라는 산야스는 목표 — 자유라는 목표 — 없이는 부적절하다고 생각한다. 마하비라의 사고는 매우 과학적이다. 그는 인과, 즉 원인과 결과의 법칙을 믿는다. 그에 따르면, 이 세상의 모든 것은 원인과 결과의 법칙에 지배를 받는다. 따라서 그는 아무 이유 없이 평화를 얻어야 한다는 붓다의 말에는 동의하지 않을 것이다. 왜냐하면 사람들이 평화를 잃고 그것을 도로 찾으려 하는 데는 이유가 있다고 보기 때문이다.

마하비라는 존재하는 것에 대한 크리슈나의 선택 없는 수용에 동의하지 않을 것이다. 만일 사람들이 모든 것을 있는 그대로 받아들인다면, 그는 그의 자기, 그의 영혼, 그의 개별성을 얻지 못할 것이다.

그때 사람들은 무기력하게 살고 통합되지 못할 것이다. 마하비라에 따르면, 식별이 자기, 개별성을 달성하는 데 필수적이다. 자기 자신으로 존재하려면 선과 악, 옳음과 그름, 덕과 악을 식별하는 법을 알아야만 한다. 식별이 지혜이다. 식별은 당신에게 흰색과 검은색을 구별하게 해 주며, 다른 것에 대해 하나를 선택하게끔 가르친다. 그는 집착과 혐오가 둘 다 잘못이라고 말한다. 그것들을 떨쳐 버린 사람들이 집착과 혐오의 초월인 비트락(veetrag)의 상태에 이르며, 이 초월은 목샤 즉 해방으로 들어가는 문이라고 말한다.

그러므로 마하비라는 평화롭고 또한 행복하다. 자유의 불빛은 그의 내면을 밝힐 뿐만 아니라 그의 외면도 감싼다. 만일 마하비라와 붓다를 함께 둔다면, 붓다의 침묵은 소극적으로 보이고, 마하비라의 침묵은 능동적이고 역동적으로 보일 것이다. 평화와 더불어 일종의 희열이 마하비라 주위에서 뿜어져 나온다.

그러나 만일 마하비라와 크리슈나를 함께 둔다면, 마하비라의 희열은 크리슈나의 희열에 비해 약해 보일 것이다. 마하비라의 희열이 고요하고 자제력 있어 보이는 반면, 크리슈나의 희열은 잘 드러나며 적극적이다. 크리슈나는 춤을 출 수 있다. 당신은 마하비라가 춤추는 것을 상상할 수 없다. 그의 춤을 발견하기 위해서는 그의 고요함, 침묵과 희열을 깊이 들여다보아야 할 것이다. 그것은 모든 숨결, 그의 온 존재 속에 깊이 배어 있다. 그러나 그는 크리슈나가 추는 것처럼 춤출 수 없다. 그의 춤은 그의 존재 속에 묻어 있다. 그것은 감추어진 것이며 간접적인 것이다. 그러므로 마하비라의 초월은 그의 희열을 밖으로 발산하는 반면, 붓다의 무관심은 오로지 침묵만을 반영할 뿐이다.

그리고 이 무관심은 불상에 잘 반영되어 있다. 마하비라의 상은 외향성을 보여 주고 있다. 그것으로부터 희열이 나온다. 붓다의 상은 내향성을 보인다. 그는 바깥으로부터 자신을 완전히 철수시킨 것처럼 보인다. 그에게서는 아무것도 나오지 않는 것처럼 보인다. 붓다의 존재는 마치 존재하지 않는 것처럼 보인다.

다른 한편으로 마하비라는 충만함에 이른 것처럼 보인다. 그의 존재는 완성되어 있다. 그가 신의 존재를 부정하지만 영혼의 존재를 부정할 수 없는 것은 이 때문이다. 그는 신이 없다고 말한다. 그 자신이 신이기 때문에 신은 있을 수 없다. 또 다른 신, 두 명의 신은 존재할 수 없다. 그래서 그는 자기, 영혼이 신이라고 선언한다. 우리들 각자는 신이다.

우리 이외의 다른 어떤 신도 존재하지 않는다. 완전한 희열 속에서 마하비라는 자신이 신이며 그의 위에는 어떤 신도 없다고 선언한다. 그는 만일 또 다른 신이 있다면, 그를 능가하는 초월자가 있다면, 자신은 결코 자유로울 수 없다고 주장한다. 그렇다면 어느 누구도 이 세상에서 자유로울 수 없다. 그러면 자유는 신화일 뿐이다.

만약 이 모든 쇼를 관장하는 신 혹은 지배 원리가 있다면, 자유는 아무런 의미가 없다. 그러면 자유는 신에 의존한다. 의존적 자유는 용어에 모순된다. 만약 어느 날 신이 사람의 자유를 빼앗은 뒤 그를 세상 속으로 돌려보낸다면, 그는 아무것도 할 수 없다. 가장 높은 가치인 자유는 신이 존재하지 않을 때만 존재할 수 있다. 자유와 신은 양립할 수 없다. 그러므로 마하비라는 단호하게 신을 부정하고 모든 영혼의 주권을 선언한다. 마하비라에 따르면, 영혼 그 자체가 신이다. 따라서 그의 희열은 선명하고 겉으로 드러난다. 그것은 그의 초월의 반영이다.

선택 없음에 관한 한, 마하비라는 붓다와 일치한다. 집착과 혐오 간에는 어떤 선택도 있을 수 없다. 그러나 그는 붓다의 이론 중 다른 부분—세상과 목샤 즉 자유 사이에는 아무런 선택이 없다는 것—은 수용하지 않는다. 마하비라는 세상보다는 분명히 자유를 선택한다. 이런 면에서 그는 예수와 일치한다. 그는 예수의 중립에 보다 근접해 있다. 그러나 예수의 신은 어떤 천국에서 살고 있기 때문에, 예수는 죽은 뒤 천국에서 신을 만날 때에야 행복할 것이다. 마하비라에게는 자기 바깥에 어떠한 신도 없다. 그는 자신의 내부에서 가장 높은 것, 지고의 존재를 발견했다. 그는 지금 여기에서 행복하다. 따라서 예수는 슬퍼 보이지만 마하비라는 그렇지 않다는 말은 합당하게 들린다.

크리슈나의 아나삭티, 즉 무집착은 마하비라의 초월과 붓다의 무관심, 그리고 예수의 중립과 다소 유사하지만 근본적인 차이점들 역시 지니고 있다. 그러나 크리슈나의 아나삭티는 초월, 무관심, 중립에 더하여 무엇을 하나 더 첨가한 것이라고 말하여도 틀린 말이 아닐 것이다.

크리슈나의 무집착은 붓다의 우펙샤, 즉 무관심과는 다르다. 크리슈나는 무관심이 일종의 집착, 전도된 집착이라고 말한다. 만약 내가 길을 걷다 당신을 만났지만 당신을 바라보지 않는다면, 그것은 나의 편에서는 무관심이 될 것이다. 그러나 만약 당신을 바라보는 것이 집착이라면, 바라보지 않는 것 또한 집착이다. 더 나아가 크리슈나는 묻는다. "어떻게 어느 누가 무관심할 수 있는가? 무엇에 대한 무관심인가? 만약 온 세상이 신의 현현이라면, 그는 신 자체에 무관심한 것이다." 그리고 나서 크리슈나는 다른 질문을 제기한다. "어떻게 무관심한 사람이 자아로부터 자유로울 수 있는가? 집착하든 무관심하든 그는 자아가 필요하다. 만일 내가 신에게 집착하고 세상에 무관심하다면, 두 경우들에 작용하고 있는 것은 나의 자아이다." 따라서 크리슈나는 무관심과 같은 비난의 용어를 사용하지 않는다.

이와 비슷하게 크리슈나는 중립에도 반대한다. 신이 중립적이지 않은데, 어떻게 우리가 어떤 것에 중립적일 수 있는가? 그는 존재하는 모든 것에 전적으로 관계한다. 크리슈나에 의하면, 삶에서의 중립은 부자연스럽고 불가능하다. 우리는 삶의 한복판에 있다. 우리가 바로 삶이다. 그것은 삶이며, 모든 것에 다름 아닌 삶이 있다. 그렇다면 어떻게 우리가 삶으로부터 초연해질 수 있으며 삶에 대하여 중립적일 수 있겠는가? 산스크리트 용어로 중립은 타타스타타(tatashata)다. 그것은 강의 흐름을 벗어나 강둑에 서 있다는 것을 의미한다. 그러나 삶에 관한 한, 삶은 아무런 강둑이 없다. 끝에서 끝까지 강의 흐름이다. 우리가 어떻게 존재하지 않는 강둑에 서 있을 수 있겠는가? 우리가 있는 곳이 어디이건, 우리는 삶의 흐름 내에 있다. 우리는 삶의 한복판에 있다. 따라서 강둑에 있는 것, 중립적으로 있는 것은 불가능하다. 크리슈나는 중립적일 수 없다. 그는 무관심할 수 없다.

크리슈나는 마하비라의 집착과 혐오의 초월이라는 개념을 받아들이지 않는다. 그는 만일 집착과 혐오가 그릇된 것이라면 그것들이 존재할 아무런 이유가 없다. 그러나 그것들은 존재하고 있다.

그것을 다른 방식으로 보자. 우리는 세상에 두 가지 힘들이 존재한다고 말할 수 있다. 하나는 선 혹은 신의 힘이고, 다른 하나는 악 혹은 악마의 힘이다. 이것이 바로 조로아스터교도들과 기독교도들과 회교도들이 모두 신과 악마의 존재를 둘 다 믿는 방식이다. 그들은 만일 세상에 악이 존재한다면, 악마는 선과 신성만을 대표하는 신으로부터 분리되어야 한다고 생각한다. 신은 결코 악의 원천이 될 수 없다. 신은 빛의 표상이다. 신은 결코 악의 원천이 될 수 없다. 차라투스트라도 예수도 모하메드도 신이 어떤 식으로든 악과 결부되어 있다고는 생각할 수 없었다. 그러므로 그들은 악마를 위한 독립된 장소를 찾아야 했고, 악마에게 독립적인 역할을 부여했다.

크리슈나는 이 가정을 강하게 반대한다. 그는 묻는다. "만일 악이 있고 그것이 분리되어 있다면, 그것은 신의 동의에 의해서 그렇게 된 것인가, 아니면 신의 동의 없이 그렇게 된 것인가? 악이 존재하려면 신의 도움이 필요한가, 그렇지 않은가?" 만약 악마라 불리는, 악의 독립적 권한이 존재한다면, 그것은 신의 권한에 필적하는 어떤 권한이 있다는 것을 뜻한다. 그러면 세상에는 두 개의 독립적이면서 지배적인 권한들이 있게 된다. 그렇다면 선이 늘 악에게 승리한다거나 악이 선에게 패배한다는 것은 성립될 수 없다. 왜 독립적이고 전능한 악마가 늘 패배하겠는가? 그런 경우에는 서로 독립적인 두 신들이 실제로 존재한다.

세상에 독립적인 두 신들이나 대등한 권한들이 있다는 개념은 우스울 뿐만 아니라 불가능하다. 크리슈나는 이 개념을 전적으로 부정한다. 그는 세상에는 오직 하나의 지배적인 힘, 하나의 근원적 힘이 존재한다고 말한다. 존재하는 모든 것은 이 유일한 근원적 원천으로부터 일어난다고 말한다. 나뭇가지에 열린 탐스러운 과일과 썩은 과일은 모두 같은 에너지에서 나온 것이다. 그 둘—싱싱한 과일과 병든 과일—이 반드시 별개의 에너지 혹은 힘의 원천을 가질 필요는 없다.

선과 악, 덕과 죄를 둘 다 일어나게 하는 것은 같은 마음이다. 두 개의 독립적 마음이 필요한 것은 아니다. 선과 악은 둘 다 같은 에너지의 다른 변형들일 뿐이다. 낮과 밤, 밝음과 어둠은 동일한 힘의 발산들이다. 따라서 크리슈나는 이원성에 근거한 부정이나 포기에 찬성하지 않는다. 그는 모든 것을 받아들인다. 둘 다를 전적으로 받아들인다. 삶을 있는 그대로 받아들여야 하며, 선택 없이 전적으로 삶을 살아야 한다. 그것이 크리슈나가 말하는 아나삭티, 즉 무집착의 의미이다.

크리슈나의 아나삭티는 하나를 버리고 다른 하나를 선택하는 것이 아니다. 그것은 죄에 반하여 덕에 집착하기를, 혹은 덕에 반하여 악에 집착하기를 선택하는 것을 의미하지 않는다. 아니다. 집착도 거부도 아니다. 그 무엇도 선택하지 말라. 그는 삶을 있는 그대로 받아들이는 것, 전적으로 받아들이는 것을 지지한다. 그는 있는 그대로의 삶에 복종하는 것을 지지한다. 이 복종도 전적이어야만 한다. 아나삭티는 나는 분리되어 있지 않으며 온 존재와 하나라는 것을 의미한다. 그리고 만약 존재와 내가 하나라면, 누가 누구를 선택할 것인가? 나는 바다 안에 있는 파도와 같다. 나는 바다와 함께 떠다닐 뿐이다.

그럼에도 불구하고 크리슈나의 아나삭티는 붓다의 무관심, 마하비라의 초월 그리고 그리스도의 신성한 무관심과 다소 유사하다. 크리슈나는 붓다의 평화를 가질 수 있다. 왜냐하면 그는 더 이상 가져야 할 것이 아무것도 없기 때문이다. 그는 존재하고 있는 모든 것을 얻었다. 그는 마하비라의 초월을 얻을 수 있다. 왜냐하면 마하비라의 희열처럼 그의 희열도 한계가 없기 때문이다. 그는 그리스도처럼 신의 내재성을 선언한다. 어떤 존재가 어딘가에 있는 왕좌에 앉아 있기 때문이 아니라, 우주 안에 존재하는 것은 무엇이든지 신이며 신성이기 때문이다. 신 이외에는 아무것도 없다.

크리슈나의 무집착은 자아의 절대적 복종, '나'의 완전한 중단이다.

그것은 나란 없으며 오직 신만이 존재함을 아는 것이다. 그리고 일단 내가 무엇이 존재하는지를 안다면, 그것을 전체로서 받아들이는 길 이외에는 없다. 그러면 해야 하거나 하지 말아야 할 것이 없고, 바꾸거나 수정해야 할 것도 없다. 크리슈나는 자신을 바다에 있는 파도라 생각한다. 그는 아무것도 선택할 것이 없다. 그러면 집착이나 거부라는 문제는 일어나지 않는다. 만일 당신이 그것을 올바르게 이해한다면, 크리슈나의 아나삭티는 마음의 상태가 아니며, 실제로는 모든 마음의 상태들, 마음 그 자체의 중지를 의미한다. 그것은 존재와, 전체와 하나가 되는 것이다.

전체와 합일이라는 이 왕도를 통하여 크리슈나는 마하비라, 붓다, 예수가 좁은 길과 샛길을 통해 이른 바로 그곳에 도달한다. 그들은 스스로 좁은 지름길 혹은 작은 길을 택하였지만, 크리슈나는 큰 길을 간다. 작은 길과 큰 길은 둘 다 당신을 목적지에 데려다 준다. 그 길들은 나름의 유리한 점들과 불리한 점들이 있다. 그리고 그것은 우리가 무엇을 선택하는가에 달려 있다.

좁고 외진 길, 극소수의 사람들이 걷기를 선택하는 길, 매 순간마다 도전들이 있는 그러한 거칠고 힘든 길을 걷기를 좋아하는 사람들도 있다. 그것은 길을 분간하기가 극히 어려운 빽빽한 숲을 통과하는 것과 같다. 또한 왕래가 없는 좁은 길을 좋아하지 않는 사람들, 외롭게 여행하고 싶지 않은 사람들, 많은 동료 여행자들과 즐겁게 여행하기를 즐기는 사람들, 자신들의 행복을 다른 사람들과 나누기를 원하는 사람들도 있다. 그러한 사람들은 자연히 수많은 사람들이 이용한 넓은 도로, 큰 길을 선택할 것이다.

좁고 알려지지 않은 길을 걷는 여행자들은 만약 그들이 그 길을 좋아한다면 슬프게 여행할 수 있지만, 탄탄대로를 선택한 여행자들은 슬퍼질 여유가 없다. 만약 그들이 슬프면, 그들은 탄탄대로에서 밀려날 것이다. 그들은 버려질 것이다. 수많은 사람들이 함께 움직이는 큰 길을 통하여 가는 사람들은 노래하며 춤추어야 한다. 그 자신의 방식으로는 갈 수 없다.

작은 길을 여행하는 자들은 조용히 걸을 수 있다. 그러나 만약 그 자신의 여정으로 탄탄대로를 선택한다면, 그는 많은 소음과 소란에서 빠져나갈 수 없다. 그는 불쾌하고 불안한 높은 바람들에 직면해야 할 것이며, 그것은 결국 그를 평화와 고요 속으로 밀어 넣을 것이다. 탄탄대로에서 벗어나기를 선택한 사람들은 개인으로 혼자 있다는 기쁨을 맛볼 수 있지만, 탄탄대로를 여행하는 사람들은 다른 모든 사람들이 기쁨과 고통을 함께 나누어야만 한다. 두 길 사이에는 이민한 차이가 있다.

크리슈나는 다차원적이며, 다채롭게 빛나는 사람이다. 그는 큰 길을 선택한다. 신으로 가는 데는 하나의 길만 있는 것이 아니고 이미 만들어진 어떤 길이 있는 것도 아니라는 것은 사실이다. 세상에 있는 사람들의 수만큼 많은 길들이 있다. 어느 누구도 서로 똑같거나, 같은 존재의 상태에 있지는 않다. 그러므로 우리들 각자는 바로 자신이 있는 곳에서 자신의 여정을 시작하고, 신으로 가는 자신의 길을 홀로 찾아야 할 것이다. 모든 사람은 자기의 개인적인 방식으로 자기의 길을 가야 할 것이다. 물론 모든 길은 같은 목적지에 이르게 하는데, 그것은 하나이며 오직 하나뿐이다. 당신이 중립 혹은 무관심 혹은 초월 혹은 희열의 길을 따르든 목적지는 언제나 같다.

  길은 많지만 목적지는 같다. 모두들 자기의 생활양식이나 자기의 유형에 맞는 길을 선택해야 한다. 어떤 길이 옳은 길인지 그른 길인지에 대해 끝없이 논쟁하는 대신, 자신의 개별성과 성품에 맞는 길을 주의 깊게 선택해야 한다. 그것이 전부이다.

  당신께서는 우리에게 크리슈나의 선택 없음을 설명해 주셨습니다. 그러나 기타에 보면, 태양이 북쪽을 향하여 나아갈 때 이 세상을 떠나는 사람은 해방을 얻는다는 기록이 있습니다. 그렇다면 태양이 남쪽으로 나아갈 때 죽는 사람은 어떻게 됩니까? 그리고 크리슈나의 스티타프라갸나, 즉 자신의 지성에 자리 잡은 사람과 사랑의 길에 있는 헌신자를 어떻게 비교할 수 있습니까? 크리슈나는 스티타프라갸나를 행복과 고통 가운데에서도 모두 평온하고 안정된 상태로 있는 사람이라고 정의합니다. 그러나 이 상태는 심각한 무감각으로 나아가게 할 수도 있습니다. 만약 누군가가 기쁨을 기쁨으로, 고통을 고통으로 받아들이지 않는다면 그 사람을 인간이라 부를 수 있을까요?

  크리슈나의 이 말은 매우 심오하고 의미 깊다. 그는 스티타프라갸나를 행복과 고통의 한가운데에서 모두 평온하고 안정된 상태로 있는 사람이라 말한다. 만약 누군가가 행복 속에서 행복을 느끼지 못하고 고통 속에서 고통을 느끼지 못한다면 그의 감각이 파괴되지 않겠느냐는 당신의 질문은 매우 적절한 것이다.

  행복과 고통의 한가운데서 평온하게 있는 두 가지 방법이 있다. 하나의 방법은 당신의 감각을 죽이는 것이다. 그때 당신은 행복할 때 행복하고 고통스러울 때 고통스럽기를 그칠 것이다. 만약 당신의 혀가 타 버린다면, 당신은 달콤함도 쓴맛도 맛보지 못할 것이다. 만약 당신의 눈이 시력을 완전히 잃는다면, 당신은 밝음도 어둠도 모를 것이다. 청력을 잃은 사람은 유쾌하게 하거나 불쾌하게 하는 모든 소리들에 무감각하다. 무감각은 기쁨과 고통 가운데에서 한결같음을 얻을 수 있는 가장 쉬운 방법이다.

크리슈나를 따르는 사람들이 대체로 무감각의 방법을 선택했다는 것은 그리 놀랄 만한 일이 아니다. 산야신, 포기자 혹은 은둔자로 알려져 있는 대부분의 사람들은 기쁨과 고통, 행복과 불행의 경험에 무감각해지도록 자신의 감각을 고의적으로 파괴하고 있다. 그러나 이것은 크리슈나가 진정으로 의미하는 것의 졸렬한 모조품이다.

크리슈나의 의미는 아주 다르다. 크리슈나는 스티타프라갸나는 기쁨과 고통 속에서 평온하게 있다고 말한다. 그것들에 무감각하다고 말하는 것이 아니다. 크리슈나가 말하고자 한 것은 현명한 사람은 행복과 슬픔 너머로 간다는 것이다. 자신의 감각을 죽여서가 아니라 더욱 높은 의식의 상태에, 즉 초의식에 이름으로써 그것들을 초월한다고 말한다. 의식하지 못하는 사람, 마약에 취한 사람은 고통과 기쁨에 무감각하지만 그것들을 초월했다고는 말할 수 없다. 오히려 그는 보통의 의식 상태보다 아래에 있다. 그러한 식으로 보자면, 죽은 사람들은 모두 무감각하다고 할 수 있다. 초월은 완전히 다른 것이다.

나는 크리슈나의 이 경구를 아주 다르게 해석한다. 내가 보기에, 행복과 슬픔을 초월하는 크리슈나의 방법은 다르고 독특하다. 만약 누군가가 행복을 풍부히 경험한다면, 만약 누군가가 기쁨에 극히 민감하다면, 만약 누군가가 그것을 너무나 전적으로 살아서 더 이상 살아야 할 아무것도 남기지 않는다면, 그는 그것을 곧 초월할 것이다. 그는 기쁨과 행복의 모든 상황에서 평온하고 안정될 것이다.

이와 마찬가지로 만약 누군가가 고통과 불행을 완전히 경험한다면, 만약 누군가가 조금도 피하려 하지 않고 자신의 온 존재로 그것 속으로 들어간다면, 그 역시 고통 너머로 갈 것이다. 그는 다시는 고통 때문에 방해받지 않을 것이다. 크리슈나는 당신에게 감각을 죽이라고 말하지 않는다. 그와는 반대로, 당신이 감각을 지극히 민감하게 하여 그것이 완전해지기를 원한다. 크리슈나는 민감함을 지지한다. 그것도 전적인 민감함을······.

그것을 다른 방법으로 이해해 보자. 내가 말하는 전적인 민감함이란 무엇인가? 예를 들면, 누군가가 나를 모욕하고 나는 고통을 느낀다. 만약 내가 고통 속에 있다는 것을 알고 그렇게 생각한다면, 그것은 내가 고통 속에 완전히 있지 않음을 의미한다. 나는 아직 고통으로부터 약간의 거리를 유지하고 있다. 그런 경우에 나는 고통 속에 있다고 말하지, 내가 고통스럽다고 말하지는 않는다. 심지어 내가 고통스럽다고 말할 때조차, 나는 전적으로 고통스럽지는 않다. 나는 여전히 나의 고통으로부터 약간의 거리를 유지하고 있다. 나는 내가 고통 자체라고 말하지 않는다. 내가 그것을 정말로 알고 말하지 않는 한, 고통과 나 사이의 거리는 남을 것이다. 진실은 내가 고통스러울 때, 나는 고통에서 분리되어 있지 않으며 고통 그 자체라는 것이다. 내가 고통으로부터 유지하는 거리는 내가 그것에 저항하거나, 그것을 피하거나, 그것을 전적으로 만나지 않으려는 나의 방법이다.

이것을 깊이 있게 이해할 필요가 있다. 우리는 삶의 모든 것을 나누는데, 이것은 옳은 행위가 아니다. 삶은 진정 분리할 수 없는 것이다. 내가 누군가에게 "당신을 사랑합니다."라고 말할 때, 이 말은 언어학적으로는 옳다. 그러나 실존적으로는 전혀 옳지 않다. 내가 누군가를 사랑할 때, 나는 그 사람에 대해서는 정말로 사랑 그 자체가 된다. 그때 나는 전적인 사랑이다. 나의 어떤 부분도 사랑 바깥에 있지 않다. 만약 내 안의 한 조각이라도 내가 사랑하고 있다는 것을 알고 말한다면, 그것은 내가 완전히 사랑 안에 있지는 않다는 것을 의미한다. 그리고 부분적인 사랑을 한다면 그것은 전혀 사랑이 아니다.

사랑은 단편적이거나 부분적일 수 없다. 사랑하거나 사랑하지 않거나 둘 중 하나다. 단편화된 사랑은 사랑이 아니다. 조각난 행복은 행복이 아니다. 그러나 실제로 우리는 모든 것을 부분들로 나눈다. 그것이 우리의 문제이고, 그것이 우리의 불행이다. 어느 누군가가 자신이 행복하다고 말할 때는 행복하기를 그쳤다는 사실을 잘 알아라. 행복은 그가 알지 못하는 사이에 그를 방문하였을 것이다. 그리고 그는 그 짧은 순간에 정말로 행복하였을 것이다. 그러니 그가 행복하다는 것을 알게 되는 순간은 행복이 그를 떠난 순간이다. 자신이 행복하다는 사실을 아는 자는 누구인가? 행복을 알고 인지하는 것은 분명 그의 존재의 불행한 부분이다. 행복을 알기 위해서는 늘 어떤 불행이 필요하다.

만약 누군가가 그 자신 내에 통합되고 완전하다면, 자신이 행복하다거나 불행하다고 알고 말할 존재가 없을 것이다. 그때 그는 행복하지 않을 것이다. 그는 행복 그 자체일 것이다. 그때 그는 불행하지 않을 것이다. 그는 불행 그 자체일 것이다. 그때 그리고 그때에만 그의 감각은 살아 있고 완전해질 것이다. 그때 감각은 그것의 최고점에,

그것의 정점에 있을 것이다.

  그와 같은 완전한 감각의 상태에서는 나의 존재의 모든 부분과 나의 온 존재가 행복하거나 불행할 것이며, 사랑하거나 미워할 것이며, 고요하거나 동요할 것이다. 그것에 대해 혼란스러워하거나 심지어 그것을 알려고 하는 이 또한 아무도 없을 것이다. 만약 내가 행복이나 불행 속에 전적으로 있다면, 만약 내가 행복이나 불행 그 자체라면, 그때 나는 그것을 평가하거나 비교하지 않는다. 나는 그것을 비난하거나 나 자신과 동일시하지 않는다. 나는 그것에 매달리거나 저항하지 않는다. 그때 나는 그것에 이름을 붙이지도 않는다.

  감각이 전적일 때, 동요된다거나 혼란스럽다는 문제는 일어나지 않는다. 그때 나는 나의 지혜 속에 확고히 안정되거나 내 지성 속에 머물지 않을 아무런 이유가 없다.

  일전에 한 친구가 나를 찾아와서 자신의 흡연 중독에 대해 매우 걱정한다고 말했다. 나는 그에게 말했다. "너는 너 자신을 두 부분으로 나눈 것 같다. 하나는 흡연에 중독되어 있고, 또 다른 하나는 걱정에 중독되어 있다. 그렇지 않다면 네가 동시에 흡연과 걱정을 하는 것이 어떻게 가능하겠는가? 너는 흡연이나 걱정 중 하나를 한다. 그러나 네가 흡연과 그것에 대한 걱정을 동시에 하는 것을 보면, 네 속에 두 개의 너, 두 개의 자기가 있음이 분명하다. 그 중 하나는 계속 흡연을 하고 있고, 다른 하나는 계속 흡연을 후회하고 비난하고 저주한다. 그리고 문제는, 흡연하는 부분은 생이 끝날 때까지 계속 흡연할 것이고 다른 한 부분은 흡연에 대해 계속 후회할 것이라는 점이다. 후회하는 자는 흡연을 멈추겠다는 맹세와 다짐을 계속할 것이고, 흡연자는 그 맹세들과 다짐들을 하나씩 무난히 무너뜨릴 것이다."

그리고 또 그에게 말했다. "너는 후회하지 않고 흡연을 하든지, 흡연하지 않고 후회를 하든지, 둘 가운데 하나만을 하여야 한다. 만약 네가 두 가지를 함께 한다면, 너는 항상 지옥 속에 있을 것이다. 만약 네가 흡연을 한다면, 부분적인 흡연자가 되지 말고 완전한 흡연자가 되어라. 네 존재의 조그만 일부분도 남기지 말고 전적으로 흡연에 관계하라. 네 존재의 일부분이라도 흡연을 정죄하거나 정당화하는 재판관처럼 떨어져 있지 않게 하라."

그러고 나서 말했다. "만약 네가 흡연을 하는 데 통합되고 완전하게 하나가 될 수 있다면, 그때 당신 안에 있는 완전한 사람이 힘들이지 않고 완전히 흡연을 끊을 날이 올 것이다. 흡연을 전적으로 하는 자는 완전하게 담배를 끊을 수 있다. 그는 담배를 피워야 할지 끊어야 할지, 이것을 할지 저것을 할지에 대해 끊임없이 갈등하며 살지 않을 것이다. 그리고 그는 흡연과 금연을 둘 다 즐길 것이다."

조각난 사람은 여기에도 거기에도 존재하지 않는다. 그는 물고기도 아니고 육질이 좋은 청어도 아니다. 그는 영원히 갈등, 고통, 지옥 속에 있다. 그가 흡연을 할 때는 그의 다른 부분이 그를 죄인이라고 비난하기 때문에 비참하다. 그리고 그가 흡연을 끊으면, 그 속에 있는 흡연자는 그가 즐거움과 향락을 잃고 있다고 주장한다. 이 사람이 불행해질 필요는 없다. 그는 모든 상황에서 혼란스럽고 불안하고 비참하다. 그는 무엇을 하든지 갈등, 동요 그리고 고통을 빠져나갈 수 없다. 그는 결코 차분하고 안정될 수 없다.

통합되고 완전한 사람만이 차분하고 안정될 수 있다. 왜냐하면 그에게는 혼란스럽고 불안정할 부분이 없기 때문이다. 완전한 사람, 전체인 사람, 자신에게 일어나는 어떤 상황 그리고 모든 상황과 하나가 되는 사람, 그러한 사람은 목격자이기를 그친다. 그는 목격하는 것을 초월한다. 목격은 수단이지 목표가 아니다. 크리슈나는 비록 아르주나에게 목격자가 되기를 권하기는 하지만, 자신은 목격자가 아니다. 크리슈나는 완전하다. 그는 도달한 사람이다. 이제 주체와 대상, 관찰자와 관찰 대상 사이에는 거리가 없다. 이제는 오직 관찰하는 과정, 관찰함만이 있다. 이 관찰은 완전하다.

목격자, 관찰자는 세상을 주체와 대상으로, 목격과 목격의 대상으로 나눈다. 따라서 목격자가 있는 한, 이원성은 계속될 것이다. 목격하는 것은 이원적 세상의 마지막 경계선이다. 그 이후 일원성이 시작된다. 그러나 사람들은 목격이 없는 불이(不二)의 세상에 이를 수 없다. 목격자가 된다는 것은 이제 내가 세상을 많은 부분으로 나누기를 포기한다는 것을 의미한다. 그 대신에 나는 세상을 둘—목격자와 목격의 대상—로 나눌 것이다. 내가 세상의 많은 단편화된 조각들을 줄여서 둘로 만들면, 존재의 완전한 단일성에 이르기가 어렵지 않을 것이다. 그때 이원성은 사라지고, 관찰자와 관찰 대상은 같은 하나가 된다. 만약 어떤 사람이 목격자가 되는 것에 성공한다면, 그는 곧 다른 것이 없는 하나를 일별하게 될 것이다. 그때는 목격자나 목격되는 것이 없으며, 다만 목격만이 있다.

예를 들어, 만약 내가 누군가를 사랑한다면, 거기에는 사랑하는 사람과 사랑받는 사람이 있다. 그러나 만약 사랑이 진실하다면, 사랑하는 사람과 사랑받는 사람은 사라지고 그들을 연결시켜 주는 사랑의 힘만이 있을 것이다. 사랑하는 사람들이 사라지고 사랑만 남는 순간들이 있을 것이다. 이런 상황들은 다른 것이 없이 하나인 아드바이타의, 불이의, 단일의 순간들이다.

마찬가지로 목격에서도 단일의 순간들이 있는데, 그때는 주체와 대상이 사라지고 오직 목격하는 의식만 남는다. 이것은 마치 서로 멀리 떨어져 있는 두 해안과 같은 두 형상 없는 실체들— 목격자와 목격되는 것—을 연결시켜 주는 에너지의 바다와 같다. 가까운 해안은 '나'라 불리고, 멀리 있는 해안은 '너'라고 불린다. 하나는 목격자이고, 다른 하나는 목격의 대상이다. 그러한 순간들이 오고 갈 것이다.

이 상태가 완전히 성취되면, 그것은 영원히 머물 것이다. 그때 그 사람은 지성에 자리 잡고 지혜에 머무른다. 그 사람은 완전하다. 그는 깨어난 사람이다.

크리슈나는 목격자가 아니다. 물론 그는 아르주나에게 목격자가 될 것을 요구하지만, 목격하는 것은 단지 하나의 수단이며 일시적인 단계에 불과하다는 것을 항상 자각한다. 따라서 그는 목격하는 것조차 그치는 순간들에 대하여 말한다. 크리슈나는 아르주나에게 수단과 목표, 길과 목표를 둘 다 설명한다. 그리고 그가 동요가 없는 안정에 대하여 얘기할 때, 그는 수단이 아니라 목적과 목적지 그 자체에 대하여 말하고 있다. 그러나 기타의 많은 주석가들은 그가 수단과 목격자에 대하여 말하고 있다고 생각한다. 그들은 만약 어떤 사람이 행복과 고통을 경험하거나 그것에 빠지지 않고 하나의 목격자로 머문다면 평온하고 안정된 상태에 이를 것이라고 생각한다.

그러나 내가 보기에, 이것은 잘못된 접근이다. 만약 누군가 그것을 경험하지 않고 오직 목격만 한다면, 이 목격은 그에게 일종의 긴장, 혼란, 불안이 될 것이다. 그러면 그는 항상 방어적으로 될 것이며, 행복과 고통으로부터 그 자신을 보호하려 할 것이다.

혼란스럽지 않고 이완되고 평화롭기 위해서는 행복과 고통을 전혀 의식하지 않는 것이 필수적이다. 만약 그것을 의식하고 있다면, 그것은 일종의 혼란이 일어나고 있고, 일종의 동요가 살아 있고, 관찰자와 관찰의 대상이라는 둘 사이에 분리가 있다는 것을 의미한다. 이 의식, 이 분리는 미묘하지만 존재한다. 이것은 행복이고 저것은 고통이라는 것을 계속 아는 한, 그는 통합되어 있지 않고 전체가 아니다. 그는 자기 자신 속에 자리 잡거나 안정되지 않았다. 그는 균형과 평화와 지혜에 이르지 못했다. 그는 스티타프라갸나가 아니다.

나에게 있어 평온하고 안정된 지성의 상태와 그것에 이르는 방법은 전적으로 다르다. 나의 접근은 기쁨과 고통, 사랑과 증오, 그리고 그것이 무엇이든 간에 그것을 경험하는 데 완전히 관여하는 것이다. 나는 당신이 멀리서 지켜보는 사람, 단순한 구경꾼으로 있는 것을 원하지 않는다. 나는 당신이 행위나 역할 속에 완전히 관련된 행위자가 되기를 원한다. 나는 당신이 그것과 완전한 하나가 되기를 원한다.

모든 이원성, 행위자와 행위, 경험자와 경험의 대상, 관찰자와 관찰 대상 간의 모든 이원성, 모든 구분이 사라져야만 한다. 나는 말한다, 만약 강이 당신을 물에 빠뜨린다면 그것은 당신이 강으로부터 분리되어 있기 때문이라고. 만약 당신이 강과 하나가 된다면, 만약 당신이 강 그 자체가 된다면, 그때는 강이 당신을 빠뜨린다는 문제는 일어나지 않는다. 어떻게 강이 당신을 빠뜨릴 수 있는가? 누가 빠질 것인가? 누구에 의해 빠뜨려질 것인가? 누가 도움을 요청할 것인가? 그때 당신은 그 순간과 하나가 된다. 전적으로 하나가 된다. 만약 당신이 그 순간과 완전히 하나가 될 수 있다면, 당신은 다른 순간과도 하나가 되는 법을 배웠을 것이다. 그러면 당신은 다가오는 모든 순간과 하나가 될 것이다.

그때 기적이 일어날 것이다. 기쁨과 고통이 함께 당신을 단련시키고 풍요롭게 할 것이며, 당신의 아름다움과 우아함을 더해 줄 것이다. 그때는 행복과 불행이 둘 다 당신의 친구가 될 것이다. 그것들은 당신을 만드는 데 같은 몫을 가질 것이다. 이 세상을 떠날 당신의 시간이 올 때, 당신은 행복과 불행 모두에 깊이 감사할 것이다.

당신을 만든 것은 오직 빛만이 아니며, 어둠도 당신의 창조에 동등한 몫을 했다는 것은 진실이다. 행복만이 당신을 부유케 하는 것이 아니며, 고통과 불행 또한 당신의 삶을 부유케 하는 데 같은 몫을 가지고 있다. 삶만이 기쁨과 축복의 순간이 아니며, 죽음 또한 희열과 축제의 위대한 순간이다.

이것은 만약 당신이 매 순간을 완전히 살 수 있다면, 만약 당신이 이 순간이 가지고 있는 주스의 마지막 한 방울까지 짜낼 수 있다면 가능하다. 그때 당신은 행복은 다정하고 고통은 해롭다고 말할 수 없을 것이다. 아니다. 당신은 행복과 불행이 걷기 위한 두 다리와 같다는 것을 알고서 감사하게 받아들일 것이다. 이제 당신은 행복과 불행을 둘 다 쓸 수 있다. 그러면 당신은 평생 한쪽 다리—행복이라는 다리—로만 걸으려 했다는 점을, 그래서 걸을 수 없었다는 점을 깨달을 것이다.

당신이 오른쪽 다리를 들 때 당신은 오른쪽 다리와 전적으로 함께 있으며, 당신이 왼쪽 다리를 들 때 당신은 왼쪽 다리와 완전히 함께 있다는 것을 아는 것은 흥미롭다. 이와 마찬가지로 말할 때는 완전히 말해야 하고, 침묵할 때는 완전히 침묵해야 한다.

혼란은 우리가 선택을 할 때 시작된다. 그리고 선택자가 분리되어 있을 때, 선택들의 세상은 끝이 없다. 그러므로 목격하는 것은 존재의 매우 높은 단계가 아니다. 그것은 단지 중간 상태일 뿐이다. 그러나 그것은 행위자보다는 높은 것이다. 왜냐하면 행위자는 일원성—다른 것이 없는 하나—속으로 뛰어들 수 없기 때문이다.

목격은 강과 하나 되기 위하여 뛰어들 수 있도록 해 주는 점프대와 같은 것이다. 그러나 어떤 점에서는 행위자와 목격자는 비슷하다. 그들은 계속 강둑에 머무르고 있다. 그들 중 누구도 아직 강 속에 있지 않다. 행위자는 강에서 멀리 떨어져 있지만, 목격자는 강에 쉽게 뛰어들 수 있는 곳에 가까이 와 있다. 그러나 강 바깥에 있는 한, 그들은 같은 땅 위에, 같은 함정—이원성의 함정—속에 있다. 오직 강 속으로 뛰어든 후에야 당신은 이원성에서 나올 수 있다. 당신은 하나와 하나 될 수 있다.

기타에 기록된 태양의 북쪽 혹은 남쪽 방향으로의 움직임에 관한 크리슈나의 언급에 관한 한, 나는 그것이 항상 크게 잘못 해석되어 왔다고 생각한다. 그것은 우리의 날들을 만들고, 일 년을 주기로 북쪽과 남쪽으로 움직이고, 우리의 태양계를 관장하고 있는 태양과는 아무런 상관이 없다. 태양이 북쪽으로 움직이는 동안에 죽는 사람은 해방을 얻고 남쪽으로 움직이는 동안에 죽는 사람은 그것을 놓친다는 뜻이 아니다. 그 모든 것은 우리의 행성과 태양과는 아무런 관련이 없다. 그것은 전적으로 다른 문제이다. 그것은 상징적 말이며 은유일 뿐이다.

바깥에 있는 태양과 같이 우리 안에는 내면의 태양, 의식의 태양이 있다. 그것은 그것 자신의 길들과 영역들이 있다. 지구를 북반구와 남반구로 나누듯이, 우리는 내면의 하늘을 비슷한 구들로 나눈다. 우리 안에도 역시 태양, 빛 혹은 진리—당신이 그것을 무엇이라 부르든—가 있으며, 바깥의 은하계와 비교될 수 있는 중심들의 연결망이 있다.

만약 이 내부 세계 안에 있는 특별한 공간이 어떤 사람이 죽을 때 밝혀지면 그는 해방을 얻고, 그렇지 않으면 얻지 못한다. 이 주제는 중요하므로 자세히 설명할 필요가 있다. 그래서 나중에 별도로 얘기하는 편이 좋겠다. 지금은 기타에 있는 태양의 움직임에 관한 크리슈나의 말은 바깥에 있는 태양과는 아무런 관련이 없다는 것을 아는 것으로 충분하다.

우리 각자 안에는 우리 자신의 내면의 태양들, 달들, 별들이 있고 그들이 움직이는 소우주가 있다. 그것은 그것 자신의 빛 혹은 의식 혹은 진리—그것을 무엇이라 부르든지—의 공간적 움직임이 있다. 기타를 보면, 내면의 태양이 북쪽으로 움직일 때 죽는 사람은 삶과 죽음의 윤회로부터 자유로울 것이라는 말이 있다. 이것은 물은 섭씨 100도로 가열하면 수증기로 변한다고 말하는 것과 같다. 100도에 못 미치면—99도조차—물은 물로 남는다.

이것을 이해하려면, 내부의 몸들과 그들의 중심들에 관한 전반적인 내용 속으로 들어가야 할 것이다. 그래서 지금은 이 주제를 언급하지 않기로 한다.

> 당신께서는 아직 자신의 지성에 자리 잡은 스티타프라갸나와 헌신자를 비교해 주지 않았습니다.

당신은 스티타프라갸나와 헌신자인 박타가 어떻게 비교되는지를 알고자 한다. 스티타프라갸나는 헌신자이기를 그만두고 자신이 바가반, 즉 신이 된 자를 의미한다. 헌신자는 신이 되는 길에 있는 자이다. 그러므로 헌신자는 신이 되는 길 위에 있는 사람이고, 스티타프라갸나는 이미 도달한 사람이다. 다른 말로 하면, 헌신은 길이며, 안정된 지성 혹은 지혜는 종착지이다. 목표에 도달한 사람을 스티타프라갸나라 하며, 이 목표로 가는 여행자를 헌신자라 한다.

깨어난 사람인 현자와 헌신자는 유사점들이 많다. 왜냐하면 길과 목표는 불가피하게 결합되어 있기 때문이다. 목표, 목적지는 길의 완성이다. 길이 끝나면 목적지에 도착한다. 헌신자와 지성에 안정된 사람 사이에는 많은 공통점들이 있다. 왜냐하면 길 위에 있는 사람은 목표를 향해 가고 있기 때문이다. 두 사람 간에는 짧은 거리가 있을 뿐이다.

스티타프라갸나가 되기 위해 헌신자에게 남은 것은 얼마간의 거리, 얼마간의 시간뿐이다. 목적지에 도달하는 자는 항상 여행자이다. 그러므로 차이점은 여행하는 자와 목적지이다. 헌신자는 여행 중에 있다. 스티타프라갸나, 즉 현자는 이미 도달하였다. 헌신자의 열망과 기대는 깨달은 자, 깨어난 자의 성취로 변한다. 여행자는 스티타프라갸나, 즉 현자로 변하였다. 그들은 어쩔 수 없이 서로 연결되어 있다.

헌신자의 여정의 마지막 단계는 헌신자로서의 자신의 사라짐과 신으로의 그의 출현이다. 헌신자가 신 그 자신이 되지 않는 한, 그는 갈증을 느끼고 불만족을 느낄 것이다. 비록 그들이 서로 만나고 서로 포옹하고 있더라도, 헌신자는 완전히 배부르거나 만족하지 않을 것이다.

아무리 친밀한 포옹이 있을지라도 두 연인 간에는 미묘한 분리가 남아 있다. 내가 아무리 당신을 꽉 껴안을지라도 거기에는 어떤 거리, 어떤 분리가 있을 것이다. 이 거리는 두 연인이 자아들로서 사라지고 서로 결합하여 완전히 하나가 될 때에만 사라질 수 있다. 그렇지 않으면 그 간격이 1인치이든 수백 마일이든 간에 모든 거리는 거리이다. 심지어 당신이 이 간격을 수천 분의 일로 줄인다 할지라도 여전히 간격은 남아 있다.

그러므로 헌신자는 비록 그가 신의 품속에 있을지라도 만족할 수 없다. 그는 자신이 헌신자로서 사라지고 신 그 자신이 될 때만 충족될 수 있다.

이것은 모든 연인들의 슬픔과 고통이다. 연인과 아무리 가깝고 친밀해도, 그는 불만족스럽고 불행하다. 그의 문제는 만약 그가 그의 연인과— 사랑과 존재의 수준에서 육체적으로뿐만 아니라 영적으로도— 하나가 되지 않으면 만족하거나 행복할 수 있는 방법이 전혀 없다는 것이다. 그런데 이것은 정말로, 정말로 어렵다. 사랑과 존재의 수준에서 하나가 된다는 것은 가장 얻기 어려운 것들 중의 하나이다.

사랑하는 두 연인이 장작단처럼 서로를 붙들어 맨다고 해도 이런 일은 일어나지 않을 것이다. 오히려 그들이 서로 더 가까울수록 그들의 환멸감과 비참함이 더욱 커진다는 것은 아이러니다. 그들 사이에 어떤 거리가 있을 때는 서로 가까워지면 신성한 행복감과 즐거움이 올 것이라는 희망이 있었다. 그러나 그들이 실제로 가깝고 서로 더없이 가까울 때조차도, 그들은 환멸감을 느끼고 희망들에 속았다고 느끼기도 한다.

그들의 관계, 그들의 친밀감과 신뢰에는 부족한 것이 전혀 없다. 그러나 행복에 대한 희망은 먼 꿈으로 남는다. 그때 연인들은 서로 괴롭히고 분노하기 시작한다. 그들은 서로를 의심하기 시작한다. 그들은 저마다 자신은 최선을 다하는데 상대방은 뭔가를 숨기고 자기를 속인다고 생각한다. 이제 그들은 전과 달리 걱정과 근심에 에워싸인다. 그러나 진정한 이유는 만약 연인들이 정말로 하나가 되지 않는다면, 그들은 결코 만족하거나 행복할 수 없다는 것이다.

이러한 이유로 나는 오늘날의 연인들이 내일의 헌신자들이라고 말한다. 그들이 헌신으로 변하는 길 외에는 다른 방법이 전혀 없다. 몸을 지닌 인간과 하나가 되는 것이 불가능하다는 것을 알았을 때, 그들은 몸이 없는 신에게로 향할 것이다. 왜냐하면 신과는 진정으로 하나가 되는 것이 충분히 가능하기 때문이다. 조만간에 모든 연인들은 헌신자로 변해 갈 것이다. 그리고 모든 사랑의 말들은 기도로 변할 것이다.

그렇게 되어야 한다. 다른 방법으로는 사랑의 고문과 불행으로부터 빠져나갈 방법이 전혀 없다. 헌신자가 되는 것을 거부하는 연인은 영원히 고통 속에 갇히게 될 것이다. 그의 갈망들은 헌신자의 갈망인데도 그것들을 평범한 사랑을 통해 채우려 한다는 것은 아이러니다. 그의 갈망들은 한 방향으로, 그의 노력들은 다른 방향으로 달려가고 있다. 그러므로 좌절은 불가피하다. 그는 상대방과 하나가 되어 그들 사이에 아무것도, '나'와 '당신'이라는 생각조차도 들어올 수 없기를 갈망한다. 그러나 그는 자신의 갈망들을 충족시키기 위해 잘못된 대상을 선택했다.

어떤 두 사람도 그들 사이에 '나'와 '당신'이라는 생각이 올 수 없을 정도로 가까워질 수 없다. 그것은 불가능하다. 오직 두 인간이 아닌 존재들, 자아 없는 존재들이 이 합일과 하나임을 이룰 수 있다. 신은 인간이 아니기 때문에, 헌신자는 그가 한 인간이기를, 하나의 자아이기를 그만두는 날 신과 하나가 될 수 있다. 헌신자가 분리된 실체로 남아 있는 한, 신과의 합일은 불가능하다.

신은 헌신자와 같은 실체가 아니다. 신의 존재는 비존재와 유사하고, 그의 현존은 부재와 유사하다. 신의 이 측면은 심오하다. 그러므로 올바르게 이해할 필요가 있다.

우리는 항상 묻는다. 모든 헌신자들은 왜 신이 자신의 모습을 드러내지 않느냐고 묻는다. 만약 신이 모습을 드러낸다면, 융합, 합일, 하나임이라는 의미에서 신과의 만남이 불가능할 것이라는 점을 우리는 잊고 있다. 그러한 융합은 모습을 잃은 존재와만 가능하다. 헌신자들은 항상 신에게 "어디에 숨었습니까? 당신은 왜 모습을 드러내지 않습니까?"라고 묻는다. 이것은 아주 잘못된 질문이다. 만약 그가 정말로 어떤 모습으로 나타난다면, 그때 구도자와 찾고자 하는 대상 간에 큰 장벽이 일어날 것이다. 그러면 하나가 되는 것은 불가능해질 것이다.

신은 나타나지 않은 존재이기 때문에 신과 융합할 수 있다. 신은 하늘처럼 보이지 않고 무한하기 때문에, 헌신자는 비존재와 다름없는 신의 존재 속으로 잠길 수 있다. 신은 어디에서도 볼 수 없다. 그러므로 신은 모든 곳에 있다. 만약 신이 보일 수 있다면, 합일은 가능하지 않을 것이다.

특별한 비전을 보는 현자인 에크하르트(Eckhart)는 이상한 방식으로 신에게 감사를 표현하였다. 그는 신에게 "당신은 보이지 않는 존재로 계시어 어느 누구도 당신을 볼 수 없고, 어느 누구도 당신을 찾을 수 없고, 당신과 만날 수 없으니 당신의 자비는 무한하십니다. 사람들은 모든 곳에서 당신을 찾으려 하나, 당신은 어디에서도 발견되지 않습니다. 이것은 인간을 향한 당신의 더없는 자비이십니다. 왜냐하면 이 방식으로 당신은 인간에게 교훈을 주시기 때문입니다. 인간이 당신처럼 보이지 않는 존재가 되지 않는 한, 인간이 당신처럼 비존재, 부재가 되지 않는 한, 당신과의 합일은 불가능하다는 교훈 말입니다." 신은 모습이 없다. 그러므로 헌신자가 신처럼 형상 없는 존재가 될 때, 그가 실체 없는 존재, 부재가 될 때, 그는 궁극의 존재와 하나가 된다. 만약 신과의 만남과 합일에 어떤 장애가 있다면, 그것은 신이 아니라 헌신자에게서 나오는 것이다.

스티타프라갸나는 사라져 버린, 무(無)가 되어 버린 헌신자이다. 이제 그는 신을 향해 울지도 않는다. 왜냐하면 울 존재가 없기 때문이다. 이제 그는 기도를 하지 않는다. 왜냐하면 누가 누구에게 기도할 것인가? 혹은 카비르가 말하듯이, 우리는 이제 그가 행하는 것은 무엇이나 예배요, 그가 하는 말은 무엇이나 기도라고 말할 수 있을 것이다. 우리는 그것을 두 가지 방식으로 말할 수 있다. 즉 그는 무(無)다, 혹은 그는 전부다. 스티타프라갸나는 신처럼 되어 버린 사람이다.

헌신자는 그 자신을 신의 길 위에 올려놓은 사람이며 순례자다. 하지만 그는 아직 인간으로 남아 있다. 그의 모든 희망들과 열망들은 인간의 것들이다. 미라의 노래들이 바로 그런 경우다. 그녀는 신을 위해 울고 신을 위해 춤춘다. 그녀의 노래들은 너무나 인간적이라는 의미에서 탁월하다. 그녀의 울음은 연인의, 헌신자의 울음이다. 그녀는 말한다. "저는 당신을 위해 아름다운 침실을 만들었어요. 부디 오셔서 그것을 빛내 주세요. 저는 문을 열어 놓고 오랫동안 당신을 기다리고 있어요." 이것들은 모두 인간의 감정들이다. 그러므로 헌신자는 아직 신이 되기를, 신 속에 녹기를, 신 속에 자신을 잃어버리기를 열망하는 인간이다.

　자신의 지성 안에 정착한 스티타프라갸나는 인간이기를, 자아이기를 그쳤다. 그는 순례자이기를 그쳤다. 그는 모든 움직임을 멈추었다. 그는 어디에도 가지 않는다. 이제 어디론가 간다는 문제는 일어나지 않는다. 그는 그가 있는 곳에 존재한다. 이제 그는 신이 모든 곳에 있다는 것을, 그리고 오직 신만이 존재한다는 것을 안다. 그는 신이 영원함을 안다. 그는 신이 영원 그 자체임을 안다. 그러나 우리가 신처럼 보이지 않게 되지 않는 한, 우리가 아무도 아닌 존재가 되지 않는 한, 우리는 그를 발견할 수 없다. 예수는 "자신을 구하고자 하는 자는 잃을 것이요, 자신을 버리는 자는 구원을 받을 것이다."라고 말한다. 스티타프라갸나는 자신을 잃었다. 그래서 그는 구원되었다. 그는 도달하였다.

　헌신자는 열망자, 구도자이다. 그러므로 그는 아직 자아가 있다. 그의 지아는 그대로 있다. 그의 자아는 점점 경험과 이해의 불 속에서 태워질 것이다. 카비르는 말한다. "내가 신을 찾기 위해 헤매는 동안 나는 나 자신을 잃었다." 이것은 영적 탐구의 기적이다. 구도자가 사라지는 순간, 찾으려 했던 대상인 신이 나타난다.

　사실 구도자는 찾고자 하는 대상이다. 이 맥락과 관련한 노자의 말은 매우 의미심장하다. 그는 말한다. "찾으면 찾지 못할 것이요, 찾지 않으면 찾을 것이다. 도는 지금 여기에 있기 때문이다." 사람은 신이나 진리, 당신이 그것을 무엇이라 부르든 그것을 정말로 그리워한다. 왜냐하면 그는 그것을 찾으려 하기 때문이다. 당신은 여기 지금에 있는 것을 어떻게 찾을 수 있는가? 찾는다는 것은 당신이 찾고 있는 것이 여기에 있지 않고, 저기에 혹은 어떤 다른 곳에 있다는 것을 의미한다. 찾고 있기 때문에 당신은 실재로부터 멀리 떠내려간다.

어떤 사람은 카시(바라나시)로 가고, 어떤 사람은 메카로, 또 다른 사람들은 가야나 예루살렘, 카일라사로 간다. 심지어 마날리로 올 수도 있다. 그러나 그것들은 모두 지금 여기에 존재하고 있는 실재 혹은 진리로부터 벗어나게 하는 것들이다. 그러나 구도자가 계속 찾거나 탐구하는 한, 그는 그 자신을 계속 잃는다. 그가 너무나 지친 날, 그가 자기를 완전히 잃고 땅바닥에 쓰러지는 날, 그는 자신이 실재 안에 있음을 발견한다. 그가 어디에서 쓰러지느냐, 마날리 혹은 메카, 카시 혹은 예루살렘, 기르나르 혹은 가야에서 쓰러지느냐는 전혀 중요하지 않다. 그가 쓰러지는 곳에서 그는 자신이 현존하고 있음을 발견한다. 신은 늘 현존하고 있다. 신은 모든 곳에 현존하고 있다. 그러나 우리 자신의 현재 존재하고 있는 모습이 우리로 하여금 신을 만나는 것을 방해한다. 구도자가 존재하지 않는 순간, 신 혹은 진리가 현존한다. 신은 항상 현존하고 있다. 그는 영원히 현존하고 있다.

헌신자는 현존하는 자, 자아이다. 스티타프라갸나는 존재하지 않는 자이며, 자아로서, 자기로서 부재한다.

이것은 선명히 이해되어야만 한다. 헌신자가 현존하는 한, 신은 부재한다. 이러한 이유로 헌신자는 가짜 신, 대리 신을 만든다. 그는 신의 상을 만들거나 신의 사원을 세운다. 이것들은 대리의 것이다. 이것들은 도움이 되지 않을 것이다. 왜냐하면 그것들은 헌신자 자신의 창조물이며, 그 자신의 투사들이기 때문이다. 곧 그는 그러한 게임들에 물리거나 환멸감을 느끼게 될 것이다. 어떻게 그 자신이 만든 신이 그를 만족시킬 수 있는가? 그는 그 모든 게임이 어리석은 행위라는 것을 깨달을 것이다. 그는 가짜인 상들을 내던질 것이다. 그는 이제 진정한 신을 찾을 것이다.

그러나 실재는 내가 자아로서 죽을 때, 내가 존재하지 않을 때에만 온다. 실재는 단 하나의 조건만을 가지고 있다. 내가 사라져야 한다는 것. 나의 존재는 벽이다. 나의 부재가 문이다.

이것이 스티타프라갸나와 헌신자의 차이이다. 헌신자가 벽인 반면, 스티타프라갸나는 문이 되었다. 사실 우리 모두는 벽이다. 그러나 헌신자는 다른 벽이다. 우리가 벽으로서 우리의 자리에 편안하게 머물고 있는 동안, 헌신자는 벽에서 문으로 움직이기 시작하였다.

크리슈나의 성에 대한 혁명적인 개념을 충분히 설명해 주십시오. 수천 명의 여자들을 광란으로 몰아가게 하고 그들에게 만족감과 충족감을 느끼게 하는 그의 굉장한 성적 매력은 무엇입니까? 게다가 당신께서는 사랑의 충만함이 성관계의 정지로 나아가게 한다고 말씀하셨습니다. 그렇다면 사랑의 충만함과 최고로 높은 사마디 혹은 황홀경을 얻은 후에 성관계를 갖는 것이 어떻게 가능합니까?

우리는 이미 이 문제를 장황하게 다루었다. 그러므로 나는 이 문제에 간단히 대답하겠다.

수천 명의 여성들에 대한 크리슈나의 매력은 산을 떠나 들판을 달린 뒤 어떤 호수에 정착하는 물의 흐름에 비교할 수 있다. 당신은 왜 물이 산에서 흘러내려 호수로 달려가는지를 묻지 않는다. 만약 당신이 묻는다면, 대답은 이러할 것이다. 왜냐하면 호수는 호수이고, 호수에 모이는 것은 물의 방식이기 때문이다. 물은 높은 산들을 떠나

낮은 호수에 모인다. 왜냐하면 산들은 물을 간직할 수 없기 때문이다. 그러나 호수는 할 수 있다. 물이 편안히 쉴 수 있는 계곡이나 호수를 찾는 것은 물의 본성이다.

이와 마찬가지로 남자를 찾는 것은 여성의 본질 속에 내재하고 있다. 여성은 남성과 함께 있을 때만 편안함을 느낄 수 있다. 남성은 여성과 함께 있을 때만 편안함을 느낄 수 있다. 그것은 남성 혹은 여성의 본성이다. 생명이 있는 모든 존재들은 그 자신의 본성을 지니고 있다. 불은 타오르고, 물은 아래로 흐르고, 남성은 여성을 찾고, 여성은 남성을 찾는다.

사실 그들은 상대방을 찾는 것이 아니다. 그들이 찾는 것은 자기 자신의 완성, 자기 자신의 충족이다. 그것을 제대로 말한다면, 남성은 여성 속에서 그 자신을 찾고 있으며 여성은 남성 속에서 그 자신을 찾고 있다. 남성과 여성은 그들 자신만으로는 불완전하며 만족스럽지 못하다. 그들이 서로 만나서 하나가 되지 않으면, 그들은 결코 완전하거나 만족스러울 수 없다. 이러한 이유로 그들은 계속해서 서로를 찾고, 이런 탐색이 좌절되면 좌절감을 느낀다. 이런 노력이 어떤 이유로 인해 좌절되면 본성에 위배되게 된다. 그러면 그것은 남성과 여성 모두에게 심각한 불안과 불행, 고뇌를 불러일으킨다.

크리슈나가 여성에게 크게 호응을 받는 근본적 이유는 그가 완전한 남성, 전체적인 남성이기 때문이다. 완벽한 남성일수록 여성에게 더욱 매력적이다. 마찬가지로 완벽한 여성일수록 남성에게 더욱 매력적이다. 크리슈나 안에서 남성성이 완성되고 완전히 표현되었다.

완전한 남성으로서 마하비라는 크리슈나에 비해 손색이 없다. 그는 크리슈나만큼 완전하다. 그러나 마하비라의 모든 수행은 신체적 본질의 법칙을 넘어서는, 음과 양의 세계를 초월하는 곳으로 가고 있다. 그런데도 불구하고 그의 제자들은 여성 수도자가 3만 명이고 남성 수도자는 만 명밖에 안 된다는 것은 이상한 일이다. 여자가 남자의 세 배다. 이것은 마하비라가 여성들에게 크게 매력적이었다는 것을 의미한다. 그의 포기자들 가운데 여성들과 남성들의 비율은 3대 1이다.

성의 초월을 모든 수행의 목표로 삼고 있는 사람, 자신의 남성성을 거부하고 여성의 여성성을 받아들이기를 거부하는 사람, 성에 관한 모든 문제를 세속적인 것으로, 영적이지 않은 것으로 보는 사람, 영적인 추구를 세속적인 추구들보다 훨씬 높게 보는 사람이 여성들에게 그렇게 크게 매력적이라는 것은 의미심장하다. 여성들은 마하비라와 접촉하는 것이 금지되어 있었고 심지어 가까이 앉을 수도 없었지만, 그럼에도 그들이 그를 열광적으로 추종한다는 것은 아이러니다.

그런데 마하비라의 삶과 가르침의 이러한 측면은 결코 이런 방식으로 조사되지 않았다. 그럴 것이다. 3만 명의 여성 제자들은 그만두고라도, 만약 우리가 만 명의 남성 제자들의 정신세계를 자세히 조사해 본다면, 우리는 그들의 기질 속에서 여성스러운 요소를 발견할 것이다. 그렇지 않을 수 없다. 모든 남자가 남성의 마음을, 모든 여자가 여성의 마음을 가질 필요는 없다.

마음이 항상 몸과 조화로운 것은 아니다. 오히려 그것은 생각보다 훨씬 조화를 이루지 못하고 있다. 어떤 이는 남자의 몸을 가지고 있지만 마음은 여성적 경향성을 띠고 있는 것을 종종 볼 수 있다. 만약 우리가 마하비라의 남자 수도자들의 마음을 조사하는 것이 가능하다면, 우리는 그들이 압도적으로 여성적 성향을 가지고 있음을 알 수 있을 것이다. 그럴 것이다. 남성성의 전형인 마하비라는— 그러한 사람이라면 누구라도— 당신 속에 강한 여성이 자리 잡고 있지 않다면 당신의 관심을 끌 수 없다. 마하비라의 매력의 반은 마하비라 자신에게서 온다. 나머지 반은 그에게 매력을 느낀 사람들로부터 나온다.

이런 면에서 크리슈나의 위치는 평범하지도 않고 흔하지도 않다. 크리슈나는 세상이나 그 어떤 것도 포기하지 않는다. 그는 삶을 전체로 받아들인다. 일반 여자들을 제외한 여자 수도자와 고행자들만 그와 가까이 있는 것이 아니며 또한 그를 멀리서만 바라볼 수 있는 것도 아니다. 아니다. 그들은 크리슈나와 자유롭게 춤추고 노래할 수 있다. 그들은 마하라사(maharaas), 즉 그를 가운데에 놓고 그와 함께 추는 거대한 춤을 출 수 있다. 그러므로 수천 명의 여자들이 그의 주변으로 몰려든 것은 전혀 놀랄 일이 아니다. 그것은 너무나 자연스럽고 너무나 단순하다.

붓다도 완전한 남자다. 그의 일생과 관련된 놀라운 일화가 있다. 그는 깨달음을 얻고 나서 다르마의 바퀴를 굴릴 때, 여성을 자신의 공동체, 즉 상가(sanga)에 받아들이지 않을 것이라고 선언한다. 여자들을 받아들이는 데 따르는 위험이 분명히 보이기에 그는 그렇게 한다. 붓다와 같이 빛나는 남성 주위에는 여성들이 나방처럼 모여들어 그 수효만으로 상가를 압도해 버릴 수 있는 위험이 있다.

여자들이 반드시 영적 성장을 위해서만 그에게 모여들 것이라고 볼 수는 없다. 붓다의 카리스마, 그의 남성적 매력은 여성들을 그에게로 끌어당기는 큰 힘을 지니고 있을 것이다. 크리슈나를 에워싸고 있는 수많은 고피, 즉 우유를 짜는 여인들이 신 실현을 위해서만 거기에 있는 것은 아니다. 크리슈나는 그들에게 큰 매력을 지니고 있다. 그런 완벽한 남자와 함께 하는 것은 그 자체가 희열이다. 그들에게 그는 신에 버금가는 존재이다. 크리슈나는 선택이 없는 존재이기에, 왜 그들이 자신에게 오는지에 대해서는 조금도 관심이 없다. 그는 그들을 무조건적으로 받아들인다. 그러나 붓다는 선택적이다. 그는 누구를 받아들일지에 대한 제한과 조건을 가지고 있다.

그래서 붓다는 그의 공동체에 여성들이 들어오는 것을 완강히 거부한다. 붓다는 자신의 결정을 강력히 거부하는 여자들의 압박을 감내한다. 여성들의 격렬한 항변들과 압력을 받은 후에야 붓다는 자신의 제자로 입문시켜 달라는 그들의 요구에 굴복한다. 붓다가 왜 그렇게도 오랫동안 그들의 간청을 뿌리쳤는지 이해할 만하다. 여성의 100명중 99명이 붓다의 성품보다는 붓다 그 자신 때문에 몰려든다는 것을 그는 알고 있다. 붓다는 한 여성이 와서 마침내 그의 고집을 꺾을 때까지 버티었다. 그 여자는 붓다만큼 고귀하다. 그 이야기는 아름답다.

어느 날 아침 크리샤 가우타미(Krisha Gautami)라는 여자가 붓다에게 와서 "왜 우리 여자들은 불성이 없나요? 당신은 우리를 구원하기 위해 다시 이 세상에 오지 않을 것입니다. 우리의 잘못이 무엇인가요? 여자로 태어난 것이 잘못인가요? 여자들에게서 불성이라는 이 선물을 빼앗아 버린 죄와 책임은 당신에게 있음을 기억하세요."라고 말하였다. 여성 중에 백 번째로 찾아온 이 크리샤 가우타미는 붓다가 아니라 불성을 구하기 위하여 온 여인이다. 그래서 붓다는 크리샤 가우티미를 받아들였다. 붓다는 그녀를 물리치지 못한다.

그녀는 붓다에게 매우 분명한 어조로 말한다. "제가 당신을 찾아온 것은 당신 때문이 아니라, 당신이 이 지상에 가져오신 고귀한 선물인

불성을 위해서입니다. 그것은 천 년에 한 번 일어나는 일입니다. 왜 그것을 남자들에게만 주어야 합니까? 왜 여자들은 단지 여자라는 이유만으로 이 은총을 받지 못해야 합니까? 이것은 당신이 그들에게 내리는 가장 냉혹하고 무정한 벌입니다. 그것으로 당신은 여자들에게 벌을 내리고 있습니다. 당신은 너무 편협하십니다. 당신 역시 고르고 선택하십니다. 붓다조차도 선택이 없지는 않은 것 같습니다."

붓다는 크리샤 가우타미에게 항복한다. 그는 그녀를 그의 첫 번째 여자 제자로 받아들인다. 그 뒤 여자들을 받아들이기 위한 문이 활짝 열린다. 이 사실은 마하비라에게도 반복된다. 그에게는 여자 제자들이 남자 제자들에 비해 3:1의 비율로 우위를 이루고 있다.

오늘날에도 남자들보다 여자들이 더 많이 사원들을 찾는다. 여성 붓다들과 여성 화신들 그리고 여성 티르탄카라들로 사원들을 꾸미지 않으면, 남성들은 계속 사원들에서 멀어질 것이다. 왜냐하면 99명은 항상 자연적인 이유로 그곳에 가기 때문이다. 오직 백 번째 사람만이 초자연적인 이유로 그곳에 간다

크리슈나에게는 남성과 여성의 문제가 둘에 둘을 더하면 넷이 되는 것처럼 단순하다. 크리슈나는 여성들에 대해 아무런 어려움이 없다 그는 그들을 어떤 것 못지않게 자연스럽게 받아들인다. 크리슈나는 삶과 삶에 관한 모든 것을 즐겁게 그리고 전체적으로 받아들인다. 그는 자신을 남성으로 받아들이듯이 여성을 여성으로 받아들인다. 크리슈나가 여성에게 무례한 말을 하지 않았고 여성을 소홀히 대하지 않았다는 것은 사실이다.

예수는 여성을 경시했다고 볼 수 있다. 마하비라와 붓다 역시 마찬가지다. 왜냐하면 그들은 남성의 성품을 지우고 그것을 초월하기 위

해 노력하고 있기 때문이다. 그들은 여성과 교제하지 않는다. 마하비라와 붓다, 그리고 예수는 그들의 생물학적 부분인 성을 지우기를 원한다. 그들은 여성들로 하여금 그들의 주위에 있도록 허락한다면 여성들이 방해가 될 것이라는 점을 자각하고 있다. 여성들로 둘러싸이면, 여성들이 남성다움에 자양분을 제공하기 때문에 그들의 남성적 성품이 스스로를 주장할 것이다.

희한하게도, 여성들은 자신들에게 호의적이지 않은 마하비라, 붓다와 예수 주변에 모인다. 예수는 은거 생활을 하고 슬퍼 보이며 웃지 않았다고 전해진다. 그러나 그의 시신을 십자가에서 내린 사람은 남자들이 아니라 모두 여자들이었다. 그 시대 가장 아름다운 여인이었던 막달라 마리아도 그들 중 한 명이다. 남자 제자들은 이미 모두 도망쳐 버렸다. 세 명의 여자들만 그의 시신을 돌보기 위해 거기에 있다. 예수는 여성들에게 존중의 말을 하지 않았다.

마하비라는 여자는 남자로 다시 태어나지 않는 한 목샤, 즉 해방을 성취할 수 없다고 말한다. 붓다는 여성들을 자신의 종교에 입문시키기를 거부한다. 크리샤 가우타미가 여성들도 종단에 받아 달라고 붓다를 설득할 때, 그는 이상한 말을 한다. 그는 "나의 종교는 5천 년 동안 지속될 예정이었다. 그러나 이제 여성들이 들어왔으므로 앞으로 오백 년만 지속될 것이다."라고 말한다.

이 말 속에는 진실이 있습니다.

이것은 질문이 아니다. 결코 아니다. 이 말 속에는 상대적 진실이 있다. 붓다의 측면에서 보면 사실이다. 왜냐하면 그의 길은—마하비라의 길도—여성을 위한 길이 아니기 때문이다. 남성 지향의 길인 붓다의 길에서는 여성을 위한 여지가 그리 많지 않다. 그럼에도 불구하고 여성들은 그들이 너무나 카리스마적이기 때문에 그들에게로 달려간다. 그러므로 붓다의 말은 그의 길과 관련해서만 사실인 상대적인 진실이다. 그것은 절대적 진실은 아니다.

여성들이 목샤를 얻는 데는 아무런 어려움이 없다. 그들은 남성들과 마찬가지로 목샤에 이를 수 있다. 그러나 그들의 길은 확실히 다를 것이다. 여성들은 자이나 티르탄카라의 길을 걸어갈 수는 없다. 그것은 마치 산으로 가는 두 갈래의 길이 있는 경우와 마찬가지다. 하나는 입구에 '여성들을 위한 길이 아님'이라고 쓰인 팻말이 박혀 있는 길로서 직선의, 가파른, 그리고 짧은 길이다. 다른 하나는 '여성들을 위한 길'이라고 쓰인 팻말이 박혀 있는 길로서 길고, 둘러 가는, 그리고 평탄한 길이다. 그것이 차이점이다.

그러므로 여성들이 해방에 이를 수 없다는 말은 마하비라와 붓다의 길이라는 맥락에서는 진실이다. 만약 어떤 여성이 이 남성 지향의 길을 걷겠다고 고집한다면, 그녀는 분명 다음 생에 남자로 태어나기를 기다려야 할 것이다.

마하비라의 길은 특히 가파르고 험하고 힘들다. 거기에는 그럴 만한 이유들이 있다. 중요한 한 가지 이유는 힘들 때 의지할 신도 친구도 없이 그 길을 홀로 가야만 하기 때문이다. 그리고 여성의 심리적 성향을 볼 때, 여성은 힘들 때 기댈 누군가의 어깨— 거짓 어깨라 할지라도—가 필요하다. 여성들은 기댈 수 있는 어깨와 잡을 수 있는 손이 있을 때 자신감을 갖는다. 이것이 그들의 방식이다.

그러나 남자의 방식은 다르다. 그는 자기 자신에게 의존하기를 좋아한다. 다른 것들에 의존하는 것은 그의 본성이 아니다. 그것은 자기 연민을 느끼게 한다. 남자의 손을 잡을 때 여성들은 자신감과 힘과 긍지를 느낀다. 혼자 남겨진 여성들은 자기 연민을 느끼고 고독하고 비참하다고 느낀다.

간디는 양옆의 두 여자에게 기대면서 산책을 하곤 했습니다.

나중에 거론하겠지만, 이것은 전혀 별개의 사항이다. 여인의 부축을 받으며 걷는 간디의 이런 특이한 면은 특별히 고려할 만하다. 그는 아마도 그렇게 한 최초의 남자일 것이다. 과거의 어떤 남자도 여자의 어깨에 기대어 걷지 않았다.

그가 늙어서일까?

아니다. 그가 늙어서 그런 것은 아니다. 늙지 않았을 때도 그는 그런 식으로 걸었다. 간디의 이런 행동은 상징적이며 의미가 있다. 이 나라에서 여자는 항상 남자에 의지하여 왔고, 여자는 약한 성이라고 여겨지고 있고, 여자는 이 사회에서 2등 계급의 시민으로 간주되고 있다. 간디는 이 오랜 전통에 대항한 최초의 인물이다.

두 여인의 어깨에 의지함으로써 간디는 여자가 약한 성이 아니며, 여자도 남자만큼 강하고, 남자도 여자의 어깨에 기댈 수 있다는 것을 선언한다. 이것은 낡은 전통에 대항하는 첫 발걸음이다. 그것은 항의 이상의 것이 아니다.

그러나 간디는 여자에 의지해 걸을 때 편안해 보이지 않는다. 게다가 두 여자들도 그것을 기분 좋게 느끼지 않는다. 그들은 분명 어색하고, 힘들고, 간디의 — 신체적, 심리적 — 무게에 눌리고 있다고 느끼고 있을 것이다. 사실 그것은 남성과 여성 모두의 본질에 배치되므로 부자연스럽고 추해 보인다.

간디는 그들의 특성과 관계에 대해 올바로 이해하지 못한 것 같다. 그는 낡은 전통에 대항하고 있지만, 이것은 별개의 일이다. 그것은 또한 남성의 마음과 여성의 마음에 대한 간디의 이해가 얼마나 빈약한지를 보여 준다.

나는 간디의 처방이 여성들의 사회에 어떤 이득을 주었다고는 생각지 않는다. 그는 많은 여자들을 남자로 바꾸어 놓았고, 그것은 그들에게 막대한 피해를 주었다. 여자는 남자가 될 수 없다. 여자는 그들 자신만의 길이 있다. 기대는 것은 여자들에게 자연스럽다. 여자가 남자에게 기댈 때 의미가 있는 것은 여자가 영광을 느낄 뿐 아니라 남자도 똑같이 영광스러움을 느낀다는 것이다. 이것은 주고받는 것이다. 남자에게 의지함으로써 여자는 남자를 자신에게 기대게 한다. 어느 여자도 기대지 않는 남자는 매우 초라하고 슬픈 남자이다.

마하비라, 붓다 그리고 예수에 관한 한, 생물학의 부정이 그들의 영적 수행의 일부분을 이루고 있다. 그러나 크리슈나의 관점은 전혀 다르다. 그는 차별 없이 삶의 전부를 받아들인다. 영혼이나 신을 받아들이듯 생물학과 성을 받아들인다. 몸, 마음 그리고 영혼은 동등하게 환영받는다. 어느 것이 다른 것보다 덜 중요하지는 않다. 아무것도 부정되지 않는다.

크리슈나의 눈에는 거부하는 사람, '아니오'라고 말하는 사람은 어느 정도 무신론자이다. 사실 거부하거나, '아니오'라고 말하는 사람은 무신론자이다. 거부는 무신론자의 방식이다. 그가 물질을 거부하든 혹은 신을 거부하든, 몸을 거부하든 혹은 영혼을 거부하든, 굶주림을 거부하든 혹은 성을 거부하든 아무런 차이가 없다. 성이나 몸을 거부하는 사람은 영혼을 거부하는 사람과 마찬가지로 무신론자이다. 이와 마찬가지로 받아들이는 것, '예'라고 말하는 것은 유신론의 방식이다.

그러므로 나의 견해로는, 마하비라도 붓다도 예수도 유신론의 견지에서 볼 때 크리슈나만큼 완전하지 못하다. 크리슈나는 전적으로 '예'라고 말하는 사람이다. 크리슈나의 삶에는 거부나 비난이 조금도 없다. 완전한 받아들임이 그의 방식이다. 존재하고 있는 것은 무엇이나 존재 안에서 나름의 자리가 있다. 존재에 대한 크리슈나의 믿음은 꺾이지 않으며 정복될 수 없다. 그리고 그것은 진귀하기도 하다.

크리슈나 주위에 수천수만의 여자들이 모여드는 것은 우연이 아니다. 그리고 여기에 내가 방금 언급한 것 이상의 다른 이유는 없다. 만약 그들이 마하비라 주변에 모여든다면, 그들은 그에게서 일정한 거리를 두어야 하고 그에 대한 어떤 격식과 관례들을 지켜야 한다. 그들은 그를 포옹할 수 없다. 그것은 아주 불손하고 부적절한 행위라고 여겨질 것이다. 마하비라는 그것을 용납하지 않을 것이며, 관련된 여성들도 행복하지 않을 것이다. 그들은 수치심까지 느낄 것이다.

마하비라는 왜 그것을 용납할 수 없습니까?

마하비라가 그것을 용납하지 않을 것이라는 말은 그가 그것을 받아들이지 않을 것이고, 그것에 반응하지 않을 것이며, 바위처럼 움직이지 않을 것이라는 의미에서 하는 말이다. 그는 그의 온 존재로 여성의 포옹을 거부할 것이다. 그는 "나를 만지지 말라."라는 말은 하지 않을 것이다. 그러나 여성은 그것을 알 것이다. 그녀는 마치 바위를 껴안고 있는 것처럼 느낄 것이다.

만약 당신이 한 여자에게 손대지 말라고 말한다면, 그녀는 창피를 느끼지 않을 것이다. 그러나 만약 당신이 그녀의 포옹에 대해 반응하지 않는다면, 그녀는 정말로 상처를 받았다고 느낄 것이다. 마하비라가 여성들을 무례하게 대했다는 말이 아니다. 그러나 그의 존재 방식에서 그는 이와 다르게 할 수 없다. 그는 여성들을 포옹하거나 껴안지 않는다. 그러므로 여자들은 그에게서 적당한 거리를 두어야 한다. 그들은 결코 그와 친밀해질 수 없다. 그들이 그에게 더 가까이 갈 수 없는 한계와 경계선이 있다.

그것은 크리슈나에게는 전혀 다르다. 여인이 그에게서 어떤 거리를 두고 싶어도 그녀는 그렇게 할 수가 없다. 그는 너무나 개방적이고 너무나 받아들이고 너무나 카리스마적인 인물이어서, 그 어떤 여자도 그를 거부할 수 없다. 일단 어떤 여인이 그에게 다가가면, 그는 그녀를 끌어들일 것이다. 그녀는 곧 육체적인 접촉이 가능할 정도로 가까워질 것이다. 크리슈나는 누구에게나 공개된 사랑의 초대와 같다. 그는 우정, 친밀함과 사랑으로 초대하는 나팔 소리와 같다. 이런 면에서 그는 마하비라와 정반대이다. 누군가가 마하비라에게로 가서 그를 껴안으면 그는 바위처럼 움직이지 않을 것이다.

에머슨이 헨리 소로에 대하여 말하기를, 만약 어떤 사람이 소로와 악수를 한다면 그는 메마른 막대기를 쥐고 있는 것처럼 느낄 것이라고 했다. 어떤 이가 내미는 손에 대한 반응으로 그는 말이나 따스함이나 느낌이 없이 마치 죽은 이의 손처럼 자신의 손을 내밀었을 뿐이다. 그는 기쁨과 슬픔의 감정들에 대해 냉정하고 무관심하였다.

크리슈나는 소로와 정반대이다. 비록 당신이 크리슈나와 떨어져 있어도, 당신은 그가 당신을 어루만지고, 당신을 부르고, 당신을 포옹하려 함을 느낄 것이다. 그의 온 존재는 너무나 달콤하고, 너무나 끌어당기고, 너무나 매력적이고, 너무나 소리가 고와서, 수천의 여인들이 그의 고피, 즉 여자 친구들이 되는 것이 전혀 이상하지 않다. 그것은 너무나 자연스럽다. 그것은 너무나 자발적인 일이다.

당신은 또 크리슈나가 성관계를 가질 수 있는지, 그가 사랑을 할 수 있는지를 묻는다. 크리슈나에게 불가능한 것은 없다. 우리에게는 성이 문젯거리지만, 크리슈나에게는 그렇지 않다. 크리슈나가 성생활을 하는지에 대해 질문하는 것은 이상하다. 그러나 우리는 꽃이 성관계를 가지는지에 대해서는 질문하지 않는다. 우리는 새와 동물이 성행위에 몰입하는지는 결코 묻지 않는다. 온 세상이 성에 잠겨 있다. 온 세상이 성행위에 빠져 있다. 모든 존재가 사랑 만들기에 몰두하고 있다. 우리는 그 이유를 묻지 않는다.

그러나 그것이 인간에게로 오면 우리는 즉시 눈썹을 치켜 올린다. 우리는 크리슈나가 어떻게 성관계를 가질 수 있느냐고 묻는다. 사람들은 긴장해 있고 불안하고, 삶에 대한 비난으로 가득 차 있고, 자기 연민에 빠져 있기에— 전적으로 이미 짜여져 있고 지극히 자연스럽고 단순한— 성 같은 하나의 행위조차도 가장 복잡한 문제가 되어 버렸다. 그는 존재가 준 너무나 단순하고 천진한 선물을 몹시 성가신 일로 만들어 버렸다. 그는 성을 원리들과 교의들의 죄수로 만들어 버렸다.

성행위의 의미는 무엇인가? 그것은 자연이 정해 준 대로 두 개의 몸이 서로 친밀하게 접촉하고 결합하는 것을 의미한다. 성이란 자연이 원하는 방식으로 두 개의 몸이 생물학적으로 친밀하게 서로 결합하는 것이다. 그것은 그 이상도 그 이하도 아니다. 성이란 자연의 수준에서 남성과 여성이라는 두 존재들 간의 극도의 친밀성이다. 자연은 그 너머로 갈 수 없다. 그것 너머에서 신의 관할 구역이 시작된다.

크리슈나는 자연의 모든 권리를 인정한다. 그는 신과 영혼의 합일을 받아들이듯이 자연이 부여한 생물학적 친밀성을 정중하게 받아들인다.

그는 자연은 신에게 속하며, 그것은 모두 신 안에 있다고 말한다. 크리슈나에게는 성이 전혀 문제가 되지 않는다. 그것은 단순한 사실이다.

그가 어떻게 성을 그처럼 단순하고 천진하게 받아들일 수 있는지 우리가 이해하기는 무척 어려운 일이다. 우리에게 성은 삶의 하나의 사실이기를 그쳤다. 우리는 성을 다루기 힘든 문제로 만들어 버렸다. 삶의 다른 많은 단순한 것들에 대해서는 아직 그렇게 하지 않았다는 것에 대해 신에게 감사하라. 그러나 우리가 내일 그렇게 하지 않을지 누가 알겠는가?

내일 우리는 자신의 눈을 뜨는 것이 죄라고 말할 수도 있다. 그리고 우리는 크리슈나도 눈을 뜨느냐고 물을 것이다. 내일 우리는 눈을 뜨고 감는 단순한 일조차도 철학적인 문제, 신학과 교리 논쟁의 문제로 바꿀 수 있다. 그러면 우리는 바로 지금 성에 대해 묻고 있듯이, 우리의 눈으로 무엇은 해야 하고 무엇은 하지 말아야 하는지를 끊임없이 물을 것이다.

내 생각에 크리슈나의 삶은 전혀 방해받지 않고, 구속받지 않고, 제한되지 않는다. 그는 억압들과 제한들을 허용하지 않는다. 그것이 그의 아름다움과 위엄이며, 그의 독특함이다. 그에게 있어 진정한 자유는 구속들과 제한들로부터의 자유이다. 구속되지 않는 것이 그의 자유이다.

그러나 구속되지 않음에 대한 크리슈나의 의미는 우리들의 것과는 다르다. 구속되지 않음이란 우리에게는 구속들의 위반을 의미한다. 크리슈나에게 그것은 구속들과 제한들의 부재이다. 만약 당신이 이것을 명심한다면, 당신은 성을 포함한 모든 문제들에 있어서 크리슈나의 삶을 이해하는 데 아무런 어려움이 없을 것이다. 그에게는 성이 우리와는 달리 아무런 문제가 아니다. 그에게 성은 단지 생물학적인 현상이다. 만약 성이 일어나면, 그것은 일어난다. 만약 성이 일어나지 않으면, 그것은 일어나지 않는다.

우리에게 관한 한, 성은 생물학적이라기보다는 훨씬 더 심리적, 지적인 것이 되어 버렸다. 그것은 그것 자신의 올바른 자리— 성 센터—에 있기보다는 훨씬 더 우리의 마음속에 있다.

심리학자들은 현대인이 뇌로 성행위를 한다고 말한다. 크리슈나는 우리와 달리 성에 대해 생각할 필요가 없다. 우리는 성관계 속으로 들어갈 때에도 생각하고, 성관계 속으로 들어가지 않을 때에도 생각한다. 크리슈나는 성에 대해 생각하거나 결정할 필요가 없다. 그것은 그에게는 지적 활동의 문제가 아니다. 만약 성을 필요로 하는 사랑의 순간에 이르게 되면, 크리슈나는 그렇게 할 수 있다. 그것은 그냥 일어나는 것이다. 만약 그것이 일어나지 않는다면, 크리슈나는 그것을 갈망하거나 관심을 갖지 않는다. 그에게 성은 그냥 성이다. 그는 성을 정당화하거나 비난하지 않는다.

정당화와 비난이 우리의 교육이요, 우리의 견해요, 우리의 편견이다. 그것은 성이라는 사실과는 아무런 관련이 없으며 순전히 생물학적인 내용이다. 있는 것이 그냥 있다. 그것은 좋은 것도 나쁜 것도 아니다. 크리슈나는 있는 것을 받아들인다. 있지 않은 것조차도 받아들인다.

반복하건대, 크리슈나의 수용의 의미는 우리와 다르다. 우리가 무언가를 받아들일 때는 그것에 대한 거부의 반대 의미로 그렇게 한다. 즉 거부를 억제함으로써 그렇게 한다. 거부감이 있지만, 우리 마음속에 있는 거부의 부분을 억제하고 그것을 받아들이도록 조정한다. 이 수용은 부분적인 것이다. 마지못해 하는 수용이다. 우리에게 그것은 결코 무조건적이거나 완전한 수용이 아니다. 크리슈나가 수용할 때, 그는 그냥 수용한다. 그것 내에는 아무런 거부의 흔적이 없다.

바로 이런 이유 때문에 크리슈나를 이해하기는 너무나 어려웠다. 마하비라, 붓다, 예수와 모하메드를 이해하기는 쉽다. 그러나 크리슈나는 온 세상에서 이해하기 가장 어려운 존재이다. 그러한 이유로 우리는 크리슈나를 가장 부당하게 대했으며, 아무런 비난도 받지 않고 그렇게 해 왔다.

대부분의 우리의 아이디어들, 개념들 그리고 생각들은 마하비라, 붓다, 예수 그리고 모하메드로부터 온다. 우리의 모든 도덕적 교의들과 도그마들, 선과 악 그리고 미덕과 악덕에 대한 우리의 모든 가치들—우리의 모든 이상들과 고상한 원리들—은 마누(Manu), 모하메드와 공자에 의해 결정되었다. 그래서 그것들을 이해하기는 쉽다. 왜냐하면 우리는 생각들의 세상, 생각들의 창조물 안에 있기 때문이다.

크리슈나는 우리를 그러한 방식으로 만드는 데 관여하지 않는다. 크리슈나가 아이디어들과 이상들, 교의들과 도그마들로 삶을 제한하는 것을 거부한다는 것은 사실이다. 왜냐하면 삶은 모든 아이디어들과 이상들을 합쳐 놓은 것보다 더 크기 때문이다. 삶은 제한이 없고 무한하다. 아이디어들은 삶을 위해 있다. 그러나 삶은 아이디어들을 위해 있지 않다. 삶은 궁극의 가치를 지니고 있다. 그러므로 크리슈나는 존재하고 있는 것이 옳다고 말한다.

이 때문에 크리슈나는 널리 이해되지 못하고 있다. 비록 우리가 그를 이해하려 노력할지라도, 우리는 그를 마누와 모세, 그리스도와 공자를 통해서 본다. 이 모든 사람들은 틀에 박힌 사람들이다. 그들은 나름의 억제들과 한계들을 가지고 있다. 반면에 크리슈나는 어떤 억제나 한계도 없으며 모든 틀에서 자유로운 존재이다.

크리슈나는 자기 자신에 대한 어떤 한계도 받아들이지 않는다. 그는 말한다. "만약 당신이 나를 이해하고자 한다면, 모든 안경을 벗고 맨눈으로 나를 보라." 맨눈으로 맑게 보는 것, 어떤 것을 판단 없이 있는 그대로 본다는 것은 무척 어려운 일이다. 그러나 당신이 다른 사람들의 눈으로 크리슈나를 보는 한, 당신은 그에게서 어떤 결점을 발견하기 마련이다. 그러나 이 결점들은 크리슈나에게서 나오는 것이 아니라, 당신의 안경에서 나올 것이다. 당신의 편견들을 내려놓아라. 그러면 크리슈나는 가장 단순하고 자연스럽고 천진하고 진정한 인물이다. 그때 그의 삶은 열린 책이 된다. 그에게는 숨길 것이 아무것도 없다. 그는 자연스러움 그 자체이다. 그는 인간으로 나타난 순결함 그 자체이다.

크리슈나만큼 자연스럽고 천진한 여인이 왜 여태까지 없었느냐고 질문할 수 있다. 크리슈나와 마찬가지로 수천의 남자들을 자신에게 끌어당길 수 있는 여인이 적어도 한 명은 있어야 한다. 이제까지는 없었다. 왜?

여성들이 오랜 세월에 걸쳐 억압되어 왔고, 또 남성이 지배하는 사회에서 해방과 자유를 인정받지 못했다고 말하는 것은 충분한 이유가 되지 않는다. 이 맥락에서 이 주장은 부적절하고 터무니없다. 누구나 원하는 만큼의 자유를 가질 수 있다. 그렇지 않다면 사람들은 삶을 포기할 것이다. 그러므로 크리슈나만큼 자연스러운 여성이 단 한 명도 없었다는 것—앞으로 천 년이나 그 이상이 지나더라도 여성으로서 그만한 사람이 올 것 같지 않다—은 전혀 다른 이유 때문이다. 그 이유는 여성의 생물학적 구조는 본질적으로 일부일처이기 때문이다. 여성은 심리적으로, 정서적으로 한 남자에 의존한다.

클레오파트라처럼?

아니다. 그것에 대해서는 나중에 설명할 것이다. 여성은 원래 일부일처이다. 여성은 자신의 온 생애 동안 한 사람에게 의존한다. 여성의 마음은 그런 식으로 만들어져 있다. 여성이 항상 그래야 한다는 것은 아니다. 그럴 필요는 없다.

반면에 남자는 원래 일부다처이다. 남자는 한 여자에만 매여 있지 않는다. 한 여자와 살면, 남자는 어쩔 수 없이 따분해진다. 여성은 자신이 사랑하는 남성과 이번 생애와 다음 생애들에서도 함께 살기를 바란다. 그녀는 이번 생의 짝이 그녀가 죽은 뒤의 삶에도 짝이 되게 해 달라고 기도하는 경우가 많다.

한 남자와 한 여자가 함께 하는 일부일처제는 사회가 남성에게가 아니라 여성에게 준 선물이다. 여성은 남녀 모두 한 명의 배우자를 가져야 한다고 항상 주장해 왔다. 이 주장은 생물학적이고 심리적인 토대로 볼 때 정당화될 수 있다. 남성에게 의존하고 기대야만 하는 것은 항상 여성이다. 여성은 많은 남성들에게 의존할 수 없다. 그것은 불확실과 불신을 일어나게 할 것이다.

예를 들어, 덩굴 식물은 한 나무에만 기댈 수 있다. 많은 나무에 기댈 수는 없다. 그러나 한 그루 나무는 하나 이상의 덩굴 식물을 받아들일 수 있다. 이와 마찬가지로 많은 여성들이 한 남성에 기댈 수 있으며, 그 남성은 그로 인해 더 풍부해질 것이다.

앞서 말했듯이, 여성이 다수의 남성이 아니라 한 남성에게 의존하기를 선호한다는 것은 심리적이고 생물적인 측면에 바탕을 두고 있다. 그러나 자세히 본다면, 그것은 심리적이라기보다는 생물적이라 할 수 있을 것이다. 여성 홀로 아이들을 낳고 길러야 한다. 그리고 그들과 그들의 미래를 보살필 누군가를 필요로 한다. 여기에 한 명 이상이 있게 되면 혼란과 애로 사항들이 생긴다. 그러한 이유로 나는 여자들이 일부일처의 사고를 버리는 데는 수천 년이 걸린다고 말한다.

과학적 지식의 발달로 미래에는 여자가 자신의 자궁에 아이를 지니고 있지 않아도 될 가능성이 아주 커졌다. 곧 실험실들이 어머니의 이 일을 떠맡을 것이다. 아이 출산으로부터 자유로워지는 그날이 오면, 여성은 크리슈나처럼 자연스럽고 자발적일 수 있다.

자연스럽고 자발적이라는 이 내용은 인류와 인류의 미래에 절대적으로 필요한 것이다. 이것이 우리를 갉아먹고 있는 불안과 고뇌의 낡은 손아귀들로부터 우리 자신을 자유롭게 하는 유일한 방법이다. 우리의 스트레스와 긴장의 대부분은 우리 자신의 자연적 본성에 거역하여 투쟁하기 때문에 생겨난다. 우리의 모든 불안과 불행은 우리 자신과 싸우기 때문에 생겨난다. 자신과 맞서게 된 이래로 인간은 이제까지 고통과 불행, 불안과 고통 속에 있게 되었다. 우리가 우리 자신과 쉽게 싸울 수는 있지만 우리 자신을 결코 이길 수는 없다는 것이 비극이다. 우리 자신과 싸우면 오직 패배하고 파멸될 뿐이다.

오랜 세월 동안 어쩌다 한 번 마하비라, 고락(Gorakh) 같은 사람이 자신과 싸워 이긴다. 그것은 흔치 않은 일이다. 그러나 수백만 명의 사람들이 이 흔치 않은 사람을 모방하며 자신과 싸우다 결국 파멸하고는 절망한다.

내가 보기에, 백만 명 가운데 한 사람이 마하비라의 방식에 성공할 수 있지만, 불행히도 대부분의 구도자들이 이 길을 선택한다. 이와는 반대로, 크리슈나의 길에서는 백 명 가운데 아흔아홉 명이 성공할 수 있지만 이 길을 택하는 사람은 거의 없다. 앞서 말했듯이, 마하비라와 붓다, 예수의 길은 좁고 어려운 길이다. 왜냐하면 그 길을 가는 내내 자신과 싸워야만 하기 때문이다. 그러므로 백만 명에 한 명이 성공한다. 이와는 반대로, 크리슈나의 큰 길은 넓고 쉽다. 그러나 그 길을 택하는 사람들은 매우 적다.

인간은 자연스러울 수 있는 능력을 점점 잃어 간 것 같다. 인간에게는 부자연스러운 것이 자연스러워져 버렸다. 인간은 건강하고 자연스러운 것이 무엇인지를 전부 망각해 버린 것 같다. 그러므로 오늘날 인간들은 완전히 새롭게 생각할 필요가 있다. 내가 보기에는 그러한 새롭게 생각하기가 이미 진행되고 있는 것 같다.

프로이트 이래로 크리슈나는 우리의 미래에 더욱더 적절해지고 있다. 프로이트로 인해 인간은 자연스러움과 자발성이 삶에 대단히 중요하다는 것을 처음으로 실감하게 되었다. 이제 단순하고 자연스럽게 존재하는 것을 받아들이기가 더욱 쉬워지는 사회 환경이 도래하고 있다. 자신을 있는 그대로 받아들이게 되고, 자연스러운 방식으로 성장하도록 허용하게 될 것이다.

지금까지 거의 대부분의 문화는 인간을 있는 그대로 받아들이기를 거부하였고, 그 대신에 상상으로 만든 이상적인 인간을, 어떠해야 한다는 기준에 맞는 인간을 만들기를 고집하였다. 그 이상은 너무나 중요했다. 인간은 그러한 이상, 그러한 유토피아에 이르도록 투쟁할 것을 늘 강요받았다.

프로이트는 인간이 유토피아에 이르려는 모든 노력에도 불구하고 무참히 실패하였으며 그러한 추구 과정에서 말할 수 없이 고통받았다는 것을 자각하는 세계적인 지적 각성, 도약, 르네상스, 문화 혁명의 선구자이다. 만일 어쩌다 한 번씩 누군가가 유토피아에 도달하였다면, 그는 규칙이 아니라 예외적이다. 그리고 예외가 규칙을 증명한다. 그래서 인간을 있는 그대로 이해하고자 하는 정직한 사고가 프로이트 이후 처음으로 일어나고 있다. 우리가 정말로 이해해야 하는 것은 지금 있는 것이지, 어떠해야 하는 것이 아니다. 어떠해야 하는 것이 아니라 지금 있는 것이 요점이다.

예를 들어, 모든 아내들은 자신의 남편이 다른 여성에게 관심 갖지 않기를 바란다. 이 바람은 여성들에게는 자연스럽지만, 근본적으로 일부다처인 남성의 본성과는 배치되는 일이다. 사회의 법과 규범들이 남성의 본성에 복종하도록 되어 있다면 여성들이 고통을 받을 것이고, 그 반대이면 남성이 불행해질 것이라는 것이 문제이다. 문제의 핵심은 그들 중 한쪽이 슬퍼진다면 누구도 행복할 수 없다는 것이다. 그러나 오늘날까지 우리는 교대로 이 지그재그 과정을 밟아 왔다. 그 때문에 인류는 늘 불행하고 고통스러웠다.

그러므로 여기에서 벗어나는 유일한 길은 남성과 여성이 서로 근본적으로 어떤 존재인지를 이해하고 알려고 노력하는 것이다. 남편이 다른 여자에게 관심을 가질 때, 아내는 이것을 남성의 본성이라고 이해하라. 그러면 이 상황으로 인해 고통을 겪을 필요가 없을 것이다. 마찬가지로 남편이 다른 여자에게 관심을 가져서 아내가 우울하거나 괴로울 때, 남편은 화를 내는 대신에 사랑과 연민으로 그녀를 이해하라. 불안과 고통으로부터 자유로운 인류를 만들고자 한다면, 남성과 여성의 본성을 뿌리까지 파고들어 이해하는 방법밖에는 없다.

우리의 본성을 바꾸고자 한다면, 그것의 뿌리가 바뀌어야 할 것이다. 도덕적인 가르침들과 도덕적인 훈련은 문제의 표면만 건드릴 뿐 더 이상은 들어갈 수 없을 것이다. 여성이 경제적으로 남성에게 의존하고 있는 한, 여성의 질투심은 계속될 것이다. 여성만이 아이의 출산과 양육을 감당하는 한, 여성이 2등 시민과 열등한 인간으로 남아 있는 한, 여성은 질투심을 느낄 수밖에 없다.

사회가 남성과 동등한 위치를 여성에게 부여할 때, 여성이 경제적으로 자립할 수 있을 때, 여성이 홀로 출산과 양육을 부담해야 하는 생물적 불이익으로 고통을 받지 않을 때, 여성은 더 이상 질투심에 떨어지지 않을 것이다. 그때는 여성도 남편 이외의 다른 남성들에게 관심을 가질 것이다. 그때 여성은 일부일처제를 주장하지 않을 것이다.

과거에는 그것이 가능하지 않았다. 그러나 지금은 자신에 대한 남성의 이해가 성숙하였으므로 개인과 집단이 모두 변형될 수 있게 되었다. 우리의 모든 과거 질서는 남성의 필요들에 근거하였을 뿐, 남성의 본질에 대한 이해를 근거로 하지는 않았다. 우리는 법을 사회의 필요들에 따라 만들었을 뿐, 인간성의 필요들에 따라 만들지는 않았다. 프로이트 이후 인간의 마음에 혁명이 일어나고 있다. 그래서 나는 크리슈나로 회귀하는 날이 머지않았다고 믿는다.

크리슈나는 프로이트의 문을 통하여 돌아올 것이다. 프로이트는 그 기초를 다졌다. 그러나 상당히 많은 것들이 변해야만 한다. 프로이트는 단지 시작이다. 그러나 공은 굴러가기 시작하였다. 다가올 미래에는 더욱더 많은 사람들이 크리슈나의 삶과 철학에 고무될 것이다. 그의 삶의 방식, 그의 삶에 대한 긍정, 그의 자연스러움과 자발성, 그의 열림과 완전성이 우리의 삶과 시대에 미치는 영향이 점점 더 커질 것이다.

나는 마하비라, 붓다, 예수와 공자에 따라 건강한 사회를 만들려는 시도는 실패했다고 생각한다. 그러므로 크리슈나에 따라 세상을 만들어 보려는 모험적 실험은 가치가 있을 것이다. 이 실험은 이제까지 우리가 시도해 본 그 어떤 실험보다도 훨씬 더 좋을 것이라고 생각한다. 과거에 우리는 예외를 규칙으로 만들어 보고자 온갖 노력을 다했다. 그러나 우리는 비참하게도 실패했다. 이제는 규칙 그 자체 위에 우리의 규칙을 세워야 할 때이다.

나는 다시 말한다. 규칙 위에 당신의 규칙을 세워라.

열 번째 문

플루트 혹은 멸망을 선택하라

크리슈나와 예수에 관한 말씀에서, 당신은 "십자가와 더불어 시작된 문명은 결국 핵전쟁으로 끝나게 되어 있다. 따라서 현대 문명은 십자가와 플루트의 선택 사이에 직면해 있다."고 말씀하셨습니다. 그러나 플루트로 시작된 문명도 역시 전쟁—마하바라타 전쟁—으로 끝났다는 것이 문제입니다. 이 예외적인 사건을 설명하여 주십시오.

십자가는 죽음의 상징이다. 그것은 무덤의 상징으로는 좋지만 삶의 상징으로 받아들이기에는 위험하다. 그러나 이른바 많은 종교인들은 인간의 삶과 몸을 무덤에 불과한 것으로 다루었다. 그것은 재앙이라는 결과를 낳을 것이다. 가슴에 십자가를 달고 있는 사람은 삶은 받아들일 수 없는 것이라고 선언하고 있다. 그는 죽음을 숭배하고 있다. 그에게 삶은 축복이 아니라 저주이다. 기독교—나는 예수를 말하는 것이 아니다—는 인간이 죄 가운데 태어났으며 삶은 원죄 때문이라고 믿는다. 그들에 따르면, 우리가 삶이라고 생각하는 것은 신의 선물이 아니라 인간에게 가해진 일종의 처벌이다.

이러한 종류의 생각은 필연적으로 자기 학대적이고 비관적이며 병적이다. 비관론자는 장미 덩굴을 바라볼 때 꽃들이 있다는 것을 완전히 망각하고 가시만을 헤아린다. 낮과 밤을 볼 때도 비관론자는 짧은 밤을 둘러싸고 있는 밝은 두 낮을 보는 대신, 짧은 낮을 둘러싸고 있는 어두운 두 밤을 본다. 그러한 마음은 삶의 모든 상처와 고통을 함께 모으고, 삶의 기쁨들과 고통들을 완전히 망각한다.

사실 삶의 비참함에 지나치게 신경을 쓴다는 것은 마음이 병들었고 신경증적이며 혼란스럽다는 신호이다. 슬픔과 고통을 확인하고 강조하는 삶의 철학은 당연히 부정적이며 허무주의에 갇힌다. 이것이 십자가상이 나타내고자 하는 바이다.

예수가 십자가에 못 박히지 않았다면, 그는 세상에 그처럼 강력한 충격을 주지 못했을 것이다. 세상은 십중팔구 그를 잊었을 것이다. 그가 십자가에 못 박힌 사건이 기독교의 토대가 되었다.

오늘날 세상의 수십억 사람들이 기독교의 영향 아래에 있다. 나는 이것을 예수의 승리가 아니라 분명히 십자가의 승리라고 생각한다. 예수가 십자가에 매달린 것은 우리의 비참하고 병든 마음에 커다란 매력이 되었다. 우리의 삶은 실제로 십자가 위에 있다. 우리는 불안과 슬픔, 고통에 지배되고 있다. 어떤 사람이 우표를 수집하듯이, 우리들은 상처와 고통만을 선택하는 사람들이다. 우리 모두는 고통을 축적하고 있다. 우리는 삶에서 행복했던 순간들을 거의 기억하지 못한다.

크리슈나는 정반대 유형의 개인이다. 그리고 그의 플루트는 십자가와 정반대되는 것을 상징한다. 무덤 위에 플루트를 둘 수는 없다.

플루트를 연주하려면 떨리는 입술과 유연한 손가락이 필요하다. 플루트를 붙잡고 있으려면 노래하고 춤추는 가슴, 기쁨과 희열에 넘치는 영혼이 필요하다. 나는 사람들이 예수의 십자가와 크리슈나의 플루트 가운데 분명한 선택을 해야 할 때가 되었다고 생각한다.

삶에 아픔과 고통이 없다는 것은 아니다. 그럴 수는 없다. 그러나 만약 아픔과 고통에만 초점을 맞추고 계속 그것들을 축적한다면, 그는 곧 삶에서 행복한 순간들을 만나지 못하게 될 것이다. 삶에 아무런 행복이 없는 것이 아니다. 삶은 행복의 정당한 몫도 가지고 있다. 만약 누군가가 행복에만 주의를 집중하고 행복을 모으도록 훈련한다면, 마침내 그는 삶의 고통스러운 순간들과 마주치지 않게 될 것이다.

삶에는 기쁨과 고통, 행복과 불행이 함께 존재하고 있다. 우리가 무엇을 보고 취하기를 선택하느냐는 우리에게 달려 있다. 내가 이해하는 바로는, 만약 어떤 사람이 장미꽃을 바르게 보고 사랑한다면, 장미 덩굴의 가시들은 곧 그의 시야에서 사라질 것이다. 눈은 꽃의 아름다움과 향기에 도취되어 가시들을 알아차리지 못하게 된다. 가시들이 덤불에서 사라지는 것이 아니다. 그것들은 장미들의 장엄함의 일부가 되며, 그는 그것들이 장미들을 보호하고 있다는 것을 알게 된다. 그것들은 꽃을 보호하기 위한 것일 뿐, 어느 누구를 다치게 하려는 것이 아니다.

그러나 만일 누군가가 가시만을 본다면, 그는 꽃들을 보지 못할 것이다. 그는 "어떻게 수많은 가시들과 엉겅퀴들 속에 꽃들이 있을 수 있겠는가?"라고 말할 것이다. 그는 심지어 가시들이 많은 곳에 꽃들이 있다는 것을 생각할 수도 없다. 그에게는 가시들이 진실이 되고 꽃들은 꿈처럼 사라진다. 그러나 꽃을 사랑하는 사람에게는 가시들이 환영이 되고 꽃들이 진실이 된다.

무엇을 선택할 것인가는 인간에게 달려 있다. 인간에게는 선택의 자유가 있다. 이상하지만 진실에 가까운 사르트르의 말이 있다. 그는 "인간은 자유롭도록 형벌을 받았다."고 말한다. 자유는 우리에게 가해진 형벌인 것처럼 보인다. 우리는 자유를 제외한 모든 것을 선택할 수 있는 것처럼 보인다. 왜냐하면 우리는 자유를 선택하거나 선택하지 않을 자유가 있기 때문이다. 자유를 인간에게 가해진 형벌과 같은 것이라고 말한 사람은 아무도 없었다.

사람들은 자유롭다. 그리고 이 자유는 그의 존재가 신이라는 것을 확인해 주고 있다. 그러나 그는 무엇이든지, 자기가 신이 아니라는 것까지도 선택할 수 있다. 이와 마찬가지로 그는 고통과 불행을 선택하는 데도 자유롭다. 고통을 선택하는 자에게는 삶이 전적인 고통일 것이다. 사실 우리는 보고 싶은 것을 본다. 우리는 찾고 싶은 것을 찾는다. 우리는 요청한 것을 받는다. 그러므로 만약 당신이 고통을 찾는다면, 당신은 반드시 고통을 찾을 것이다.

만일 누군가가 고통을 선택한다면, 그 사람 혼자만 고통을 당하는 것이 아니라 다른 많은 사람까지 고통스럽게 한다는 것은 아이러니다. 이리하여 부도덕이 존재하게 된다. 불행은 전염성이 강한 질병이다. 불행한 한 사람이 수천 명을 불행하게 하는 원인이 될 수 있다. 불행한 사람이 다른 사람을 행복하게 할 수는 없다. 자신에게 주어지는 행복을 거부한 사람이 어떻게 다른 사람에게 행복을 줄 수 있겠는가? 기억하라. 우리는 우리가 가진 것은 다른 사람에게 나누어줄 수 있으나, 가지고 있지 않은 것은 나누어줄 수 없다.

자신의 삶을 아픔과 상처의 다발로 바꾼 사람은 주위에 있는 많은 사람들의 삶에 큰 고통의 원인이 될 것이다. 고통이 그의 삶의 호흡이 되었기 때문에, 어디를 가든 그는 고통의 병균을 나를 것이다. 그러므로 불행한 사람은 홀로 고통당하지 않는다. 그는 만나는 모든 사람들에게 그의 슬픔을 전한다. 걷고 있건 앉아 있건, 말하고 있건 침묵하고 있건, 활동하고 있건 활동하지 않고 있건, 그는 핵폭발 후 방사능 재처럼 주위 사람들에게 불행의 파동을 방출한다. 불행한 사람은 진정으로 온 세상에 불행을 더하고 있다. 기억하라, 당신이 불행을 선택할 때, 당신은 당신 혼자만을 위하여 선택하는 것이 아니라, 그 자체만으로 온 세상을 위하여 선택하고 있다.

앞서 말했듯이, 십자가는 아픔과 고통에 대한 인간의 선호를 상징한다. 그것은 인간에게 총력전이 될 전쟁의 문턱으로 안내하였다. 처음으로 인류는 범세계적인 자살의 직전에 와 있다. 그러나 그는 불행을 선택함으로써 그것을 요청하였다. 개인들은 때때로 절망하여 자살해 버리고 싶은 충동을 느낄 때가 있음을 우리는 잘 알고 있다. 그러나 집단적으로 자살하려는 상황이 처음으로 일어났다. 온 인류가 너무나 불행하여 세계적인 할복자살을 하려 한다.

전쟁은 우리의 삶의 방식이 된 것 같다. 전쟁이 늘어나는 만큼 우리는 집단적 죽음과 파멸을 향해 다가가고 있다. 이 파멸은 고통에 대한 인류의 선택, 그것의 누적 효과이다. 전쟁은 진정 우리 자신의 선택이다. 그것은 푸른 하늘에서 나오는 것이 아니다.

우리가 고통을 종교적으로 얻으려 할 때, 우리가 고통을 종교적인 것으로 받아들일 때, 비종교적으로 선택될 것은 아무것도 남아 있지 않다. 우리가 불행을 하나의 종교로 바꿀 때, 지상에는 종교 아닌 것이 아무것도 없게 된다. 불행이 종교의 일부가 될 때, 그것은 신성한 것으로 소중히 안치된다.

불행과 비참한 고통의 모든 환경이 십자가의 주위에 만들어졌다. 나는 그것이 예수 주위에 일어났다고 말하지 않는다. 왜냐하면 예수는 반드시 십자가와 연결되어 있는 것은 아니기 때문이다. 그는 십자가 없이도 잘 할 수 있었다. 기독교는 예수가 만든 것이 아니라, 그를 십자가에 못 박은 사람들에 의해 시작되었다는 것은 사실이다.

나는 기독교를 창시한 자는 예수가 아니라고 항상 말한다. 그것의 진정한 창시자들은 그를 십자가에 못 박은 유대교 신학자들과 성직자들이었다. 기독교는 예수가 아니라 십자가에서 비롯되었다. 가엾은 예수는 십자가에 못 박혔을 뿐이다. 그러므로 그는 부차적인 존재가 되었다. 일차적인 것은 그의 이름을 따서 창시된 종교와 관련된 십자가이다. 사실 그것은 기독교가 아니라 '십자가교'라 불려야 한다. 자신의 삶이 매일 십자가 위에 있는 사람들의 가슴과 마음속에서 영광스러운 자리를 차지하고 있는 것은 십자가이다.

인간은 고통 속에 있다. 인간은 늘 십자가 위에 있다. 그 십자가가 가족이나 관계들, 친구들이나 적들, 종교들 혹은 민족주의자들의 십자가인가 아닌가는 아무런 차이점이 없다. 인간에게 삶이란 요람에서 무덤까지 자신의 어깨 위에 지고 가야 하는 저주이다. 그에게 삶은 축복이 아니라 저주이며 죄이다. 사실 기독교는 온 세상의 모든 비관적이고 비참한 사람들이 모인 집합이다.

지난 두 차례의 세계 대전이 주로 기독교 국가들에 의해 발발되었다는 사실을 알 필요가 있다. 몇몇 비기독교 국가들은 모두 기독교 국가들인 제국주의자들의 강요로 전쟁에 말려들게 되었다.

일본은 자진해서 전쟁에 참여했던 유일한 비기독교 국가이다. 그러나 일본은 지리적인 측면을 제외하고는 동양의 나라가 되기를 그만두었다. 지금의 일본은 사실상 서양의 국가이다. 일본은 할복이라고 부르는 오랜 자살 전통을 가지고 있다. 일본인들은 아주 작은 이유에도 ―자신의 아내가 죽었다거나, 혹은 어떤 잘못을 저지른 뒤 자기 인생이 끝났다고 생각하여― 목숨을 끊는다. 그러면 삶을 끝내는 것 이외에는 다른 길이 없다. 마치 속죄할 아무런 희망이 없는 것 같다.

이 생각에 따르면, 나무는 자신의 꽃이 시들 때 할복하여야 한다. 내일 아침에 새로운 꽃이 필지 누가 알겠는가? 일본인들은 그들의 가슴속에 이 정도의 희망과 참을성도 갖지 못하고 있다. 그래서 지난 두 차례의 세계 대전들은 십자가와 할복자살의 관습을 전통적으로 지니고 있는 사람들에 의하여 일으켜졌다.

만약 제3차 세계 대전이 일어난다면, 그것은 인류의 멸망을 가져올 것이다. 그것은 인류의 집단적인 십자가 처형이 될 것이다. 그러므로 한 개인에 대한 십자가 처형으로 시작된 것이 집단적인 십자가 처형―호모 사피엔스 전 종족의 처형―으로 막을 내릴 것이다.

나는 또한 사람들이 예수의 영향을 받아서 십자가 주위에 모인다고 말하지도 않는다. 사실은 그 반대이다. 그들은 십자가의 영향을 받았기 때문에 예수에게 왔다. 그러나 가학 피학성에, 십자가주의에 기초를 둔 문명은 인류를 자멸로 이끌 것이라는 것은 부정할 수 없는 진실이다. 십자가를 받아들이고 숭배하는 것은 아무런 의미가 없다. 비록 삶이 십자가를 지니고 있더라도, 십자가를 꽃으로 대체시키는 것은 우리 손에 달려 있다.

내가 보기에, 크리슈나의 플루트는 십자가의 정반대임이 확실하다. 예수를 십자가에 매단 사람들은 따로 있지만 예수에게 십자가를 지운 사람들은 그들이라는 점을 아는 것이 중요하다. 크리슈나는 스스로 플루트를 선택한다. 플루트가 크리슈나의 삶에 본질적인 반면에—그것은 그를 상징한다—십자가는 예수에게 비본질적이라는 점을 마음에 새기는 것이 필요하다. 십자가는 예수를 상징하지 않는다. 예수에게 십자가를 강요한 사람은 다른 사람들, 즉 유대교 성직자들과 로마를 지배하고 있는 자들이었다.

크리슈나는 플루트에 대한 사랑으로 그것을 연주한다. 어느 누구도 그에게 강요하지 않았다. 그는 스스로 그것을 선택했다. 나는 크리슈나의 플루트가 삶의 축복을 상징하며, 이 축복을 선사한 삶에 대한 인간의 감사를 상징한다고 본다. 크리슈나는 자신의 선택으로 행복과 축복을 택했다. 사실 삶이 너무나 좋고 위대할 때, 크리슈나는 행복해지기로 선택할 수밖에 없다. 그는 그것을 플루트로 말하고 있다.

불행한 사람은 혼자만 고통을 받는 것이 아니라 많은 사람들까지 불행하게 만드는 것과 마찬가지로 행복한 사람은 수많은 사람들에게 행복의 원천이 된다. 그러므로 크리슈나가 그의 플루트를 연주할 때, 그 멜로디, 그 희열은 그에게만 한정되지 않는다. 그것은 그 소리를 듣고자 온 모든 사람들의 가슴을 기쁘게 한다. 그러지 않을 수 없다.

만약 당신이 예수가 매달려 있는 십자가 곁을 지나가게 된다면, 당신은 즉시 절망과 슬픔에 빠질 것이다. 이와는 반대로 크리슈나가 야무나 강가에서 무아의 경지로 춤추는 모습을 본다면, 당신의 가슴은 기쁨과 즐거움으로 가득 찰 것이다. 기쁨과 절망, 행복과 불행은 전염된다. 그것들은 한 사람에게서 다른 사람에게로 쉽게 전해질 수 있다. 그것들은 들불처럼 번지고 퍼져 나간다.

그러므로 어떤 사람이 불행하기로 결정한다면, 그것은 온 세상에게 불행하도록 선고하는 것과 같다. 그는 불행하기로 선택함으로써 온 세상을 벌주기로 결정하였다고 말할 수도 있다. 행복하겠다고 결정한 사람은 온 세상이 행복하도록 축복할 것이다. 그는 이 행성 위의 모든 삶에 노래와 춤을 더하게 될 것이다. 그러므로 행복한 사람은 종교적인 사람이다. 그리고 불행한 사람은 지극히 비종교적인 사람이다.

나는 자신과 다른 사람들에게 행복을 가져오는 사람을 종교적인 사람이라고 부른다. 내게는 행복과 축복이 아니라면 그 어떤 것도 종교적인 것이 아니다. 이런 의미에서 크리슈나는 지극히 종교적인 사람이다. 그의 온 존재는 행복과 희열 말고는 어떤 것도 들어오지 못하게 한다. 그러한 사람은 온 인류를 축복할 수 있다. 그는 온 세상에 축복을 뿌리는 삶을 살고 있다.

그런데 당신은 왜 플루트를 자신들의 상징으로 받아들인 사회에서 마하바라타 전쟁이 일어났느냐고 묻는다. 나는 이것이 크리슈나의 플루트에도 불구하고 일어났다고 말한다. 크리슈나는 마하바라타 전쟁의 원인이 아니다. 플루트와 전쟁 사이에는 어떤 관계도 없다. 그러나 십자가와 전쟁 사이에는 논리적인 관계가 존재한다.

마하바라타 전쟁은 크리슈나와 그의 플루트에도 불구하고 일어났다. 그것은 단지 우리가 슬픔에 너무나 집착하고 있어서, 불행에 너무나 잠겨 있어서 크리슈나의 플루트조차도 우리의 가슴에 희망과 즐거움의 빛줄기를 가져오는 데 실패한다는 것을 의미한다. 플루트 연주는 계속되고 있었다. 그런데 우리는 전쟁의 소용돌이 속으로 가라앉았다. 플루트는 우리의 자기 학대적인 마음을 변화시킬 수 없었다. 크리슈나의 플루트는 우리의 플루트가 될 수 없었다.

다른 사람의 행복을 같이 나누기가 얼마나 어려운지를 안다는 것은 흥미롭다. 다른 사람의 슬픔을 나누기는 너무나 쉽다. 다른 사람의 울음에 동참하기는 쉽지만 웃음과 함께 하기는 너무나 어렵다. 집이 불에 타 버린 사람에게는 쉽게 동정할 수 있지만, 아름다운 새 집을 지은 사람의 기쁨에 참여하기는 몹시 힘들다. 어떤 근본적인 이유들이 없는 것은 아니다.

예수의 십자가에 가까이 가기는 쉽다. 왜냐하면 그것은 이미 고통과 불행으로 가득 찬 우리의 가슴속에 있는 공감의 건반을 두드리기 때문이다. 반면에 크리슈나의 플루트는 우리의 가슴을 시기심으로 채울 것이다. 그래서 우리는 그로부터 달아날 것이다. 크리슈나의 희열은 우리에게 질투심을 일으킬 것이다. 그것은 우리의 가슴에서 공감적인 반응을 발견할 수 없을 것이다.

반대로 십자가는 우리로 하여금 질투하게 하지 않을 것이다. 그것은 확실히 우리의 공감을 불러일으킬 것이다. 다른 사람의 행복은 질투심을 일으키고, 그 질투심은 고통으로 변한다. 그러므로 다른 사람의 행복에 참여하는 것은 정말로 어려운 일이다.

다른 사람의 행복에 참여하는 데는 비상한 지적인 능력이 요구된다. 다른 사람의 기쁨을 함께 나누고 그것을 자신의 것으로 만드는 데는 희귀한 능력이 요구된다. 그것은 가장 높은 자질이다. 그러나 다른 사람의 슬픔을 나누는 것은 그다지 어렵지 않다. 그것은 우리 스스로가 슬픔과 고통의 짐을 지고 있기 때문이다. 우리는 이미 비참한 상태에 있다. 그래서 우리는 다른 사람의 불행과 동일시하는 데는 아무런 어려움이 없다. 그러나 만일 누군가가 행복하다면, 우리가 행복이 무엇인지를 모르고 있다는 간단한 이유로 그와 연결되는 데 실패한다. 우리는 우리 자신 안에 불행만을 가지고 있다.

나는 마하바라타 전쟁이 플루트에도 불구하고 일어났다고 반복하여 말한다. 십자가 출현한 이후 현재처럼 온 지구를 덮을 수 있을 정도의 대규모 전쟁으로 성장하는 데 이천 년이 걸렸지만, 마하바라타 전쟁은 크리슈나가 플루트를 연주하고 있고 있는데도 일어났다는 것을 아는 것은 흥미롭다.

플루트와 그것의 메시지가 옳게 이해되거나 평가되지 못했다는 것은 사실이다. 그것은 사람들의 가학 피학적인 마음에 영향을 미치는 데 실패했다.

이 맥락에서 고려할 가치가 있는 다른 한 가지는 크리슈나가 그 전쟁에 개인적으로 참가한다는 것이다. 예수가 어떤 종류의 전쟁에 참가한다는 것은 생각할 수 없는 일이다. 만일 누군가가 그에게 그렇게 하기를 제안한다면, 그는 "당신은 미쳤습니까? 당신은 내가 가르치고 있는 것을 알지 못합니까?"라고 말할 것이다. 예수는 "과거의 선지자들은 말했다. 만일 누군가가 당신의 눈알 하나를 빼낸다면 당신은 그의 두 눈알을 빼내라. 그러나 나는 말한다. 만일 누군가가 당신의 오른뺨을 때린다면 왼뺨도 그에게 내주어라. 그리고 또 말한다. 만일 누군가가 당신의 셔츠를 가져간다면 당신의 코트 또한 주어라. 그리고 만일 누군가가 그의 가방을 1마일 들어 주기를 요구한다면 2마일을 들어 주어라. 그러면 아마도 부끄러워서 당신에게 1마일 더 들어 달라고 말하지는 못할 것이다."라고 말하였다. 자, 이런 사람에게 전쟁에 참여하라는 말을 할 수는 없다.

예수는 악에 저항하는 것조차 거부하지만, 크리슈나는 마하바라타와 같은 파괴적인 전쟁을 이끌어 가는 데 아무런 양심의 가책을 느끼지 않는다는 것은 다소 역설적이고 복잡한 것처럼 보인다. 그러나 그 이유는 분명하다. 예수에게 있어서, 삶은 너무나 비참하고 의미가 없어서 싸울 아무런 가치가 없는 것이다. 그러나 크리슈나에게는 삶이 더없이 행복한 것이어서 전쟁조차도 해 볼 만한 것이다.

나는 이 문제에 좀 더 깊이 들어가 보고 싶다. 왜냐하면 그것은 우리와 우리 시대에 중대한 의미를 가지기 때문이다.

예수에 의하면, 삶은 본래 너무나 비참하고 무의미한 것이어서 뺨을 한두 대 맞는다고 더 비참해지는 것이 아니다. 자신의 고통의 컵이 이미 가득 차서 더 이상의 고통이 아무런 차이를 만들지 않는다고 말할 수 있다. 그러므로 그의 뺨을 돌리는 수고를 당신에게 끼치지 않도록 하기 위해서 그는 그의 다른 쪽 뺨을 당신에게로 돌린다. 그는 이미 너무 비참하기 때문에 당신은 그를 더 이상 비참하게 할 수 없다.

이런 이유로, 전쟁에 참여하도록 예수를 설득할 방법은 전혀 없다. 삶은 저주가 아니고 축복이라고, 삶은 고통이 아니라 희열이라고 선언한 사람만이 싸우는 데 동의할 수 있다. 그는 삶의 즐거움과 희열을 방어하기 위하여 모든 것을 다할 것이다.

예수뿐만 아니라, 심지어 마하비라와 붓다까지도 전쟁에 대해 '예스'라고 말하지 않을 것이다. 오직 크리슈나만이 그렇게 할 수 있다. 영성과 종교의 세계에 있는 사람들 가운데 이러한 점에서 크리슈나에 가까이 갈 수 있는 사람은 모하메드이다. 비록 모하메드가 크리슈나와 완전히 같을 수는 없지만, 어떤 수준에서, 어떤 깊이에서 모하메드는 다른 사람들보다 크리슈나에 더 가깝다.

삶에는 소중하고 가치 있는 어떤 것이 있어 보존하고 지키기 위해 싸울 필요가 있다고 느끼는 사람이라면, 그는 크리슈나와 손을 잡을 것이다. 달리 생각하는 사람, 삶에 보존할 만큼 가치 있는 것이 아무 것도 없다고 보는 사람들에게는 그런 문제가 일어나지 않는다.

그러나 기억하라. 크리슈나는 전쟁광이 아니다. 그는 몇몇 평화주의자들이 일컫듯이 매파가 아니다. 그는 삶의 지지자이다. 그는 삶의 곁에 있다. 그리고 필요하다면 그는 그것을 위해 싸울 것이다. 만약 삶의 위대한—그것이 없이는 삶이 삶이기를 그치는—가치들이 위험한 지경에 처하면, 크리슈나는 그것들을 지키기 위하여 미사일로 방어하기를 주저하지 않을 것이다. 그는 폭력이나 전쟁을 좋아하지 않지만, 만약 피할 수 없는 일이라면 책임을 회피하지 않을 것이다.

그가 처음부터 마하바라타 전쟁을 피하기 위해 온갖 노력을 다하는 것은 이 때문이다. 그는 전쟁을 피하고 삶과 평화를 구하기 위하여 모든 노력을 다한다. 그러나 평화를 위한 자신의 모든 노력이 실패할 때, 그는 죽음과 파괴라는 다루기 어려운 힘들—정의와 종교에 반대되는 힘들—이 명예로운 평화에 순종하지 않을 것이라는 점을 안다. 그는 그 스스로 삶과 종교를 위하여 싸울 준비를 한다.

내가 보건대, 크리슈나에게 있어서 삶과 종교는 두 개의 다른 것이 아니다. 그래서 그는 춤을 출 수 있는 것처럼 자연스럽게 싸울 수 있다. 크리슈나와 같은 사람은 전쟁터에 나갈 때조차 행복하고 즐거워한다는 것은 주목할 만한 일이다. 그는 결코 자신의 희열을 잃지 않는다. 예수와 같은 사람들은 전쟁터에서 멀리 떨어져 있을 때조차도 슬프다. 크리슈나는 전쟁터에 있을지라도 희열에 찰 수 있다. 왜냐하면 전쟁은 삶의 부분으로 그에게 오기 때문이다. 그것은 삶으로부터 분리될 수 없다.

전에 말하였듯이, 크리슈나는 도덕가들이나 수도승들과 달리 삶을 흑과 백, 선과 악으로 나누지 않는다. 그는 전쟁이 전적으로 악하다는 견해에 동의하지 않는다. 그는 어떤 것이 모든 환경에서 늘 선하거나 악할 수는 없다고 말한다. 독이 감로처럼 작용할 수 있고, 감로가 독처럼 작용할 수 있는 경우들이 있다. 축복들이 저주들로 변하고, 저주들이 축복들로 바뀌는 경우들이 있다.

모든 시간과 공간에서, 모든 환경에서 늘 일정한 것은 아무것도 없다. 같은 것이 어느 때는 좋고 다른 때에는 나쁘다. 그것은 바로 그 순간에 결정된다. 그 어떤 것도 미리 정해지거나 미리 판단될 수 없다. 만약 그렇게 하는 사람이 있다면, 그는 삶에서 고통에 처할 것이다. 왜냐하면 삶은 모든 것의 끊임없는 변화이기 때문이다. 그러므로 크리슈나는 순간에 살고 있다. 그는 아무것도 미리 결정하지 않는다.

크리슈나는 전쟁을 피하게 하기 위하여 오랫동안 최선을 다한다. 그러나 전쟁을 피할 수 없다는 것을 알자, 그는 주저 없이 전쟁을 받아들인다. 그는 어느 누군가가 무거운 가슴으로 전쟁에 가는 것을 원치 않는다. 그는 사실 마지못해 어떤 것을 하는 것을 믿지 않는다. 만약 전쟁이 피할 수 없는 것이라면, 그는 자신의 모든 가슴과 마음을 다해 그곳으로 가야 할 것이다.

그는 모든 가슴을 다하여 전쟁을 피하려고 노력한다. 실패하자 그는 온 가슴을 다하여 전쟁으로 간다. 전쟁의 초기에는 그는 전쟁에 능동적인 역할을 할 마음이 전혀 없다. 그는 그의 특별한 무기—수다르샨(sudarshan)—를 사용하지 않을 것이며 단지 아르주나의 마부 노릇만 할 것이라고 아르주나에게 말한다. 그러나 그가 자신의 손에 수다르샨을 들고 전쟁에 능동적으로 참여할 때가 온다.

전에 말했듯이, 크리슈나는 순간에 산다. 그는 순간순간에 산다. 사실 희열을 지닌 모든 사람들은 순간 안에 산다. 그는 시간이 없는 공간에 산다.

그러나 불행을 선택하며 비관적이고 비참한 상태에 있는 사람들은 이 순간에 살 여유를 가질 수 없다. 그들은 시간 내에 산다. 그들은 시간 연속을 지니고 있다. 그들은 과거와 미래로 뻗어 나가는 오랜—연대기적인 것이 아니라 심리적인—시간의 범위를 가지고 있다. 그들로 하여금 비참한 고통과 고뇌에 머물도록 만드는 것은 이 시간 연속이다. 그들은 죽어 버린 과거의—더 이상 존재하지 않으며, 끝없는 미래에 온갖 상상의 불행들을 만드는—온갖 불행들이라는 무거운 짐을 운반하고 있다. 그 미래는 아직 도래하지 않았다. 물론 그들은 그들의 심리적 고통과 고뇌의 죽은 무게 아래 짓눌린다고 느낀다.

이와는 반대로, 희열의 사람은 현재, 이 순간, 살아 있는 이 순간을 제외한 다른 어떤 시간의 존재를 받아들이지 않는다. 그에게는 과거와 미래가 없다. 그에게 순간이란 영원 그 자체이다. 그는 한 순간에서 다른 순간으로 여행한다. 그는 존재하지 않는 과거에 완전히 죽는다. 그에게 과거와 미래는 둘 다 존재하지 않는다. 그러한 사람은 이 순간에 전적으로 책임을 다한다. 살아 있는 순간에 열리는 것이 그의 삶의 방식, 그의 즐거움, 그의 희열이다.

고통과 비참함을 구하는 자, 자기 학대자는 현재, 이 순간에 완전히 눈멀어 있다. 그는 누에고치처럼 그 자신 속에 갇혀 있다. 그는 존재하고 있는 것에 반응하지 않는다. 만약 당신이 그를 장미 덩굴로 데려가서 "이보게! 이 만발해 있는 꽃들을 보게, 너무나 아름답지 않은가!"라고 그에게 말한다면, 그는 다음과 말할 것이다. "저녁이면 시들어 버릴 이 아름다움이 무슨 값어치가 있는가?" 그에게 젊음의 광휘에 대하여 말해 보라. 그러면 그의 반응은 다음과 같을 것이다. "그것은 아무런 소용이 없다. 곧 세월이 흘러 늙을 것이고 나중에는 무덤으로 갈 것이다." 행복에 관하여 그는 다음과 같이 말할 것이다. "그것은 신기루와 환영과 다르지 않다. 그것을 쫓아가면 갈수록, 그것은 더 멀리 달아난다. 나는 그것에 속지 않을 것이다." 그의 마음은 항상 시간에, 미래에 고정되어 있다. 그는 결코 현재의 순간에 살지 못한다.

다른 한편, 쾌락주의자는 현재의 순간에 전적으로 살고 있다. 그는 그의 과거를 끝내 버린다. 그래서 그는 미래도 또한 생각하지 않는다. 미래는 심리적으로 볼 때 과거에 대한 투사에 불과하다. 꽃들이 만발한 정원에 오면, 희열에 가득 찬 사람은 색깔들의 다채로움에 빠질 것이다. 그는 꽃들의 춤에 맞추어 춤추고 노래할 것이다. 그리고 그는 비관론자에게 말할 것이다. "왜 내가 아직 오지 않고 있는 저녁에 대해 걱정해야 하는가? 시들어 가고 있는 이 꽃들조차도 그것에 대하여 조금도 개의치 않고 있지 않은가? 그것들을 보라. 참으로 멋지지 않은가!"

저녁이 올 때, 희열의 사람은 아침에 꽃들의 만발함을 즐긴 것과 같은 열정으로 꽃들이 시들어 가는 것을 즐긴다는 것은 경이들 중의 경이다. 만발한 꽃들만이 매혹적이라고 누가 말하는가? 시들어 가는 꽃들은 보기에 얼마나 아름다운가! 시들어 가는 꽃들은 아침에서와 마찬가지로 너무나 아름답다. 그러나 우리의 슬픔에 잠긴 눈은 그 아름다움을 보지 못한다.

누가 오직 일출만이 아름답다고 하는가? 일몰은 아름다움에서 조금도 뒤지지 않는다. 누가 오직 어린이들만이 아름답고 늙은 사람은 그렇지 않다고 말하는가? 늙은 나이는 그것만의 아름다움, 그것만의 우아함을 가지고 있다. 라빈드라나트 타고르와 월트 휘트먼과 같은 사람들이 나이들어 갈 때, 그들의 아름다움은 측정할 수 없을 정도이다.

나이든 월트 휘트먼을 보면, 능가할 수 없는 아름다움과 접하고 있음을 느낄 것이다. 사실 어린 시절이 그것 자체의 아름다움을 가지고 있다면, 젊음과 노년은 매혹에서 조금도 뒤떨어지지 않는 어떤 분명한 아름다움을 갖고 있다. 누군가의 머리가 백발로 변할 때, 누군가가 자신의 삶의 여정을 끝내려고 할 때, 누군가가 풀리고 이완될 때, 당신이 일몰에서 발견하는 아름다움과 우아함이 그에게서 뿜어져 나오고 있다. 그러나 비관론자는 그것을 알 수 없다.

나는 크리슈나가 순간을 산다고 반복하여 말한다. 희열의 여정은 순간으로의 여정이다. 그것을 여정이라고 부르는 것은 정말로 잘못이다. 왜냐하면 당신은 순간 속을 여행할 수 없기 때문이다. 당신은 오직 그것 속에 빠질 수 있다. 당신은 시간 내에서는 여행할 수 있다. 그러나 순간 속에서는 깊이, 더욱 깊이 가라앉을 수만 있다.

순간의 길은 수직적이다. 그것은 수평적이지 않다. 순간은 오직 깊이만을 가지고 있으며, 길이가 전혀 없다. 반면에 시간은 오직 길이만을 가지고 있으며, 어떤 깊이도 없다. 그러므로 순간 안으로 가라앉은 사람은 시간을 초월한다. 그는 시간 너머로 간다. 시간 없음에 이르는 사람은 영원을 얻는다. 그러므로 크리슈나는 순간과 영원 내에 있다. 순간은 영원 그 자체이다.

그러나 시간 안에 사는 사람은 결코 영원을 알지 못한다. 왜냐하면 시간은 시리즈이자 연속이기 때문이다. 그것은 죽은 과거로부터, 태어나지 않은 미지의 미래로 뻗어 있다. 시간은 긴장이다. 시간은 불안이고 고통이다. 시간 안에 살고 있는 사람은 실제로 살고 있지 않다. 왜냐하면 늘 그는 영원히 지나 버린 과거를 생각하거나, 아니면 아직 태어나지 않은 미래에 대하여 걱정하고 있기 때문이다. 그는 아침에는 저녁에 대하여 생각한다. 그는 살아 있을 때 죽음에 대하여 걱정한다. 그는 사랑하는 이를 만나자마자, 미래에 일어날 이별에 대하여 슬퍼하기 시작한다.

크리슈나는 가끔 약속을 어겨서 비난을 받았다. 마하바라타 전투에서 그는 모든 싸움에 능동적인 역할을 떠맡지 않을 것이며 단지 아르주나의 마부로서만 행동할 것이라는 약속을 하였지만, 그가 자신의 무기인 수다르샨 차크라를 드는 순간이 온다.

그 비난에 대한 답으로, 크리슈나는 다음과 같이 말할 것이다. "그 약속을 한 사람은 더 이상 없다. 그 약속을 낳은 순간도 없다." 그는 다음과 같이 말할 것이다. "내가 약속할 때 그곳에 있던 갠지스 강물은 지금 어디에 있는가? 그 순간에 피어 있던 꽃들은 지금 어디에 있는가? 내가 질문에 답하였을 때 하늘을 가로질러 흐르던 그 구름들은 지금 어디에 있는가? 그 후로 모든 것이 변하였다. 모든 것이 떠나 버렸다. 당신은 어떻게 역시 가 버린 그 순간에 나를 묶을 수 있는가? 나는 지금 내 앞에 있는 순간 안에 존재하고 있다. 나는 그것에 전적으로 응답하고 있다."

크리슈나는 소위 약속 불이행에 대하여 사과하지 않는다. 그는 그것에 대해 후회도 하지 않는다. 그는 결코 뉘우치지 않는다. 그는 결코 취소하지도 않는다. 그는 이 순간에 충실할 뿐이다.

그가 이 순간에 충실하다는 이 말은 무슨 의미일까? 그는 존재하고 있는 이 순간에 너무나 충실하여, 비록 이 순간이 그로 하여금 예기치 않은 사태와 직면하게 하더라도 주저 없이, 늘 그렇듯이 전적으로 그 순간 속으로 들어간다.

물론 그는 때로는 우리에게, 인습적인 사회에 다소 성실하지 않은 존재처럼 보일 것이다. 왜냐하면 그가 약속을 지키지 않기 때문이다. 그것이 크리슈나와 같이 존재에 충실한 사람들이 가지고 있는 어려움이다. 그와 같은 사람은 자신이 살고 있는 사회에 충실할 수 없다. 왜냐하면 사회는 시간 속에 살고 있지만, 그는 시간 없음, 영원 속에 살고 있기 때문이다. 사회는 돌보아야 할 과거와 미래를 가지고 있다. 반면에 크리슈나는 그 어느 것도 가지고 있지 않다. 그는 자유롭다. 절대적으로 자유롭다.

한 젊은이가 깊은 산 속에 은거하고 있는 유명한 임제 선사를 찾아왔다. 그 젊은이는 임제에게 다음과 같이 말하였다. "저는 진리를 찾고 있습니다. 제가 아주 멀리서부터 당신을 찾아온 것은 바로 이 때문입니다."

임제는 그에게 말하였다. "진리에 관한 이 문제는 잠시 내려놓기로 하세. 자네는 북경에서 왔으니 뭐 좀 물어봄세. 북경의 쌀값은 얼마인가?"

젊은이는 임제와 같이 훌륭한 스승으로부터 그러한 질문을 받고서 어리둥절하였다. 그는 북경의 쌀값과 같은 평범한 일들에는 관심을 가지지 않을 것이라고 생각했다. 그는 가장 높은 도의 경지를 찾고자 멀고 어려운 여행을 하였다. 그는 임제와 같은 위대한 현자가 진리에 관한 이야기 대신에 그렇게도 사소한 것에 관해 이야기할 것이라고는 결코 생각하지 못했다.

그래서 젊은이는 임제에게 다시 말하였다. "선생님, 주제넘을지 모르겠습니다만, 제게 그런 질문은 하지 마셨으면 좋겠습니다. 저는 과거를 달고 있지 않습니다. 저는 제가 걸은 길을 뒤에 버리고, 제가 건넌 다리를 불태우며, 제가 오른 계단들을 쓸어버립니다. 저는 과거에 대해, 심지어 방금 지나간 순간들에 대해서도 전적으로 죽습니다."

"그럼 앉게." 임제가 그 젊은이의 등을 두드리면서 "자, 그럼 진리에 대해 이야기를 나누어 보세. 나는 자네가 여전히 과거에 연연하는지를 알아보려고 쌀값을 물어보았다네. 만의 하나 자네가 북경을 떠날 때의 쌀값을 기억하고 있었다면, 나는 진리에 관해 얘기하기를 단호히 거절했을 걸세. 과거에 집착하는 사람은 진리에 도달할 수 없네. 진리는 항상 여기 지금에 있기 때문일세. 그것은 이 순간에 있다네. 진리는 과거뿐만 아니라 미래와도 아무런 관련이 없네. 진리는 실제로 영원하며, 과거 속에서 살고 있는 이는 결코 현재에 있을 수 없다네. 진리와 시간은 함께 걷지 않는다네."

마하바라타 전쟁은 크리슈나에도 불구하고 일어난다. 여전히 크리슈나는 전쟁에 참여한다. 왜냐하면 희열의 열렬한 지지자는 또한 전쟁의 열렬한 지지자도 될 수 있기 때문이다. 크리슈나는 전쟁도 평화만큼이나 삶의 부분이라고 믿는다. 한쪽은 다른 한쪽 없이 존재할 수 없다. 전쟁은 삶이 이 지구상에 존재하는 한, 우리와 더불어 있을 것이다. 아마도 전쟁의 성격이 변할 것이다. 그것의 구조와 모양이 변할 것이다. 그것의 수준, 전략 그리고 스타일이 다를 것이다. 그러나 전쟁은 계속될 것이다.

전쟁이 지구상에서 영원히 사라지는 것은 불가능하다. 만약 사람이 여기로부터 사라진다면, 전쟁도 없어질 수 있을 것이다. 혹은 사람이 완전해진다면, 그럴 수도 있을 것이다. 만약 인류 전체가 인류의 완전함에 도달하지 않는다면, 혹은 인류가 존재하기를 그치지 않는다면, 전쟁을 없앨 방도는 없다. 현재의 인간에게는 전쟁이 없을 수 없다. 전쟁은 항상 우리와 함께 해 왔다. 그것은 지금 우리와 함께 있으며, 미래에도 함께 있을 것이다. 그러면 전쟁과 관련한 문제는 무엇일까?

이 질문에 대한 크리슈나의 답변은 전쟁은 정당해야 하며 자유, 진리와 같은 가장 높은 삶의 가치들을 위하여 행해져야 한다는 것이다.

이와 마찬가지로 평화도 정당성이 요구된다. 기억하라. 어떤 종류의 평화는 부당하고 신성하지 않을 수 있다. 어떤 전쟁은 신성함과 진리를 고양시키기 위한 것일 수도 있다.

평화주의자는 평화만이 항상 정당하다고 생각하고, 전쟁광은 전쟁이 모든 면에서 옳다고 생각한다. 크리슈나는 평화의 열렬한 지시사도 아니고, 전쟁의 열렬한 지지자도 아니다. 그는 실제로 어떠한 '주의자'가 아니다. 그는 어떠한 이데올로기에도 속해 있지 않다. 그는 물과 같이 유동적이다. 그는 결코 고여 있지 않다. 그는 삶과 더불어 항상 움직인다. 그는 바위처럼 딱딱하거나 고정되어 있지 않다. 그는 공기와 같이 유동적이다. 그러므로 그는 "평화도 나쁠 수 있다."라고 말한다.

예를 들면, 평화에 열렬히 헌신하고 있는 평화주의자가 거리를 걷고 있는데 누군가가 강도를 당하고 있다. 그는 자신이 다른 사람들의 불화와 다툼들과는 아무런 상관이 없다고 말할 수 있으며, 그래서 그는 그 문제에 간섭하기를 거절하고 자기의 갈 길을 평화롭게 걸어갈 수 있다. 이러한 평화는 신성하지 못하다. 왜냐하면 그것은 무고하고 힘없는 다른 사람을 누군가가 강탈하도록 간접적으로 도와주고 있기 때문이다. 평화가 모든 경우에 옳다는 것은 바람직하지 않다. 버트런드 러셀과 같은 사람들은 평화는 항상 옳고 신성한 것이라고 생각한다. 그러나 그는 평화에 관하여 독단적인 태도를 취하고 있다.

때로는 비겁함과 무력함이 평화의 얼굴 뒤에 숨을 수 있다. 크리슈나는 계속해서 아르주나에게 말한다. "용기 없는 모습을 그만두어라, 아르주나여! 지금 무슨 말을 하고 있는가? 네가 그렇게도 옹졸하고 비굴할 수 있다고는 한 번도 생각해 본 적이 없었다. 불의의 전쟁이 너에게 올 때 겁쟁이처럼 말하는 것은 너답지 않다. 너의 남자다움과 역량은 어디로 갔는가?"

평화가 반드시 정당한 것은 아니며, 전쟁 또한 반드시 부당한 것은 아니다. 그것은 평화와 전쟁의 힘들을 작용하게 하는 조건들에 달려 있다. 그러나 그럴 때 당신은 전쟁광들이 전쟁을 정당하다고 주장하는 것이 옳다고 말할 수도 있다. 그들은 그렇게 주장할 수 있다. 그리고 아무도 그들을 막을 수 없다. 삶은 꽤나 복잡하다. 그러나 만약 사람들 가운데 종교가 무엇인가에 대한 이해가 성장한다면, 그들은 그러한 주장을 하기가 점점 더 어려워짐을 발견할 것이다.

종교와 비종교가 무엇인지를 크리슈나에 따라 당신에게 설명해 보겠다. 삶을 성장시키고, 꽃피우고, 황홀로 춤추게 하는 것은 종교이다. 삶의 성장을 방해하고, 삶의 꽃핌을 왜곡시키고 억누르는 것, 삶의 기쁨과 축제를 질식시키는 것은 비종교이다. 비종교는 삶을 방해하고 질식시키는 것이다. 종교는 삶이 충족되도록 돕는 것이다.

여태까지 누가 크리슈나를 올바르게 이해하고 받아들였습니까? 그를 받아들이려는 사람은 어떻게 해야 합니까? 크리슈나의 삶과 가르침들을 따르는 인간의 문명과 문화를 저희들에게 그려 주실 수 있겠습니까?

어떻게 다른 사람을 받아들일 수 있겠는가? 어떻게 크리슈나나 다른 사람을 닮을 수 있겠는가? 그리고 왜 그래야 하는가? 다른 사람을 받아들이고 다른 사람처럼 되는 것이 내 의무라도 된다는 말인가? 나는 크리슈나가 아니라 오직 나 자신을 받아들이고 나 자신이 되어야 한다.

크리슈나는 다른 사람을 모방하여 자신을 만들지 않는다. 그는 그 자신을 받아들이고 그 자신으로 남는다. 왜 다른 사람들은 크리슈나를 모방하고 그처럼 되려고 노력해야만 하는가? 내가 나 자신을 받아들이고 전적으로 나 자신으로 있는 것만으로도 충분하다. 다른 사람을 받아들이고 다른 사람처럼 되는 것은 최악의 타락이며, 자기 자신에게 가할 수 있는 최고의 불이이다.

모방하려는 모든 생각은 잘못된 것이며 또한 틀린 것이다. 나는 꽃으로 만발하여야 할 나 자신의 영혼을 가지고 있다. 만약 내가 다른 사람을 받아들이고 그를 복사한다면, 나 자신의 영혼에 무슨 일이 일어날까? 나를 압도할 수 있는 다른 사람의 성격을 나 자신에게 부여할 수 있다는 것은 사실이다. 그러나 나에게, 나 자신의 존재에게는 무슨 일이 일어날까? 나는 나 자신에 대한 책임을 지고 있다. 만약 내가 어떤 다른 사람처럼 된다면, 나는 나 자신을 배반하는 꼴이 될 것이다.

아니, 크리슈나를 이해하는 것만으로도 충분하다. 그처럼 되려고 노력하는 것은 전적으로 불필요하다. 이해만으로도 충분하다. 자기 자신을 이해하여야 한다. 그와 똑같이 되려고 그를 받아들이고 모방할 것이 아니라, 자기 자신을 이해하고 자기 자신이 되어야만 한다.

당신은 크리슈나와 같은 사람이 어떻게 자기완성에 이르렀는지를 알아야 하고, 이 완성의 법칙들을 확실히 알아야 한다. 어떻게 크리슈나가 자신의 자연스러움과 자발성에 이르는지를 확실히 이해해야만 한다. 그러면 당신은 당신 자신의 자연스러움과 자발성에 이를 수 있다. 크리슈나의 삶은 당신에게 당신 자신을 알 수 있는, 당신 자신에 이를 수 있는 단서를 줄 수 있다. 만약 크리슈나가 꽃이라면, 당신은 왜 꽃이 아닌가? 만약 크리슈나의 자기 본성이 활짝 꽃피울 수 있다면, 왜 당신은 지금 그렇듯이 점점 시들고 약해져야 하는가? 크리슈나는 웃고 노래하고 춤출 수 있는데, 왜 당신은 계속해서 눈물을 흘리며 비참해야 하는가?

당신이 크리슈나가 춤추는 것과 같은 방식으로 춤추지는 않을 것이다. 당신의 춤은 다를 것이다. 그것은 당신 자신의 춤일 것이다. 당신은 당신 자신만의 춤을 발견할 것이다. 당신은 크리슈나의 춤을 모방하지 않아야 한다. 당신은 크리슈나가 자신의 춤을 발견하고 자신을 실현하는 데 도움이 된 법칙을 알기만 하면 된다. 크리슈나의 삶은 당신으로 하여금 최고의 것인 자기 발견으로 가도록 도와줄 것이다. 당신이 찾아야 할 것은 동화와 모방이 아니라 자기 발견이다. 크리슈나의 삶은 이러한 모험에 거대한 길잡이가 될 수 있다.

그러므로 알아야 할 첫째 조건은 누구도 당신의 이상이 될 수 없다는 것이다. 심지어 크리슈나조차도 될 수 없다. 당신은 크리슈나든 누구든 다른 사람을 따르거나 모방할 필요가 없다.

많은 사람들이 다른 사람들의 삶을 따르고 모방하느라 자신들의 삶을 낭비하였다는 것은 사실이다. 실제로 어느 누구도 다른 사람처럼 되는 데 전적으로 성공할 수는 없다. 그것은 불가능하다. 당신은 다른 사람의 성격을 당신 자신에게 강요할 수 있다. 그의 가면을 쓰고 그 사람처럼 보일 수도 있다. 그러나 당신의 영혼까지는 그 사람처럼 만들 수 없다. 최선을 다해 보라. 당신은 성공할 수 없다. 기껏해야 당신은 그를 연기할 수 있을 뿐이다. 그것은 연기에 불과하다. 존재는 빌려올 수 없다. 그것은 항상 자신만의 고유한 것이다. 모든 노력에도 불구하고 여러분은 있는 그대로의 모습대로 남겨질 것이다.

모방은 여러모로 위험하다. 당신이 누군가를 모방하려면, 자신을 억압하고 자신의 개성과 본성을 억압해야만 한다. 이 억압은 대단히 깊을 수 있어서 당신은 자기 자신과의 모든 접촉을 잃어버릴 것이다. 그것은 어떤 사람에게 일어날 수 있는 최악의 것이다. 비록 당신이 당신의 아주 깊은 내면에 살아남아 있을지라도, 당신은 이제 당신 자신으로부터 멀리 떨어져 있을 것이다. 그것이 바로 문제이다.

시대들을 거쳐 오면서 수백만의 사람들은 크리슈나, 붓다, 예수 그리고 그 밖의 다른 사람들을 모방하려고 노력하였지만, 어느 누구도 아직까지 성공하지 못했다. 성공은 불가능하다. 크리슈나가 태어난 이래 5,000년이 흘렀다. 그러나 그 이후 제2의 크리슈나는 나타나지 않았다. 붓다 이래로 2,500년이 흘렀다. 아직 제2의 붓다는 나타나지 않았다. 차라투스트라, 예수 혹은 모하메드에 대해서도 마찬가지다.

다른 사람을 모방하려는 사람은 누구나 실패하게 되어 있다. 그것은 실제로 실패보다 더 나쁜 것이다. 그것은 재앙이다. 그것은 자살 행위다. 심지어 자살이라 하더라도 그것은 최악의 자살이다. 우리가 알다시피 일반적인 자살에서는 자신의 신체적 형상만이 파괴된다. 이 자살에서는 영혼이 파괴된다. 그러므로 모든 추종자들, 모든 제자들, 모든 모방자들은 자살하고 있다.

많은 사람들이 크리슈나를 모방하려고 노력한다. 이 과정에서 그들은 자기 자신을 해칠 뿐만 아니라 또한 크리슈나를 해친다. 만약 당신이 크리슈나를 모방한다면, 당신은 모든 노력을 다하여 당신 자신을 그의 서투른 모방으로 만든다. 이것은 당신을 왜곡시킬 뿐만 아니라 크리슈나의 이미지 또한 왜곡시킬 것이다. 당신은 그를 자기의 방식으로 모방할 것이다. 그 정도로 당신은 그를 왜곡시킬 것이다. 당신은 그를 질적으로 낮출 것이다.

그러므로 당신은 당신 자신을 욕되게 하고 학대할 뿐 아니라 크리슈나 역시 욕되게 하고 학대할 것이다. 그러므로 이 모방은 정말로 터무니없는 것이다. 모든 신학자들과 모든 성직자들은―그들이 크리슈나를 따르든 그리스도를 따르든―이 범죄의 혐의가 있다. 그들 모두는 한결같이 같은 이야기―인간이 자기 자신이 되는 데 실패한 이야기, 인간이 자살을 기도하는 이야기―를 한다.

그러나 우리는 미라와 차이타니야에 대하여는 같은 이야기를 할 수 없다. 그들은 그 사람들과는 전혀 다르다. 그들은 확실히 모방하는 사람은 아니다. 미라와 차이타니야는 크리슈나의 자기 자신, 자기 본성을 표현하는 방식들을 이해한 뒤 그들 자신을 그들의 방식으로 표현한다. 그들은 그들 자신의 분명한 자기 본성을 드러낸다. 그들은 크리슈나를 그들 자신에게 강요하지 않는다. 더구나 그의 삶의 방식, 그의 행동, 그의 노래들과 춤들에 있어서도 그렇다. 그들은 자신의 노래를 부른다. 그들은 자신의 춤을 춘다.

그래서 미라는 미라로 남고, 차이타니야는 차이타니야로 남는다. 물론 그들은 크리슈나에 관한 사랑을 간직하고 있다. 이 사랑이 자람에 따라 자아로서의 차이타니야와 미라는 사라진다. 이 사랑이 자라면서 크리슈나조차도 사라지고 오직 사랑만이 남는다. 만약 당신이 차이타니야에게 그 순간에 그가 차이타니야인지 크리슈나인지를 물으면, 그는 다음과 같이 말할 것이다. "나는 내가 누구인지 전혀 알지 못합니다. 내가 존재하는지조차 알지 못합니다." 이러한 순간에는 '나'라는 것조차도 사라지고 단지 '존재하고 있음'만이 남는다. 이것은 순수한 존재이다. 그리고 차이타니야의 이 성취는 그의 자기본성의 꽃피움이며 결실이다. 거기에는 아무런 모방이 없다.

우리 모두는 다른 사람의 것을 모방하기 쉽다. 그렇게 하는 데는 상당한 이유가 있다. 모방은 기성복과 같다. 옷을 사서 입으면 된다. 당신은 아무것도 할 필요가 없다. 심지어 그것을 기다릴 필요조차도 없다. 그것은 모든 것을 대가 없이 원하는 우리의 게으른 마음에 적합하다.

우리 자신의 고유한 존재를 탐구하고 찾는 것은 어렵다. 크리슈나를 모방하는 것은 상당히 쉽다. 자기 자신으로 존재하는 데는 시간이 걸린다. 그러나 모방은 편리하다. 자기 본성, 자기 성취는 노력해서 얻어야 한다. 빌리는 것은 힘들지 않고 편리하다.

그러나 이 편리함의 추구는 재앙을 가져온다. 그것은 실제로 슬픔과 비참함의 소용돌이에 빠지게 한다. 그러므로 다른 사람들을 모방하는 실수를 범해서는 안 된다. 그것은 전적으로 재앙이다. 그것은 재난을 초래하는 것이다.

나는 자기 발견이라는 여정을 걷는 사람, 정말로 자기 자신을 발견하는 사람을 종교적인 사람이라 부른다. 자기 발견의 이 모험에서 크리슈나 혹은 마하비라, 붓다 혹은 예수를 이해하는 것이 도움이 될 수 있다. 왜냐하면 다른 사람들을 이해함으로써 우리는 영성의 중심인 자기 지식의 기초를 놓기 때문이다. 자기 자신을 직접 아는 대신, 다른 사람을 앎으로써 자기 자신을 아는 것이 더 쉽다. 왜냐하면 다른 사람들은 당신에게 아는 데 필요한 거리와 안목을 제공해 주기 때문이다.

아는 자와 알려고 하는 것 사이에 아무런 거리가 없기 때문에 직접적인 자기 지식은 정말로 어렵다. 그러므로 자기 자신을 이해하는 데는 다른 사람이 도움이 된다. 그러나 당신이 다른 사람—크리슈나, 붓다 혹은 예수—을 이해하려고 할 때, 기억하라. 그는 자기 이해와 자기 발견의 한 수단에 불과하다. 그는 당신의 목표가 아니다.

누군가가 자신의 복잡한 문제로 당신과 상의하러 왔을 때 당신은 그에게 대단히 적절한 충고를 해 준 경우가 많을 수 있다. 그러나 당신 자신의 문제를 대할 때, 심지어 단순한 문제를 대할 때에도 당신은 어찌할 바를 모르며 당황하기 시작한다.

무엇이 문제인가? 어려운 문제에 부닥쳤을 때 당신의 현명한 충고를 듣기 위하여 당신에게 달려온 사람들은 당신을 매우 지혜로운 사람이라고 생각할 것이며, 당신은 그들의 많은 문제들을 풀어 주었다는 호평을 받고 있다. 그러나 당신 자신이 어려움에 처할 때, 당신은 충고를 받기 위하여 다른 사람들—아마도 당신이 도와준 바로 그 사람들—에게 달려간다. 그 이유는 당신이 자신의 문제에 너무나 가까이 있고 그 문제에 너무나 휩쓸리고 있어서, 당신은 그 문제가 무엇인지를 정확히 파악할 수 있는 안목을 가질 수 없기 때문이다.

다른 사람들을 이해하기는 비교적 쉽다. 그리고 만약 우리가 다른 사람들을 자기 이해의 매개체로 바라본다면, 크리슈나와 붓다와 같은 사람들의 삶은 거대한 가치를 지니게 된다. 그 뒤 우리가 자기 이해 안에서 성장함에 따라 크리슈나와 그리스도, 마하비라와 붓다는 옆으로 비켜날 것이다. 그리고 우리는 극히 순수한 우리 자신으로 남을 것이다.

자아의 이 순수함, 이 순결함, 이 티 없는 천진함이 중요하다. 이러한 천진함, 순수함의 이름이 자유이다. 이러한 궁극적 순수함 혹은 홀로임이 니르바나, 즉 궁극의 해방이다. 이러한 태고의 순수함이 크리슈나 의식이나 신으로 불리는 것이다. 아니면 당신이 그것을 달리 불러도 될 것이다.

크리슈나의 도움으로 존재의 이 지고의 상태에 이른 사람은 자신이 크리슈나의 경지에 이르렀다고 말할 것이다. 이것은 그가 크리슈나에게 신세를 지고 있는 묵은 빚을 청산하는 방법이다. 이것은 크리슈나에게 감사를 표하는 방법이다. 붓다의 도움으로 이 궁극의 상태에 도달한 사람은 그가 붓다의 상태에 도달했다고 말할 것이다. 그는 자기 발견의 힘든 여정에서 그를 도와준 존재의 삶과 가르침들에 오직 자신의 감사를 표하고 있는 것이다.

궁극적으로 모든 구도자는—그가 크리슈나의 길을 택하였든지 그리스도의 길을 택하였든지 간에—그 자신을 발견한다. 그는 다른 누군가를 발견할 수 없다. 왜냐하면 다른 누군가는 존재하지 않기 때문이다. 내가 나 자신을 발견하는 날, 내가 누구인지를 발견할 때, 다른 사람 즉 '당신'은 존재하기를 그친다. 그러나 나는 나의 경험을 설명하기 위해 어떤 이의 이름이 필요할 것이다. 확실히 나는 나 자신에게 오는 데, 집으로 오는 데 나를 도왔던 이를 언급할 수밖에 없다. 마지막 질문을 받고, 우리는 명상을 하기 위해 앉을 것이다.

아직 대답하지 않으신 질문이 있습니다. 크리슈나의 삶과 가르침들을 따르는 인간의 문명과 문화를 저희들에게 그려 주실 수 있겠습니까?

긴 답변이 요할 것이다. 그러나 이제까지 나는 같은 것을 해 오고 있었다. 즉 나는 크리슈나의 비전을 반영하는 인류 문명의 윤곽을 그려 오고 있었다. 하지만 나는 이것에 관련하여 몇 가지를 말하고 싶다.

크리슈나의 비전에 따른 인류 문명은 우선 삶을 긍정하는 자연스러운 모습일 것이다. 이것은 나의 관점이기도 한데, 만약 인간의 문명이 건강하고 완전하기를 원한다면, 삶과 자연의 긍정은 인류 문명의 주춧돌이 되어야 한다. 그러한 문명은 이 순간에, 희열과 축제에 바쳐질 것이다.

이 문명은 삶에 부정적이기를, 체념하기를, 자기 학대적이기를, 시간 지향적이기를 거부할 것이다. 그것은 삶을 쪼개는 모든 것들을 반대할 것이다. 삶은 축복으로 받아들여질 것이다. 삶과 신 사이에는 그 어떤 분리도 없을 것이다.

이 문명은 삶이 곧 신이라고 선언할 것이다. 그리고 삶에 맞서거나 삶으로부터 분리된 어떠한 신도 없다. 삶 자체가 신이라는 것이 사람들의 믿음이 될 것이다. 이런 사람은 다음과 같이 선언할 것이다. "창조 이외의 다른 창조자는 없다." 창조성 그 자체가 신이다.

이러한 요약은 만약 당신이 우리가 여기에서 10일 동안 가졌던 전체 토론의 의미를 요약할 수 있다면 선명해질 것이다. 이제까지 나는 많은 이야기를 했다. 그것들 중에서 일부는 당신을 즐겁게 하였을 것이다. 또 다른 일부는 당신을 불만족스럽게 하였을 것이다. 그러나 기억하라. 즐거운 느낌들과 즐겁지 못한 느낌들은 바른 이해에 장애물이다. 이해하려고 노력하는 대신, 우리는 속아서 즐거운 것을 받아들이고 불만족스러운 것을 즉시 거절한다. 나는 당신이 받아들이거나 거절하기를 바라지 않는다. 내가 바라는 것은 오직 당신이 단순하게, 노력 없이 그리고 자연스럽게 이해해야 한다는 것이다.

나는 당신이 나의 말들을 모아서 집으로 가져가기를 원치 않는다. 그러한 것은 가치가 없을 것이다. 그렇다면 무엇이 가치가 있을 것인가? 나의 말들을 듣는 과정에서 당신에게 얼마간의 이해와 지혜가 열렸다면, 그리고 만약 그러한 이해와 지혜가 진정으로 가치가 있다면, 그때 그것은 자연스럽게 노력 없이 당신과 함께 할 것이다.

그것은 당신이 꽃들이 만발하고 향기가 가득한 정원을 거니는 것과 같다. 당신이 그곳을 떠날 때 정원은 뒤에 남겠지만, 정원의 향기는 얼마간 당신과 함께 간다. 당신의 코와 머리에, 심지어 옷에 묻어서. 그러므로 말의 꽃은 뒤에 남겨 두고, 만약 당신이 그것들의 정수를 모았다면, 그 정수를 가져가라.

나의 말들은 모든 말들이 그러하듯이 아무런 소용이 없다. 그러나 만약 그것들과 만나면서 당신의 존재 속에 있는 무엇인가가 울렸다면, 그것은 정말로 매우 중요하다.

나의 말들이나 그런 문제에 대한 모든 말들은, 만약 당신이 열린 마음으로, 편견 없는 빈 마음으로, 그것들을 판단하지 않고 확인하지 않고 비난하지 않고 듣는다면, 깊은 의미를 가질 수 있다. 만약 당신이 "이것은 옳고 저것은 틀렸다. 저것은 내가 믿는 것과 같고 저것은 내가 믿는 것과 다르다."라고 말하지 않고 듣는다면, 그것들은 당신 내에 어떤 이해 혹은 지혜를 일으킬 수 있다.

만약 내가 크리슈나를 지지하고 마하비라나 혹은 누구든 당신이 좋아하는 인물에 반대한다고 생각한다면, 당신은 이해가 아니라 불쾌감만을 가지게 될 것이다. 하지만 나는 당신의 불쾌감에 대한 책임이 없다. 크리슈나도 마하비라도 마찬가지다. 그러한 책임은 전적으로 당신에게 있을 것이다. 비록 당신이 좋아하는 신의 아바타라, 즉 화신인 크리슈나를 내가 지지하고 있어서 행복하다고 생각한다면, 당신은 내 말을 놓치고 있다. 당신은 여기에 왔을 때처럼 무지한 채로 남을 것이다.

나는 크리슈나와 아무런 관련이 없다. 나는 그를 반대하거나 옹호하지 않는다. 나는 내가 그의 삶과 가르침들을 본 대로 정확히 드러냈을 뿐이다. 그리고 나는 당신이 그것에 대해 어떻게 생각하는지에 대해서는 아무런 관심이 없다.

그리고 기억하라. 나는 순간 속에 살고 있다. 나는 순간에서 순간으로 산다. 나는 전혀 예측할 수 없으며 또한 믿을 수도 없다. 내가 오늘 말하는 것으로부터 내가 내일 말하려고 하는 것을 추측하지 말아야 하며 그럴 수도 없다. 내가 오늘 말하는 것은 정확히 내가 오늘 그것을 보는 방법이다. 내가 내일 말할 것은 정확히 내가 내일 그것을 보는 방법이다. 오늘이나 다른 어느 날 나의 말을 듣는 동안에 이해한 것은 중요하지 않다. 하지만 이 듣는 것이 당신의 이해와 당신의 지혜를 더해 준다면, 그것은 그것의 일을 해냈다. 이해하는 것은 아주 중요하다.

나는 지난 열흘이 당신으로 하여금 이해와 명쾌함 안에서 자라는 데 도움이 되었기를, 그리고 당신으로 하여금 삶과 진리의 태양에 어느 정도 열리게 하는 데 도움이 되었기를 바란다. 나는 크리슈나나 붓다나 예수 혹은 어떤 이름으로 말하지 않는다. 이해의 태양이 당신에게 올 때, 당신은 그의 이름을 부를 수 있다.

내가 말하는 것은 이만큼이다. 만약 당신의 마음이 정돈되고 비어 있다면, 만약 당신의 가슴이 부드럽고 당신의 지각이 깨끗하다면, 태양이 떠오를 것이며 당신이 그 빛을 보고 깨닫게 되리라는 것은 확실하다. 태양은 "나는 이러이러한 존재이다."라고 말하지 않을 것이다. 그는 정말로 이름 없이 존재하고 있다.

그러나 기억하라. 이해를 가지고 사는 사람, 이해 속에 사는 사람, 아이디어와 이상, 개념과 믿음, 신조, 주의와 도그마 없이 사는 사람만이 열린 가슴을 가지고 있다. 그런 사람만이 힌두교, 가톨릭교나 공산주의와 같은 어떤 신념 체계를 지지하지 않고 삶과 진리에 감응할 수 있다.

사실 아이디어들과 개념들, 주의들과 도그마들은 그들 스스로 아무런 지성과 이해가 없는 사람들을 위한 것들이다. 그들은 이미 만들어진 이데올로기와 철학을 파는 시장으로 가서 그들 자신의 마음을 저당 잡히고 신학자와 사제와 철학자들로부터 그것들을 산다. 이해하는 것은 유동적이며 살아 있고 흐르는 강과 같은 것이다. 모든 철학자들과 신학자들, 모든 주의들과 도그마들은 웅덩이의 고인 물과 같아서 죽어 있으며 악취가 난다.

그러므로 만약 당신이 당신의 생각들과 믿음들—당신이 그것들의 동지인지 적인지는 중요하지 않다—의 스크린을 통하여 나의 말을 들었다면, 당신은 나의 말을 전혀 듣지 않았다. 그러면 당신은 내가 말한 것을 결코 이해하지 못할 것이다.

내가 말하고 싶은 마지막 말은 나는 크리슈나와 아무런 상관이 없으며 그와 아무런 관계가 없다는 것이다. 나는 그를 지지하지도 반대하지도 않는다. 나는 당신을 그의 지지자나 반대자로 만들려는 의도가 전혀 없다. 나는 화가가 캔버스를 사용하는 것과 똑같이 크리슈나를 사용하였다. 화가는 캔버스 위에 색채들을 칠하여 자신을 표현하는 것 말고는 캔버스에 대고 할 것이 아무것도 없다. 나도 역시 크리슈나라는 캔버스에 뿌려 놓을 몇몇의 색채들을 가지고 있다. 이제 나는 그것을 완성하였다. 마하비라나 붓다라는 캔버스조차도 나의 목적으로 이용될 것이다.

그리고 내가 모든 캔버스에 같은 종류의 색채들을 사용할 필요는 없다. 나는 모든 캔버스에 같은 종류의 그림을 그리지도 않을 것이다. 나는 나의 방식대로, 내가 표현하고자 선택하는 방식대로 자유롭게 나 자신을 표현할 것이다. 만약 내가 진정한 화가라면, 나는 내 손에 물감과 붓을 들 때마다 다른 종류의 그림을, 심지어 모순되는 그림을 그릴 것이다. 같은 작업을 계속해서 되풀이하는 것은 모방자일 뿐이다.

당신이 나의 말에 완고하게 매달릴 필요는 없다. 그 말들을 이해하고 앞으로 나아가는 것으로 충분하다. 당신은 그 말들을 뒤로하고 그들의 의미와 정수만을 지니면 된다.

만약 당신이 그렇게 한다면, 나의 말에 매달리는 위험에 빠지지 않을 것이다. 당신이 그 말들에 매달린다고 해도 나에게는 아무런 해가 없을 것이다. 그러나 그것은 확실히 당신을 크게 해칠 것이다. 왜냐하면 어떤 사람 혹은 아이디어 혹은 물건에 매달리는 사람은 즉시 자기 자신을 잃기 때문이다. 모든 매달림과 집착들로부터 자유로울 때, 전적으로 비어 있을 때, 그는 즉시 그 자신으로, 영원으로, 신으로, 당신이 무엇이라 불러도 좋을 그것으로 채워질 것이다.

  이러한 희망으로 나는 히말라야 산 기슭에 앉아 며칠 동안 당신들에게 이야기하였다. 나는 사랑과 인내와 평화를 지닌 채 나의 말을 들어준 당신들에게 감사한다. 그리고 나는 여러분들 각자 안에 앉아 계신 신께 머리 숙여 절한다.

특별 강의

산야스는 가장 고결하다

나에게 있어서, 산야스는 포기를 의미하지 않는다. 그것은 기쁨과 희열로의 여정이다. 나에게 있어서, 산야스는 어떤 종류의 부정도 아니다. 그것은 긍정적 성취이다. 그러나 지금까지 온 세상에 퍼져 있는 산야스의 의미는 매우 부정적인 의미로, 포기하고 체념한다는 의미로 쓰이고 있다. 저어도 나는 산야스를 긍정적이고 적극적인 어떤 것, 성취되어야 하고 소중히 여겨져야 할 어떤 것으로 본다.

평범한 돌을 보물로 여기고 간직하던 사람이 보석을 발견하면, 그는 즉시 손에 들고 있던 가치 없는 돌을 버린다. 그 사람은 새로 발견한 보석을 간직할 공간을 마련하기 위하여 가치 없는 돌을 버린다. 이것은 포기가 아니다. 그것은 집을 단정하고 깨끗하게 유지하기 위하여 쓰레기들을 내다 버리는 것과 같다. 당신은 그것을 포기라 부르지 않는다. 그렇지 않은가? 뭔가 귀중한 것을 포기할 때, 당신은 그것을 포기라고 부르며 당신이 포기한 것들의 회계 장부를 간직한다. 지금까지 산야스라는 말은 가족이든 돈이든 당신이 포기한 모든 것을 셈하는 의미로 사용되어 왔다.

　나는 산야스를 완전히 다른 각도로, 긍정적인 성취의 시각으로 본다. 두 관점 사이에는 확실히 근본적인 차이가 있다. 내가 보는 산야스는 획득이며 성취다. 따라서 삶에 맞서거나 삶에서 도피하는 것을 의미할 수 없다. 사실 산야스는 삶에서 최상의 것을 성취하는 것이다. 그것은 삶의 가장 고결한 성취이다.

　만약 산야스가 성취를 뜻한다면, 그것은 슬프고 우울한 것일 수 없다. 그것은 축제이고 기쁨이어야 한다. 그러면 산야스는 삶을 위축시키는 것일 수 없다. 오히려 그것은 늘 확장되고 깊어지는 삶, 풍부한 삶을 의미해야 한다. 지금까지 우리는 세상으로부터, 모든 것으로부터 물러나는 사람을, 삶으로부터 도피하여 자기만의 보호막에 둘러싸인 사람을 산야신(sannyasin, 산야스의 사람)이라고 불렀다. 그러나 나는 세상으로부터 도망치지 않는 사람, 위축되거나 갇히지 않은 사람, 모든 것과 연관되는 사람, 열려 있고 넓게 포용하는 사람을 산야신이라 부른다.

　산야스는 다른 의미들도 지니고 있다. 삶으로부터 물러나는 산야스는 굴레 속으로, 감옥 속으로 들어간다. 그것은 자유가 될 수 없다. 자유를 부정하는 산야스는 진정한 산야스가 아니다. 자유, 궁극적인 자유가 바로 산야스의 영혼이다. 내가 보는 산야스는 아무런 한계도, 금지도, 규칙도, 통제도 없다. 내가 보는 산야스는 지성과 지혜에 뿌리를 박고 있는, 인간의 궁극적 자유의 꽃피움이다.

　나는 절대적인 자유 속에서 살아갈 용기를 가진 사람, 그리고 어떠한 속박이나 조직이나 훈련도 받아들이지 않는 사람을 산야신이라 부른다. 그러나 이 자유는 방종을 의미하지 않는다. 산야신은 방종해진다는 뜻이 아니다. 사실 방종에 빠지는 사람은 속박되어 있는 사람, 노예이다. 독립적이고 자유로운 사람은 결코 방종에 빠질 수 없다. 그는 그렇게 될 수 없다.

바로 이러한 이유로 나는 미래의 산야스를 과거의 산야스로부터 분리하고자 한다. 지금까지 존재한 산야스라는 제도는 임종을 눈앞에 두고 있다고 생각한다. 그것은 죽은 것이나 마찬가지다. 거기에는 아무런 미래가 없다. 산야스의 본질은 보존되어야 한다. 이것은 인류의 너무나 고귀한 성취이기에 우리는 그것을 잃어버려서는 안 된다. 산야스는 아주 드물게 피어나는 가장 희귀한 꽃과 같다. 올바르게 보살피지 않으면 시들기 쉽다. 과거의 낡은 방식들에 계속 매여 있으면, 그것은 틀림없이 죽게 될 것이다.

그러므로 산야스에 새로운 의미, 새로운 개념을 부여해야 한다. 산야스는 그 생명이 유지되어야 한다. 그것은 가장 심원하며 가장 가치 있는 보물이다. 그러나 어떻게 산야스를 구하고 보존할 수 있느냐가 문제이다. 이 점에 대하여 나는 당신들과 나의 비전을 나누고 싶다.

첫째로, 산야스는 너무나 오랫동안 세상으로부터 고립된 채로 있어서, 결과적으로 그 폐해는 배가되었다. 세상에서 완전히 단절되고 세상에서 완전히 고립되어 사는 산야신은 가난해졌으며, 그의 가난은 매우 깊고 미묘하다. 왜냐하면 삶에서 경험하는 우리의 모든 풍요들은 세상 밖이 아니라 세상 안에 존재하기 때문이다. 우리의 모든 고통과 쾌락, 집착과 분리, 증오와 사랑, 적개심과 우정, 전쟁과 평화의 경험들은 세상으로부터 온다. 그러므로 세상으로부터 도피하는 사람은 온실 속의 식물이 되어, 태양과 열린 하늘 아래에서 꽃피는 꽃이 되기를 그친다. 지금까지 산야스는 온실 속의 화초였다. 그와 같은 산야스는 더 이상 살지 못한다.

산야스는 온실 속에서 자랄 수 없다. 산야스라는 화초가 자라고 꽃을 피우려면 열린 하늘이 필요하다. 낮의 태양과 밤의 어두움이 필요하다. 비와 바람과 폭풍우가 필요하다. 하늘과 땅 사이에 있는 모든 것들이 필요하다. 산야신은 온갖 도전들과 위험들을 헤쳐 나가야 한다. 산야신을 세상으로부터 고립시킴으로써 우리는 산야신에게 막대한 해를 끼쳤다. 왜냐하면 그의 내적인 풍요가 너무나 많이 사라졌기 때문이다.

좋은 사람이라는 평판을 듣는 사람들에게는 그들과 상반되는 사람들에게 있는 삶의 풍요가 없다는 사실은 재미있는 현상이다. 그들은 풍부한 경험이 부족하다. 이러한 이유로, 소설가들은 좋은 사람의 삶을 이야기로 쓰기가 어렵다고 느낀다. 그의 삶은 평탄하고 별다른 사건이 없기 때문이다. 기묘하게도, 나쁜 사람들이 좋은 이야기를 만들어 낸다. 나쁜 사람은 이야기에서뿐만 아니라 역사에서도 꼭 필요하다. 좋은 사람에 대해서는, 태어나서 죽을 때까지 좋은 사람이었다는 것 말고 더 이상 무엇을 말할 수 있겠는가?

세상으로부터 산야신을 고립시킴으로써 우리는 그의 경험을 박탈했다. 그래서 그는 경험 면에서 매우 빈곤하다. 물론 고립은 그에게 안전을 보장해 주지만, 그를 빈곤하게 하고 활기 없게 만든다.

나는 산야신을 세상과 결합시키고 싶다. 나는 농장과 공장에서, 사무실과 시장 바닥에서 일하는 산야신을 원한다. 나는 세상에서 도피한 산야신을 원하지 않는다. 나는 산야신들이 삶을 저버리기를 원하지 않는다. 나는 그들이 세상의 한가운데에서, 소란스럽고 번잡한 군중들 가운데에서 산야신으로서 그들과 더불어 살기를 바란다. 만약 산야신들이 세상의 혼탁함 한가운데에서 산야신으로 남아 있다면, 산야스는 활기와 생명력으로 넘쳐 날 것이다.

옛날에는 산야신이 되기를 원하는 여자는 남편과 아이, 가족을 떠나야 했다. 그녀는 세상의 삶에서 도망쳐야 했다. 남자가 산야신이 되기를 원한다면, 그는 아내와 아이, 가족과 온 세상을 뒤로하고 산속의 수도원이나 동굴로 도망쳐야 했다. 내가 보기에, 그런 산야스는 아무런 의미가 없다. 나는 산야스를 받은 사람이 세상에서 도망치지 않고, 그들이 있는 자리에 머물면서 바로 그곳에서 산야스를 꽃피워야 한다고 생각한다.

당신은 어떻게 세상 속에 살면서 자신의 산야스를 꽃피울 수 있느냐고 물을 수 있다. 아버지로서, 가게 점원으로서, 주인으로서, 하인으로서 그는 무엇을 해야 할까? 삶은 관계의 그물들로 이루어져 있다. 그러므로 어떻게 산야신이 이러한 세상 속에서 수많은 관계들을 관리해 나갈 수 있을까? 과거에 그들은 짊어져야 할 책임들이 많은 세상에서 달아났다. 이런 달아남은 그 사람으로 하여금 모든 것을 쉽고 편하게 해 주었다. 동굴이나 수도원에 앉아 있으면 아무런 책임들이나 걱정들이 없었다. 그들은 격리되고 축소된 삶을 살았다. 아무것도 포기할 필요가 없는 산야스는 도대체 어떤 종류의 산야스일까? 포기하지 않는 산야스란 무엇을 의미할까?

최근에 한 배우가 나를 찾아왔다. 그는 영화계에 발을 처음 들여놓은 사람이었다. 그는 자신을 위한 친필 메시지를 원하였다. 그래서 나는 그의 책에 이렇게 적어 주었다. "진짜 삶인 것처럼 연기하고, 연기하는 것처럼 살라."

나에게 산야신은 배우처럼 삶을 사는 사람이다. 탁한 세상 한가운데에 살면서 산야스 내에 꽃이 피기를 원한다면, 그는 행위자가 되기를 멈추고 연기자, 목격자가 되어야 한다. 그는 혼잡한 세상 속에 살면서 자신의 역할을 해야 하며 그와 동시에 그에 대한 목격자가 되어야 한다. 하지만 어떠한 식으로든 자신의 역할에 깊이 관여하거나 집착하면 안 된다. 강물을 건너되, 발이 물에 닿지 않게 건너야 한다. 발에 물이 닿지 않게 강을 건너기는 어렵지만, 세상 속에 살면서 세상에 관련되거나 속박되지 않고 살아가는 것은 가능하다.

이와 관련하여 연기하는 것이 무엇인지를 이해할 필요가 있다. 놀라운 것은 당신의 삶이 연기하는 것이 되면 될수록, 삶은 더욱 정돈되고 자연스럽고 근심이 없어진다는 것이다. 만약 한 여인이 엄마로서 작은 교훈을 배운다면, 즉 비록 그녀가 기르는 아이가 그녀를 통해서 태어났지만 그럼에도 그 아이는 그녀에게만 속하는 것이 아니며, 그녀는 단지 그 아이가 이 세상에 나오는 한 통로였을 뿐이며, 그 아이는 사실은 아이가 나온 미지의 근원에 속하며, 그 근원은 그 아이를 평생 돌볼 것이며, 그 아이는 마지막에 그곳으로 돌아갈 것이라는 교훈을 배운다면, 그 엄마는 행위자이기를 그칠 것이다. 그녀는 진정으로 연기자와 목격자가 될 것이다.

가끔 실험을 해 보라. 24시간 동안 당신이 하는 모든 일을 연극처럼 해 보라. 어떤 사람이 당신을 모욕하더라도, 당신은 진짜 화나지는 않을 것이며, 그저 마치 화난 것처럼 행동할 것이다. 같은 원리로, 어떤 사람이 당신을 칭찬하더라도, 당신은 정말로 우쭐해지지는 않을 것이며, 그저 마치 우쭐해진 것처럼 행동할 것이다. 이렇게 24시간 동안 실험을 해 보면, 이 실험은 당신에게 놀라운 결과를 가져올 것이다. 이것은 당신에게 삶과 생활에 새로운 문을 열어 줄 것이다.

그러면 당신은 그 동안 행위자였던 까닭에 삶에 불필요한 고통과 불행을 겪었다는 것을 깨닫게 되어 놀랄 것이다. 그러한 고통과 불행은 당신이 연기자로 행동했다면 쉽게 피해 갈 수 있는 것들이었다. 이 연기 실험을 한 후 잠자리에 들 때, 당신은 이제까지 결코 알지 못했던 숙면을 취할 수 있을 것이다. 일단 행위자가 되기를 멈추면, 당신의 모든 긴장들과 근심들은 사라지게 될 것이다. 당신의 고통들은 그냥 증발해 버릴 것이다. 왜냐하면 당신의 모든 불행과 고통들은 당신이 삶에서 행위자인 까닭에 일어나기 때문이다.

나는 산야스를 모든 마을과 모든 집에 전달하고 싶다. 그래야만 산야스가 되살아날 수 있을 것이다. 우리는 단지 몇 명의 산야신이 아니라 수백만 명의 산야신들이 필요하다. 산야스가 긍정적이고 삶에 적극적일 경우에만 수백만 명의 사람들이 산야스를 받을 것이다. 산야스를 세상과 단절시킨다면, 많은 산야신이 생길 수 없다. 누가 그들에게 음식을 제공할 것인가? 누가 그들에게 옷과 거처를 제공할 것인가? 게으른 자들과 은둔자들의 인식처였던 과거의 산야스는 우리가 필요로 하는 수백만의 산야신들을 배출할 수 없다. 거대한 은둔자 집단의 출현을 사회가 용인해 주던 시대는 이미 지나갔다. 또한 과거의 산야신들은 그들의 생존을 사회에 의존해야 했다. 그 결과로 과거의 산야신들은 신체적으로나 영적으로 극도로 가난했다. 결과적으로 그들은 효율적이고 영향력 있는 존재가 될 수 없었다. 우리가 과거의 산야스에 계속 집착한다면 거대한 규모의 산야스는 가능하지 않을 것이다.

만약 산야스가 온 세계에 대규모로 일어날 수 있으려면—그것이 너무나 필요한데—만약 샨야스가 의미 있고 환희에 차려면, 사회에서 도망치고 고립될 필요가 없는 산야스를 허락하는 길 이외의 다른 선택이 없다. 이제 산야신은 자신이 있는 곳에 머물면서 사회적인 역할을 행하면서 그것의 목격자가 되어야 한다.

그러므로 나는 산야스가 가정과 일터와 시장과 결합하기를 바란다. 만약 우리가 가게 주인이 산야신일 수 있는 세상을 만들 수 있다면, 그 세상은 진기하고 아름다운 세상일 것이다. 자연히 그런 가게 주인은 장사에 부정직한 수단을 사용하기가 어려울 것이다. 가게 주인이라는 배역을 연기하는, 그리고 그 배역의 목격자로 있는 가게 주인은 부정직해질 수 없다. 만약 의사들과 변호사들과 사무원들과 사무 보조원들이 산야신들이라면, 우리는 세상을 급격하게 변화시킬 것이다.

사회로부터 격리되어 살고 있는 산야신은 가난한 산야신이다. 그리고 그 사회도 그에게 더욱 가난할 것이다. 왜냐하면 그는 그 사회의 가장 좋은 생산품 가운데 하나이기 때문이다. 그런 사람이 산야신이 되기 위해 사회를 떠나면, 사회는 빛을 잃는다.

그러므로 긍정적인 산야스를 위한 세계적인 캠페인이 절박하다. 전 세계에 걸쳐 모든 가정에, 모든 분야와 모든 공장에 산야신들이 필요하다. 산야신은 아버지 또는 어머니, 아내 또는 남편이어야 한다. 그는 지금 있는 곳에서 산야신으로 남아 있을 것이다. 오직 삶에 대한 그의 관점만이 변할 것이다. 이제 그에게 삶은 하나의 드라마나 연극일 뿐이다. 그에게 있어서 삶은 더 이상 업무나 의무 혹은 짐이 아니라 축하로 변할 것이다. 이러한 축하로 모든 것이 변할 것이다.

아직도 나는 여러분들과 공유하고 싶은 다른 종류의 산야스가 있다. 그것은 단기 산야스에 대한 나의 비전이다. 나는 평생 산야스를 맹세하는 사람을 원치 않는다. 사실 어떤 종류의 미래에 대한 서약과 약속은 위험하다. 왜냐하면 우리는 미래의 주인이 아니기 때문이다. 그렇게 생각한다면 완전히 잘못된 것이다. 우리는 미래가 그 자신의 길로 갈 수 있도록 허락해야 한다. 우리는 미래가 우리에게 가져오는 것은 무엇이나 받아들일 준비가 되어 있어야 한다. 목격자가 된 사람은 미래를 위한 선택을 하지 못한다. 오직 행위자만 그렇게 한다. 자신을 행위자로 생각하는 사람은 평생 산야신으로 있겠다고 서약할 수 있다. 그러나 진정한 목격자는 이렇게 말할 것이다. "나는 내일이 어떻게 될지 모른다. 나는 내일을 오는 대로 받아들일 것이며 또한 내일에 대한 목격자가 될 것이다. 나는 내일을 결정할 수 없다."

과거의 산야스는 평생 산야스라는 개념을 지녔기에 많은 어려움이 있었다. 한 번 산야신이면 언제까지나 산야신이었다. 누군가가 산야스에 입문하면, 우리는 그가 사회로 되돌아올 수 있는 문을 영원히 닫아 버렸다. 어떤 특별한 마음으로 산야스를 받아들였다가, 나중에 다른 마음이 일어나 세상으로 돌아오고 싶을 수도 있다. 그러나 산야스라는 집은 입구는 있지만 출구가 없다. 그는 되돌아올 수 없다. 산야스로 들어갈 수는 있지만, 일단 들어가면 그는 그곳을 떠날 수 없다. 이 하나의 법칙이 산야스를 감옥으로 변하게 했다. 천국조차도 출구가 없다면 지옥으로 변할 것이다.

여러분들은 산야스 제도에는 이와 같이 엄하고 고정된 규칙이 없다고 반박할 수 있다. 이것은 맞는 말이기도 하다. 그러나 산야스를 그만두는 사람들을 사회가 경멸한다는 사실은 어떤 규율보다 더 강한 금지로 작용한다. 우리는 산야신이 세상으로 다시 되돌아오는 것을 막는 교묘한 장치를 가지고 있다. 어떤 이가 산야스를 받을 때, 우리는 그것을 대단한 일로 만들어 악단을 부르고 꽃과 찬사를 바치며 떠들썩하게 그에게 작별을 고한다. 불쌍한 산야신은 이것이 그에게 영원한 작별을 고하는 아주 교묘한 방식이라는 것을 알지 못한다. 그가 사회로 되돌아오면 그렇게 환송한 사람들이 꽃 대신 매로 맞이할 것이라는 것을 그는 깨닫지 못하고 있다.

이것은 아주 위험한 관습이다. 그 때문에 많은 사람들은 산야스가 가져다줄 위대한 희열에 참여하지 못하고 포기해 버린다. 그들이 평생의 산야스를 결심하기는 몹시 어려워진다. 그것은 정말로 힘든 결정이다. 게다가 우리에게는 평생을 걸고 어떤 것을 서약할 권리가 없다.

내가 보기에는, 단기 산야스가 올바른 길이다. 산야스를 받아들이기로 결정한 사람이 당신이므로, 당신은 원할 때 그것을 떠날 수 있다. 이것은 당신의 결정이다. 다른 어느 누구도 당신을 위해 결정할 수 없다. 산야스는 완전히 사적이고 개인적인 선택이다. 다른 사람들은 전혀 문제되지 않는다. 나는 오늘 산야스를 받아들이고 내일 그만둘 수 있는 자유가 있다. 왜냐하면 나는 다른 사람들의 칭찬과 갈채 같은 보상을 바라지 않기 때문이다.

우리는 산야스를 매우 심각한 일로 만들었다. 바로 그러한 이유로 오직 심각한 사람들―사실 그들은 건강하지 않은 사람들인데―만이 그것을 받아들인다. 이제 산야스를 심각하지 않은 것, 유희로 탈바꿈시킬 필요가 있다. 잠시 동안 산야스로 입문한 뒤에 그것을 떠나거나 아니면 영원히 그 속에 머무는 것은 온전히 당신의 기쁨을 위한 것이어야 한다. 그 문제에 있어서 다른 사람들은 아무런 발언권이 없어야 한다. 단기 산야스의 비전이 널리 퍼지게 된다면, 가끔씩 몇 달

간만이라도 산야스에 들어가는 것이 허락된다면, 수많은 사람들이 이 축복을 누릴 수 있을 것이다. 그러면 정말로 좋을 것이다.

지혜로 유명한 한 수피 파키르가 있었다. 그의 나라의 왕이 그를 찾아와서 말했다. "나는 신을 갈망하고 있습니다. 나는 신을 보기를 원합니다. 부디 나를 도와주십시오."

파키르는 왕에게 다음 날 다시 그를 방문해 달라고 했다. 그 다음 날 왕이 다시 왔다. 파키르는 왕에게 말했다. "왕께서는 지금부터 몇 주 동안 나와 같이 지내셔야 합니다. 이 동냥 그릇을 들고 매일 이웃 동네에 가서 집집마다 다니며 동냥을 하십시오. 동냥한 뒤에는 이곳으로 오십시오. 여기에서 동냥한 음식을 먹고 휴식을 취하십시오. 여드렛날에 우리는 신에 대하여 이야기를 할 것입니다."

왕은 곤경에 빠졌다. 그는 자신의 왕국 안에서 자신의 백성들로부터 구걸을 해야 했다. 그것은 어렵고도 당혹스러운 일이었다. 그래서 그는 파키르에게 자신의 왕국 바깥에서 구걸할 수 있도록 해 달라고 요청하였다. 그러나 그 파키르는 다음과 같은 경고를 하면서 이를 거절하였다. "만약 왕께서 구걸하러 가실 수 없다면, 지금 당장 전하의 궁전으로 돌아가십시오. 다시는 제게 와서 신에 대한 이야기를 하지 마십시오." 몇 번의 망설임 끝에 왕은 파키르와 일주일을 살기로 결심했다. 일주일 동안 왕은 동냥 그릇을 들고서, 자신이 통치하는 도시의 거리에서 자신의 백성들의 집들을 방문하면서 동냥을 했다.

일주일이 지난 후 파키르는 왕을 부른 뒤 말했다 "이제 신에 대해 물어보십시오."

왕이 말했다. "이제 나는 아무것도 물어볼 것이 없습니다. 일주일 동안 구걸하여 신을 찾을 수 있으리라고는 꿈에도 생각하지 못했습니다." 그러자 파키르는 구걸하는 동안 무슨 일이 생겼는지 왕에게 물어보았다. 왕이 대답했다. "일주일 동안 구걸하자 나의 자아가 파괴되었습니다. 지금은 그것이 어디에도 없습니다. 나는 왕으로서 결코 얻을 수 없었던 것을 거지로서 얻을 수 있으리라고는 꿈에도 생각하지 못했습니다."

겸손이 태어나는 순간, 신으로 가는 문이 열린 것이다.

만약 어떤 사람이 매년 한두 달 동안 산야스의 생활을 하고 난 뒤 다시 가장의 세계로 돌아간다면, 그것은 아주 귀한 경험이 될 것이다. 이 경험은 아주 새로운 방식으로 그의 삶을 풍요롭게 할 것이다. 이 경험은 그의 평생 동안 함께 할 것이다. 만약 어떤 사람이 육십 혹은 칠십 평생 동안 단기 산야스를 스무 번 정도라도 한다면, 그는 다시 산야신이 될 필요가 없을 것이다. 그는 그 자체로 산야신일 것이다. 그러므로 나는 모든 사람들이 자신들의 삶 중에서 산야스의 기회를 가져야 한다고 생각한다.

몇 가지 더 말한 후에는 여러분들이 질문할 수 있는 기회가 있을 것이다.

지금까지 세상의 모든 산야신들은 어떤 종교에 속해 있었다. 이것은 산야스와 종교 모두에게 심각한 악영향을 끼쳤다. 산야신이 어떤 종파의 종교에 속해야 한다는 것은 전적으로 어리석다. 산야신은 기독교도, 힌두교도, 자이나교도가 되어서는 안 된다. 그는 아무런 접두사가 없는 '종교'의 산야신이 되어야 한다. 산야신은, 크리슈나의 용어로 말하면, 모든 종교들을 버리고 오직 종교만이 있는 곳에 안식처를 삼는 사람이다. 진리처럼 종교는 하나이다. 그것은 여러 개가 될 수 없다. 종교들, 종교 단체의 종교나 분파의 종교들에 속하지 않고 오직 종교에 속하는 산야스를 탄생시킬 수 있다면, 그것은 정말로 좋은 일일 것이다. 진정한 종교의 산야신은 사원, 교회, 모스크에 관계없이 모든 곳에서 손님이 될 수 있다. 누구도 그에게 이방인이지 않을 것이다.

또 하나 명심해야 할 것은 산야스들 안에서의 마스터, 즉 구루의 역할이다. 지금까지의 산야스는 자신을 산야스의 세계로 입문시키는 마스터에게 묶여 있었다. 그러나 산야스는 어떤 사람이 당신에게 선물로 줄 수 있는 것이 아니다. 그것은 신으로부터 직접 주어져야 한다. 신이 아니고 누가 당신을 산야스로 들어오게 할 수 있겠는가? 어떤 이가 나에게로 와서 자신을 산야스로 입문시켜 달라고 말했다. 나는 그에게 다음과 같이 말했다. "어떻게 내가 당신을 산야스로 입문시킬 수 있는가? 오직 신만이 당신을 산야스로 입문시킬 수 있다. 나는 단지 당신이라는 존재가 입문하는 것을 목격하는 자가 될 수 있을 뿐이다. 신, 지고의 존재에 의하여 입문하라. 그러면 당신이 산야스로 입문할 때, 나는 그냥 옆에서 지켜보는 이가 될 것이다. 내가 할 수 있는 일은 목격자로 있는 것뿐, 그 이상의 어떤 것이 아니다." 스승에 묶인 산야스는 분파주의자가 된다. 그것은 당신을 자유롭게 할 수 없다. 그 대신에 그것은 당신을 구속하게 될 것이다. 그러한 산야스는 가치가 없다.

세 종류의 산야스들이 있을 수 있다. 하나는 두세 달이라는 짧은 기간 동안의 산야스다. 그들은 격리된 장소에서 명상을 하고 영적 수행을 한 후 그들의 예전 삶으로 되돌아간다. 두 번째 범주는 산야스를 받고 난 뒤, 그들이 있는 곳에 머문다. 이전처럼 계속 사회에서 일하고 있겠지만, 그들은 이제 행위자가 아니라 연기자일 것이다. 그리고 그들은 또한 삶과 생활의 목격자일 것이다.

세 번째 범주는 산야스의 희열과 황홀경의 세계로 깊이 들어가서 예전의 세계로 되돌아오는 문제가 일어나지 않는 산야신들이다. 그들은 감당해야 할 의무가 전혀 없다. 그래서 그들은 가족에게 묶일 필요가 없다. 어느 누구도 그들에게 의지하지 않을 것이다. 사회를 떠난다 해도 그들은 누구에게도 해를 입히지 않을 것이다. 마지막 범주의 산야신들은 명상 속에 살 것이다. 그들은 명상의 메시지에 갈증을 느끼는 이들에게 명상의 메시지를 나눌 것이다.

오늘날처럼 세계에 명상이 긴박하게 필요했던 적은 없었던 것으로 보인다. 우리가 많은 인간들을 명상과 깊이 관련시키지 못한다면, 지구상에 인간이 생존할 희망이 더 이상 없을 것이다. 인간은 지구에서 사라질 것이다. 벌써 세상에는 정신이상자와 신경증 환자들이 많다. 온 사방에 정치적 광기가 깔려 있다. 인류가 생존할 수 있는 희망은 시간이 지나면서 더욱더 어두워져 가고 있다. 시간의 모래들은 빠르게 바닥나고 있다. 그러므로 전 세계에 있는 수백만의 남녀들이 잠시 동안이라도 명상에 잠겨 들게 하는 것이 급하다. 그렇지 않으면 온갖 문명을 지닌 인간들은 멸망으로 가게 될 것이다. 비록 그가 육체적으로는 살아 있을지라도, 그들 속에 있는 좋고 위대한 모든 것들이 사라질 것이다.

그러므로 아직 사회적 책임을 지고 있지 않은 많은 젊은이들이 필요하다. 책임들을 내려놓아 자유로워진 노인들도 포함될 것이다. 이 젊은이들과 노인들이 먼저 명상을 배울 것이다. 그 다음에 그들은 지상의 모든 곳에 명상의 횃불을 실어 나를 것이다.

내가 가르치는 명상은 아주 간단하고 매우 과학적이다. 백 명의 사람들이 이 명상을 하면, 그들 중 칠십 명이 그것을 해낼 것이다. 해내기 위한 특별한 조건이 필요한 것은 아니다. 그것을 하는 것이 필요한 모든 것이다. 어떤 종교나 어떤 경전에 복종할 필요도 없다. 명상의 전 단계로서 믿음이나 신념도 필요치 않다. 당신들이 지금 바로 여기에 있기에, 그것에 참여하고 그것 속으로 깊이 들어가면 된다. 이것은 간단하고 과학적인 기법이다 그러므로 믿음은 필요치 않다. 필요한 모든 것은 과학 실험을 하듯 하면 된다. 실험을 한 뒤 무슨 일이 일어나는지를 보면 된다. 효과가 있을 것이라 장담한다.

나는 명상이 연쇄 반응을 일으키면서 온 세상에 퍼질 수 있다고 느낀다. 누군가가 명상을 배우기로 마음을 먹고 그 명상을 일주일 동안 하면, 다른 한 사람이 들어올 것이다. 그런 식으로 해서 우리는 10년 안에 세상을 명상으로 덮을 것이다. 대단한 노력이 필요한 것은 아니다. 그때 인간이 상속받았지만 잃어버렸던 고귀한 유산들을 백 년 안에 되찾을 수 있을 것이다. 그렇게 되면 크리슈나가 다시 한 번 플루트를 불지 않을 이유가 없을 것이다. 그리스도가 다시 오지 않을 이유가 없을 것이다. 붓다가 보리수나무 밑에서 다시 또다시 깨달음을 얻지 않을 이유가 없을 것이다. 예전의 크리슈나나 붓다가 다시 태어날 것이라는 말이 아니다. 우리 안에는 크리슈나, 붓다, 예수로 다시 또다시 꽃 피어날 수 있는 잠재력이 있다는 말이다.

이러한 이유로 나는 당신들이 산야스로 입문하는 것을 지켜보기로 결정했다. 나는 앞서 말한 산야스의 세 범주들 중 어느 하나에 참여할 준비가 되어 있는 친구들의 목격자가 될 것이다. 나는 그들의 마스터가 아니라, 산야스로 입문하는 그들의 목격자일 것이다. 실제로 산야스는 자신과 신과의 직접적인 관계의 문제일 것이다.

산야스로 입문하는 데 필요한 의식은 없다. 그러므로 떠나고 싶을 때 떠나는 데 아무런 어려움이 없다. 산야스는 심각한 사건이 아닐 것이다. 그러므로 당신은 이 일을 두고 걱정하지 않아도 된다. 이것은 매우 단순하고 자연스러운 것이어야 한다. 그래서 만약 어떤 사람이 어느 날 아침에 일어나서 산야스를 받고 싶다고 느낀다면, 아무런 어려움 없이 그렇게 할 수 있어야 한다. 이것은 평생 지속해야 하는 서약이 아니기 때문에 그렇게 하는 데 아무런 어려움이 없을 것이다. 다음날 아침에 산야스를 그만두고 싶다면, 그는 아주 쉽게 그만둘 수 있다. 자신이 자신의 유일한 심판자이며 스승이다. 다른 이들은 이것에 상관할 필요가 없다.

내가 새로운 산야스를 어떻게 그리고 있는지 당신들에게 설명하였다. 이제 마음속에 일어나는 질문을 할 수 있다.

산야신들이 오렌지색 옷을 입는 이유는 무엇입니까?

특정한 종류의 옷을 입는 것이 산야신이 되는 것은 아니지만, 산야신들이 특정한 종류의 옷들을 입는 것은 사실이다. 옷이 산야스에 도움이 되는 것은 아니지만, 산야신이 산야신으로서 자기의 옷을 입을 수 없다는 의미는 아니다. 그는 자신의 옷을 입을 수 있다. 옷은 그다지 중요하지 않지만, 그렇다고 사소한 것도 아니다.

당신이 입고 있는 옷들은 의미가 있다. 당신이 옷을 입는 이유에도 의미가 있다. 어떤 사람은 헐렁한 옷을 입고, 다른 사람은 몸에 붙는 옷을 입는다. 헐렁한 옷과 몸에 붙는 옷 간에 다른 점은 그리 많지 않다. 그러나 옷은 옷을 입는 사람의 마음 구조를 드러내고 있다. 어떤 이는 헐렁한 옷을 선택하는 반면에 다른 이는 딱 맞는 옷을 선택하는 이유는 무엇인가? 어떤 이가 조용하고 평화스러운 성격이라면, 그는 헐렁한 옷을 선택할 것이고 딱 맞는 옷을 선택하지 않을 것이다. 마음이 불안정하고 성급하고 성적인 사람은 딱 맞는 옷을 더 좋아할 것이다. 헐렁한 옷은 싸우기에 적합하지 않다. 이러한 이유로 군인들은 딱 맞는 옷을 입는다. 그들에게 헐렁한 군복을 줄 수는 없다. 군인이라는 직업 때문에 몸에 맞고 날렵한 옷이 필요하다. 항상 행동할 준비가 되어 있고 필요할 때마다 곧바로 뛰어나가기 위해서는 옷이 맞아야 한다. 그러나 수도자, 명상가, 산야신은 헐렁하고 밝은 옷이 필요하다.

오렌지색 옷은 나름의 유용성이 있다. 황토색 가사를 입지 않으면 산야신일 수 없는 것은 아니지만, 황토색 가사는 산야스에서 나름의 합당한 이유가 있다. 긴 탐구와 실험을 거친 후에 사람들은 산야스의 옷으로 황토색 옷이 적합하다는 사실을 발견하였다.

색깔들에 대해 간단한 실험을 해 보면, 색이 가지는 중요성에 대해 알게 될 것이다. 우리는 결코 이런 실험들을 하지 않는다. 병 색깔이 각각 다른 일곱 개의 유리병을 가져와 보라. 색깔이 다른 7개의 병이 있다. 같은 강물을 병마다 가득 넣고 햇빛 아래 잠시 동안 두어라. 유리의 색들이 병 속에 든 물의 질에 각각 다른 영향을 끼쳤다는 사실을 발견하고 당신은 놀랄 것이다. 노란색 병 속에 든 물은 수질이 즉시 나빠질 것이다. 반면에 붉은색 병 속에 있는 물은 오랫동안 깨끗할 것이다.

"병 색깔이 어떤 영향을 끼쳤습니까?"라고 당신은 물을 수 있다. 유리의 색깔은 태양 광선들이 자신을 통과할 때 특유한 방식으로 태양 광선들에 영향을 끼친다. 노란색은 특정한 광선을 받아들이는 반면에, 붉은색은 다른 특정한 광선을 받아들인다. 그래서 병 속에 있는 물은 태양 광선들에 의하여 크게 영향을 받는다. 태양 광선들은 물에게 음식과 영양을 제공한다.

수천 년 이상 행해진 실험과 탐구로 산야스를 위한 색깔이 황토색이라는 것을 발견하였다. 그리고 그것은 좋은 결과를 가져왔다. 물리학자들은 색의 기능을 잘 알고 있다. 그들은 당신의 옷 색깔은 옷감이 그 색깔을 밀어냈기 때문에 그렇게 보인다는 것을 알고 있다. 우리는 그 반대로 생각한다. 즉 우리는 붉은 천은 붉다고 생각하지만, 그것은 그렇지 않다. 예를 들면, 일곱 색을 지닌 태양 광선이 어떤 특정 물체에 떨어져 물체가 붉은색으로 보일 때, 그것은 그 물체가 붉은색을 제외한 태양의 모든 색들을 흡수하였다는 것을 의미한다. 그것은 붉은색을 밀어냈다. 그러한 이유로 당신은 그 물체를 붉은색으로 본다. 어떤 물체가 푸른색처럼 보인다면. 그것은 그 물체가 푸른색을 받아들이지 않았다는 것이다. 이 푸른빛이 당신의 눈에 닿을 때, 당신은 그 물체를 푸른색으로 본다. 몸에 무슨 색깔의 옷을 걸치고 있든지, 당신은 그 색깔이 당신 속으로 들어오는 것을 허락하지 않고 있다.

상당한 연구와 실험을 한 후 산야스를 위한 색깔로 황토색이 선택되었다. 붉은색은 인간 존재 내에 많은 성적 관심을 일어나게 한다. 왜냐하면 붉은색은 강렬하고 활기차기 때문이다. 인간의 몸에 들어올 때 붉은색은 신체 내의 성감을 자극시킨다. 이런 이유로 더운 나라에 사는 사람들은 그렇지 않은 나라의 사람들보다 더 성적이다. 기후가 더운 나라일수록 그 나라 사람들은 더욱 성적이다.

카마수트라와 같은 성과학 책이 추운 나라에서 쓰이지 않았다는 것은 우연이 아니다. 아라비안나이트도 마찬가지다. 그것은 열대 기후의 산물이다. 열대 지방에 살고 있는 사람들은 태양 때문에 성적이다. 그러므로 여러 면들을 고려하여 산야신들이 붉은색을 멀리 하면 성적 관심이 가라앉을 것이라고 생각하게 되었다. 그래서 황토색이 선정되었다.

붉은색이 아니라 황토색을 선택한 이유가 무엇인지 당신은 물을 것이다. 만약 순수한 붉은색이 성감을 가라앉히는 데 효과가 있었더라면, 그 색이 선택되었을 것이다. 그러나 순전한 붉은색을 선택하는 데는 어려움이 있었다. 그렇게 하면 몸에 붉은색이 전혀 들어오지 못하게 할 수 있었을 것이다. 하지만 몸을 유지하기 위해서는 어느 정도의 붉은색이 필요하다. 붉은색을 완전히 멀리하는 것은 신체 건강에 좋지 않다.

순수한 붉은색을 선택하지 않은 또 다른 이유가 있다. 순수한 붉은색을 보는 것은 눈에 거슬리고 또 해롭다. 산야스의 색깔은 다른 사람들에게 해를 끼치지 않아야 한다. 그러므로 색을 선택하는 데 신중해야 했다. 산야스는 모든 사람과 모든 것을 배려해야 한다. 붉은 천을 소 앞에 놓으면 소가 얼마나 사납게 변하는지 당신은 보았을 것이다. 붉은색은 소의 눈을 매우 자극한다. 그는 붉은색을 참을 수 없다.

서양에서 색채 심리학을 연구하는 사람들이 아주 색다른 결론을 내린 것을 알면 당신은 놀랄 것이다. 색에 대한 연구가 서양에서 대규모로 진행되고 있다. 그들은 색의 용도를 알아냈다. 미국의 백화점 경영진들은 팔고 있는 물품들의 용기의 색을 연구하였는데, 색이 물품 판매에 큰 영향을 미치고 있다는 사실을 알고 놀라워했다. 조사원은 소비자가—대부분의 고객은 여성인데—어떤 색에 매혹되는지 알아보기 위해 계속 지켜보았다. 노란색은 단지 소비자의 20퍼센트를 매혹시켰고, 붉은색은 소비자의 80퍼센트를 매혹시켰다. 물품 용기의 색을 노란색에서 붉은색으로 바꾸자 같은 물품의 판매가 네 배로 증가했다. 붉은색은 여성들을 매혹시킨다. 전 세계의 여성들 사이에서 가장 인기 있는 색깔이 붉은색이었다는 사실은 놀랄 일이 아니다.

그러므로 산야스를 위한 색깔로 황토색을 선택했다는 것은 의미심장하다. 황토색은 붉은색 계통이다. 황토색은 덜 밝고 덜 공격적이다. 황토색은 붉은색의 이점은 갖고 있으며 해로운 점은 지니지 않고 있다. 붉은색이 성감을 일으키는 반면에 황토색은 성감을 줄인다. 그와 동시에 황토색은 붉은색만큼 해를 입히지는 않는다.

황토색은 다른 이점들이 많다. 그러나 여기에서 그 색의 이점을 다 조사할 수는 없다. 색의 상세한 부분까지 조사한다면 그것은 장황하고 지루한 주제가 될 것이다. 그러나 몇 가지는 논의할 수 있다.

황토색은 해가 뜰 때의 색이다. 태양이 동쪽 지평선 위로 떠오를 때, 즉 새벽의 첫 빛이 비치기 시작할 때, 그때의 색깔이 정확하게 황토색이다. 명상 속으로 들어갈 때, 당신이 보는 첫 번째 빛이 황토색이고, 명상의 궁극의 빛은 푸른색이다. 명상은 황토색으로 시작해서 푸른색으로 끝난다. 명상은 푸른색으로 최고조에 이른다. 황토색은 명상의 시작의 표시이다. 산야신은 명상에 들어갈 때 이 색깔을 보게 된다. 그러므로 황토색은 하루 내내 그에게 명상을 상기시킬 것이다. 옷과 명상이라는 이 둘 사이에 연결이 이루어진다. 명상이 산야신의 삶의 중요한 부분이다. 황토색은 그로 하여금 명상 속으로 들어가도록 도와준다.

특정한 어떤 물건을 꼭 사야 한다는 사실을 기억하고 싶다면, 지니고 있는 손수건이나 옷의 어떤 부분에 매듭을 만들어 볼 수 있다. 그러면 그것이 알맞은 때에 당신에게 특정 물건을 사야 한다는 사실을 상기시켜 줄 것이다. 시장에서 사야 할 물건과 매듭 사이에는 분명히 아무런 관계가 없다. 그러나 당신이 시장에 도착할 때 마음에 들어오는 첫 번째 내용은 매듭일 것이며, 그 매듭은 사야 할 물건을 상기시켜 줄 것이다. 매듭은 그 물건과 연관된다. 일종의 조건 반사인 것이다.

이와 관련한 파블로프의 실험은 유명하다. 그는 개 앞에 빵 한 조각을 놓고 그와 동시에 종을 울렸다. 빵을 보는 즉시 개는 침을 흘렸다. 파블로프는 개 앞에 빵 조각을 놓고 종을 울리는 훈련을 15일 동안 계속하였다. 15일 후에 그는 빵 조각을 놓지 않고 종을 울렸다. 그런데 놀랍게도 종소리를 듣자마자 개가 여전히 침을 흘린다는 사실을 발견하였다. 이 개에게 무슨 일이 일어났는가? 종소리와 침의 분비 간의 연합이 이루어졌다. 이 연합이 조건 반사를 만들었다. 이제 종소리만으로도 개는 종소리와 함께 오는 빵을 떠올리게 된다.

우리는 이런 방식으로 온 삶을 살고 있다. 우리는 파블로프의 개처럼 살고 있는 것이다. 우리의 모든 행동은 다름 아닌 조건 반사들의 다발이다. 우리의 반사들이 대부분 그릇되다는 것은 아이러니다.

만일 산야신이 걷거나 먹거나 목욕을 하는 동안에, 그가 입고 있는 옷이 명상적 경험의 첫 번째 색깔을 계속 떠올리게 한다면, 그때 황토색은 위대한 목적을 다한 것이다. 그것은 일종의 조건 형성, 즉 명상이 자신의 길이라는 것을 반복해서 떠올려 주는 매듭 같은 구실을 하게 된다. 그러나 황토색 옷을 입지 않으면 산야신일 수 없다는 것을 의미하는 것은 아니다. 산야스는 옷으로 제한될 수 없는 고귀한 어떤 것이다. 하지만 옷들은 전혀 쓸모가 없는 것이 아니다. 그것들은 의미가 매우 깊다.

나는 온 세상에 황토 빛깔의 옷을 입고 있는 수백만의 사람들을 보고 싶다.

구도자와 산야신 간에 어떤 차이가 있습니까? 산야신이 되지 않으면 구도자가 될 수 없다는 의미입니까?

산야신이 되지 않고는 구도자가 될 수 없다. 왜냐하면 구도자가 된다는 것은 곧 산야스의 시작이기 때문이다. 구도자는 산야스를 추구하는 사람이다. 산야스를 실천하여 완벽하게 하는 것 외에 구도자가 무엇을 할 수 있겠는가? 그는 세상의 기쁨들과 고통들을 점차 초월하고 희열을 얻어야만 한다. 그는 행위자를 초월하여 목격자의 상태를 얻어야 한다. 그는 자신의 자아를 초월하고 텅 빔을 얻어야 한다. 그는 물질을 초월하고 신과 하나가 되어야 한다. 이 모든 것들을 합한 것이 산야스다.

구도자가 된다는 것은 산야스로의 여정을 출발하고 있다는 것을 뜻한다. 산야스의 길에 들어선 초보자가 구도자이며, 자신의 산야스를 완성한 사람이 시다(siddha), 즉 달인이다. 구도의 모든 것은 산야스를 향하여 있다. 구도자는 산야스를 찾아 나선 사람이다.

그러나 나의 산야스가 무엇을 의미하는지를 항상 기억하라. 그것은 긍정적인 성취, 거대하고 무한한 성취로의 여정이다.

당신의 산야신이 지켜야 할 매일의 일과는 무엇입니까?

당신은 나의 산야신의 일상의 과정이 무엇이냐고 물었다. 그것은 나의 산야신에 대한 질문이 아니다. 어떻게 어느 누가 나의 산야신이 될 수 있겠는가? 모든 이가 그냥 산야신일 뿐이다. 그의 매일의 일과, 그의 매일의 스케줄, 그의 수행은 무엇일까?

산야신에게 고정된 일과를 강요한다면, 그것은 그에게 어떤 이익이 아니라 오히려 해만 끼칠 것이다. 누군가가 한 선사에게 "당신의 일과는 무엇입니까?"라고 물었다.

그 선사는 "졸릴 때 자고, 깰 때 깬다. 배고플 때 먹고, 배고프지 않으면 먹지 않는다."라고 답했다. 그 선사는 옳다. 산야신은 자신에게 무엇인가를 강요하지 않으며, 삶의 매 순간을 자발적으로 자연스럽게 사는 사람이다.

우리는 참 이상한 사람들이다. 자고 싶을 때 자지 않고, 잠이 오지 않을 때 잠을 자기 위해 만트라를 외운다. 고정된 식사 시간 때문에, 배가 고프지 않아도 먹고, 배고플 때 먹지 않는다. 바로 이러한 이유로 신체 내부의 균형이 파괴되고 있다. 그러한 이유로 우리는 혼란 속에 빠져 있다.

산야신은 신체의 지혜에 맞추어 살 것이다. 졸릴 땐 잘 것이고 잠이 다하면 깨어날 것이다. 그는 힌두교에서 말하는 동트기 전의 신성한 시간인 브라마무후르타(brahmamuhurta)에 맞추어 일어나지 않을 것이다. 그가 일어날 때마다 그것이 그의 브라마무후르타가 될 것이다. 그는 "신이 나를 깨울 때가 나의 브라마무후르타입니다."라고 말할 것이다. 그는 자연스럽고 편안하고 자발적으로 살아갈 것이다.

그러한 이유로 나는 당신에게 일과나 규율을 줄 수 없다. 만일 내가 당신에게 어떤 규칙을 준다면, 당신은 고생하게 되고 어려움을 겪을 것이다. 나는 나에게 맞는 방식으로 그것을 정할 것이다. 나의 삶의 방식은 결코 당신의 삶의 방식일 수 없기 때문이다. 만일 내가 당신에게 매일 아침 3시에 일어나라고 한다면, 나에게는 3시에 일어나는 것이 행복하겠지만, 당신에게는 건강을 해칠 것이다.

모든 사람들의 신체 조직은 독특하고 다르다. 우리는 그것을 알지 못하고 있다. 남자들은 여성들이 매우 게으르고 잠이 많다고 생각한다. 그래서 그들은 아침 차를 스스로 끓이지 않으면 안 된다고 불평한다. 그러나 그것은 당연하다. 여성의 신체적 리듬은 남성의 리듬보다 항상 2시간이 늦다. 남자가 아침 5시에 일어난다면, 여자는 7시에 일어나야 할 것이다.

생체 리듬에 관하여 많은 연구와 조사가 이루어지고 있다. 그 결과들은 매우 놀랍다. 하루 24시간 중 2시간은 체온이 떨어지는 시간이라고 한다. 보통 밤이 끝나 갈 무렵이 그때라는 것이다. 당신은 새벽 4시경에 추위를 느끼곤 했을 것이다. 이 추위는 날씨의 변화 때문에 생긴 것이 아니라 당신의 체온이 떨어졌기 때문에 느끼는 것이다. 체온이 떨어지는 기간은 사람마다 다르다. 나에게는 이 일이 보통 3시부터 5시 사이에 일어난다. 다른 사람들에게는 5시에서 7시 사이에 일어날 수 있다. 이 체온이 떨어지는 2시간 동안에 우리는 깊은 잠에 떨어진다.

지난 5년 간 미국에서 수면 중인 만 명의 사람들을 관찰한 결과, 깊은 잠에 떨어지는 시간대가 사람마다 다르다는 것이 밝혀졌다. 따라서 잠자리에 들고 일어나는 시간을 집단적인 방식으로 정할 수는 없다. 휴식과 수면의 가장 적당한 시간대는 개인적인 관찰에 근거하여 정해져야 한다. 그리고 그 준거는 하루 종일 상쾌하고 힘이 넘치게 만들어 줄 수 있는 기분 좋은 숙면을 가져오게 하는 것이라야 한다.

심지어 수면 시간도 개인에 따라 결정되어야 한다. 어떤 사람들에게는 5시간의 수면이면 충분한 반면, 다른 사람은 7시간의 수면을 필요로 한다. 그리고 단 3시간의 수면으로도 아무렇지 않게 잘 사는 사람들도 있다. 그러나 다른 사람들에게는 3시간의 수면이 위험할 수도 있다. 3시간 자는 사람들은 자신을 독실한 사람이라 생각하고 더 오래 자는 사람들을 게으르고 쓸모없는 사람들이라고 말할 것이다. 그들은 새벽 3시를 최적의 기상 시간이라고 설교하고, 이 규칙을 지키지 않는 사람들은 지옥에 갈 것이라고 말한다. 이런 사람들을 조심하라!

이러한 것들에 대한 일정한 규칙이 있을 수 없다. 무엇을 입을 것인가, 무엇을 얼마나 먹을 것인가, 언제 얼마나 잠을 자야 할 것인가에 대한 법을 정할 수는 없다. 이러한 것들에 대하여 토론할 수는 있지만, 규칙을 정하는 것은 부적절하다. 모든 사람들은 그 자신만의 수행 방식과 삶의 방식을 찾아내야만 한다. 그것은 전적으로 개인적 결정이어야 한다. 당신은 삶의 방식을 스스로 결정할 자유를 누려야 한다. 다른 사람들은 그렇게 하지 않지만, 산야신은 그렇게 해야 한다. 그는 자기 자신으로 존재할 자유, 자신에게 기쁘고 행복한 방식으로 살 자유를 고집해야 한다. 이런 면에서 그는 다른 사람들의 자유와 행복을 침해하는 방식으로 살면 안 된다는 점을 명심해야만 한다. 이것으로 충분하다.

산야신을 위한 일과와 수행에 관하여 폭넓게 토론할 수는 있지만, 그것들에 대해 엄격한 규칙을 세울 수는 없다고 나는 반복해서 말한다.

흡연에 중독된 사람이 있다. 온 세상이 그에게 반대한다. 그런데도 그는 계속해서 담배를 피운다. 내과 의사들은 흡연이 그의 건강을 해칠 것이라고 말한다. 그는 그것을 알고 있다고 말한다. 그러나 그는 끊지를 못한다. 이 사람에게 무슨 문제가 있을까? 그에게 필요한 무엇인가가 부족하고 담배가 그것을 채워 주는 것이 아닐까? 최근 멕시코에서 실시된 흡연 조사에서 매우 이상한 사실을 하나 발견하였다. 그 조사에 따르면, 흡연에 중독된 사람들은 체내에 니코틴이 결핍된 사람들이었다. 이 사람들은 담배, 차나 커피를 통하여 니코틴을 찾고 있었다. 그러나 흡연은 부도덕한 행위로 비난받고 있다. 약간의 흡연이 그렇게도 부도덕한 행위인가? 흡연은 물론 어리석은 행위이기는 하지만 결코 부도덕한 행위는 아니다. 그가 그 자신 이외의 어느 누구에게도 피해를 주지 않으면서 피우면 된다. 그것은 죄 없는 어리석음일 뿐이다. 아마도 그것은 그의 욕구에서 나온 것일 것이다. 다시 말해서, 그는 흡연을 통하여 충족되는 그 무엇인가가 결핍되어 있을 것이다. 그가 자신의 문제를 발견하고 인식하면 더 좋아질 것이다.

인간의 신체에 대한 우리의 지식은 매우 빈약하다. 의학의 눈부신 발전에도 불구하고 말이다. 우리는 아직 신체와 신체의 요구 및 문제들을 완전히 알지 못하고 있다. 이런 까닭으로 신체는 그 스스로 자신의 문제를 해결해야만 한다. 만일 신체에 니코틴이 결핍되면, 신체는 당신으로 하여금 담배를 피우도록 할 것이다. 일단 당신이 흡연을 시작하고 그것이 습관으로 자리 잡는다면, 이제 당신은 무기력해질 것이다. 모두가 니코틴 결핍으로 담배를 피우는 것은 아니다. 흡연자 가운데 열에 아홉은 단순한 모방으로 흡연을 한다. 그것이 나중에는 기계적인 습관이 되어 버린다. 그들은 습관의 노예들이 된다.

외부로부터 어떤 일과나 훈련이 강요되면 안 된다. 산야신들이 언제 일어나야 하고 무엇을 먹어야 한다는 식의 일상생활에 대한 틀을 규정하는 것은 불가능할 뿐 아니라 바람직하지도 않다. 물론 어느 정도의 포괄적인 지침들은 주어질 수 있다. 필수적인 것은 산야신이 무엇을 하든지 자각을 잃지 않고 해야 한다는 것이다. 즉 무슨 일을 하든, 그는 자기 자신과 타인의 이익을 지키려고 해야 한다는 것이다. 그리고 무슨 일을 하든, 그것이 그의 건강과 평화 그리고 행복을 증진시킨다면 그것은 옳다. 그의 건강과 행복에 해를 준다면, 그는 그것을 피해야 한다.

음식에 있어서 중요한 점은 신선하고 부담이 없고 건강에 도움이 되는가를 신경 써야 한다는 점이다. 그는 먹는 데 있어서 불필요한 폭력을 피해야 한다. 즉 그는 생명체를 죽이거나 해쳐서 얻어지는 그 어떤 것도 먹어서는 안 된다. 요약하면, 음식을 고를 때는 건강이 당신의 가장 중요한 고려가 되어야 한다.

음식과 관련해서 다른 중요한 것이 있다. 그것은 미감을 배우고 발달시켜야 한다는 것이다. 미감을 발달시킨다는 것은 음식 그 자체보다는 먹는 기술에 더 주의해야 한다는 것이다. 음식에 대한 이와 같은 포괄적인 요점들을 바탕으로 개인에 따른 자기만의 식단을 마련해야 한다.

다른 사람들이 당신에게 수행법을 줄 수는 없다. 그것은 어리석은 일이다. 사실은 모두가 자신의 운명의 설계자이다. 산야신으로 입문한다는 것은 그 사람 스스로가 자신의 스승이 된다는 것, 그가 스스로 결정들을 내릴 것이라는 것, 그 자신의 방식으로 행동할 권리를 본인이 가지고 있다는 것을 의미한다. 산야신 스스로 결정들을 내리도록 놔두면 그는 실수할 수 있다고 당신은 말할 것이다. 그가 실수하도록 놔두라. 그는 자신의 실수들로 고생을 할 것이다. 왜 당신이 그것에 대해 걱정하는가? 옳게 행동한다면 그는 행복할 것이고, 그렇지 않다면 그는 고생할 것이다. 다른 사람들이 무엇을 어떻게 하는지에 대해 과도한 관심을 보이는 것은 옳지 않다. 다른 사람의 삶에 간섭하는 것은 정말로 부도덕한 일이다. 당신이 무엇인데 그의 삶에 끼어들려 하는가? 그의 실수들이 타인들에게 피해를 주기 시작할 때만 당신은 그 사람의 삶에 개입해야 한다. 그렇지 않다면 간섭하지 않고 내버려두어야 한다. 그는 실수들을 할 수 있고 또 자신의 실수들로부터 배울 수 있다.

산야신은 분별력과 지혜를 가지고 삶을 살아가는 사람, 무엇이 행복을 주고 무엇이 불행을 주는지를 항상 살피는 사람, 그 자신의 경험들을 통하여 무엇이 자신에게 좋은지를 배우는 사람이다. 그는 자신의 희열로 가는 여정 중에 있는 사람이다. 당신은 그에 대하여 걱정할 필요가 없다.

때때로 나는 사람들이 산야신이 실수하지 않도록 해 주기 위해 자신의 일보다 산야신의 일에 더 신경을 쓰는 것을 보고 놀란다. 그렇게 하는 것은 어리석은 일이다. 스스로 재판관이 된 이 사람들은 산야신들이 브라마무후트라에 일어나는지, 그들이 낮잠을 자지는 않는지 등을 엿보고 있다. 그들은 도대체 어떤 사람들인가? 왜 다른 사람들에 대해 신경을 쓰는가?

그들이 아무런 이유 없이 그렇게 하는 것은 아니다. 다른 사람들을 괴롭히고 고문하고자 이러한 것들을 하고 있다. 그들은 그렇게 하는 것이 매우 즐겁다. 그들은 잘못을 저지르지 않는 산야신을 존경한다고 말하지만, 그것은 그를 지배하려는 또 다른 방법이다. 산야신이 그들의 존경을 받고자 한다면, 산야신은 그들의 규칙들에 복종해야 하고 그들이 원하는 방식대로 살아가야 할 것이다. 이들 스스로 임명한 재판관들로부터 산야신에게 오는 또 다른 위험이 있다. 그들의 존경을 받으려면 산야신은 위선자가 되어야 할 것이다. 그는 사적으로는 산야신들의 행동 규칙들을 어기면서도 공적으로는 그들의 행동 규칙들을 지키고 있다는 것을 보여 주어야 한다.

나는 산야신이 위선자가 되는 것을 허락하지 않을 것이다. 나는 위선이야말로 최고의 죄악이라 생각한다. 위선자가 되는 것을 막는 유일한 방법은 그에게 어떤 수행도 강요하지 않고 자연스럽게 자신의 방식대로 살아갈 자유를 주는 것이다. 그렇지 않으면 그는 곧 위선자가 될 것이다. 우리는 오랫동안 많은 산야신들을 위선자로 만들어 왔다. 그들은 혼란에 빠져 있다. 인도에는 승려라는 계급이 있는데 그들은 목욕을 할 수 없다. 왜냐하면 그들 주위의 사람들은 그들이 목욕하는지 보기 위해 늘 지켜보고 있기 때문이다. 사람들은 그들에게 먼지와 때로 뒤덮인 채 있도록 강요해 왔다. 그 대신에 사람들은 그들을 존경한다. 이 승려들은 존경을 받는 대가로 자신의 청결을 희생한다. 그러나 기회가 있을 때마다, 추종자들의 바라보는 시선이 없을 때마다, 그들은 황급히 타월을 물에 적셔 몸을 닦는다. 그때마다 그들은 죄책감과 자괴감으로 힘들어한다.

최근에 한 신사가 나를 찾아와서 물었다. "나는 당신을 자주 찾아오는 한 자이나교 여승이 치약을 쓴다는 소문을 들었습니다. 그것이 바람직한 일입니까?"

나는 그에게 "당신은 미쳤습니까? 여승이 치약을 쓰든 말든 그것은 당신이 신경 쓸 일이 아닙니다. 당신이 치약을 팝니까? 그것이 당신과 무슨 상관이 있습니까?"라고 말했다.

"우리 공동체에서는 치약을 사용하는 것이 금지되어 있습니다."라고 그는 대답했다.

"만일 당신의 공동체에서 그것을 허락하지 않는다면 치약을 사용하지 마십시오." 나는 그에게 말했다. 이 신사는 아무런 거리낌 없이 칫솔과 치약을 사용하지만, 그의 공동체의 여승은 그럴 수 없다는 것이다. 이것이 공동체로부터 받는 존경 대신에 그녀가 치러야 하는 대가이다.

나는 참된 산야신이라고 생각하는 나의 산야신들에게 사회에서 존경받기를 기대하지 말라고 요청할 것이다. 왜냐하면 이 기대는 그를 구속할 것이기 때문이다. 도처에 정직하지 못한 사람들이 있다. 그들은 즉시 당신을 잡아서 죄수로 만들 것이다. 그들은 "우리가 당신을 존경하고 당신을 모시고 있기 때문에, 당신은 우리들의 조건들을 만족시켜 주어야 하고 우리들의 법에 복종해야 합니다."라고 말할 것이다.

사실상 산야신은 "나는 당신들의 사회에, 당신의 법에, 당신의 조건들에 신경을 쓰지 않습니다. 이제 나는 나 자신을 돌보기 시작했습니다. 그러므로 당신은 나에 대하여 신경 쓰지 않아도 됩니다."라고 말하는 사람이다.

산야신 자신의 지혜가 그의 길에 빛을 뿌리고 있다.

당신은 산야스가 희열의 현상이지 포기가 아니라고 말씀하셨습니다. 제가 볼 때 최초의 샹카라차리야는 희열의 산야신이었습니다. 그런 의미에서 그는 당신의 산야신으로 받아들여질 수 있습니다. 이에 대하여 말씀해 주십시오. 이에 덧붙여 왜 당신께서는 연기하듯이 행동하는 것에 대해 크게 강조를 하시는지요. 그리고 당신의 산야스를 받은 사업가가 암거래하는 암상인으로서 연기하듯 행할 수 있는지요? 끝으로, 산야신들을 입문시킬 때 왜 당신은 황토색 옷을 입지 않습니까?

당신은 "산야신이 사업가로서 연기하듯 행동한다면 좋습니다. 그러나 그가 같은 방식으로 암상인으로서 연기하듯 행동할 수 있는지요?"라고 묻는다.

그가 암상인의 연기를 해도 그다지 해롭지 않을 것이다. 만약 그가 산야신이 아니었다면, 그는 암거래의 행위에 깊이 빠져들었을 것이다. 그러므로 그가 암상인으로 연기를 한다 해도, 그것은 그리 해가 되지 않을 것이다. 그러나 나는 산야스를 받아들일 용기를 지니고 있는 사람, 삶을 위대한 실험이라고 생각하는 사람, 사업가로 연기하려 하는 사람이라면 암거래를 하지 않을 것이라고 생각한다. 왜냐하면 암거래에 빠지기 위해서는 행위자가 되어야 할 것이기 때문이다. 역할을 연기하는 것만으로는 충분하지 않을 것이다. 악은 고통스럽기 때문에 당신이 악에 더욱 빠지기를 원한다면, 당신은 더욱더 행위자가 되어야 할 필요가 있을 것이다. 그것 속으로 들어가려면, 당신은 그 일에 관여해야 하고 그 일에 깊이 전념해야 할 필요가 있을 것이다. 당신은 다른 사람을 칼로 찌르는 역할을 할 수는 없다. 왜냐하면 그것은 다른 사람의 생명이 걸려 있는 일이기 때문이다. 그러므로 칼로 찌르는 역할을 한다는 것은 의미가 없다.

만일 연기를 한다는 것의 의미를 이해한다면, 심지어 산야신이 암거래를 하고 있다 해도 그는 누구에게도 해를 입히지 않을 것이라는 것을 당신은 알게 될 것이다. 왜냐하면 그가 산야신으로 계속 암거래를 하고 있다면, 그것은 그가 이제까지 암거래를 해 왔으며 만약 그가 산야스를 받지 않았더라면 계속 암거래를 하고 있을 것이라는 것을 의미한다. 그러므로 당신은 그것에 대하여 쓸데없이 걱정할 필요가 없다. 산야스를 받을 마음이 생긴 사람이라면 암거래를 하지 않을 가능성이 아주 많기 때문이다. 그는 그럴 수 없다. 산야스의 지혜와 그것의 자각은 그와 그의 행동들을 안내할 것이다. 그는 자기에게 맡겨진 할 가치가 있는 것만 역할을 연기할 것이다. 만약 어떤 일이 자신에게 너무나 큰 부담을 주지 않는다면 그는 그 일을 피하지 않을 것이다. 그는 그 이상은 하지 않을 것이다. 연기로서의 행위를 한다는 것은 이른바 꼭 필요한 것 그리고 꼭 해야만 하는 것으로 제한될 것이다. 불필요한 일들은 저절로 떨어져 나갈 것이다.

당신은 또한 내가 왜 황토색 옷을 입지 않는지를 알고 싶어 한다. 나는 알다시피 황토색을 사용하지 않는다. 그 첫 번째 이유는 내 경우에 있어서, 산야스에게 황토색 옷이 필요하다는 것을 알기 훨씬 전에 나에게 산야스가 일어났기 때문이다. 산야스가 이미 오래 전에 일어났기 때문에 지금 황토색 옷을 입는 것은 의미가 없다. 그러므로 내가 황토색 옷을 입는 것은 무의미하다. 두 번째로, 내가 황토색 옷을 입고 당신들에게도 그렇게 하라고 말한다면, 그것은 나의 옷과 같은 것들을 당신들에게 강요한다는 의미가 될 것이다. 그러나 나는 어떤 누구에게도 어떤 방식으로든 나 자신을 강요하고 싶지 않다. 나는 당신이 내가 사는 방식과 활동하는 방식을 모방하기를 원치 않는다. 내가 황토색 옷들을 입고 당신들에게도 같은 옷을 입으라고 강요한다면, 그것은 아마도 내가 그 옷들에 집착하고 있으며 그것들을 예찬한다는 의미가 될 것이다. 그러나 나는 그러한 옷들을 입지 않기 때문에, 내가 그러한 옷들에 집착하지 않고 그러한 옷들을 객관적이고 과학적인 이유를 바탕으로 권장한다는 것이 분명해진다. 나는 그러한 옷들을 입지 않기 때문에 그것들에 대하여 객관적이고 공정할 수 있다.

당신은 샹카라차리야가 희열의 상태에서 산야스를 받아들였다고 말한다. 나는 이 생각을 받아들이지 않는다. 샹카라차리야는 세상에 대해 너무나 부정적이다. 그의 부정은 너무나 깊어서, 그는 세상은 단지 환영에 불과하다는 점을 늘 증명하려 하고 있다. 세상은 거짓이고 환영이고 존재하지 않는다고 계속해서 주장하는 것은 그가 세상과의 관계에 큰 어려움을 느끼고 있다는 것을 선명하게 보여 주고 있다. 세상이 그를 너무나 불쾌하게 하기 때문에 그는 세상을 부정하고 세상이 꿈에 불과하다고 할 수밖에 없다. 샹카라의 부정은 너무 깊다.

물론 샹카라는 희열에 대하여 말한다. 그러나 나의 희열과 그의 희열 사이에 근본적인 차이가 있다. 그는 이 세상을 버리고 난 뒤의 희열에 대해서 말하고 있다. 그것은 환영을 버리고 지고의 것을 얻은 후에 오는 희열이다. 그러나 나는 이 세상과 신을 모두 받아들임으로써 오는 희열에 대하여 말하고 있다. 나는 존재하고 있는 모든 것의 수용을 지지한다. 나의 비전에서는 부정의 어떤 여지도 없다. 나는 포기에 전적으로 반대한다. 샹카라의 희열은 세상의 포기에 있다. 즉 그의 희열은 제한되어 있다. 나에게 있어서 희열은 너무나 거대하고 너무나 무한하여, 그것은 세상과 신 그리고 그 사이에 있는 모든 것을 포함한다. 나에게 있어서 희열은 그 어떤 것도 결코 부정하지 않는다.

내가 '나의 산야신'이라고 마지막에 말할 때, 그것은 실수로 나온 말이 아니었다. 내 말은 이상하다. 실수가 거의 없다. 한 친구가 누군가를 나의 산야신이라고 처음 언급했을 때, 나는 그에게 그러지 말라고 했다. 그러나 내가 그렇게 말한 것은 산야신은 나를 포함한 누구의 것일 수 없기 때문이었다. 그러나 내가 '나의 산야신'이라고 두 번째로 말할 때, 그것은 전혀 나의 말실수가 아니었다. 어떤 산야신도 나에게 속하지 않는다. 그러나 나는 그들이 산야신이 되는 과정을 목격하기로 동의했다. 그러므로 나는 그 모든 산야신들에게 속할 수 있다. 그래서 나는 내가 늘 말해 왔던 희열의 산야신들과 특별한 관계를 가지고 있다. 나는 그들이 내게 집착되기를 기대하지 않는다. 즉 나는 그들이 나와 어떤 방식으로든 관계를 가져야 한다는 아무런 기대가 없다. 그러나 나는 그들에게서 산야스의 미래를 보기 때문에 나는 그들과 관계를 가지고 있다. 미래의 산야스에 희망이 있다는 것은 오직 이런 유형의 산야신들을 두고 하는 말이다.

산야스는 산야신과 신 사이의 직접적인 관계이고 당신은 그것의 목격자일 뿐이라고 말씀하셨습니다. 당신의 목격이 산야스에 대한 불신의 의미가 내포되어 있지는 않은지요. 이에 대해 말씀해 주십시오.

"산야스가 당신과 신 사이의 문제라면, 그것을 목격하기 위한 당신의 존재가 무슨 소용이 있습니까?"라고 질문하는 것은 옳다.

만약 당신이 산야스가 당신과 신 사이의 문제라는 점을 정말로 이해한다면 나의 목격이라는 것은 아무런 소용이 없을 것이다. 그러나 당신이 나에게로 와서 이런 질문을 한다는 것은 당신과 신 사이에 아직 아무런 관계가 없다는 것을 의미한다. 적어도 당신은 그것을 모르고 있다. 안다면 당신은 이 먼 곳까지 방황하지 않았을 것이다.

나는 이제 당신의 목격자가 될 것이다.

산야스로의 입문이 당신 주위에 종파를 만들 것 같지 않습니까?

당신은 그것이 종파를 만들 것이라 생각한다. 그러나 그것은 그렇지 않을 것이다. 종파를 만들기 위해서는 필수적인 조건들이 있다. 종파를 만들기 위해서는 스승, 경전, 교리, 그리고 여타의 것들이 있어야 한다. 이것들 이외에도, 자신의 교리만이 옳고 모든 다른 것들은 전적으로 틀리다는 맹목적이고 독단적인 믿음이 있어야 한다. 이러한 것들 중 그 어느 것도 여기에 없다.

나의 비전의 산야스에는 힌두교, 기독교, 불교와 같은 꼬리표를 달고 있는 산야신들이 없을 것이다. 그러한 꼬리표들이 없이는 종파가 성립될 수 없다. 그것은 극히 어려운 일이다. 나는 하나의 종교를 가지지 않고 어떤 종교에도 속하지 않는 사람을 산야신이라 부른다. 당신은 종교가 없이는 종파를 만들 수 없다. 나는 기타나 성경과 같은 아무런 경전들을 가지지 않고 있는, 사원이나 교회나 구루드와라(gurudwara, 시크교의 사원)에 속하지 않는 사람을 산야신이라 부른다. 그것들 없이는 종파는 가능하지 않다.

종파만큼 종교에 해를 끼친 것이 없었다. 그러므로 우리는 아무런 종파도 만들지 않기 위해 노력을 해야 한다. 종파들은 무종교보다 종교에 더 큰 해를 끼쳐 왔다. 사실상 진짜 화폐는 위조 화폐에 의하여 항상 해를 입는다. 그 어떤 화폐도 위조 화폐만큼 화폐에 해를 끼칠 수 없다. 이와 마찬가지로 만약 진정한 종교가 해를 입는다면, 그것은 가짜 종교들에 의해서다. 이 위험을 피하려면 엄청난 자각이 필요하다.

우리들에게서는 종파가 탄생하지 않을 것이다. 왜냐하면 어느 누구도 나의 제자가 아니며, 나는 어느 누구의 구루나 마스터가 아니기 때문이다. 어떤 사람이 산야신을 받는 것을 내가 목격하려는 것은 지금 이 순간 그들이 신과 직접적으로 연결되지 못하고 있기 때문이다. 그들이 지고의 존재와 직접적으로 연결될 때, 나는 그들에게 스스로 존재하라고 말할 것이며, 더 이상 나를 귀찮게 하지 말아 달라고 말할 것이다. 나는 불필요한 문제들을 원하지 않는다. 그리고 내게는 딴 속셈이 없다. 당신이 스스로 본질과 관계를 가질 수 있다면 그 이상 좋은 것이 없다. 그렇게 되면 어떤 사람이 목격자가 된다는 문제는 일어나지 않는다. 그것이 최고의 것이다.

이름을 바꾸거나 당신이 주신 말라(mala, 염주)를 걸치는 것이 어떤 특별한 의미가 있습니까?

그렇다. 그것은 아주 큰 의미를 가지고 있다. 이름을 바꾸는 것은 산야스에게 매우 큰 의미를 지닌다. 그것은 하나의 표시요, 상징이다. 우리 삶의 모든 것은 상징적인 것이다. 당신은 이름을 가지고 있다. 이 이름으로 당신이 누구인지 알려진다. 이 이름은 당신의 상징이 되었다. 이 이름은 당신의 개체와 동일시된다. 당신의 이름은 당신이 어제까지 지녔던 모든 것과 연관을 갖는다. 산야신이 이름을 바꾸려는 것은 자신의 낡은 정체감을, 자신의 낡은 관계들을 끊으려는 것이다. 이제 우리는 새로운 이름과 새로운 정체성을 지니고 새로운 여정을 떠나고 있다.

예로부터 산야스로 입문할 때는 작은 의식을 행하였다. 그것은 일종의 장례 의식이다. 시신을 화장용 장작더미 위에 놓기 전에 목욕시키고 머리를 면도하는 것과 똑같이, 산야스를 받으려는 사람은 목욕과 면도를 한 뒤에 장작더미 위에 놓인다. 그의 입문의 증인인 것처럼 사람들은 장작더미 둘레에 서서 다음과 같이 말한다. "이전까지 당신이었던 모든 것은 이제 불에 타 없어지게 하라. 그러면 이 장작불로부터 전적으로 새로운 당신이 나타날 것이다. 당신은 이제 새로 태어난다. 당신은 이제 드위자(dwija), 즉 두 번 태어난 자이다."

그것은 하나의 의식, 하나의 상징적 의식이다. 당신은 그것이 상징적이기 때문에 그 의식을 거치지 않아도 상관이 없을 것이라고 생각할 수 있다. 사물에 대한 깊은 이해가 있다면 그렇게 하지 않아도 된다. 깊은 이해가 있다면 그 어떤 의식들도 필요치 않다. 그러나 그 이해는 어디에 있는가?

이름을 바꾸는 것은 당신의 낡은 정체성을 깨는 데 도움을 준다. 바뀐 이름으로 인해 갑작스레 당신은 이제 과거의 자신이 아니라는 것을 알게 된다. 길을 갈 때 누군가 당신을 과거의 이름이 아닌 새 이름으로 부른다면, 당신은 자신이 더 이상 과거의 정체성을 가지고 있지 않다는 것을 알고 놀랄 것이다. 과거의 삶과의 동일시는 날마다 약해져 갈 것이고, 날마다 새로운 사람이 그 자리를 차지할 것이다. 그것은 당신이 지금 새로운 여행을 하고 있다는 것을 계속해서 떠올리게 할 것이다. 이름을 바꾸는 것은 이런 목적에서 유용하다.

두 번째로, 당신은 말라와 말라의 의미에 대하여 알고자 한다. 이 세상에 의미 없는 것은 아무것도 없다. 너무 오랫동안 사용하여 그 의미가 사라졌다면, 그것은 다른 문제이다. 오랫동안 사용되면 모든 것들이 낡고 더러워진다. 말라에도 같은 현상이 일어났다. 그러나 그것은 의미가 있다.

말라는 108개의 구슬로 되어 있다. 이 숫자가 무엇을 상징하는지 아는가? 명상의 기술, 즉 명상하는 방법에는 108가지가 있다. 그래서 이 말라는 당신에게 명상으로 가는 108가지 가능한 길들을 상기시켜 줄 것이다. 그리고 만약 당신과 내가 계속해서 관계를 유지한다면, 나는 당신에게 명상의 모든 기술들을 알려줄 것이다.

말라의 108개의 구슬은 명상의 모든 기술들을 나타내고 있다.

어떤 사람이 산야스로 입문할 때 나와 같은 목격자가 이 말라를 입문자에게 준다면, 그는 이 상징을 통해서 입문자가 모르고 있었던 하나의 길을 전수하고 있지만, 실제로는 107개나 되는 많은 다른 길들이 있음을 말하고자 하는 것이다. 따라서 다른 길을 가는 사람들을 옳지 못하다고 속단하지 말라는 것이다. 헤아릴 수 없이 많은 길들이 있다. 그 모든 길들이 신으로 안내한다는 점을 기억하라.

말라의 밑 부분에는 큰 구슬이 하나 달려 있다. 그것은 무슨 길을 가더라도 당신은 그것에 이를 것이라는 것을 말하고 있다. 왜냐하면 모든 길들이 하나에, 궁극의 하나에 이르기 때문이다. 그러므로 큰 구슬을 포함한 모든 구슬들은 상징적이고 의미를 지니고 있다.

우리 가족 가운데 한 사람이 어떤 여성과 결혼식을 치르고 신부를 신랑의 집으로 데려오면, 우리는 신부의 이름을 바꾼다. 왜 그렇게 하는가? 그녀의 과거의 정체성을 깨기 위해서이다. 그녀는 다른 가족 출신이며, 그녀는 그곳에서 태어나고 자랐고, 교육을 받았고, 그들의 생활 방식에 익숙해져 있다. 그녀의 모든 과거는 그녀의 이름과 연관되어 있다. 그래서 우리는 그녀가 새로운 가정을 이루면 그녀의 이름을 바꾼다. 그렇게 함으로써 그녀는 이제 새로운 삶의 여행을 시작할 수 있다. 그녀는 그녀의 과거, 그녀의 오랜 관계들과 조건 형성들을 잊을 필요가 있다. 그러면 그녀는 새로운 가정, 환경, 세상에서 자신의 삶을 새롭게 시작할 수 있게 된다. 그녀의 새로운 이름 주위에 이제 새로운 결정화가 일어날 것이다.

그것이 말라이든 새로운 이름이든—그러한 것들이 많이 있다—그러한 것들은 산야스의 여정에서 매우 의미가 있다. 불행하게도 그것들은 오랫동안 사용되면서 평판이 나빠지게 되었다. 바로 그러한 이유로 나는 그것들에 대하여 계속해서 새롭게 말한다. 나는 그것들의 쓸모없는 부분을 비판한다. 당신은 이 문제에 대한 나의 어려움을 알 수 없을 것이다. 나의 어려움은 나는 그것들이 얼마나 쓸모 있는지 그리고 그것들이 얼마나 쓸모없게 되었는지를 알고 있다는 점이다. 그러므로 나는 그것들에 대해서 찬성도 하고 반대도 할 것이다. 그것이 나의 어려움이고 운명이다. 나는 당신이 그것을 이해해 주기를 바란다.

나는 많은 것들에 대하여 비판하는 말을 계속할 것이다. 왜냐하면 그것들이 불필요한 것으로 변해 버렸기 때문이다. 그러나 나는 그것들을 소생시키기 위하여 여러 방법들을 통하여 최선을 다할 것이다. 왜냐하면 나는 그것들의 본질적인 중요성을 알고 있고, 그것들의 본질적인 의미를 되찾아야 한다는 점도 알고 있기 때문이다. 그러므로 두 과정들이 공존할 것이다. 이 때문에 나는 친구들을 많이 잃을 것이고 그들 중 많은 이들은 나의 적이 될 것이다. 그러나 이것은 계속될 것이다. 나에게서 그것을 멈출 방법은 없다.

만약 어떤 전통주의자가 내게 와서 말라의 중요성에 대해서 얘기하고자 한다면, 나는 간단하게 그것을 비난할 것이다.

나는 이 나라 최고의 산야신들이 있는 자리에서 말라에 대해서 비판했는데, 그들 중 어느 누구도 그것을 옹호하는 말을 하지 못하는 것을 보고 놀랐다. 나는 그들이 말라의 좋은 점을 말해 주기를 기대했으나 그들은 그러지 못했다. 그들 각자는 말라를 목에 걸치고 숭배하고 있었음에도 불구하고 말이다. 말라의 장점에 대해서 말할 수 있는 사람이 아무도 없으므로 나는 나 스스로 그렇게 해야만 할 것이다. 그밖에 다른 방법이 없다.

경험에의 초대

오쇼는
태어난 적도
죽은 적도 없었다.
단지 1931. 12. 11부터 1990. 1.19 사이에
지구라는 이 행성을 방문하였을 뿐이다.

오쇼는 깨달은 신비가다.

구도자들과 친구들의 물음에 대한 답으로 30년을 보내는 동안, 오쇼는 그들의 질문에 답을 하거나 아니면 이 세상의 위대한 현자들과 경전들을 언급하곤 하였다. 그의 이야기는 의미가 분명치 않은 우파니샤드들에서 친숙한 구르지에프(Gurjieff)의 말들에까지, 아쉬타바크라(Ashtavakra)에서 차라투스트라에 이르기까지 이 모든 것들에 참신한 통찰을 가져다주었다. 오쇼는 하시드(Hassids)와 수피들(Sufis), 바울즈(Bauls), 요가, 탄트라, 도(道) 그리고 고타마 붓다와 동등한 권위로 말하고 있다. 궁극적으로 오쇼는 선(禪)의 독특한 지혜를 전하는 방향으로 나아간다. 그 이유는 선이 인간 존재의 내적 삶의 접근법들 중 시간의 검증을 견디어 냈으며 그리고 여전히 이 시대

의 인류에게 적절하기 때문이라고 그는 말한다. 선은 원래 힌디어 디야나(dhyana)를 영역한 것이다. 그 말을 '명상'으로 번역할 수도 있다. 그러나 오쇼는 이것을 서투른 번역이라 한다. 그러므로 그것을 디야나, 선 혹은 그 무엇이라 불러도 좋지만, 오쇼가 강조하는 것은 경험이다.

오쇼는 1974년 푸나(Puna)에 정착하였다. 세계의 여러 나라들로부터 온 제자들과 친구들이 그의 말을 듣기 위하여 그리고 현대인을 위한 그의 명상 기법들을 실천하기 위하여 그의 주위에 모여들었다.

서구의 치료 집단 과정, 클래스 및 훈련들이 동양의 지혜와 이해를 서구의 과학적인 접근과 연결짓기 위하여 점차적으로 도입되었다. 지금 오쇼 코뮨 인터내셔널(Osho Commune International)은 세상에서 가장 큰 명상 및 영적 성장 센터로 발전하였다. 여기에서는 내적 세계를 탐색하고 경험하기 위한 수백 가지 방법들을 제공하고 있다.

매년 각국으로부터 수천의 구도자들이 축하하고 명상하기 위하여 오쇼의 붓다 광장으로 모여들고 있다. 코뮨은 아름다운 건물과 피라미드 형태의 건물들뿐만 아니라 넘쳐나는 푸른 나무와 화초들, 연못과 폭포, 우아한 백조들로 가득하다. 그러한 평화롭고 조화로운 분위기가 내적 고요를 경험하기 쉽도록 만든다.

오쇼 코뮨에 관한 더 이상의 정보를 원한다면,

Osho International

New York

Email: osho-int@osho.com

www.osho.com

노래하고 춤추는 신 크리슈나

지은이 오쇼
옮긴이 김병채
초판 1쇄 발행일 2005년 5월 12일
　　 2쇄 발행일 2018년 3월 22일

펴낸이 황정선
출판등록 2003년 7월 7일 제62호
펴낸곳 슈리 크리슈나다스 아쉬람
주소 경상남도 창원시 북면 신리길 35번길 12-9
대표 전화 (055) 299-1399
팩시밀리 (055) 299-1373
홈페이지 www.krishnadass.com
전자우편 krishnadass@hanmail.net

ISBN 978-89-91596-02-3 03270
Printed in Korea

• 잘못 만들어진 책은 바꾸어 드립니다.